南大智库文丛
李刚 主编

现代智库卓越管理与国际化

李刚 〔美〕雷蒙德·斯特鲁伊克 等 著

Li Gang, Raymond J. Struyk

南京大学出版社

序　言

　　了解一个时代，有助于了解该时代的思潮，了解一个人的生平事迹，也有助于理解他的思想。这本书是 Raymond J. Struyk 博士和我课题组的文章合集。我想借写序的机会刻画一位美国智库学者的典型"肖像"，一方面是为读者理解本书提供一个背景，另一方面，也想弥补我国对西方智库关键人物研究严重不足的遗憾。以往的西方智库研究过于关注智库机构，但是智库的管理者、研究员、行政人员等人物和人事研究很少被学者关注。其实，了解西方智库人物和掌故，对于我们理解西方智库的人事与制度的关系非常重要。

　　Raymond J. Struyk 的祖父祖母辈在 19 世纪中期从欧洲移民美国，他的爷爷来自荷兰，外公来自爱尔兰。在翻译他的第一本书时，懂爱尔兰语的编辑建议把 Struyk 译为"斯特鲁伊克"，我不懂爱尔兰语，不知道这种转译是否正确。我问过他本人 Struyk 到底如何发音，他说就是发"罢工"的那个英文单词的音，但我们书信往来都称呼他 Ray（瑞）。瑞身上的确有古板严肃的一面，比如他出席任何严肃的学术场合和社交场合都会穿同一件灰色格子毛料西服，以至于我怀疑他只有这一件西服。但同时，他也有幽默的一面，有一次他来南京，我们全家设宴款待他，我女儿代表全家送给他一把红木梳子，他拿到后笑得前仰后合，非常开心，还跟我女儿聊了半天。原来我们都忽视了一个细节，他早就聪明"绝顶"了。

　　瑞出生在密歇根州的安娜堡，那里也是著名的密歇根州立大学安娜堡校区所在地。瑞的父母和那个时代大多数同龄人不一样，他们都接受过高等教育。据瑞说，他的母亲家境很好，因此能付得起她读伊利诺伊大学的学费，而且他的两个姨妈也是大学毕业。在大萧条时期，美国的高等教育并未普及，能考进大学就不是一件普通的事情，能付得起大学学费更不是一件容易的事情。在瑞 18 个月大的时候，他们全家搬到了奥马哈（Omaha），奥马哈是美国内布拉斯加州（Nebraska）最大的工商业城市，也是巴菲特的出生地。瑞的家是在市郊的独立住宅（house），占地四分之一到半公顷。他父亲开了四家文具和工艺品商店，出售圣诞卡、生日卡、高级文具和真皮钱包等东西，利润不算丰厚，但足以养家糊口。瑞的父母都是虔诚的天主教徒，反对节育，因此瑞有兄弟姐妹8人，4个兄弟，4个姐妹，瑞排行老二。瑞的母亲是专职的家庭主妇，要照顾9个孩子，显然是一位能干的妈妈。瑞曾跟我说他妈妈有一句经常挂嘴边的话，"Hunger is the best sauce"，我据此推测他少年时代没少吃苦。能有一位有大学学历的妈妈陪伴自己的成长是瑞的幸运，殷实的家境也让瑞有机会接受精英学校的教育。瑞从小学到大学读的都是天主教会办的学校。小学上的是教区学校，据他本人说自己当时是一个非常顽皮并令人头疼的孩子。瑞的高中是耶稣会士主办的克瑞顿预科学校（Creighton Preparatory School），它作为早年克瑞顿学院的一部分，是一所私立的耶稣会高中，只收男生。克瑞顿学院成立于1878年，由约翰·克瑞顿创立，以跨大陆电报线路的开发商爱德华·克瑞顿的名字命名。克瑞顿捐款10万美元创立该校，并把学校捐赠给天主教会，现在改名为克瑞顿大学，是内布拉斯加州最大的私立教会大学，曾在2017年《美国新闻与世界报道》"中西部地区大学"排名中位居第一。克瑞顿学院于1958年分入克瑞顿大学和克瑞顿预科学校。克瑞顿预科学校把升大学作为自己的办学目标，属于当地优质的私立高中，学费不菲，瑞能进入这所精英高中，显然寄托了父母的期待。这个高中开设拉丁语、古希腊语、微积分和物理实验等耗时甚多的高级课程。据瑞说，他在高中四年学习一直比较认真，尤其是最后两年，是他一生中学习最刻苦的两年。

除了学习，瑞在高中时期勤工俭学，不仅为自己家剪草坪，还帮邻居剪草坪，甚至因此自己成立了一个小公司。高峰时期有150家院子的草坪都交给他的公司负责，外加一个公寓楼前四分之三公顷的草坪，公司同时也帮客户草坪施肥和修剪树木。据他说，公司挣的钱完全能负担自己的大学四年的学费。

| 序 言 |

瑞的父母都是离开自己家乡到外地上大学,他们选择大学的标准是离家 700 英里之内的天主教教会大学,在校生规模不超过 1 000 人。按照这个标准,瑞选择了伊利诺伊州昆西市的昆西学院(Quincy College),但瑞读了一年后发现昆西学院在学术上并不强,曾经犹豫过是否转学,最终他决定继续留在昆西学院。由于他各门功课成绩都很优秀,学校开具了一封极力褒扬的推荐信,他在这里也拿到了经济学学士学位。1965 年,瑞本科毕业后凭着优秀的成绩和有力的推荐信,申请到了密苏里州的圣露易丝市的华盛顿大学奖学金,攻读经济学博士学位。据说这个奖学金相当优厚,不仅免收学费,而且给购买课本教材的费用,另外每年还提供 3 000 美金生活津贴。瑞说 3 000 美金在 1965 年算是一笔大钱,生活开销完全够用。华盛顿大学的城市经济学在全美是王牌学科,瑞在博士前两年学习非常用功,所有课程都是 A,他在 1967 年顺利完成硕士论文拿到硕士学位,并在二年级结束时通过了博士候选人的资格考试。考试有四门,宏观经济学、微观经济学、城市经济学和国际贸易,每门考试 4 个小时。然后瑞用一年时间完成了博士论文,并通过了答辩,1968 年 8 月,瑞拿到了博士学位,这个时候他年仅 24 岁。

1965 年前后,美国联邦政府和国会意识到经济分析对政策制定的重要价值,联邦政府内阁各部开始设置专门负责政策规划、研究和评估的办公室。这就增加了对具有博士学位的经济学家的需求。瑞虽然不是哈佛耶鲁这样的名校毕业生,但是作为一名刚毕业的经济学博士他拿到了三个职位:芝加哥大学经济学系、兰德公司和国家经济研究局(NBER),这三个机构在美国都是鼎鼎有名。NBER 是一家老资格的美国智库,成立于 1920 年,到 2020 年底已有注册的经济学家 1 600 名,这些人大部分都分布在北美各大学的经济研究部门,因此 NBER 实际上是美国最大的经济研究组织,是美国经济学家共同体。瑞最终选择了 NBER,因为 NBER 这时正好设立了都市经济研究的项目,时任 NBER 主席对城市经济学也特别感兴趣。瑞就职后担任 Research Associate,这个职位翻译成中文,有的叫博士后,有的叫助理研究员,我觉得性质兼而有之。瑞的学术前程看起来十分美好,但之后的越战却打破了这一切。当时美国实行的是征兵制，26岁之前的青年无论什么学历都要服三年兵役。这些青年需要在兵役服务系统（SSS）注册登记，被抽中后就得正式服役。NBER认为如果瑞有一个全职的教学岗位也许能降低被征召的概率，因此新泽西罗格斯大学的列温斯顿学院为瑞安排了一个全职教学岗，同时瑞要花三分之二时间为NBER的曼哈顿办公室做政策分析。但是这个计划并不成功，1968年11月，瑞接到军队的命令，要求他参加军事素养测试，瑞通过了这个测试，当月就要到部队服役。瑞以要完成教学工作为理由申请延期服役，得到批准后，他利用这段时间申诉，希望免予服役；同时，他也希望利用自己高学历优势获得一个军官的任命，以减少直接上战场的概率。幸运的是，瑞的努力有了好结果，1969年9月，他结束了工程兵军官的训练，被任命为美军工程兵团二等中尉，理论上他可以带一个排的工程兵进入战场。

瑞被分配到华盛顿的工程兵总部去做投资成本收益分析，他们的部队负责美国境内的河道改造，以提升城市和农场防洪灌溉的能力。这项职能早在19世纪初期就被赋予了美国工程兵团。为了说服国会批准类似投资项目，他们需要瑞这样的经济学家用成套的术语和论证来应付国会的严格审查。原则上，瑞可以在工程兵团总部干两年后离开部队，重回NBER，但是工程兵团总部在瑞干满一年后还是把他派到了越南战场。这个时候，他不得不抛下妻子和4个月大的儿子。到了越南，瑞本来应该率领35人组成的工程兵排上战场，但是实际上并不是这样，他被安排进在西贡新组建的越南经济状况和政策研究办公室，就这样一直到1971年5月退役。服役结束后，NBER做了一个慷慨的决定：派瑞到德克萨斯州休斯敦市郊，被称为"南方哈佛"的莱斯大学经济系做了一年的访问助理教授。

1972年5月，瑞时来运转，进入了城市研究所（Urban Institute）担任高级研究员。这是一个长期聘用工作，他在这里一直工作到2006年，前后历经34年。其间，他于1977年至1979年出任卡特政府的住房和城市发展部负责评估和研究工作的副助理部长（Deputy Assistant Secretary），他在这个位置上干了27个月，然后由"旋转门"机制回到城市研究所。对于这个 Deputy Assistant Secretary 职位是否能翻译成副助理部长,我曾经请教过布鲁金斯学会的李成博士,他认为可以这样翻译,大概等同于我们国家中央部委的政策规划司司长。这是瑞职业生涯的高光时刻之一,他的主要任务是规划和执行住房和城市发展部的项目评估议程,他主管的办公室有 125 名职员,年度预算 5 500 万美元,仅在 1977 年就评估批准了总经费 2 个亿的 300 个合同。他们构建了能有效监督评估这些合同的资金和绩效状况以及质量控制的信息系统。瑞还领导 20 多位访问学者对办公室职员开展培训,提升了雇员的工作技能。在这个时期,美国住房和城市发展部执行的项目评估设计与执行工作都集中在瑞领导的办公室。瑞还努力把评估工作嵌入政策过程,一方面他让评估结果影响住房和城市发展部的财政预算安排,另一方面他也和美国预算管理办公室以及参众两院的住房委员会充分了解和利用住房和城市发展部的政策评估结果。应该说,这段在卡特政府为期 27 个月的工作经历让瑞受益匪浅,不仅帮助他真正地了解政府运作,而且也成为他人生中一笔宝贵的政治资本。

1981 年,瑞在重返城市研究所的第二年开始担任住房和社区发展中心的主任。美国智库所谓的"中心主任"不是一个轻松差事,不仅要管理项目的经费使用,还要负责项目质量控制等各项管理工作;同时,因为智库对各中心经费独立的期望,中心主任也要承担繁重的筹款任务。1983 年,瑞成为城市研究所国际行动者中心的主任,负责开拓国际咨询市场,到 20 世纪 90 年代,这个中心的执行合同金额已经高达 6 000 万美元,而此时瑞手下只有一位全职行政雇员和 10 多位咨询顾问。

1987 年到 1991 年,瑞兼任世界银行印度尼西亚住房政策研究项目主任,他在常驻雅加达一年多的时间里,与印度尼西亚住房部和世界银行合作,设计了印尼城市住房数据调查系统,在印尼 9 个城市开展现场调研,获取了第一手数据。据此他带团队完成了印尼住房政策研究报告,并正式出版,这个报告影响了印尼 20 多年的住房政策决策。

1992 年至 1998 年,瑞又转战莫斯科,担任美国国际发展署援助的俄罗斯住房改革项目主任和财务主任,这个项目总经费 3 300 万美元,中期成果曾经被美国审计总署列为极为成功的国际援助项目,事后审计工作也获得高度赞扬。瑞在莫斯科完成了办公室组建,招募了俄罗斯籍研究人员和行政人员,建立了美国城市研究所的经费支出的记账和档案记录系统,这在无法使用支票的俄罗斯来说其实是一套现金开支和银行转账系统,并且毕马威对该系统评估后给予了充分认可。1995 年,瑞还在莫斯科指导 6 位高级研究员创立了城市经济研究所,在美国国际发展署项目结束后的十年里,这家智库实际上是美国城市研究所的下属机构,至今仍在影响俄罗斯的住房政策。在从城市研究所退休的前一年,瑞还曾担任美国国际发展署埃及财政服务项目的财务主任,为 3 000 多万美元经费建立了稳固的管理制度。而退休后的瑞仍继续在智库界发挥影响力,他回到故乡附近的芝加哥大学全美舆情研究中心(NORC)做了 6 年高级研究员,直到 2012 年才正式脱离全职的研究工作,兼任华盛顿发展绩效研究所的非驻院高级研究员。

瑞的大部分职业生涯都在美国城市研究所,这家号称中立的智库,政治立场实则偏左。2019 年总收入 1.25 亿美元,其中来自联邦和各级政府的研究合同收入占 28%,来自基金会的经费占 44%,公司委托项目收入占 17%。这样规模的智库在华盛顿也算智库中的翘楚了。不要忘记,当 1972 年瑞加盟这家智库时,城市研究所才成立 4 年,可以说瑞也是城市研究所的奠基人和立下汗马功劳者之一。

瑞的专业成就体现在丰厚的学术成果上。他自己认为最重要的专业成果是他和克里斯廷·莫尔斯(Kristin Morse)合写的教科书《有效发展的政策分析:增强转型经济体》。他的论文和出版物大致可以分为四个主题:第一是关于社会救助和公共行政的,有 28 篇,时间跨度从 1973 年到 2008 年;第二是关于中小企业金融和小微金融的研究,有 3 篇,时间跨度从 2006 年到 2011 年;第三是关于住房、按揭和城市研究,这部分成果最为丰富,其中编著 23 部,完成的研究报告 26 篇,期刊论文和会议论文共 109 篇;第四是关于智库管理研究的成果,其中图书 8 种,包括日本智库研究 1 本,苏联智库研究 2 本,《智库管理》两个不同版本,《完善智库管理》1本，还有2项即将出版的智库著作。我们课题组曾翻译引进了他的2部著作，分别是由江苏人民出版社出版的《经营智库》，以及由南京大学出版社出版的《完善智库管理：智库、"研究与倡导型"非政府组织及其资助者的实践指南》。除8种著作外，他在智库领域还发表了13篇期刊论文，以及在On Think Tanks网站发表博客文章12篇。

如果从1965年读博士算为他学术生涯的起点，迄今56年，瑞累计完成学术论文和学术随笔165篇（学术博客只占12篇），编著31种，研究报告26篇，平均每年完成3篇论文，0.55部著作，0.46篇研究报告，可谓勤于著述。

瑞还担任多家智库和基金会的顾问或者学术委员会委员，包括亚美尼亚埃里温城市可持续发展基金会顾问、蒙古政策发展研究所顾问、科威特海外舆情调查与统计中心顾问、莫斯科城市经济研究所董事会董事、阿拉木图法律政策研究中心顾问、布达佩斯大都市研究所学术委员会主任、全美住房和再发展协会国际委员会高级会员。他还是《国际住房政策学报》等8家学术期刊的副主编或者编委。在1978年至1993年、2010年、2020年，瑞曾分别入选《美国名人录》。此外，瑞在政府担任副助理部长时期曾先后10次出席国会有关住房政策的听证会，在卸任并重返城市研究所以后有8次出席国会听证会。他在邮件中特意强调，国会听证对于智库专家而言不仅是影响政策制定的直接机会，而且是一种巨大的荣誉。国会听证会找的专家都是在全美某个领域最知名的专家，出席国会听证会的专家一般先用5分钟做陈述，然后就是议员的咨询和质询，通常都是相当专业和犀利的问题。

至此，在给瑞做了一个粗略的"画像"后，可以做一个简单的总结。应该说瑞是一个非常典型的美国智库学者，包含以下几个要素：（1）学术上著作等身，在城市经济学，特别是城市政策分析领域有着遍及全球的学术影响。论著和各种学术头衔最能说明这一点。（2）政治影响力。通过旋转门机制，进入政府担任司局级领导，熟知政府的运转机制，之后又重回智库工作。（3）广泛的国际影响力。利用美国在全球的话语优势地位，配合美国国际发展署和世界银行援助活动，对印尼和俄罗斯的住房政策产生了积极影响。

瑞对于自己从事了一辈子的智库事业是有感情的，也花费了一部分精力反思总结美国的智库。美国智库本身是民间社会的一部分，是美国社会影响政府政策的渠道之一，也是政府利用社会，特别是学界开展政策咨询的机制。美国智库依托的宏观体制机制和法律环境比较完备，美国没有专门的智库法规，依靠国内税法典501c（3）条款就构建了智库的法律基础。一方面，凡是要享受税收豁免的非营利性政府组织，必须坚持非营利性质，不能从事营利活动，这把智库和咨询公司区分得很清楚；另一方面，990表规定智库必须向社会披露收入与支出，必须公开智库主要负责人的收入，从而抑制智库负责人过高的收入。当然，美国智库会有种种办法规避501c（3）条款的影响，但是大体上美国是把智库作为一类NGO组织来管理的。因此，瑞的智库研究不关心美国智库的宏观体制，但是他和我合作的一篇文章也指出，美国智库越来越明显的政治化趋势已经破坏了中立甚至非营利的立场。

正如前文所讲，瑞的智库研究有半个世纪的实践经验做基础，他的智库管理研究才能抓住关键问题，没有过多关心智库外部发展环境，而是聚焦智库内部管理，比如人员招募和管理激励、财务管理、研究质量控制、员工培训等等。缺乏智库从业经历的智库研究者往往隔靴搔痒。我为一些期刊审稿时，经常遇到对智库实务没有一点了解的投稿者提出的框架、模式和指标体系，看上去很学术、很理论，其实对智库起不到一点指导作用。对于这样的文章，我往往建议作者先去智库做点切实的现场调研。而基于经验和经历是瑞的智库研究的一大特点。他是城市研究所的元老，身兼多个中心主任，在雅加达和莫斯科都操盘过数千万美元的政策研究援助项目，因此，他对智库的管理有切身的体会。早在1993年，瑞和另外两位专家在城市研究所出版社合作出版了《日本智库：寻找可替代模式》一书，1999年，城市研究所出版社出版了他的智库研究新书《重建批评：前苏联智库》。这两本书算是他对国际智库的研究和反思。然后瑞聚焦智库内部管理。2002年，布达佩斯的中欧大学出版社和美国城市研究所出版社联合出版了他的《智库管理》（*Managing*

Think Tank),这本书大获成功,2006 年此书第 2 版面世,先后被翻译成俄文、印度尼西亚语、阿拉伯语和中文。中文版就是我们课题组翻译的,2015 年在江苏人民出版社出版,当时徐海总编为了利于市场销售坚持改名为《经营智库》。2015 年,瑞在华盛顿发展绩效研究所(R4D)的资助下,在华盛顿特区的米勒城市出版社(Mill City Press)出版了《完善智库管理》(*Improving Think Tank Management*),这本书在出版后第二年就被我们课题组翻译引进,南京大学出版社以很高的编校质量出版了这本《完善智库管理:智库、"研究与倡导型"非政府组织及其资助者的实践指南》,全书 12 章,50 余万字,可谓鸿篇巨制。

瑞把智库的管理分为三个发展阶段,分别是基础管理、完善管理和卓越管理,他用三个词组区分:managing management、improving management 和 strong management。他已经完成了三部曲的前两本,根据他的意思,我把我们的文集命名为《现代智库卓越管理与国际化》,希望能在一定程度上弥补他的三部曲在短期内难以完成的遗憾。智库基础管理要把智库 HR 管理、财务管理、课题管理、文档管理等主要环节抓住,做到有章可循,做好日常管理。完善智库管理阶段除了基础管理外,还要把人员激励、研究咨询体系、IP 品牌与营运、公共关系与传播、知识管理与数据库等等纳入智库管理的范围。而到了卓越管理阶段,智库应重视组织文化建设,追求自我驱动的组织文化,追求创新的组织文化,追求以人为本的组织文化,追求持续学习的组织文化,追求协同协调的组织文化,追求价值观引领的组织文化。瑞曾告诉我他非常困惑的一件事就是,经常有中国的智库从业者要他介绍美国智库如何认定智库成果,如何考核研究人员绩效。但据他所说,美国那一批顶级智库的研究员往往都是美国相关领域非常著名的专家,都是一批有自我驱动力的人,这些专家根本不是因为别人督促或者金钱激励才去做研究。同时,能在美国智库沉下来做研究的年轻人往往毕业于政治学或者国际政治学专业,一般都志存高远,希望通过旋转门步入政界,并不会太介意薪酬,仕途激励往往大于经济激励。其实,这类顶级智库正是卓越管理型智库的典范。

我觉得智库管理三境界说对我国智库管理很有启发意义。我们大部分智库的基础管理尚未做好，完善管理刚刚起步，卓越管理凤毛麟角。的确，中国智库如果管理过于粗放，那么智库建设终究是走不远的。我们这本书提出了智库卓越管理的命题，但是我们没有给出完整的答案，希望智库界同行一起努力寻求答案。

本书的另外一个主题是智库国际化。关于提升中国智库国际影响力，瑞提了很多具体的意见，很有启发意义。读者可以阅读本书中他写的这组文章。下面我谈谈自己对这个问题的一些看法。智库国际化是中国智库难以回避的使命。中国如何向世界传达中国的善意，如何向世界表达中国的人类命运共同体的世界大同关切，如何向世界传播"中国之治"的经验？这些主题都和智库国际化息息相关。我国智库的国际化大致有以下几个维度：（1）国际大牌智库期刊上的发文量；（2）国际媒体上的曝光度；（3）国际智库界的活跃度；（4）国际组织中的参与度；（5）对全球议程的设置能力；（6）对外国政府战略和政策的影响力。如果从这六个视角去衡量，我们的智库国际化还有漫长的路要走。

首先，我们必须明确，提升中国智库国际影响力的必由之路是走向世界，向世界开放。中国已经是世界第二大经济体，世界无法同中国脱钩，中国也无法和世界脱钩，我们要影响世界不能光靠工业制成品，还要靠思想、靠数据、靠信息，靠我们的各种文学艺术IP和知识产权。我国智库要和全球智库界保持联系，建立密切的学术交流。

其次，要承认英语是事实上的国际工作语言，英美和欧洲智库天生具有国际沟通和传播的优势。我国绝大多数的智库都只能以中文为工作语言，如果我们只满足于本地和本国的影响力，那么没有问题，但是一旦我们追求国际影响力，语言就成为沟通障碍。原因是西方政策圈、智库圈掌握中文的人凤毛麟角。中国理应让世界了解中国，首先是了解中国的思想，其次是政策，是更重要的关键数据、信息和资料，因此我们要把智库的旗舰报告用双语出版，让世界不仅知道我们的观点，也了解这些观点产生的背景、事实、信息和数据。

最后，要用国际社会熟悉的形式推动智库国际化。比如，设立一批旨在提升全球影响力的基金。2019年夏天我去欧洲访问，和当地的智库同行交流，他们很羡慕中国智库经费充裕，我们应该设置一些让全球智库都可以申请的研究基金。我们还可以设立一批旨在提升智库全球影响力的奖项，设置一批高规格的国际人文科技交流奖，鼓励表彰西方友好人士。我们的智库也应该设立一批面向国际雇员的智库研究岗位，推动赴国际组织实习与任职，研发一批旨在影响全球的指数、排名和数据库产品。

我写这篇序，并非想为瑞树碑立传。我的智库研究是从翻译他的著作开始的，这6年来我们也断断续续有些新合作，他也经常给我推荐一些新出版的跟智库有关的书籍，《思想产业》就是他在第一时间推荐给我的，我们课题组引进翻译，在2019年的文化思想界引起很大反响，入选《新京报》的2019年度阅读推荐榜。因此，在智库研究上，说他是我的老师也不为过。关于本书的署名，我建议把他放在前面，他却坚持把我放在前面，而且宽慰我说，美国学界对这种并列署名一般认为各自贡献是相同的，他的善意深深打动了我。我相信，中美关系即使回不到过去，仍然有一批真正秉持人类命运共同体理念，希望中美共同发展的美国学者和中国学者，这是中美关系回暖的希望。瑞就是这样的美国学者，也是真正的智者。

李 刚

2021年1月21日子夜于兰之堂

目 录

第一部分 现代智库建设与研究咨询

1. 智库嵌入式决策咨询服务模式 / 003
2. 智库接受外部能力建设辅导项目评价 / 014
3. 基于循证的智库应急决策咨询模型研究 / 044
4. 基于项目学习模式的智库团队建设 / 064
5. 关于加强高校新型智库建设若干问题的思考 / 081
6. 企业智库：范畴、职能与发展策略 / 092
7. 智库知识体系制度化建构的进程与路径 / 104
8. 国家政策与学术前沿的嬗变——2016年前后智库研究文献的比较分析 / 125
9. 从"学者"到"参谋"：社科院专家的治学范式转变 / 147

第二部分 至关重要却常被忽视的智库管理活动

10. 智库研究项目文件与数据的归档问题 / 169
11. 面向内部利用的智库文件管控框架研究 / 178
12. 监控研究项目成本——智库高管面临的挑战 / 197
13. 赞助者向智库提供资助的最佳做法——参考实际间接费率 / 205
14. 智库研究项目顾问的管理实践 / 214
15. 智库员工外部培训管理框架 / 227
16. 确保智库雇用了合格的研究人员——防止简历造假 / 235
17. 充分发挥研究人员专业发展奖励组合的激励作用 / 250

18. 员工绩效评估模式的主要进展：哪一种最适合智库？/ 260

19. 新型智库传播现状与优化策略研究

　　——基于 CTTI 来源智库媒体影响力的实证分析 / 269

20. 中国智库应避免"标准包"的沟通方法 / 288

21. 项目后"参与"带来政策增值影响力 / 296

22. 政策简报：未得到充分利用的沟通工具 / 311

第三部分　智库国际合作

23. 中国智库索引项目的三份报告介绍 / 321

24. 中西方智库国际化的模式与路径 / 325

25. 中国智库日益增长的海外影响力

　　——如何同海外当地智库展开密切合作 / 341

26. 以国际智库为来源的开源情报评价框架研究 / 370

27. 转型期国家和发展中国家政策研究组织成功的关键 / 391

第一部分
现代智库建设与研究咨询

1. 智库嵌入式决策咨询服务模式*

摘　要：引入"嵌入式"概念解释智库在决策咨询服务中既保持相对独立性，又深入政府决策咨询全过程的服务模式。分析嵌入式决策咨询服务的四种模式，即政策过程嵌入、决策咨询流程嵌入、决策咨询场景嵌入、政策共同体圈层嵌入，寻求智库发挥"外脑"作用，与政府"内脑"协同研究的模式。智库做好嵌入式决策咨询服务要注重品牌宣传、准确定位自身服务层次，将重心下移，产生多样化的智库产品及传播渠道，并重视质量控制和文档管控，在增强自身实力的同时注重提高服务意识，解决好政策研究与决策咨询服务的衔接问题，发挥新型智库在治国理政中的作用。

关键词：智库；嵌入式决策咨询；智库服务模式

2013年4月，习近平总书记做出重要批示，提出建设一批有国际影响的中国特色新型智库。2015年1月，中共中央办公厅、国务院办公厅印发了《关于加强中国特色新型智库建设的意见》。同年11月9日中央全面深化改革领导小组第十八次会议通过《国家高端智库建设试点工作方案》，国家高端智库建设试点工作启动，25家机构入选首批高端智库。党和国家领导人高度重视智库在治国理政中的作用，为我国智库建设工作蓬勃发展提供了动力和支持。截至2018年底，"中国智库索引"系统共收录706家智库，11 992名专家，涉及活动17 878场、成果115 421项[1]。我国智库

---

* 本文系教育部哲学社会科学研究重大课题攻关项目"推动智库建设健康发展研究"（项目编号：17JZD009）研究成果之一。

快速发展的同时，也面临着如何通过高质量服务形成持久影响力和品牌等问题。2016年，习近平总书记指出"智库研究存在重数量、轻质量的问题，还有的流于搭台子、请名人、办论坛等形式主义的做法"。经过五年的发展，我国智库数量和智库从业人员数量猛增，全社会智库意识明显增强，新型智库建设工作取得了显著成效，但也暴露出了一些问题。由于我国智库多为高校智库和社科院智库，虽然智库学者学术背景深厚，但主动服务意识薄弱，与政府内部政策研究部门和官员缺乏深层、畅通的信息沟通，造成智库的对策研究和政府内部政策研究脱节、咨询业务供需信息不对称等问题。下一阶段，对于中国特色新型智库切实服务于国家建设的方式应该有更多的思考。

1 嵌入式智库服务概念

"嵌入"的概念最初由人类学家波兰尼（Karl Polanyi）提出，用于解释经济社会现象，波兰尼认为经济行为是镶嵌在社会关系中的[2]。随后几十年，"嵌入"的概念被广泛应用在军事、科技、教育、社会等多个领域。2006年，我国图书情报领域提出"嵌入式"学科服务，用于确立图书馆与用户之间的新关系。嵌入式学科服务通过图书馆员嵌入用户过程和场景，有机地将图书馆的资源和服务与用户的需求相结合，抓住用户的需求点，主动根据用户的科研教学需求，提供即时、有效、有深度的信息服务与知识，直接支撑用户的科研与教学，与用户建立合作伙伴关系，充分实现图书馆的功能与价值[3]。这种嵌入式知识服务用于解释智库与政府间的关系可以帮助理解智库的运行模式。目前我国智库决策咨询服务多集中在政策过程的前端，较少参与政策文本落地后的评估和反馈环节；智库产品也集中于内参、批示等形式，智库尚未与政府决策者、政策研究部门形成密切、强烈互信的"嵌入式"关系，智库服务很难深入政策形成的全过程并充分发挥自身的专业优势。对智库服务来说，其工作的重点是提供信息和咨询服务，使用"嵌入式"的概念解释智库与政府关系尤为恰当。智库的一个显著特性是保持相对独立性[4]，但是咨询服务又要求智库融入咨询服务的服务全过程。嵌入式智库服务能够解释智库既保持独立身份又整体融入咨询服务中的立场。

2 智库嵌入式决策咨询服务模式

嵌入式决策咨询服务要求智库在保持独立性的基础上全程参与以嵌入决策咨询体系中去,否则咨询服务将无法有效开展。但全程嵌入不代表智库与政府互相影响、不可分割,最后发展成一个新的有机体,那样意味智库最终将成为政府内部的研究室,不再是一个独立的决策咨询机构。嵌入式决策咨询服务是指智库作为政府的"外脑",与政府的"内脑"(政府内部政策研究部室)协同工作,嵌入政府政策研究的全过程的咨询服务方式。嵌入式决策咨询服务主要包括政策过程嵌入、决策咨询流程嵌入、决策咨询场景嵌入、政策共同体圈层嵌入等四种模式,其理论框架见图1。

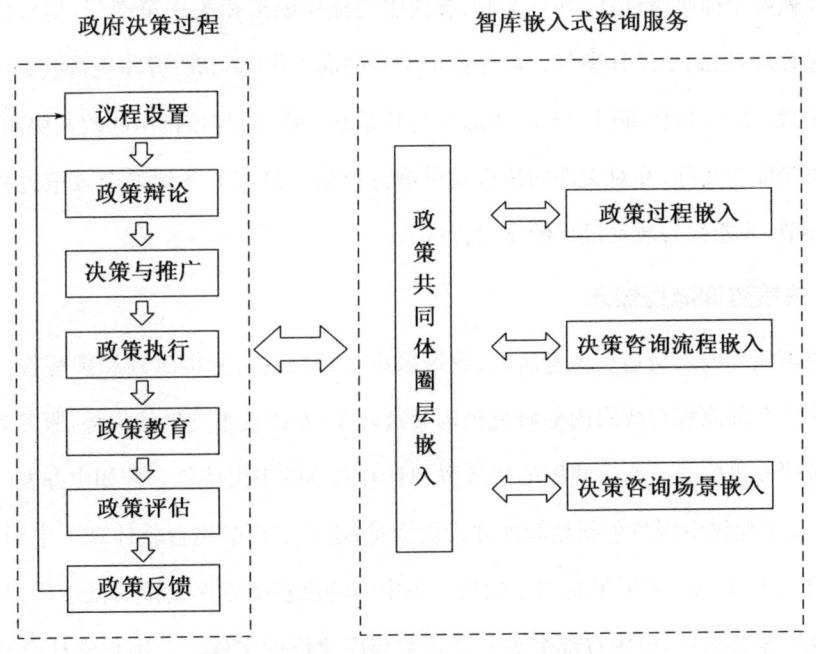

图1 智库嵌入式决策咨询服务理论框架

2.1 政策过程嵌入

公共政策的基本理论之一是政策过程论,该理论认为政策过程是一个循环(circle),政策的制定过程包括议程设置、辩论环节、决策与推广、政策教育、政策评估和政策反馈等环节[5]。目前我国多数智库的工作并没有嵌入政策咨询的整个过程。智库过于关注议程设置和决策环节。绝大多数智库对其他环节如后续的政策执行和评估环节的重视还远远不够。比如我国典型的公共政策计划生育一胎化政策,早在20世纪末,多次抽样调查或者人口普查数据显示我国已进入低生育水平时代,此后近十余年学术界一直就生育政策调整进行讨论[6],但直至2015年10月我国才全面开放二胎政策。虽然很多专家对二胎政策做了预见性的评估,但由于评估影响不够大,导致开放二胎政策延宕了较长周期,错过了出台的最佳时机,我国育龄人群的生育意愿下降[7],全社会面临一系列用工、医疗、教育、社保等社会阵痛。这个案例提醒智库要做好全面政策评估,并且及时、有说服力地反映给相关决策部门,构成完整的政策过程环,做到全过程参与。领导批示不是咨询工作的完成,智库应持续关注领导将这个批示转至具体部门、委局,跟踪并与其紧密合作,参与该批示的政策协商环节,直至决策成为文件,并对文件的执行效果进行评估。只有关注到整个政策过程的每一个环节,才能称为政策过程的全过程嵌入。

2.2 决策咨询流程嵌入

决策流程嵌入是指在调查研究、数据采集、数据分析、分析研判和撰写报告等决策咨询的全部流程与政府内部研究机构紧密合作,发挥技术支援的优势,服务政府内部政策研究机构的工作。我国的决策咨询具有典型的中国特色。例如中办发[2014]65号《关于加强中国特色新型智库建设的意见》这一文件的出台就体现了中国特色。2013年4月15日,习近平总书记做出有关中国特色新型智库建设的批示后,为全面贯彻这一重要批示,由中宣部牵头起草新型智库建设的文件。全国哲学社会科学工作办公室的有关同志做了几百场调研,几乎阅读完了当时能够找到的所有中外智库研究的著作和论文。该文件的出台也得到了很多智库机构的协助,从信息搜集开始,一些智库的调研团队到欧洲、美国、日本去调研智库,形成调研报告。对智库来说,不能等到需要文件出台的时候再参与工作,而是要在一项决策意向(idea)形成的时候就开始工作,与政府共同搜集文本信息,并全面搜集其他各种信息,分析研判后再做实地调研，最终的工作才是形成报告。真正专业化、可信赖、用得上、离不开的智库必须具备深度嵌入整个决策咨询流程的能力。假如把一个政策文本看成是一个生产过程，从产品设计之初，智库就应当充分利用自身专业水平和影响力，获得参与的机会，从开始调查研究，到咨询、讨论、文本起草等决策环节全程参加，甚至参与其后的文件写作工作，直至文件产生才能构成完整的决策咨询流程的嵌入。优秀的智库应当成为受用户信任、器重的智库，主动做到对整个决策咨询流程进行全流程嵌入。

2.3 决策咨询场景嵌入

决策咨询场景嵌入是指智库通过积极参加政府的调研活动、决策咨询会议、政策路演活动等，获得决策咨询活动现场感，全面了解政策产生的前因后果。简单地说就是智库和政府建立良好的互动关系，参与到政府的决策工作场景中去。这一点尤其重要。参与各种决策咨询会议便于获得更加精准的信息。如果智库专家不能参与到这些场景中，而是根据公开的文件和领导讲话来做研究，那势必会造成很多"误读"和"误判"。因此，嵌入政府的会议现场和调研现场非常重要。

2.4 政策共同体圈层嵌入

政策过程嵌入、决策咨询流程嵌入和决策咨询场景嵌入的一个重要前提是实现对政策共同体圈层的嵌入，即公共关系的嵌入。智库研究与单纯学术研究的一个重要区别是学术研究强调"板凳要坐十年冷""两耳不闻窗外事"，较少关注公共关系。但除少数具有保密性质的智库外，绝大多数智库都需要做公共关系。公共关系包含政府关系、产业关系、媒体关系及学术关系等，其中最重要的是政府关系。比如美国的旋转门机制[8]，美国智库里的很多研究员从政府部门退出之后到智库工作。美国的参众两院议员税后年薪15万美元左右，而马萨诸塞街上有的智库CEO年薪达到80万美元左右。有些参众两院议员通过旋转门机制到智库机构任职，将自身资源变现。而智库之所以愿意雇佣这些前两院议员，是因为他们背后深厚的政府背景、政府关系，例如美联储前主席耶伦现就职于布鲁金斯学会。所以说，优秀的智库要注重以多种形式与政府建立深厚的联系。

我国最典型的古代智库之一稷下学宫就有学者参与决策咨询的先例。作为齐国培养志士贤人的高等学府[9]，稷下学者"著书言治乱之事，以干世主"[10]，应政府之召，参与政策讨论。稷下先生中有七十六人"皆赐列第，为上大夫"[11]，但"不任职而论国事"，即不担任实职，只参与决策咨询发挥智囊团的作用。稷下先生还可以直接面见国君或权臣，与政府形成良好的互动关系。稷下学宫这种学术研究机构对接政府治国理政过程的模式和机制，对我国现代智库研究仍具有借鉴意义。一个合格的智库，必须深度嵌入党和政府的政策共同体，经常来往联系，及时了解政府近期会议内容及政策方向，掌握用户的信息需求。

3 智库嵌入式决策咨询服务模式实施路径

智库嵌入式决策咨询服务实践可以用一句话形容：前途是光明的，道路是曲折的。就我国智库而言，高校智库与社科院智库在数量上占大部分比重。迅速崛起的一大批智库中，智库研究人员多具有学术背景，缺乏客户至上的服务精神。而作为政府的"外脑"，智库与政府"内脑"也存在一定的竞争关系。"打铁还需自身硬"，智库嵌入式决策咨询服务还须打造自身实力和特色，做出值得信任和依赖的咨询服务，具备一定的前提基础，才能真正做到嵌入决策咨询全过程。

3.1 智库品牌宣传

智库机构和智库学者应注重和媒体的关系，打造智库品牌[12]，扩大自身的影响力。好的智库不应隐居山林或认为"酒香不怕巷子深"，智库不应成为"隐士"，而应抱有积极入世贡献社会的态度，创造出市场价值。打造品牌、提高影响力的具体方式，不应仅借助公众号等社交平台，也要重视主流媒体的作用。我国《人民日报》《光明日报》《经济日报》中央三大报形成的融媒体，将报纸和网络合二为一。比如《光明日报》和"光明网"是合二为一的，发表在《光明日报》上的文章，"光明网"也会第一时间推出。中央主流媒体之间乃至省级宣传部门的网络也是互通的。相当于发表在《人民日报》《光明日报》《经济日报》的文章，就有可能瞬间传播到全国主流媒体。所以智库要有意识地利用主流媒体，了解期刊、报纸等各类媒体的智库版并加以利用，扩大自身影响力。

此外，智库传播也要有自己的渠道，如建立自己的官方网站，而许多智库甚至还没有自己的官网或不重视官网的建设与更新。智库要建设品牌、扩大传播效果还要有自己的社交媒体传播通道，社交媒体对于智库的舆论引导工作尤其重要。

3.2 智库市场定位应"重心下移"

智库在不久的未来要充分利用嵌入式决策咨询服务以消除信息的不对称，真正嵌入政策全过程和决策制定的各个流程，实现自己的品牌价值，真正从传统的学术研究机关，转向现代智库，一个重要的途径是业务重心下移。首批建成的国家高端智库只有25家，那么对绝大多数的智库来说，是当出主意为主的"国师"，还是当以提供技术支援服务为主的"师爷"？如何在决策智力市场上定位自身成为亟待厘清的问题[13]。

清晰的定位才能打造核心竞争力。对于大多数智库来说，其核心竞争力不应只体现在写内参上，而要体现在做咨询、做规划、做数据、做项目评估方面，这才是新型智库未来安身立命、形成品牌的资本。清晰定位自身意味着绝大多数智库不应当"跟风"去追求当"国师"，因为国家已经有25家高端重点智库和13家高端培育智库，各省也已建成一批省级重点智库，这些智库的任务是"顶天"。大多数高校智库和社会智库的工作重心应放在"立地"上，市场定位和业务重心应该下移到当"师爷"，在智力市场业务层的下层发挥作用，做技术支援型的智库，形成自身具有的不可替代的硬能力。

实现"重心下移"最重要的入口是团队建设。一般情况下，高端智库由高级专家领衔，有很多闪耀的学术明星。但是对于业务重心下沉的智库而言，不能仅配备高级智库专家。例如，美国布鲁金斯学会约翰桑顿中国中心主任李成介绍布鲁金斯的人力资源建设经验时提到,一个专家或一个研究员配备 3 个行政人员,一个做研究助理,一个做行政支撑,一个做资金募集。所以智库的负责人或领导要清晰认识到,智库的团队建设要符合人力资源使用的规律,在聘请专家时需要配备助手,否则专家无法充分发挥作用。如果仅注重高级专家,忽略其他人员配置,很难建成高水平、专业化的智库。一个智库机构要具备独特的素质,一流的智库专家要具备政治家的眼光和手腕、科学家的严谨和洞察力、咨询师的口才和社交能力,有文字功底,还要有企业家的创新精神。这并不是指专家作为个人必须具备上述各项能力,而是说在智库团队建设时,要形成以智库专家为中心的专家团队,建成人才梯队,分工合作,以团队协作的方式进行决策咨询服务,在发挥各自所长的基础上形成高效率、专业化人才效应。

3.3 多样化的智库产品

　　智库服务主要是知识服务,智库产品产生过程也即知识生产过程。智库产品包括报告、文本类型的,也包括活动型的,例如智库会议就是一个智库产品。对智库来说,参与决策的全过程都可能成为决策服务的产品,比如研讨会议本身就是产品。因此,智库应树立产品意识,借鉴制造业或高端服务业中的产品生产或服务理念、流程和模式来做智库产品。智库产品绝不仅限于研究报告、论文、内参等,还应包含多种品类,有概念、有思路,更要有技术资源。因为政府有时候并不要求智库提供思路,也不需要方案,政府仅仅需要真实的数据。因此,智库要根据自身所长,开发多样化、符合客户需求的智库产品。做出好的智库产品之后,产品的管理同样重要。比如英国伦敦"国际战略研究所"发起的亚洲安全峰会(香格里拉对话)每年吸引亚太各国部长、军方参会,就是智库产品管理的优秀案例。

3.4 质量控制及文档管控

　　质量控制是智库品牌建设的基础。智库要打造品牌建成"百年老店",就要注重质量控制,严格控制智库产品的质量,这不仅包括研究报告等文本的质量控制,还包括会议会务等智库活动产品的过程控制,很多智库会议过程中出现这样那样的"小插曲",比如PPT播放问题、麦克风声音问题等,看似不大的问题却反映了质量控制能力不足。这些小问题也会影响到智库专业化的品牌形象和影响力。

文档管控是智库品牌建设不可或缺的环节。目前我国智库对于项目材料的管理还没有科学统一的工作方法[14]。许多智库由于挂靠在母体单位下,不具备独立的法人资格,也就没有单独的文档管控机构和人员。实际上,对一个智库研究报告或一个智库项目来说,从开始介入工作到工作推进全过程的活动记录和资料都具备保存价值,智库应设置专门人员和场所管理存放这些文件和档案(包括纸质的和电子的),将其按照一定的归档模式整理存放好,为下一次咨询工作做参考,方便备查。

3.5 完善的智库治理机制

经过近几年的建设,我国智库数量有了增加,但总体来说产业集中性和集群度较低,尚未形成各类型智库协调发展,"定位明晰、特色鲜明、规模适度、布局合理的中国特色新型智库体系"。从智库治理的角度看,我国的智库绝大多数不具有法人资格,在人财物的管理、资金来源、制度等方面依附于母体单位。多数单位尚未制定智库管理与服务的相关实施细则,智库在参与决策咨询工作时要通过母体单位对外进行交往。政府决策过程关于智库的作用和职能也没有明确的制度规定,导致智库在与政府内部研究机构进行信息交流时以何种身份参与、参与到何种程度等都没有明确的工作依据。政府的决策工作对于智库的依赖性较低。因此,应尽快落实智库与政府内部政策研究相互协调的机制,提高决策的科学性,以便智库能够顺利"嵌入"政策咨询工作,实现决策研究与对策研究衔接。这样一方面可以提高政府决策的科学性,另一方面,畅通的信息交换渠道可以让智库人员得到滋养和提高,了解政策的方向和信息需求,更好地参与到国家治理中去。

4 结 语

经过五年的中国特色新型智库建设实践,我国的智库数量有了很大的增长,新型智库成为推动国家治理体系和治理能力现代化的重要路径。下一阶段,智库建设的重心是要解决浮于表面,注重形式传播的问题,发挥自身优势,切实做好咨询服务。嵌入式咨询服务模式旨在准确定位智库与政府、智库与政府内部政策研究部门的关系,解决政策研究与对策研究衔接问题,最终发挥"内脑"与"外脑"协同研究咨询效果。

参考文献

[1] 王斯敏,张胜,底亚星,等."2018中国智库治理暨思想理论传播高峰论坛"举行[N].光明日报,2018-12-23(03).

[2] 刘颖.嵌入式学科服务创新模式研究:基于嵌入性理论的思考[J].图书情报工作,2012,56(01):18-22,59.

[3] 初景利,孔青青,栾冠楠.嵌入式学科服务研究进展[J].图书情报工作,2013,57(22):11-17.

[4] 李刚,关琳,陈媛媛.美国智库"独立性"拷问[N].光明日报,2015-06-17(016).

[5] 魏姝.政策过程阶段论[J].南京社会科学,2002(03):64-69.

[6] 翟振武,张现苓,靳永爱.立即全面放开二胎政策的人口学后果分析[J].人口研究,2014,38(02):3-17.

[7] 庄亚儿,姜玉,王志理,等.当前我国城乡居民的生育意愿:基于2013年全国生育意愿调查[J].人口研究,2014,38(03):3-13.

[8] 王莉丽.美国智库的"旋转门"机制[J].国际问题研究,2010(02):13-18.

[9] 孙培青,杜成宪.中国教育史(第三版)[M].上海:华东师范大学出版社,2009:56.

[10] 蒋叶红.论高等教育如何对接社会政治生活:基于稷下学宫的研究[J].高教发展与评估,2018,34(03):36-41,114.

[11] 白奚.稷下学研究:中国古代的思想自由与百家争鸣[M].上海:三联书店,1998:159.

[12] 甘琳,李刚.IP建设是提升智库品牌竞争力的关键[J].出版参考,2018(09):12-16.

［13］李刚.创新机制、重心下移、嵌入决策过程：中国特色新型智库建设的"下半场"［J］.图书馆论坛，2019(03)：29-34,41.

［14］吕元智.面向新型智库建设的档案知识服务工作发展对策研究［J］.档案学研究，2018(05)：33-38.

（作者：李刚，郭婷婷。本文发表于《智库理论与实践》2019年第2期。）

2. 智库接受外部能力建设辅导项目评价

引 言

政策研究组织(Policy Research Organizations,以下简称 PROs),或称智库是旨在通过政策分析和政策倡议改进政府绩效的机构。很多智库专家认为,大量案例证明转型期国家和发展中国家的许多智库已经成为当地高质量政策分析报告的主要来源,它们的研究与咨询深刻影响了政府的政策制定过程(Brookings Institution, 2007; Kosack, Tolmie, Griffin, 2010)。与此同时,政策研究界和智库界认为,大部分政策研究机构的政策研究效能可以通过能力建设得以提高。

能力建设辅导由多个旨在提升个人和智库能力及机构效能的活动构成。布拉热斯库和扬(Blagescu & Young, 2006)考察了部分社会组织(Civil Society Organizations,以下简称 CSOs)利用循证研究影响政策过程的能力建设措施,这些措施被国际非政府组织培训和研究中心概括为智库机构建设的"最佳实践"(International NGO Training and Research Centre,简称 INTRAC, 1998)。能力建设需要做到下述方面:

- 广泛参与并根据当地情况制定议程。
- 干预措施应当建立在现有能力之上。
- 参与能力建设的政策研究组织必须乐于学习、勇于变革。
- 能力建设是一项长期投资。
- 不同层次的活动必须加以整合以解决复杂的问题。

"广泛参与"这一要素涉包括政府官员、政策制定者、政策倡导组织和智库本身。如果政府官员无法领会智库的政策研究活动及其背后的原则和理念,他们就很难接受智库推荐给他们的政策方案和行动建议;因此,政策共同体的各种类型的组织协同寻求政策变革比智库单独求变更加行之有效。

尽管智库捐助圈都认同能力建设项目的重要性,并且资助了多个能力建设项目,但出人意料的是,对各种能力建设项目的有效性评估则几乎无人重视。本文旨在讨论丰富指导性项目影响力评估的可选择性(而非项目对某个智库的影响),并聚焦了两个极其重要的问题:一是如何提升政策研究成果的质量,二是如何提升智库在政策研究市场的竞争力。影响力评估的目的在于厘清某项政策干预措施的净效应(也就是该措施未受其他过程或事件影响的结果),这些过程或事件也可能影响该政策干预措施实行中的行为与环境(Rossi, Freeman, Lipsey, 1999)。评估手段分为定性和定量两种。

为做好铺垫,"指导性项目评估实践"这一部分概述了五个指导性项目,并就其中四个项目的评估要点进行介绍,明确了截至 2008 年之前的评估情况,即在本文所提出的新思想之前的评估情况。本文第二部分"指导性项目评估的再思考"讨论了全面加强指导性项目质量这个一般性主题,着重讨论了排除非项目影响的困难。第三部分"衡量关键成果"侧重于评估上述两项成果,并介绍了两项正在进行的基线评估,这些评估都运用了同一种方法。最后一部分进行了总结。

1 指导性项目评估实践

近年来,PROs 已经启用多种能力建设项目。本文的研究重点是评估一系列范围有限且明确的多国能力建设项目。这些项目包含以下特点:

- 关注建设机构内部能力,而非培养单个学者的能力;
- 项目目标不局限于完成研究项目,还包括其他内容,比如机构的制度建设能力；

- 在所有参与的机构中，项目应用具有充分一致性，即拥有一套明确统一的模式；
- 项目可以在未来多年不间断为机构提供财政和技术援助；
- 项目以影响公共政策为主要目标。

以上特点的总结基于两个重要原因，一是它们与赞助者所持的共识相符，他们认为指导性项目设计可以为 PROs 带来最重要和最持久的影响；二是因为该类项目在多国实践中已取得可观成绩，这表明了项目具备极大的灵活性（International Development Research Centre [IDRC] & Hewlett Foundation，2007）。

选择能力建设项目进行审查时应基于以下假设条件——机构发展程度达到基础水平，即机构有 6—10 名全职研究人员，已经运行数年，且发展前景良好。这一规模的机构已拥有一定程度的业务专攻能力（已经成型或是正在发展之中），帮助其发挥关键作用的系统也正在开发当中。这一发展阶段对应斯特鲁伊克（2006）在其关于智库管理的著作中所称的第二阶段。

第二项审查是要排除不属于制度建设项目的个人能力建设项目，即排除为个人获取国内外高等学位所提供的帮助、为个人提供去高层次机构实习的机会，以及其他的类似举措。将一些项目排除在审查之外，是为了让本文研究更加聚焦，比如，非洲经济研究中心（African Economic Research Center）等机构提供的项目在改善政府绩效和政策制定方面发挥着重要作用，但它仍被排除在审查之外。

本文的目标是审查和评价类似项目，而非对不同种类的项目进行全方位评估。在审查过程中，笔者查阅了诸多项目的相关文献，并考虑了项目是否涵盖了某些特殊要素，这些内容对本文范例的选择产生了重要影响。下文首先会对项目进行简要讨论，随后会详述评估内容。（有些项目可能在审查之后发生了一些变化，感兴趣的读者可以登录项目官网查看。）

1.1 项目概述

这些项目可以大致划分为两类：第一类是为 PROs 提供援助的专题型项目，比如国际预算促进会（International Budget Partnership，以下简称 IBP）[①]为其提供的全球性项目；第二类是为 PROs 提供援助的非专题型项目。这两类项目都优先考虑对政策决策产生积极作用的成员机构。非专题型项目通常会将能力建设作为整体提高 PROs 决策能力的工具，而专题型项目更直接地关注改善某一特定领域的决策，比如预算或支出透明度。

表1描述了两类项目中五个代表性项目所具有的特性。其中，专题型项目包括国际预算促进会和美国纽约财政观察研究所（Revenue Watch Institute，以下简称 RWI）提出的方案；非专题型项目包括美国国际开发署在波斯尼亚开展的项目及其在阿塞拜疆（Azerbaijan）地区推广的项目（以下简称 USAID-BiH），国际发展研究中心（International Development Research Centre，以下简称 IDRC）的智库倡议项目（Think Tank Initiative，以下简称 TTI），以及非洲经济研究所秘书处（Secretariat for Institutional Support for Economic Research in Africa，以下简称 SISERA）提出的方案。

表1 政策研究组织和国际监管组织援助方案的要素

要素/模式	方案				
	非专题型方案			专题型方案	
	USAID-BiH[a]	SISERA[b]	TTI[c]	RWI	IBP
A. 项目要素 指导受资助的研究项目[d] 　根据提交的申请做出资助决定和系列项目资助	C			C	C

[①] 该组织专注于为政府收支工作提供指导。

（续表）

要素/模式	方案				
	非专题型方案			专题型方案	
	USAID-BiH[a]	SISERA[b]	TTI[c]	RWI	IBP
在获得资助（或指导）前，对申请项目进行多方面实质性探讨		C	C	C_e	
改善分析技能					
为资助项目配备导师	C	C			C
为项目研究提供培训活动	C	C	O	C	C
为培训研讨会或其他形式的培训提供资助			C		C^f
为部分分析内容提供指导					
国内深造支持		C		O^g	O
国外深造支持		C			O
国内实习					
国际实习		C			O
机构发展					
制度建设管理建议[h]					
现场定制	C	C	C		C^i
研讨会	C	O	O		
硬件[j]及软件[k]			C		
由研究项目资助		C^l		C	O
由机构自行资助	O				
可持续性					
供给侧					
提案和战略研讨会		O			C
为提案提供技术援助		C			
需求侧					
为议员或政府工作人员提供能力建设活动，或让他们参与社会组织的培训	C			C^m	
以直接或间接方式说服政府采购更多PROs分析报告以支持政策发展	O				

(续表)

要素/模式	方案				
	非专题型方案			专题型方案	
	USAID-BiH[a]	SISERA[b]	TTI[c]	RWI	IBP
沟通结果					
对政策制定者和利益相关者来说					
研究项目需要提供明确的、经过仔细审查的计划方案	C	C		C	C
培训研讨会	C			C	C
当研究结果逐渐明确时,要举行现场讨论和交流	C	C	C	O	C
对同行来说					
多家机构参与交流活动,以建立社会网络		C		C[n]	C
对于双方来说					
为出版物设置网页					
设置互联网资源中心				C	C
现金支持("整笔赠款")					
针对特定目标				C	
针对特定支出计划		C		C	
无条件资助					
B. 项目组织(Y/N)					
地理位置					
单一国家	Y[a]				
区域性,多国家		Y			
多地区,多国家			Y	Y	Y
结构					
所有机构统一方案安排	Y	Y			Y
根据机构需求进行定制			Y	Y	
焦点话题					
聚焦话题,如预算分析				Y	Y
开放讨论一系列话题	Y	Y	Y		

(续表)

要素/模式	方案				
	非专题型方案			专题型方案	
	USAID-BiH[a]	SISERA[b]	TTI[c]	RWI	IBP
组织关注焦点					
关注最有能力的人	Y	Y	Y	Y	Y
关注广泛					
制度发展举措					
现场诊断	Y[o]	Y[o]	Y	Y[o]	Y[o]
依赖受助方提出建议		Y			
培训话题					
基于报告评论的研究方法	Y				
就培训项目内容咨询受助方	Y	Y	Y	Y	Y
核心初始培训项目；后期定制培训项目	Y			Y	Y
评估					
项目总体影响力	Y[p]		Y	Y[q]	Y
项目过程评估		Y[r]		Y[q]	Y
项目对单个机构的影响，包括政策影响方面			Y		Y
方案资助[s]					
总数	2 137[t]	11 107[u]	NA	4 370[v]	4 261[w]
（年均）	—569	—1 863		—	—
合作组织资助	354	1 902		2.91	2 471
培训和监管支出	1 783	6 592		291	852
杂费		2 731		1 164	852

注释：C 表示 1/4 方案核心要素；O 表示 1/4 方案可选择要素，部分情况包括在内。

[a] 项目的某些部分运用于阿塞拜疆。

[b] 非洲经济研究所秘书处，由国际发展研究中心发起。

[c] 休利特基金会、盖茨基金会和国际发展研究中心；2008 年年初启动。

[d] 竞争性奖励及非竞争性奖励。

e 批量授权为年度制。

f 合作伙伴可以灵活选择培训内容。

g 游学及大学课程。

h 包括人力资源、质量管控、杂费率、与董事会开展工作和组织架构等等;可能包含对基础条件建立的现场诊断。

i 重点关注战略规划。

j 信息技术、图书馆、家具、建筑物品采购。

k 例如,为网站建设、图书出版活动提供资助。

l 对可供支出的部分有指导原则可参考。

m 目前活动数量较少,计划增多活动量。

n 由核心成员、美国纽约财政观察研究所成员及董事会成员组织年度会议。

o 还未在基线层面实现,但已列为援助的部分内容。

p 采用资助设计的影响评估。

q 2007 年秋季启动。

r 采用事后评估

s 数据以 2006 年千美元计。

t 从 2004 年第三季度开始,期限为 3.75 年。

u 期限为 1997—2003 年;按 2005 年汇率从加拿大币换算成美元。

v 2007 年数据,以 2006 年美元计。

w 2008 年数据,以 2006 年美元计。在培训、二次资助或行政中未包含的方案全部算在总数内。

　　自 1997 年起,国际预算促进会就与转型期国家和发展中国家展开了合作,致力于研究预算决策对低收入人群的影响。该项目旨在使预算决策体系与社会需求更加匹配。国际预算促进会还为其他合作机构提供了广泛多样的培训项目,以提高其处理预算分析及其他相关问题的能力。某些区域性合作机构具有更加丰富的经验,他们也为当地的其他机构提供了指导和支持。公开预算指数(Open Budget Index)是国际预算促进会首屈一指的成果,它可以对全球 59 个国家的预算信息透明度进行比较分析（自 2008 年起，国际预算促进会的诸多项目发生了显著改变，参见 www.internationalbudget. org）。

自 2002 年起，美国纽约财政观察研究所一直提倡为了公众福祉对石油、天然气和矿产资源实行责任制管理，该所最初为开放社会研究所（Open Society Institute）的分支机构，自 2006 年起它转变成为一家独立的非政府组织。

美国纽约财政观察研究所通过资助、培训和指导支持当地及国际社会组织发展，以建立博闻广识的社会组织，帮助指导采掘业的收入资金流动，追踪政府资助金的支出，并在必要时开放更多资助机会、改善资助利用方式。该研究所的合作机构均为《采掘业透明度倡议》("Extractive Industry Transparency Initiative")的坚决执行者。研究所也同各政府合作，提高政府工作透明度并改善问责制度。

自 1997 年起，非洲经济研究所秘书处由加拿大议会建立的国际发展研究中心创立，并运行至今，已有八年时间。其目标是提升非洲撒哈拉以南各国国内具有发展前景的智库。非洲经济研究所秘书处拥有 10 家全面合作、6 家部分合作的智库。该项目提供核心资助和一系列的培训及指导支持。

2003 年秋季至 2007 年夏季，城市研究所使用美国国际开发署的资金，在波斯尼亚和黑塞哥维那实施了 PROs 项目，旨在通过为发展前景良好的 PROs 提供研究资助及各种额外的支持活动（例如培训和研究指导），帮助它们进一步提升和发展。它所提供的研究资助需要经过非竞争性申请流程获得。

因为智库倡议项目规模较大且涉及广泛，所以它被包含在本次评估当中。该项目于 2008 年启动，虽然项目主要参与者为非洲撒哈拉以南国家，但其主要目标是要与世界各主要区域的智库达成合作。

1.2 评估

基于前述背景，下文将对表 1 中五个项目中的四个进行评估。[在本文撰写时，智库倡议项目五年内的评估结果不可用。其评估团队使用了一种迭代的、参与式的、以利用为中心的方法，旨在测试智库倡议项目变革理论，评估并审查项目的投入和流程,并确认正在形成的结果(Young et al., 2013)。]总体来说,PROs能力建设项目评估在数量和质量两个方面均受到了限制,部分原因是能力建设项目往往嵌入更为宏大的项目之中,许多能力建设工作无法单独进行评估。

相关分析人士已经对PROs的能力建设项目进行过程评估和影响评估。本文关注的重点有别于:(1)某些评估试图从机构的工作能力、运行效能及在政策制定过程中发挥的有效影响等方面,证实能力建设项目对单个参与机构的影响;(2)某些评估主要关注总体项目的影响,尤其是在政策制定方面。所有评估都有一个共同点,那就是它们均为事后评估,也就是说,评估未收集基线调查①数据,且忽略了对机构的政策研究参与质量做出衡量。

基线调查信息的缺少确实是个棘手的问题,因为经过数年后,受访者对PROs机构效能的回忆可能并不准确。对回忆准确性的研究表明,诸如结婚、生育、购房、买车等重大事件比其他事件的回忆准确率要高(Beckett et al., 2001; Gaskell & Wright, 2000)。原则上,深入的事后访谈可以在一定程度上缓和或解决这个问题,但没有证据表明这些评估研究使用了事后访谈这一方法。

另外,评估还可以利用PROs在参与能力建设项目前后所产生的政策研究报告,对其质量进行对比分析。但实际上,上文所述的以往评估也没有采取这一做法。

下文所介绍的四个项目的评估以影响公共政策作为基本目标,均具有重要的参考价值,可作为评估能力建设项目的范本。本文在此只对这些评估做出概述(详细内容参见Struyk,2008)。

三个项目接受了影响力方面的评估——国际预算促进会、非洲经济研究所秘书处(Bannock Consulting, 2004)和波斯尼亚项目(Struyk, Kohagen & Miller, 2007),其中只有一个项目进行了前后设计评估(波斯尼亚项目)。针对国际预算促进会的评

---

① 译者注:基线调查是指为了解研究对象的基础状态或研究开始阶段的情况而进行的调查,其目的是为以后活动方案的制定和展开提供基础资料。

估包含两项相关测评，均为事后测评：其中一项测评内容为总体项目影响（Budlender，2006），另一项使用个案研究方法对六个合作机构活动的影响进行了测评（de Renzio & Krafchik，2006；Robinson，2006）。对非洲经济研究所秘书处的评估也是事后评估，其中包含过程评估的要素和影响。所有这些评估主要包括对参与机构成员或项目执行机构成员的访谈。在国际预算促进会的评估中，政策制定者和其他相关人员也接受了访谈，但在非洲经济研究所秘书处的评估中，这部分访谈并不是主要内容。在针对波斯尼亚项目的评估中，影响力评估使用了基线调查数据，用于衡量对政策共同体成员访谈的进展（三年后又再次进行了访谈）；但是，其研究方法缺乏衡量进展的基线，过于依赖项目内部成员的访谈，缺乏深度访问，使得人们对这一研究方法的有效性产生了质疑。

这些评估明显缺乏对两个方面的考察：一是未能对参与项目的 PROs 及其研究成果的质量变化进行分析，二是在 PROs 参与能力建设项目前后，未能与政策团体就参与机构效能的变化进行系统咨询。对波斯尼亚项目的评估包含了后者却忽略了前者。事实上，目前存在着许多方法可用于衡量智库在政策发展过程中发挥的影响，有相对简单的方法，也有包含一系列研究和重要资源的复杂方法。[①] 斯特鲁伊克更加倾向于使用相对简单的方法。因为：(1) 大部分智库在追踪政策影响方面做出的努力较少，所以 (2) 在使用更复杂的方法之前，最好使用一些基础方法。其他专家的意见也是如此，他们均赞成从简单方法做起（Weyrauch，2013b）。

---

① 《政治与思想》（Politics and Ideas）及萨默等人的著述（Summer et al.，2009）对所涉及的问题进行了概述。韦鲁奇、达戈斯蒂诺和理查兹（Weyrauch，D'Agostino，Richards，2011）完成了一本如何组织从研究到政策的全面指导评估项目手册。阿根廷促进公平与增长公共政策实施中心也推出了一套可以有效开展这些分析的工具包。霍弗兰德（Hovland，2007）概述了评估机构绩效的方法；崔、赫恩和扬（Tsui, Hearn, Young, 2014）对以上概述进行了更新。"最显著变化"及"成果规划"分别参见戴维斯和达特（Davies & Dart, 2005）以及厄尔、卡登和斯莫蒂罗（Earl, Carden, Smutylo, 2001）的著述。另见阿尔卡扎等人（Alcazar et al.，2012）关于追踪影响方法的三个案例研究。

2 指导性项目评估的再思考

当 PROs 能力建设项目评估旨在影响公共政策时,根据不同的调查问题,影响可被分为四类。这些问题涉及:项目在机构层面产生的影响;项目对分析质量、沟通策略和所有参与机构类似要素的总体影响;项目对该国政策发展的总体影响。

机构层面

1. 对政策研究质量、沟通管理和机构发展可持续性的影响;
2. 对政策过程和结果的影响。

项目层面

3. 对政策研究、沟通、管理和研究可持续性的影响;
4. 对政策过程和结果的影响。

预计指导性项目对 PROs 工作质量的影响可能是对其所在国家内其他合作机构影响的总和。但项目的实际影响可能远远超出这一总和,因为项目还会对其他非合作机构产生影响。这些影响的产生有多种方式,包括:项目对其他 PROs 的示范效应;项目为合作伙伴的所有机构开放了可供参考的政策流程;更有甚者,只要非合作伙伴机构被允许参与培训及其他类似活动,项目就可以对其产生影响。所以,仅凭机构层面(类型 1 和类型 2)的评估结果很难呈现项目层面的影响(类型 3 和类型 4);相反,仅依靠前者还有可能会让人们低估后者的真实影响。当一国内有多家 PROs 作为受助方参与此类项目时,这种低估程度将更加明显。因为会有更多的 PROs 将作为范例参与到项目中来,并有可能推进政策流程。所以,评估项目层面的影响(类型 3 和类型 4)仅依靠评估项目参与机构的影响是远远不够的。

那些支持指导性项目的人可能会对上述影响中的类型 1(即受助机构的改进程度如何)和类型 4(即政策制定会产生何种变化)非常感兴趣。

但本文主要关注 PROs 机构层面(类型 1 和类型 2)两项指标的变化,它们也通常是指导性项目的目标所在:提高机构政策研究的质量,并增强机构参与政策制定过程和产生结果的影响。那么,如何对这两项指标进行评估呢?

第一，收集基线调查数据大有裨益。如前所述，深入访谈或许能纠正回忆容易出现偏差的问题，但这并非易事。依赖深入访谈开展的案例研究会涵盖基线访谈的内容(Rebien，1996)。当前针对国际预算促进会开展的评估就是利用这种访谈开展了一系列的案例研究(Van Zyl，2009)。

收集基线调查数据也存在一个问题——这一过程可能会影响受测数据。举例来说，大家可以想象这样一个场景，当询问 PROs 的领导其机构的质量管控流程如何时，他们很有可能会因此反思机构内部目前的流程，从而会对流程做出一些改动。同样，对政策共同体人士进行访问，将他们对机构表现的看法作为案例研究的部分内容，可能会让某些受访者在未来更加关注机构表现，并根据其他信息改变他们对此持有的看法。

与合作伙伴一同制定评估计划，这包括计划使用的具体方法和指标(Patton，1997)。评估计划的制定需要合作双方进行充分讨论。机构应重视潜在合作伙伴对正式评估的回应，并依照要求为编制一套严格的指标准备充分信息，这有助于他们将改进方案落到实处。

第二，使用对照组来帮助确定指导性项目对结果的影响。以下几条建议较为实用：如果不存在对照组，或评估人员没有透彻理解项目对机构内外产生的影响，他们将很有可能夸大项目的真实效果。人们可以很容易地联想到以下情况：其他赞助者也可能会向尚未受到资助的机构提供帮助(也可能在没有评估项目的情况下，为指导性项目支持的 PROs 提供援助)；在一些知名高校，进展迅猛的经济学研究项目培养出了一批优秀的经济学家，他们提高了其所在的 PROs 分析质量，但此时针对提高分析质量的指导性项目也恰好启动。所以，无论评估采用案例研究还是定量分析，无论要评估的 PROs 数量有多少，都要保证对照组的存在，这一点至关重要。

另外，指导性项目影响将不仅仅作用于存在合作关系的 PROs，还会影响受资助的 PROs，但这样的影响往往有可能被低估(具体原因参见上文)。譬如，某个受助机构开创了一种新的交流策略，而这种策略被其他机构采纳。一系列策略的组合使用将扩大受助机构的政策影响力。因此,评估人员很难预测这些不同方面对结果的净影响。较为聪明的做法是在评估之初就设立对照组,然后通过某种方法记录PROs成果的积极变化。若条件允许,在评估的第二阶段,可以尝试使用下文列出的控制变量来进行归因分析。

毫无疑问,在此类评估中使用对照组会很有难度,但难度高低无从得知。利用对照组进行评估必然需要花费机构领导的大量时间,所以引入激励机制非常重要。在申请项目资助结束后,作者试图招募未申请成功但得分较高的机构作为对照组,进行不连续回归分析,以开展进一步的评估工作。但即便作者为他们提供了微薄的补助,其参与度依然不高。

这样看来,最为可行的办法就是——在项目申请得分最低的机构里随机分派变量组和对照组。两组均接受相同的资金支持,但变量组会获得指导并学习其他技能,例如,加强资助基金管理。如前所述,当评估标准等问题解决之后,再对其进行资源投入的做法将更为稳妥。

上文所阐述的项目评估复杂性,导致工作人员在评估过程中需使用多种方法来确定其影响。这些方法包括:量化影响评价,对受资助的PROs和其他机构进行深入的案例研究,分析其在整个项目周期中所处的"政策市场",以此确定指导性项目的影响。

3 衡量关键成果

以下内容将重点关注指导性项目所带来的两项成果:提高政策研究质量,以及提升政策共同体的影响力。具体内容涉及开展评估可能使用的方法,以及针对每项成果使用单一衡量方法所产生的结果。

3.1 对政策研究质量提升效果的评估

如果项目的目的在于提高政策分析质量,那么评估项目实施后的成果就十分必要。最好的办法就是对政策研究报告进行批判性审查。

审查过程非常直截了当：对指导性项目开始之前和临近尾声的报告进行审查和评分。具体来讲，每个 PRO 提供一份样品报告，由外部专家进行审查，同时根据一份具体的标准化表格进行打分。这样就可以从统计学角度出发，比较项目临近尾声时的报告是否在基线报告的基础上有所改进。

那么审查应采用何种标准呢？这套标准基本都来自优秀的西方 PROs 发布的高质量政策研究报告，以及 PROs 员工经常在国际经济和公共政策期刊上发表的文章。这一套审查方法不仅会评估 PROs 的沟通能力和倡议能力，还会考察其数据采集和分析能力。也就是说，审查员对报告进行打分，唯一的依据就是机构提供的分析报告及其得出的结论，并不会考虑机构是否成功地为相关受众提供了这些分析。

作为评估 PROs 项目的部分内容，笔者对文中几个国家的 PROs 进行了研究并发现，各国针对当地政策分析和报告的评估标准有所差异；并不是所有评估都遵循"国际标准"。因此，PROs 的报告常常为当地政府接受，可以作为政策发展的基础，但与此同时它们却不符合多边赞助者和同行评审期刊的政策研究标准。所以，各国会出台一些替代性评估标准。

从可操作性角度看，为每个国家确定一套评估标准并非易事。同时，这些标准会受到一些因素的影响而不断产生变化，比如政策分析人员参加的培训越多、其技能越强大，他们提供的政策分析报告质量也会越高，对应的评估标准也应发生变化。当然，还有一些国家和机构支持在评估政策分析报告时使用"国际标准"。在许多转型期国家和发展中国家，其主要的多边和某些双边赞助机构在政策过程中的影响力不容小觑，他们通常都会遵循国际标准，并会轻视那些不符合国际标准的地方分析报告，这一状况将会降低当地机构的政策影响力（Struyk，2009）。因此，在开展国际层面的研究时，遵守相关标准对 PROs 的影响力而言至关重要。

在评估全球发展网络（Struyk et al.，2009b）实施的一项能力建设项目中，评估政策分析报告的各项指标、所获分数和结果都清晰呈现。打分的审查员都曾在同行评审期刊上发表文章，并在为报告打分前接受了广泛的指导。但是，由谁来打分确实会影响项目得分的高低。很遗憾,评估工作资源有限,无法邀请更多审查员对报告打分。

表 2 政策研究报告的评分要素

组织和分析		均值	百分比分布			
			0—3	4—7	8—10	N[a]
A.1	问题是否明确界定,其政策重要性是否得到有效论证?	7.3	10.8	31.3	57.8	83
A.2	问题的定义或架构是否有明确的假设或可研究的问题?	6.4	20.5	33.7	45.8	83
A.3	问题的有关方面是否全部包含在分析当中?	6.6	14.6	37.8	47.6	82
A.4	该国以前关于这一问题的相关研究是否被引用并作为研究基础?	5.8	25.9	37	37	81
A.5	作者是否了解与这一话题相关的国际研究?	5.3	31.3	37.3	31.3	83
A.6	是否收集了合适的信息和数据解决问题?如果没有,那么本该包含其中的内容有哪些遗漏了?使用样本数据时,能否保证该数据的准确性和代表性?样本容量对于必要的测试来说是否足够?使用的方法合适吗?	6.2	18.5	35.8	45.7	81
A.7	必要时是否使用了统计学测试?	6.0	22.2	37	40.7	81
A.8	报告结构是否有条理,内容是否简洁明了?	6.4	15.9	46.3	37.8	82
结论		均值	0—3	4—7	8—10	N[a]
B.1	结论完全基于论文的发现吗?(或者说,作者有没有超出实际发现的范畴发表个人意见或者政治观点?)	6.6	16.9	34.9	48.2	31.6
B.2	如果结论中倡议通过政府方案采取行动,现实的成本是否得到估计?是否考虑了方案的管理可行性和复杂性?	4.5	45.7	30	24.3	70
B.3	作者是否对解决问题的多种选择都加以考量并对每种方法的优点加以分析?还是只关注单一的方法?	5.2	31.6	43.4	25	76

（续表）

组织和分析		均值	百分比分布			
			0—3	4—7	8—10	N[a]
B.4	总的来说，作者是否列出了研究结果的全部政策意义，并对其在改变当前政策中的应用提出了现实的建议？	5.3	31.6	36.8	31.6	76
B.5	在适当的情况下，作者是否建议可以收集哪些额外的数据和/或进行哪些分析来更好地回答提出的问题，或回答研究额外提出的问题？	4.4	49.2	30.8	20	65

[a] 当某项标准与审查报告无关时，N 的值小于 83。参见 Struyk et al.（2009b）。

针对 15 家 PROs 在基线调查阶段各自提交的 6 份政策研究报告，表 2 给出了报告得分的汇总信息。这些机构来自 15 个转型期国家和发展中国家，他们均参与了全球发展网络实施的能力建设项目。选择 6 份报告的做法较为武断，但是它们也足以反映 PROs 的工作开展情况。之所以这样选择，是因为在每家都提交 6 份报告的情况下，两轮评审之后就可以获得 180 份报告，这些报告足以充分支持标准的统计测试，比较出基线调查阶段得分和接受指导以后各机构的总体得分之间的差异。该评估计划让同一批审查员对前后两阶段的政策分析报告打分，这样可以尽可能减少由于审查人员不同导致的不可控因素（Marsh & Ball，1989；Whitehurst，1984）。

审查员将对表格中的 13 个方面进行评分（0—10 分）；其中 8 个方面与政策问题界定和政策分析开展情况有关，还有 5 个方面与政策分析提供的结论和建议有关。每位审查员都会收到一份指示，指导他们严格按照区间评分，而不是像普通考试一样用 60 分以下代表不及格。在该评分体系中，50—70 分属于平均表现。

表 2 还显示了每个方面的平均分和百分比分布，分为三个大类：0—3，4—7 和 8—10。对与研究无关的报告主题不予评分。最终，只有 83 份报告接受了审查，因为并非所有机构都按照要求提交了 6 份报告。

由表 2 可知，政策分析报告的"组织和分析"部分（A）的得分明显高于"结论"部分（B）的得分。在政策分析报告"组织和分析"的评分中，有 6 个方面得分的均值大于等于6。而在"结论"部分,只有1个方面得分均值超过6。"组织和分析"部分中最薄弱的一项在于,政策分析报告没有使用(或至少引用)先前的本国报告或相关的国际文献。分析人士没有挖掘国际文献中关于如何构建问题和有效分析技术的想法,意味着他们浪费了相当宝贵的资源,也错过了一个增强工作能力、拓展知识面的好机会。没有参考先前发表的本地报告同样是在浪费资源,还会增加机构分析缺少知识背书的风险。

关于这一领域评估的结论,人们发现其广泛的局限性在于,作者没有阐明其建议的全部含义。比如,当这些报告提出政府需要采取实际行动时,近乎半数的报告都没有估算行动方案的成本,也没有讨论方案的可行性和一些其他问题。同样,在30%的报告中,目标只有一种实现方案,没有考虑到其他选择。

表3 参与机构报告的评审分数

合作机构	平均分		
	组织和分析	结论	总分
A	77.5	73.3	76
B	75.2	73.8	74.9
C	75.4	71.1	72.9
D	66.3	64.3	65.5
E	67.6	62	65.4
F	64.4	61.1	63.3
G	68.1	54.9	63.2
H	73.1	39	60
I	64.1	42.3	55.7
J	59	46.5	54.2
K	53.8	47.3	51.3
L	53.5	43.3	50.1
M	52.5	38.8	47.2
N	49.6	39.8	46
O	41.6	36	39.4

来源:Struyk et al(2009b)。

15家PROs的单项评分分布非常有趣,因为它反映了机构能力的分布情况(见表3)。因为上文针对政策分析报告所提出的13个评估方面并非适用于所有报告,所以要将分数先除以可能获得的最高分进行标准化处理,得到的值再乘以100,这样得分就可以落在0—100的区间内。PROs获得的总分差别较大,A获得了最高总平均分76分,O获得了最低总平均分39分。表3中前7名的PROs(从A到G)在"结论"和"组织和分析"方面得分相当。相比之下,机构H和I在这两方面的分差最多,达到了22分。排在H和I之间的其他机构在这两方面的得分均稳步下降,差异不大。

初步评估结果表明,尽管这一方法无法识别这些改进是否由能力建设项目导致,但它可以成功地衡量PROs的数据采集和分析能力是否有所进步。在基线调查阶段,15家机构提交的报告均表明,其表现还有很大的进步空间。如果项目运行期间产生的报告以相同的方式接受评分,那么样本就可用于统计测试,以便明确机构数据收集和分析的质量在参与全球发展网络的能力建设期间是否有所提高。

3.2 政策过程和成果的有效性

要想衡量一家机构因能力建设项目而在政策有效性方面是否有所改进,通常的方法是询问少数决策者有关该机构当前效能的意见,以及该机构在能力建设期间是否有明显进步。在发达国家的政策制定过程中,与政策制定者进行面对面访谈是一种记录PROs效能的成熟方法。例如,里奇(Rich,2004)进行了数十次这样的采访,用以评估美国各种智库在某个时间点的效能发挥程度。在其他国家运用这一方法来衡量指导性项目的效用,付出的代价可能更为高昂。此外,由于回忆的准确性问题,访谈需要在能力建设项目开展前后各进行一次。

表 4 政策团体调查的回应率

调查方法	发放调查问卷数量	已完成访谈数量
电子问卷	507	176
纸质问卷	—	22
邮寄给受访者的调查问卷	11	3
面对面访谈	217	114
总数	735	316
回应率	45.0%[a]	

[a]因未能与32名受访者取得联系，所以他们被从样本中剔除。资料来源：Struyk et al（2009a）。

赫德（2005）在研究美国各州立法机构赞助的无党派政策研究中心的机构效能时使用了一种不同的方法。他通过邮件对大约3 000名州议员进行了调查，调查内容与中心的机构效能紧密相关，问卷中有预先编码的答案。在赫德的带领下，评估PROs透明度和问责制能力建设项目的工作人员开发了一个工具——政策团体调查（Policy Community Survey，以下简称PCS；Struyk et al.，2009a；本书附录2为该调查的一个版本）。PCS和其他研究经常使用的访谈方法一样，获取了受访者有关PROs所具备的优势和局限性的看法。PCS的目标是准确评定（1）循证方法在政策制定中的总体使用程度和PROs提供的信息在国家政策制定过程中发挥的作用，以及（2）特定PROs的工作、出版物、活动和政策建议在多大程度上被视为政策制定过程中的宝贵资源。

在开展政策团体调查之初，受访者均由参与其中的PROs指定，通常由以下几类人员组成：（1）国家或者地区政府中的工作人员，其工作职责与机构专攻的领域相关（比如，教育和医疗）；（2）倡导型和提供服务的非政府机构的领导人，他们在相关领域开展过问责活动；（3）其他相关的专业人员，比如记者、教育家、企业领导和相关从业者。随后，在研究的基线调查阶段及项目开展过程中的各个时间节点，这些受访者都会收到一份调查问卷。他们每次提交的回复都将进行统计分析，从而我们会发现他们对 PROs 持有的看法是否随着援助项目的推进而有所改观。如果在同一国内，参与指导性项目的 PROs 之间有合作，或在项目评估资金非常充足的情况下，每家机构的受访者名单可以单独确定，就像上文所提到的波斯尼亚案例一样。就目前情况而言，15 个国家各有一个 PRO 作为研究对象，所以这些机构可以自行确定受访者名单。其中可能出现的偏差是：PROs 更有可能去选择自己的合作伙伴或是对自己一向评价较好的人员作为受访者。这种情况对基线调查可能影响较大，但是在后续的调查过程中，他们的评价是否会继续保持积极还不明朗。所以，访谈方法改进后的结果是否会出现偏差还无法确定。

本文回顾的 PCS 结果是发展绩效研究所评估工作的一部分（Struyk et al.，2009a）。该调查涵盖了来自 11 个国家的 20 个 PROs。2009 年 8 月，发展绩效研究所的工作人员将基线调查问卷发送给各位受访者。根据每个 PRO 推荐的方式，受访者会通过以下任意一种方式完成访谈：一是通过电子邮件（或是电子访谈）完成问答；二是 PROs 的客户向受访者邮寄一份纸质问卷；三是客户与受访者进行面对面访谈。芝加哥大学美国民意调查中心（National Opinion Research Center，NORC）作为评估机构，首先对接受电子邮件访谈的受访者开展了两轮随访，之后要求当地 PROs 在必要时继续回访。PROs 与受访者直接联系的举措相当有效，但他们可能会对受访者的反应产生影响。

表 5　政策团体调查——关于政策研究组织效能的问题

机构的政策建议是否有所裨益？
机构所提供的研究成果是不是宝贵的信息来源，包括数据和统计资料？
机构工作对公共政策或管理是否起到正面作用？
在让政府为公共支出的质量负责时，也就是在公共资源的有效和廉洁地利用方面，机构是否有正面影响？
机构对预算过程的公开性、质量和公平性是否存在影响？

接受电子邮件调查的受访者共 507 名，接受面对面访谈的受访者共 217 名。为补贴面对面访谈给受访人造成的损失，赞助者为每一位完成访谈的受访者提供了 50 美元的补贴。最终，回收的问卷共有 316 份，足以支持统计学分析。

表 4 给出了每种访谈方式的回应率。总体回应率达到了 45%。值得一提的是，靠着美国民意调查中心和参与机构的多番沟通联系，才获得了较高的回应率。电子邮件访谈加上纸质问卷的回应率为 42%。寄出的纸质问卷数量较少，回应率大约为 30%。占总体回应 36% 的回复都来自面对面访谈，其回应率高达 52%。在赫德领导的调查中，邮寄纸质问卷的回复率为 25%。据他介绍，这一比率在群体调查中相当常见。

表 5 列出了 PCS 的 5 个问题，这些问题主要针对政策过程有效性的不同方面。前两个问题涉及政策研究的重点和质量，后三个问题涉及机构在影响政策结果方面的有效性。后两个问题还关注 PROs 对政府支出和预算产生的影响，这也是透明度和问责制能力建设项目的关注重点。设置第二个和第四个问题是为了征求受访者对某一活动领域的总体看法，而不是就政策、行政或预算等具体部分征求他们的意见。

每个问题的答案都分为四个等级，从"非常好"到"很差"。"非常好"的分值为 4，"很差"为 1，其他等级按递减顺序赋分。对分值进行分析可以有效反映本地区相关人员和机构对 PROs 工作的意见。

按时间顺序对单个 PRO 的得分变化进行研究（在样本容量允许的情况下）很有必要，横向比较同一时间段同一地区各机构之间得分的差异也很重要。因为这与审查政策研究报告并进行打分不同，此处的评分员（也就是 PCS 的受访者）没有可供遵循的统一标准。各国发展背景不一，导致受访者可能会觉得该机构在各自国家发挥的作用有强有弱。在控制机构间差异的情况下，相比于将多个国家的多家机构进行交叉比较而言，将同一国家的多家机构进行比较能提供更多的信息。但是，双差异分析法能够核验环境的多样性。双差异分析法主要关注的差异有：(1) 实验组在干预前后的分值差异；(2) 对照组在干预前后的分值差异。在此过程中，实验组和对照组之间明显的差异会通过匹配过程控制，而不明显的、不随时间变化的差异则通过组内差别消除。

即便如此,在PCS的两项评估中,参与机构的基线分数依然提供了一些比较有趣的信息。在先前的透明度和问责制能力建设项目中,受访者根据5个问题(表5)进行了评分,而表6给出了评分分布情况。总体而言,PROs在提供有效信息和政策建议方面得分最高。但是,它们在公共政策和管理方面的影响却相对较低,在"预算过程的公开性、质量和公平性"方面表现平平。值得注意的是,国家之间和国家内部的评分存在很大差异。

表6 机构在政策过程中的角色评级(横行为百分比分布)

问题	评级[a]			
	非常好	较好	一般	很差
1. 研究、数据和统计是否具备有效来源?	54.7	37.3	6.7	1.3
2. 能否提供有帮助的政策建议?	66	32.3	1.7	0.0
3. 是否对公共政策或管理有积极影响?	42.8	46.6	10.3	0.3
4. 是否对预算过程的公开性、质量和公平性有影响?	13.6	41.9	37.7	6.8
5. 是否对支出质量的政府问责制有影响?	27.8	45.9	23.8	2.5

[a] 这些问题都采用了四个等级的回答模式。根据具体问题的差异,措辞有所区别。

4 结 论

国际社会已经确定了有效治理和经济发展之间的正向关系(Kaufmann, Kraay, Lora, Prichett, 2002;Rivera-Batiz, 2002)。越来越多的人认识到,在将循证政策建议作为健全立法的基础和评估现有政策的有效性方面时,当地的PROs可以发挥重要的作用。PROs的能力建设项目是其发展战略的一个重要组成部分。PROs的客户(包括政府机构和基金会)以多种方式对这一项目提供了支持。

赞助机构对PROs的能力建设和指导性项目展开的评估往往不够充分,他们也没有为那些想要支持PROs发展的人士提供充分的指导。在此背景下,本文提供了一些更加有效的评估方法和观点(尽管我们很难将观察到的成果归功于指导性项目的开展)。对于拥有 15 位、20 位甚至更多赞助者的项目来说,采用案例研究和定量分析似乎是更为合适的实验方法。评估人员也可以不设置对照组,只需要对 PROs 的成果是否有所提高加以观察,随后在第二个阶段尝试归因。

在有多国多位赞助者的项目评估中,本文建议用具体方法衡量两项重要的能力建设成果:PROs 研究能力的提升,及其在政策过程和结果中影响力的提升。对以上两项成果的衡量主要依靠政策共同体成员的个人观点。PCS 不仅需要在 PROs 运作领域负有工作职责的政府人员参加,还需要在当地政策过程中扮演重要角色的其他人士参加。PCS 通过受访者的反馈衡量机构效能。这一方法和研究工业化国家的智库在某个时间段内发挥的政策影响所采用的方法类似。后者也采用了访谈的方式,询问政策制定者和其他精英人士对某个特定政策事件中某一 PRO 发挥的作用的看法,或者询问他们对不同机构在整个政策过程中发挥的作用的看法。两种方法的区别在于,本文的研究实施了两次 PCS——干预前后各一次。PCS 在两项成果评估中都确定了基线值。对数据的分析表明,参与指导性项目的 PROs 的评分之间存在很大差异,其成果产出模式与数据收集之前提出的假设相比也存在差异。

参与过能力建设项目的 PROs 应在报告中充分体现其研究质量的提高,因为这就是他们进行能力建设的目标。如何对研究质量的提高进行衡量?本文建议,让机构外部有资质的分析人士采用统一标准对报告的各个部分加以评分。将这一方法应用于评估的基线调查阶段,得到的结果也很有价值。与 PCS 不同,这种由外部人士评分的方法并未应用于工业化国家的智库影响力研究。

用上述两项成果衡量 PROs 参与能力建设项目的效果,这在许多重要方面存在局限性:

- 很多审查员并没有对每一份政策研究报告进行评分。这个问题对结果的影响可以通过在干预前后由同一审查员审查同一机构的报告进行弥补,但这依然是一个问题。

- 在 PCS 中，样本的选择较为随意，因为每位受访者是由 PROs 指定的。
- 存在"方法效应"，即联系潜在受访者的不同方法可能会影响受访者的回复和整体回应率。

以上问题都可以通过为调查和评级工作提供更加充足的资源来解决。例如，如果每个国家都有一名了解 PROs、政府机构、倡导性非政府组织和政策过程方面的专家，那么受访者的名单就可以由该专家确定，以避免样本选择的随意性。尽管如此，以上问题对于考察 PROs 参与能力建设项目的效果还是具有很重要的影响。比如，某审查员对评分的某一个或两个方面过分注重（而第二位审查员的评分无法抵消这种影响），还有经由 PROs 提名的受访者会对机构给出较高评价，导致 PCS 的样本出现严重偏差。要避免这些问题需要丰富的经验积累。在解决以上方法论层面的问题之外，评估工作还应更加注重第二轮的数据采集，并对相关变化进行详尽分析。

总体而言，这篇文章为指导性项目的评估者提出了三点启示。首先，本文概述了能力建设项目的评估结构。即使参与项目的 PROs 数量很少，该评估结构生成的样本量也足够支持对结果进行统计分析。换言之，与每个 PRO 相关的研究报告和政策共同体成员的样本在总量上是足够的。（这种方法与美国国际开发署民主援助项目评估委员会 2008 年的建议一致。）第二，本文阐明了能力建设项目在机构层面和项目层面的效果之间的区别。第三，本文提供了有关两个成果之衡量标准的初步经验的信息，这两个标准似乎可以用评估这些项目。

附录 1

本文已回顾的支持项目：

1. 非洲能力建设基金会（African Capacity Building Foundation，简称 ACBF）
2. "一揽子资助支持项目"（Basket Funding Support Program），例如，坦桑尼亚

扶贫研究（Research on Poverty Alleviation，简称 REPOA）和其他机构多年来获得的由多家赞助者提供的相对不附加条件的支持

3. 预算和政策优先中心开展的国家财政分析倡议（State Fiscal Analysis Initiative，简称 SFAI）

4. 瑞典国际合作署（Swedish International Cooperation Agency，简称 SIDA）所属的研究合作司（Department for Research Cooperation，简称 SAREC）

5. 欧亚基金会为俄罗斯和南高加索的政策研究组织开展的能力建设项目

6. 国际发展研究中心和休利特基金会支持的智库倡议项目

7. 国际预算促进会（IBP）

8. 国际民主研究论坛，由国家民主基金会支持

9. 美国纽约财政观察研究所（RWI）

10. 坦桑尼亚扶贫研究

11. 开放社会研究所下属的开放社会政策协会（东欧和独联体国家）

12. 非洲经济研究所秘书处（SISERA）

13. 透明国际（Transparency International）

14. 美国国际开发署在波斯尼亚开展的项目（包括阿塞拜疆地区的推广项目）

15. 美国国际开发署（USAID）区域智库伙伴计划（俄罗斯和东欧/中欧）

参考文献

[1] Alcazar, L., M. Balarin, D. Weerakoon, and E. Eboh. (2012). Learning to Monitor Think Tanks Impact: Three Experiences from Africa, Asia and Latin America. Lima, Peru: GRADE Report to the Think Tank Initiative. http://www.thinktankinitiative.org/sites/default/files/Learning%20to%20monitor%20think%20tanks%20impact%20final%20report%20july%202012.pdf.

[2] Bannock Consulting. (2004). *Evaluation of the secretariat for institutional support*

for economic research in Africa. Ottawa, Ontario, Canada: Report to the International Development Research Centre.

[3] Beckett, M., Da Vanzo, J., Satry, N., Panis, C., and Peterson, C. (2001). The quality of retrospective data: An examination of long-term recall in a developing country. *Journal of Human Resources*, 36, pp. 593–565.

[4] Blagescu, M., and Young, J. (2006). *Capacity building for policy advocacy: Current thinking and approaches among agencies supporting civil society organizations* (Working Paper 260). London, England: Overseas Development Institute.

[5] Brookings Institution. (2007). *Transparency, accountability, and governance in the developing world: Re-visiting the analytic framework—What's needed next and why*. Washington, DC: Brookings Institution, Transparency and Accountability Project.

[6] Budlender, D. (2006). *International budget project: Report on external evaluation*. Cape Town, South Africa: Community Agency for Social Enquiry in South Africa.

[7] Committee on Evaluation of USAID Democracy Assistance Programs. (2008). *Improving democracy assistance: Building knowledge through evaluations and research*. Washington, DC: National Academy of Sciences Press.

[8] Davies, R. and J. Dart. (2005). The 'Most Significant Change' (MSC) Technique: A Guide to Its Use. www.mande.co.uk/docs/MSCGuide.pdf.

[9] de Renzio, P. and Krafchik, W. (2006). *Lessons from the field: The impact of civil society budget analysis and advocacy in six countries*. Washington, DC: International Budget Project.

[10] Earl, S., F. Carden and T. Smutylo. (2001). Outcome Mapping: Building Learning and Reflection into Development Programs. Ottawa: International Development Research Centre (IDRC). www.idrc.ca/en/ev-9330-201-1-DO_TOPIC.html.

[11] Gaskell, G. D., and Wright, D. B. (2000). Telescoping of landmark events: Implications for survey research. *The Public Opinion Quarterly*, 64, pp. 77–89.

[12] Hird, J. J. (2005). Policy analysis for what? The effectiveness of nonpartisan policy research organizations. *The Policy Studies Journal*, 33, pp. 83–105.

[13] Hovland, I. 2007. *Making a Difference: M&E of Policy Research* (Working Paper 281). London: Overseas Development Institute.

[14] International Development Research Centre and Hewlett Foundation. *The think tank initiative: Strengthening policy research for development*. Ottawa, Ontario, Canada: Authors.

[15] International NGO Training and Research Centre. (1998). Survey of northern NGO approaches to capacity building. Retrieved from www. intrac. org/resources_database. php? id¼88.

[16] Kaufmann, D., Kraay, A., Lora, E., and Prichett, L. (2002). Growth with governance [with comments]. *Economia*, 3, 169–229.

[17] Kosack, S., Tolmie, C., and Griffin, C. (2010). *From the ground up: Improving government performance with independent monitoring organizations*. Washington, DC: Results for Development and Brookings Institution Press.

[18] Marsh, H. W., and Ball, S. (1989). The peer review process used to evaluate manuscripts submitted to academic journals: Interjudgmental reliability. *Journal of Experimental Education*, 57, pp. 151–159.

[19] Patton, M. Q. (1997). *Utilization-focused evaluation* (3rd ed.). Thousand Oaks, CA: Sage.

[20] Politics and Ideas. (2013). "The monitoring and evaluation of research influence and impact." http://www. politicsandideas. org/ideas-by-a-new-think-net/topic-guide-research-and-policy/topic-guide-the-monitoring-and-evaluation-of-research-influence-and-impact/Accessed on September 20, 2013.

[21] Rebien, C. C. (1996). *Evaluating development assistance in theory and practice*. Aldershot, UK: Avebury.

[22] Rich, A. (2004). *Think tanks, public policy, and the politics of expertise*. Cambridge, UK: Cambridge University Press.

[23] Rivera-Batiz, F. (2002). Democracy, governance, and economic growth: Theory and evidence. *Review of Development Economics*, 6, pp. 225–247.

[24] Robinson, M. (2006). *Budget analysis and policy advocacy: The role of non-governmental public action*, (Working Paper 279). Brighton, UK: Institute of Development Studies, University of Sussex.

[25] Rossi, P., Freeman, H., and Lipsey, M. (1999). *Evaluation: A systematic approach*. Thousand Oaks, CA: Sage.

[26] Struyk, R. (2006). *Managing Think Tanks*. Budapest and Washington, DC: Open Society Institute Press and Urban Institute Press, 2nd edition.

[27] Struyk, R. (2008). Options for Supporting Independent Monitoring Organizations. Bethesda, MD: NORC report to the Brookings Institution, Transparency and Accountability Project, processed.

[28] Struyk, R. (2009). Assessment of the Think Tank Fund's Grants to the Economic Research Center, Baku. Bethesda, MD: NORC Report to the Open Society Institute Think Tank Fund, processed.

[29] Struyk, R., Damon, M. and Haddaway, S. (2009a). Evaluation of the Transparency and Accountability Project: Baseline Report. Bethesda: NORC Report to Results for Development Institute, processed.

[30] Struyk, R., Damon, M. and Haddaway, S. (2009b). Evaluation of the Strengthening Institutions to Improve Public Expenditure Accountability Project: Baseline Report. Bethesda: NORC Report to Global Development Network, processed.

[31] Struyk, R., Kohagen, K, and Miller, C. (2007). Were Bosnian Policy Research Organizations More Effective in 2006 than in 2003? Did Technical Assistance Make a

Difference? *Public Administration and Development*, 5, pp. 426-38.

[32] Summer, A. N. Ishmael-Perkins, and J. Lindstrom. (2009). "Making Science of Influencing: Assessing the Impact of Development Research." Brighton: Institute of Development Studies, University of Sussex.

[33] Tsui, J., S. Hearn, and J. Young. (2014). Monitoring and Evaluation of Policy Influence and Advocacy. (Working Paper 395). London: Overseas Development Institute. http://www.odi.org/publications/8265-gates-monitoring-evaluating-advocacy.

[34] van Zyl, A. (2009). *Proposed methodology for IBP case studies*. Washington, DC: International Budget Partnerships.

[35] Weyrauch, V. (2013). "M&E: How Can we Enhance Its Perceived Value?" *Politics & Ideas*. Nov. 1, 2013. http://www.politicsandideas.org/?p=1248. Accessed on Nov. 1, 2013.

[36] Weyrauch, V., J. D'Agostino, and C. Richards. (2011). Learners, Practitioners and Teachers: Handbook on Monitoring, Evaluating and Managing Knowledge for Policy Influence. Buenos Aires: CIPPEC. http://www.cippec.org/documents/10179/60576/M+Sociedad+Civil%2C%20Learners%2C%20practitioners+and+teachers%2C%202010.pdf/0995404d-10ab-4e42-ba03-f0122514e765.

[37] Whitehurst, J. (1984). Interrater Agreement for Journal Manuscript Reviews. *American Psychologist*, 39, pp. 22-28.

[38] Young, J., V. Hauck, and P. Engel (2013). "Final Report of the External Evaluation of the Think tank Initiative." Ottawa: International Development Research Centre.

［作者：雷蒙德·J.斯特鲁伊克、马瓦德·达蒙、塞缪尔·R.哈德威，张丹丹翻译。本文发表于《美国评估杂志》(*American Journal of Evaluation*)2011年第32卷第1期。］

3. 基于循证的智库应急决策咨询模型研究

1 引 言

突发公共事件一直是人类社会的客观存在。面对突发公共事件造成的冲击,决策者制定及时、准确的应急措施对于社会整体具有至关重要的意义。智库作为现代科学决策咨询机构,是决策者重要的外脑,借助外脑进行决策咨询是应急决策过程的常见方式。根据习近平总书记在中央全面深化改革委员会第十二次会议上对新型智库建设提出的具体要求——"要精益求精、注重科学、讲求质量,切实提高服务决策的能力水平"[1],智库只有发展高水平、高质量的应急决策服务,才能够切实回应应急决策的需求;建立以循证为基础的智库应急决策咨询能力是提高智库应急决策服务水平的关键抓手,有助于整体应急管理能力的提升。伴随着当代社会问题的日益复杂化,循证已发展为21世纪以来影响公共政策领域的基本范式。而智库在开展决策咨询服务工作时也相应地承担为决策者搜寻证据的职能,尤其在应急管理背景下,决策活动往往呈现出对于证据更为强烈的需求,循证对智库应急决策咨询活动的重要意义更加凸显。一些国际著名智库之所以能够在短时间内利用自身优势,对突发公共事件组织集体研讨,快速产出高质量研究成果,与他们在决策中重视循证的传统具有密切联系。

但由于我国社会科学研究领域对循证决策的研究尚处于起步阶段,已有研究主要聚焦于宏观层面,缺乏中观乃至微观层面的研究支持。同时,对智库应急决策咨询领域的研究也较为缺乏,智库在应急决策体系中的价值未能展现。智库必须将政策建议和决策咨询活动建立在坚实的循证基础上,如此才能够充分发挥自身的应急决策咨询价值,帮助决策者在应急管理时建立快速响应和发声的利器,推动应急决策有"据"可依。因此,本文结合智库自身的功能定位,着重面向应急决策咨询的循证需求,构建符合智库发展规律的应急决策咨询模型,以期为智库应急决策咨询服务提供理论参考。

2 相关研究述评

2.1 应急决策咨询

应急决策咨询是在应急决策过程中为决策者提供参谋和咨询的服务。与一般决策咨询相比,控制危机蔓延需要决策者的反应比平时更快,对时效性的高要求是现有研究关于应急决策咨询形成的普遍印象。同时,应急决策咨询存在着诸多问题,包括人力支持和技术支持匮乏[2],决策者精力更容易被分散,没有足够时间寻求和理解证据[3],等等。而根据应急决策咨询包含的不同阶段和组成部分,国内外学者在这方面关注的侧重点也有差异。

国内学者更重视应急决策咨询情报阶段的活动,大量文献从情报源、情报流程和情报体系等方面探讨了应急情报的相关理论。首先,就情报源而言,学者分析了应急情报的特点。姚乐野和范炜分析了应急情报的关键特征包括实时性、精准性与可靠性、适用性与价值性[4]。范炜依据支撑应急决策的情报特性,将应急情报分为经验情报、实时情报和衍生情报等情报类型[5]。杜军和李从东将应急情报区别于一般情报的特征总结为超前性、及时性和精准性[6]。其次,情报流程的分析和优化也有助于提高应急决策效率,已有研究从情报流程不同环节展开探讨。杨峰等以情报感知的资源基础为研究对象,提出"被动感知与主动感知"的协调规划方案[7]。樊博提出基于空间关系信息过滤算法的情报提取方法[8]。陈祖琴等则通过演示实验,提炼出面向复用的应急策略情报加工方法[9]。此外,情报作为应急决策咨询中的信息支撑,建立与提升应急情报体系也受到了研究者更多的关注,尤其是在"云移物大智网"发展时代,快速响应[10][11]和协同联动[12][13]成为应急情报体系的显著特征。

相比之下,国外研究者更关注应急决策的组织和政策建议阶段活动。其中,应急决策的组织是对决策工作的统一部署和协调,关系到整个决策进程,建立合作导向的组织模式是现有研究普遍认同的观点。如 Kapucu 和 Garayev 基于自然灾害的应急决策提出去层级化、跨部门联合的决策组织途径[14]。Waugh 和 Streib 认为,应急决策的领导力是源于有效的战略和愿景的转化能力,而并非来自层级式、标准的流程模式[15]。并且,不同于国内学者对应急情报阶段的关注,国外研究者则更深入地探讨如何有效地将"情报"转化为政策建议。如 Prasser 将应急情况下的决策咨询称为"热"建议,即主要针对短期、危机时期的决策提供即时的建议,"热"建议通常依赖于碎片化信息,并建立在各种观点的基础上[16]。Kimenyi 等人从经济学理论中总结了应急决策建议需要具备的几个特质:合理性、可持续性、包容性、可行性、实用性和可靠性[17]。Florin 认为科学证据的沟通在这种特殊时期存在困难,应重视证据解读和科学证据翻译对于决策建议的影响[18]。

2.2 智库与应急决策管理

智库作为重要的决策咨询机构,在应急决策中发挥重要作用,但与此相关的研究却比较少。已有的研究中,研究者主要聚焦于智库在应急决策中扮演的角色,论证了这类组织的重要性。李素艳和郭丽丽总结道,智库在应急管理中的作用是全过程、全方位和立体化的,如扮演了思想引领者、规划师、决策参谋和助手、宣教培训师;但由于服务水平不高,以及体制机制不完善等问题与局限,未能使智库在这一过程中充分发挥作用[19]。邹青芸等人对国内应急信息管理领域研究进行文献计量分析后得出结论,指出要加强支撑应急信息管理的智库理论研究,并要加强与不同行业、与研究界及与政府之间的通力合作[20]。Kouzmin 等人指出应急管理是一个跨学科、跨部门的研究领域,智库作为政府外部决策能力的体现,在危机面前显得更加重要,能够弥补政府决策体系的缺陷[21]。

另有一些学者则从情报研究视角建立了智库应急情报模型。蒋勋等基于大数据的情报挖掘与分析技术路线,提出了一种"向下解构、向上建构"的智库"深加工"知识组织模式[22]。而且,蒋勋和朱晓峰在新冠肺炎防控期间还对智库运行体系进行分析,并以政府大数据能力模型为借鉴,结合需求分析、序化组织、多源融合等应急情报资源配置工作,构建了智库应急的情报体系[23]。牟笛和陈安则以智库工作的综合研判环节为基础,以突发公共卫生事件为对象,构建了包含主体、客体、介质、进程、场域五个方面的多维智库研判模型,涉及多要素、多维度之间的相互关联和作用[24]。

综上所述,现有文献对应急决策咨询研究多聚焦于情报活动的分析,而随着智库近些年在国家治理中的地位日益显著,尽管已有少数研究者开始关注智库在应急决策咨询中的作用,但仍然摆脱不了情报研究视角。虽然情报研究与智库研究存在很多相似和相通之处,但两者实际上也有差异。第一,在内容方面,情报视角的研究更多关注的是对数据、信息的处理,强调技术和方法,智库视角的研究则更关注基于数据和信息的政策分析,强调思想的产生及其影响力的发挥[25]。第二,在决策咨询链的位置方面,情报研究主要集中在决策咨询活动的前端,但往后端的推进则依赖于智库性质的活动,并且智库活动需要更多考虑公共决策进程中的政治因素,突出咨政的关键特征。因此,目前基于智库视角的应急决策咨询研究尚未建立,其基本理论问题也未得以解决,本文正是从智库研究视角出发,结合智库自身的功能和优势,以及应急决策咨询的特点,对智库应急决策咨询工作的基础理论研究进行补充。

3 智库应急决策咨询需要以循证为基础

3.1 循证是智库决策咨询研究的基本范式

根据牛津词典的释义,"循证"重视某一领域当前最佳研究成果的实际应用[26],它强调研究是"基于证据"的。这包含两方面关键因素:一是证据是从严谨的社会研究和评价中获取的,二是专业人士在实际决策过程中使用证据的方式也很重要[27]。20世纪90年代,英国布莱尔工党政府致力于推动循证在公共政策领域的应用和实践，声明要将对信息和知识的利用置于政策决策的中心，而不能依赖于既定的主观思想[28]。之后，循证越来越多地被应用于公共政策决策中，循证理念的兴起推动了决策圈对知识与政策之间关系的重新思考[29]。作为以公共政策为核心的专业性决策咨询机构，政策研究的专业性和科学性要求智库研究必须建立在"证据"的基础上，并且通过循证建立科学研究与政策决策之间的沟通桥梁。

对中国新型智库建设而言，循证其实是一个舶来品，智库循证研究体系建设尚处于起步阶段，现有研究较少涉及且止步于对循证理念的认可和关注，并无深入的分析和研究。但也有部分学者看到循证对于智库发展的重要性，它不仅是智库区别于传统决策咨询的重要特点，奠定了证据在现代智库政策研究成果中的核心定位，也在一定程度决定了智库研究成果的质量，影响智库声誉。因此，以证据导向为核心的循证实践既是智库建设的一项基本职能[30][31]，也是智库政策研究的基本范式[32]。实际上，相比于国内智库的循证范式的发展，一些国际知名智库已经在这方面取得了一定的成果，积累了较为成熟的循证实践经验，其中主要包括两个层面的实践。第一，智库个体层面。这一层面实践聚焦于智库在政策研究中对证据的分析与应用，一些智库还致力于循证经验的推广，如英国海外发展研究所迄今已在全球范围内举办了40多场工作或培训会议，以此完善和推广其"结果映射法"的应用[33]；美国两党政策中心则通过设立专门的项目，致力于推动循证决策法案的落实和执行。第二，智库网络层面。像兰德公司和布鲁金斯学会这样的国际知名智库，他们在循证决策咨询方面善于利用现代网络治理理念，建立系统的证据网络，实现证据的共建共享。自1997年起，成立于兰德公司的南加利福尼亚循证实践中心通过整合智库内部资源，以及加利福尼亚大学、洛杉矶大学、斯坦福大学等高校智力资源，主要生产面向医疗卫生领域的包括系统评价、快速综述、范围综述、证据地图等各类文献的整合产品，重视产品在实际公共卫生决策领域的应用[34]。布鲁金斯学会则与其他智库合作推动建立"循证决策联盟"，在劳拉和约翰·阿诺德基金会的支持下，布鲁金斯学会联合城市研究所、美国企业研究所等知名智库，通过利用不同的工具，推动不同层级的证据生产和使用[35]。因此,无论是常规决策还是应急决策,循证实践都是智库需要遵循的决策咨询范式。

3.2 智库循证实践与提升应急决策质量的内在要求高度契合

传统应急决策采用的咨询方式通常是专家咨询,这是一种以主观意见为决策依据的咨询方式,缺乏一定的科学依据。科学的决策咨询工作作为提高应急决策质量的保障,需要以科学的政策分析为基础,而不是仅依赖于个人或群体未经科学或实践检验的主观性判断。而且公共政策相关文献已经表明,突发的危机通常会触发政策窗口的出现[36][37],政策窗口就意味着相应的政策改变,这种改变必须建立在坚实的证据基础上,因此应急决策其实比平时更需要证据支持。循证决策咨询是循证实践与决策咨询的结合,是基于证据的决策咨询[38],与提升应急决策质量要求高度契合。但由于应急事件的发生往往使得传统中心化、层级式的公共管理遭遇挑战,"去中心化"现象在应急管理过程中日益明显,应急决策所需的证据也趋向于去中心化的模式。因此从这一角度看,应急决策质量的提升不仅要关注证据的生产,还要重视建立证据生产和利用之间的桥梁,推动证据的交流与传递。

现代智库决策咨询是面向实用主义的决策咨询[39],实用主义的关键就在于如何应对"不确定性",这也是智库在应急决策体系中不可替代的部分原因。而且由于智库在公共政策网络中是一个特殊节点的存在,通常会被贴上"知识经纪人"[40][41][42]、"政策经纪人"[43]、"思想掮客"[44][45]、"研究经纪人"[46]等标签。因此,智库在应急管理过程中承担的工作更像是一项综合的智力活动,他们不仅能够自己生产证据,也可以作为连接证据生产者和证据使用者之间的桥梁,通过网罗各种资源服务于应急决策需要,这对推动应急循证决策实践同样具有重要价值。简而言之,循证实践的推进通常需要耗费大量的精力和时间,决策者在应急决策情景下通常无法单独承担这种压力,但为了提高应急决策质量又需要大量的证据支持,因此智库的参与有助于解决这一难题,为应急循证决策提供有力支持。

4 基于循证的智库应急决策咨询模型分析

4.1 智库应急决策咨询的功能需求框架

根据智库的一般发展规律,成熟的智库运作模式通常包括学术研究、政策分析、社会服务、公共传播等多项基本职能,但根据不同的类型和定位,这些智库在当代决策咨询服务体系中的具体功能也呈现差异化。在应急决策咨询中,为服务于应急管理的需求,需要凸显核心功能,彰显智库应急决策咨询的优势。因此本文首先建立了智库应急决策咨询的功能需求框架(图1),以智库应急决策咨询机制为核心枢纽,包含三项功能模块,分别是咨政建言、公共沟通、资源交流。

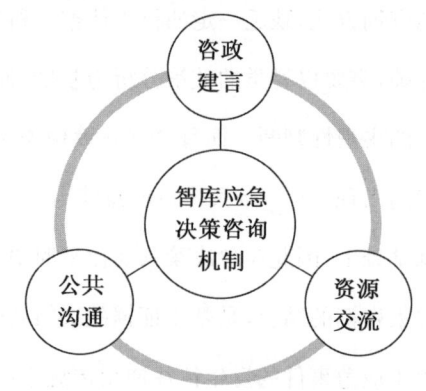

图1 智库应急决策咨询功能需求框架图

第一,咨政建言作为智库最核心的功能,为决策者提供及时、专业的决策建议,也是智库参与应急决策咨询的首要任务。通常情况下,智库发挥咨政建言功能分为主动介入和被动介入两种方式,主动介入模式下智库表现为自发地参与到应急决策的相关事件中,主动对决策环境做出回应;被动介入模式下往往是决策咨询需求已明确形成,决策者对智库发出咨询诉求,智库表现为被动地卷入其中[47]。在应急情境下,主动介入模式应该占主导,因为相比被动应对,智库的主动介入在捕捉和识别关键问题上会更加敏锐,更有利于形成"热建议",从而增强智库应急决策价值的实效性。第二,公共沟通是智库在应急决策过程中发挥"桥梁"作用的关键功能,应急决策的推进不仅需要及时、合理的政策建议,更需要公众的理解与配合。但在应急情况下,由于大多数普通公众并不具备相关的专业背景和知识,他们对问题的认识及对相关决策的理解往往容易受到第三方解读和媒体报道的影响。因此智库要充分发挥自己的专业价值,提升自己在公共领域的话语权。一方面,利用相关专业知识为公众提供知识补充,及时传播最新的政策研究成果,帮助公众解读和理解决策内容;另一方面,智库要站在专业角度充分发声,推进公众对决策咨询的参与,营造健康的公共讨论环境。第三,智库能够在应急事件进程中搭建资源交流的平台,有助于打破应急情景下资源短缺的瓶颈。智库作为一种特殊的社会组织,被称为"boundary spanner",即边界跨越者、跨界者或边界中介者,通常表现为跨学科并能够连接多个场域[48][49],智库在社会政策网络中的特殊位置更有利于为决策涉及的相关群体搭建公共交流平台,促进相关利益群体之间的沟通与协同合作,实现思想资源、智力资源、传播资源等各项资源的交换共享。

上述智库应急决策咨询的各项功能并非独立存在,而是受到相应的应急决策咨询机制影响,彼此协调发展。这一机制既包括智库自身的内部机制,也包括智库外部的政策和环境机制。内部机制要求智库能够快速灵活地适应环境变化,智库通过建立内部的应急决策咨询流程,在应急状况下能够统一调度相应的人员、资金等相关资源,对事件做出及时的回应。外部机制则决定了相关应急决策咨询制度和渠道是否畅通。内外机制的双重保障不仅能够实现智库各项应急决策咨询功能,并且有助于建立彼此之间的功能联动。

首先,智库咨政建言的关键在于明确界定研究问题,产出坚实的政策分析和研究成果,这是其他两项功能发挥的基础;其次,公共沟通则是与公众互动的过程,公众虽然不直接参与决策咨询,但是智库通过公共参与能够收集更多现实的决策证据,从而佐证或及时修正咨政建言的成果,推动决策的实施和执行;再者,资源交流通过将更多相关群体的意见纳入其中,一方面有利于促进建言成果更加民主、科学化,提高决策成果的质量,另一方面通过组织专业群体的公开研讨会有利于推动舆论的关注,为舆论引导提供更广泛的传播平台,进一步拓展公众政策参与的程度。

4.2 基于循证的智库应急决策咨询模型结构分析

由于应急事件具有突发性和不确定性,应急管理往往是一个持续、动态的过程。为了更清楚地揭示这一过程,现有文献一般会将应急管理划分为若干个不同阶段,阶段理论也被采纳为应急管理活动开展的理论基础和基本框架[50]。尽管对这些阶段的划分各自有异,但基本遵循了一定的时间顺序,即应急事件前、事件中和事件后。在不同时间段内,应急管理采取的具体活动和侧重方向有所区别:事件前重在预备,事件中要及时应对,事件后则需要关注对突发事件影响的恢复。应急决策咨询与应急管理的进程息息相关,服务于应急管理各阶段的决策需求,因此,智库应急决策咨询模型的构建也需要立足应急管理的阶段性变化而呈现出相应功能。如图2所示,智库应急决策咨询模型是以应急管理的生命周期为基础,包含应急预备层、应急应对层、应急恢复层三个阶段的决策咨询活动,它们彼此之间并非完全独立的,可能存在

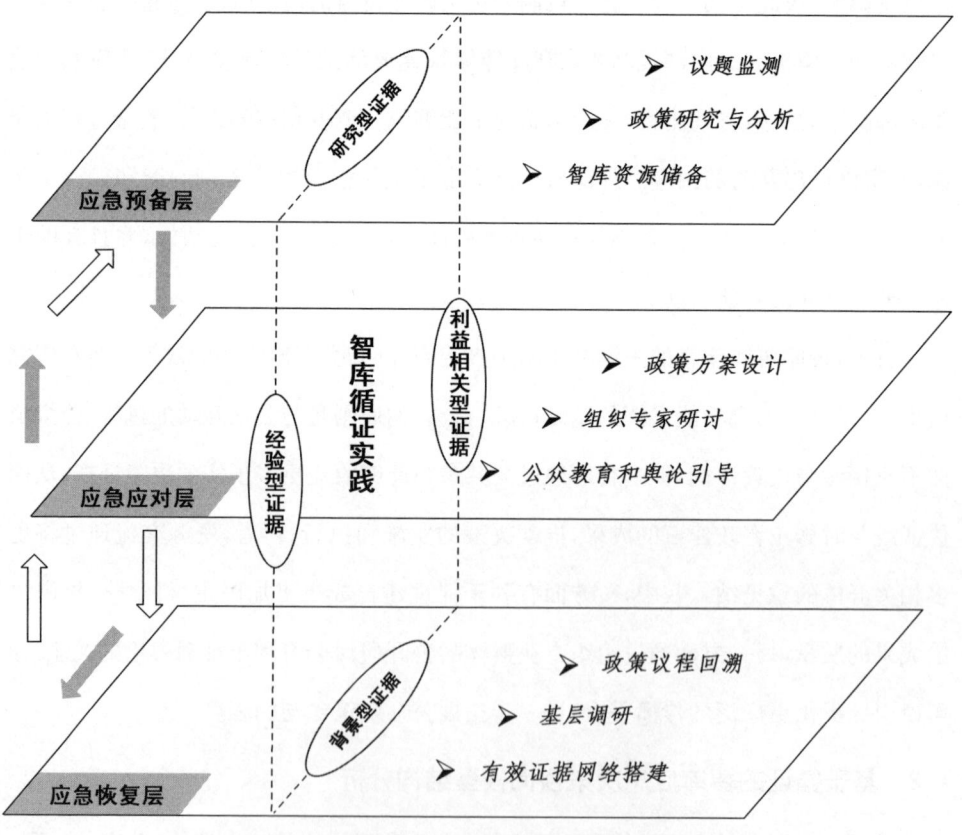

图 2　基于循证的智库应急决策咨询模型结构图

重复或交叉,并且是一个动态循环的过程。例如政策研究与分析是智库在各个阶段一以贯之的工作,而智库在恢复层采取的相应措施是为预备层做准备,也可以被纳入预备层。

同时,正如前文所述,智库循证实践是应对应急管理过程"不确定性"的强有力支持,对应急决策具有重要意义,因此作为连接各层之间的纽带,贯穿于各层活动。具体而言,应急决策咨询背景下的智库循证主要围绕应急决策证据的收集、整合、应用及评估等一系列内容,为应急事件提供全面、及时的决策依据,其中包含四种主要证据类型:研究型证据、经验型证据、背景型证据、利益相关型证据。第一,研究型证据是智库产生科学决策建议的基础和关键来源,这类硬性证据无论在何种决策咨询情景下都是智库不可或缺的产品。第二,经验型证据主要依赖于相关领域的智库专家,他们在长期实践经验中积累的观点和想法是智库隐性知识的主要来源,这类证据为科学研究证据提供强有力的说明和补充。第三,背景型证据要求智库不仅要考虑证据的真实性、可靠性、科学性、可用性等方面特性[51],也要将这些证据的应用与决策所处的背景相结合,不能脱离一定的社会背景和政策考量,而且社会经济利益、优先级评估、公众价值行为等因素都要考虑在内。第四,利益相关证据是在与相关利益群体互动中产生的。公共政策决策本就是沟通和协商的过程,因此智库循证实践并不仅是找寻证据的过程,更是利益协调的过程。智库通过为不同利益群体提供信息交流平台,将从这些群体互动交流中获得的知识作为证据来源的一部分。上述四类证据并非独立存在或相互割裂,而是互相促进、彼此融合,共同形成应急决策咨询中的证据综合体,这种综合的证据观也是智库各层循证实践的基础。

基于对智库应急决策咨询模型基本框架的分析,智库应急决策咨询功能的实现途径及承担的职责在不同阶段也各有侧重,对应到各层具体的决策咨询活动如下。

(1) 应急预备层

尽管应急事件往往具有突发性,但充足的日常积累和前期准备能够为快速响应应急决策需求提供必要的保障。智库在应急预备层的活动重心包括议题监测、政策研究与分析、资源储备三个方面。首先,突发事件在造成危机前一般会出现一些征兆,智库需要对外界决策环境有敏锐的感知力[52],不仅要充分理解决策过程,还要随时掌握外界环境的变化。在应急事件未爆发前,能够及时捕捉到与事件相关的重要问题线索,通过对问题的持续监测明确相关政策议题,以更主动的形式参与到决策议程的设置过程,引起决策者对相关问题的重视。智库在应急决策咨询预备过程越早发现潜在的问题和困难,越有助于为后续决策应对提供有效证据支持。同时,智库前期对议题的监测离不开专业的政策分析,研究型证据的生产和获取更多是在预备层进行的积累,智库需要在预备阶段做好扎实的研究工作,只有通过发现关键问题和广泛积累证据的双轮驱动,智库才能够更主动的地回应应急决策需求。

另一方面,由于应急事件情景下可获取的公共资源往往受到各种限制,必要的智库资源储备也是预备层的重点,其中主要包括智库的智力资源、关系资源、传播资源、财力资源。智力资源又分为智库研究成果的显性知识储备和专家的隐性知识储备。智库需要考虑在应急决策咨询状况下如何快速汇聚这些智力资源,提前做好应急预案准备。关系资源是指智库与决策者、其他社会组织及公众之间建立的联系。良好的关系基础是智库在应急决策社会网络中发挥优势的关键,其中与媒体之间联系也是传播资源的一部分,智库在应急事件背景下要不仅可以利用智库的传播渠道进行传播,更要充分利用公共媒体平台发声。财力资源则需要参与应急决策咨询的智库提前预留合理的经费储备,妥善地协调并安排投入在应急决策咨询项目上的相关资金和物质资源,保证在应急过程中不会因为过于依赖外部财务支持而阻碍决策咨询的进度。

(2) 应急应对层

应急应对层一旦展开,意味着突发事件已经开始产生影响,决策层需要对应急事件迅速做出回应,这时对于应急决策咨询的需求会更加明显。在这一阶段,决策的议程和关键问题基本已经确定,应急决策咨询有明显的问题导向性,智库的决策咨询重点将从议程设置转向政策方案设计,即为决策问题提供具体的解决方案。智库在前期证据准备的基础上,要围绕应急事件的新情况、新问题快速搜集并整合新证据,提供多种备选方案,为决策留有余地。在设计政策方案的过程中,智库要发挥自身的资源优势和社会网络优势,迅速召集与决策问题相关的不同领域的专家,开展研讨活动。不仅是自己的专职和兼职专家,智库也要将相关群体的专业人士纳入其中,搭建专业的应急决策咨询的交流平台,实现证据的交换和互补。

除了发挥专业群体的力量,公众的配合在应急决策进程中发挥着相当重要的作用,因此智库不能忽视与公众之间的紧密联系。公众在突发公共事件面前并非被动接受他们所能获取的信息,而是选择接收那些他们信任的信息源提供的信息,但在此期间各种信源的声音混杂在一起,容易扰乱公众视听甚至造成公共秩序的混乱。这时非常需要智库这类专业组织的发声,为公众及时地补充相关专业知识,解读事件发展的具体形势和决策最新动态。智库不仅要为公众及时地补充专业知识,发挥公众教育职能,而且需要积极地引导舆论。公共领域讨论的话题会随应急事件的爆发而呈现聚焦性,智库在其中要抢占舆论传播的制高点,避免因不实信息传播造成的次生灾害影响,引导公民的理性与决策相适应,同时也将和公共利益相关的声音及时反馈至决策者,协助决策方案的顺利实施。

(3) 应急恢复层

随着应急情况逐渐冷却,进入恢复期的应急决策咨询需求也会随之减少,但智库的相关决策咨询活动仍要延续,这不仅是对以往活动的总结回顾,也是为潜在的应急决策咨询活动做准备。与前期的政策议程设置和政策方案设计的不同之处在于,该阶段智库的政策分析活动要对应急决策过程已有的政策议程进行梳理和回顾,关注决策实施的效果,做好查漏补缺的工作。其中可能既存在一些之前忽略的决策议题,也可能存在一些尚未完善的方案设计,这些问题在恢复层都要予以重视和解决。基层性的调研活动能够为恢复期决策的补充提供有力的证据支持,智库通过基层调研深入了解民意,掌握应急决策实施的实际效果和影响,才能真正做到应急决策的查漏补缺,帮助决策者及时更新决策实施的最新进展。同时,智库不仅要关注决策对于公共生活的影响，也要协助决策者安抚民心，通过这种特定沟通渠道确保与公众之间长期的互信关系，营造良好的应急决策沟通环境。

此外，智库需要对已有的证据应用情况进行评估，这也是强化智库循证实践的开端。根据循证政策领域对应用研究的类型划分，证据的作用主要分为工具性、概念性、象征性及强制性四类[53][54]。在评估证据应用情况时可以结合这几个方面进行考察，从中提取出真正有价值效用的证据信息，同时还应重视对有效证据的保存与共享。由于智库在应急决策咨询过程获取的证据来源具有多样性，且各智库主要服务于当地决策咨询的需求，那么搭建有效的证据网络，建立有效证据与应用的决策场景之间的联系，推动有效证据在一定范围内的交流共享，将为其他智库、决策者及相关利益群体提供及时的参考，这也便于日后在类似情景下及时调用证据。

5 提升智库应急决策咨询能力的主要对策

5.1 完善智库参与应急决策咨询的内外机制

完善的应急决策咨询机制是智库发挥应急决策咨询功能的保障，这既包括依靠政府等决策部门推动建立的外部机制，也包括以智库自身为主体建立的内部机制。外部机制能够为智库在应急背景下提供合法且合理的身份认同，内部机制能够为智库应急决策咨询活动提供行动指南和依据。一方面，智库在应急事件面前沉默和失声的相当一部分原因在于他们未能受到决策者的重视，缺乏快速介入应急决策咨询的渠道，这种情况往往使智库处于应急决策的边缘地带，因此保持应急背景下的智库沟通机制和参与机制畅通是外部机制建设的主要组成部分。同时，鉴于应急决策对证据的大量需求，决策者要善于利用智库的循证优势，但目前我国应急决策领域对证据的利用意识和利用程度还远远不够，这也是导致智库在应急决策中价值被忽略的一个原因，有必要重视应急决策过程的循证机制。另一方面，在内部机制建立上，智库自身需完善应急决策咨询的相关制度和流程建设，加强对应急决策咨询的领导和组织，做好应急预案准备。智库在制定应急决策咨询机制时应立足于服务本地决策者的决策需求,由各地决策者结合当地情况迅速做出的"去中心化"应对模式更能适应应急管理特征。通过分散各级决策层的决策压力,避免中心决策系统的超负荷运转,提高应急决策效率。

5.2 加强智库专业的数据库和工具库建设

应急决策咨询有赖于前期的预备活动,充足的积累和准备有助于智库在突发情况下获得更多主动权,而非被动地应对,智库主动形式的介入决策咨询进程则对应急决策更有帮助。这就要求智库在平时就注重证据的储备,建立专业的数据库和工具库。其中,数据库又可分为成果类数据库和专家数据库。成果类数据库应该囊括内容全面的各类证据,尤其是智库在以往研究中自建的各项专题库和案例库,它们包含的证据通常具有一定的原创性和情景性,在证据来源上具有不可替代的价值。但我国智库目前在这方面的建设情况不容乐观,基本没有可以支持应急决策的决策证据库。而在专家库建设上,要注意吸纳更多不同背景和专业的专家入库,避免专家网络过于同质化,同时要及时维护和更新专家的个人信息,与库内专家保持定期的联络。在加强数据库建设的同时,智库也不要忽略相关工具库的建设,包括各类搜索工具、分析工具、研究工具等,保证应急决策咨询过程所需的各种技术、方法和软件都能够及时到位,提高应急决策咨询的效率,为决策进程节省时间。

5.3 重视智库应急决策咨询演练

应急决策咨询背景下形成的政策咨询成果被采纳并转化为实际决策方案的概率会比平时大大提高,但这种特殊时期的政策窗口开放期限一般非常短暂[55],需要智库具有熟练且快速的应对能力。这种应对能力只有通过反复的实际操练才能提高,况且智库应急演练的过程能够为应急决策咨询提供补充,及时发现资源预备的短板并调整。因此智库需要重视开展相关应急演练作业,在应急演练过程中做到内容和形式有机结合[56]。内容上主要是预设应急情景。智库需要预先考虑应急情况下的各种情境、潜在的困难及重点问题,例如在传递应急政策建议的政策研究成果时,只依靠递送报告的方式是无法引起决策者注意的[57]，而应该优先考虑面对面或口头的交流更为有效。同时，要保证情景覆盖应急预备、应对和恢复三个阶段，明确各阶段情景下的主要任务并设定预期目标，为应急演练评估和应急能力强化提供评估依据。应急演练的形式可以相对灵活。实际应急管理过程充满各种未知和不确定性，结合具体作业任务，采取多种形式的演练活动有助于培养智库人员对各种情景的适应和应对能力，积累更丰富的作战经验，保证其在实际应急决策咨询过程中冷静应对。

6 结论

不确定性是当今世界的主要特征之一，这种不确定性在应急事件背景下更为显著。高效的决策不仅是解决应急管理的指挥棒，也为各种不确定因素注入稳定的力量，这有赖于强有力的决策咨询做支撑。而智库作为现代专业的决策咨询机构，对应急决策具有重要价值。本文从智库研究视角出发，面向应急决策咨询的现实需求，构建了基于循证的智库应急决策咨询模型。该模型以应急管理的生命周期为基础，涵盖了应急预备层、应急应对层、应急恢复层三个阶段的智库决策咨询活动，并以智库循证实践作为连接各层之间的纽带。通过对模型的分析，本文认为需要着重从三个方面建立和提升智库应急决策咨询能力：首先，最重要的是完善智库参与应急决策咨询的相关机制，包括外部政策环境机制和智库内部机制；其次，智库也要加强专业的数据库和工具库建设，为突发的应急决策事件做好充足的准备；同时，智库也应重视应急决策咨询的演练，通过反复的实际操练积累应急经验。由于应急决策是一个多方面因素相互作用的过程，本文的理论研究主要聚焦于智库这类组织发挥的应急决策咨询功能，强调智库在应急决策体系中的重要价值。未来也需要更多的相关研究支持，如政府如何在应急管理进程中保护公民隐私的同时进一步开放数据，以及如何推动应急管理过程中的分布式应对与合作机制的建立等，实现从多角度、全方位地服务于我国应急决策事业。

参考文献

[1] 中国共产党新闻网. 习近平主持召开中央全面深化改革委员会第十二次会议强调 完善重大疫情防控体制机制 健全国家公共卫生应急管理体系 李克强王沪宁韩正出席[EB/OL]. [2020-02-14]. http://cpc.people.com.cn/n1/2020/0214/c64094-31587899.html.

[2] 舒婉. 基于全面整合的公共危机决策咨询体系完善研究[D]. 电子科技大学, 2011.

[3] Cairney P. The Politics of Evidence-based Policy Making[M]. London: Springer Nature, 2016: 22.

[4] 姚乐野, 范炜. 突发事件应急管理中的情报本征机理研究[J]. 图书情报工作, 2014, 58(23): 6-11.

[5] 范炜, 胡康林. 面向突发事件应急决策的情报支撑作用研究[J]. 图书情报工作, 2014, 58(23): 19-25.

[6] 杜军, 李从东. 应急网络组织中的应急情报来源、传递与共享机制研究[J]. 情报理论与实践, 2017, 40(09): 37-42.

[7] 杨峰, 姚乐野, 范炜. 情景嵌入的突发事件情报感知: 资源基础与实现路径[J]. 情报资料工作, 2016(02): 39-44.

[8] 樊博. 应急信息系统中空间预警情报的提取方法研究[J]. 现代图书情报技术, 2011(09): 54-59.

[9] 陈祖琴, 葛继科, 苏新宁, 唐明伟. 情景-应对模式下面向复用的应急策略情报加工方法研究[J]. 情报杂志, 2017, 36(09): 31-37.

[10] 苏新宁, 朱晓峰. 面向突发事件应急决策的快速响应情报体系构建[J]. 情报学报, 2014, (12): 1264-1276.

[11] 郭春侠, 张静. 突发事件应急决策的快速响应情报体系构建研究[J]. 情报理论与实践, 2016, 39(5): 53-57, 68.

[12] 杨巧云,姚乐野. 协同联动应急决策情报体系:内涵与路径[J]. 情报科学,2016,34(2):27-31.

[13] 袁莉,杨巧云. 重特大灾害应急决策的快速响应情报体系协同联动机制研究[J]. 四川大学学报:哲学社会科学版,2014,(3):116-124.

[14] Kapucu N, Garayev V. Collaborative Decision-making in Emergency and Disaster Management[J]. International Journal of Public Administration,2011,34(6):366-375.

[15] Waugh W L, Streib G. Collaboration and Leadership for Effective Emergency Management[J]. Public Administration Review,2006,66(s1):131-140.

[16] Prasser S. Providing Advice to Government[N/OL]. Papers on Parliament. Canberra: Senate of Australia,2006-02-24[2020-03-21]. http://www.dpac.tas.gov.au/_data/assets/pdf_file/0008/121121/2._providinga_dvice.PDF.

[17] Kimenyi M S, Mwabu G. Policy Advice During a Crisis[J]. Journal of Third World Studies,2007,24(2):11-25.

[18] Florin M V. Dealing with the Challenge of Evidence-based Decision-making in Situations of Uncertainty and Emergency[J]. European Journal of Risk Regulation,2014,5(3):303-308.

[19] 李素艳,郭丽丽. 现代智库在政府应急管理中的作用[J]. 知与行,2018(03):60-64.

[20] 邹青芸,高峰,徐志远. 基于文献计量和共词分析的国内应急信息管理研究热点分析[J]. 知识管理论坛,2017,2(02):156-166.

[21] Kouzmin A, Jarman A M G, Rosenthal U. Inter-organizational Policy Processes in Disaster Management[J]. Disaster Prevention and Management: An International Journal,1995.

[22] 蒋勋,张志祥,朱晓峰,苏新宁. 大数据驱动智库应急决策的情报架构[J]. 情报理论与实践,2019,42(08):25-32,16.

[23] 蒋勋,朱晓峰. 基于政府大数据能力建构的智库应急情报服务[J]. 社会科学文摘,2020(04):118-120.

[24] 牟笛,陈安.突发公共卫生事件多维智库研判模型及其应用[J].农业图书情报学报,2020,32(04):15-22.

[25][30] 李刚.从情报研究到智库研究[J].图书馆论坛,2017,37(09):50-54.

[26] Evidence-based. Oxford English Dictionary[EB/OL]. [2020-02-15]. https://www.oed.com/view/Entry/65368?redirectedFrom=evidence-based#eid1216042940.

[27] Sanderson I. Making Sense of "What Works": Evidence Based Policy Making as Instrumental Rationality? [J]. Public Policy and Administration, 2002, 17(3): 61-75.

[28] Blunkett D. Influence or Irrelevance: Can Social Science Improve Government[J]. Research Intelligence, 2000, 71(6): 12-21.

[29] 胡业飞.公共政策制定中的循证决策——一个文献综述[J].复旦公共行政评论,2017(01):173-185.

[31] 陈振明,黄元灿.智库专业化建设与公共决策科学化——当代公共政策发展的新趋势及其启示[J].公共行政评论,2019,12(03):104-117,192.

[32] 袁曦临.制约我国智库研究与发展的瓶颈问题——跨学科研究与专题性研究资源保障[J].情报资料工作,2017(5):99-104.

[33] 周志忍,李乐.循证决策:国际实践、理论渊源与学术定位[J].中国行政管理,2013(12):23-27,43.

[34] Rand. The Southern California Evidence-based Practice Center[EB/OL]. [2020-03-10]. https://www.rand.org/health-care/centers/epc.html.

[35] Brookings. Evidence-based Policymaking Collaborative[EB/OL]. [2020-03-10]. https://www.brookings.edu/evidence-based-policymaking-collaborative/.

[36] Rawat P, Morris J C. Kingdon's "Streams" Model at Thirty: Still Relevant in the 21st Century? [J]. Politics & Policy, 2016, 44(4): 608-638.

[37] Béland D, Howlett M. The Role and Impact of the Multiple-streams Approach in Comparative Policy Analysis[J]. Journal of Comparative Policy Analysis: Research, 2016,18(3): 221-227.

[38] 施雁冰. 图书馆循证决策咨询研究：概念及运用[J]. 图书馆建设. 2018,41(01):60-64.

[39] Kay A. Evidence-Based Policy-Making: The Elusive Search for Rational Public Administration[J]. Australian Journal of Public Administration, 2011,70(3): 236-245.

[40] Nutley S M, Walter I, and TO Davies H. Using Evidence: How Research Can Inform Public Services[M]. Bristol: Policy Press, 2007.

[41] Kickbusch I, Hanefeld J. Role for Academic Institutions and Think Tanks in Speeding Progress on Sustainable Development Goals[J]. Bmj, 2017, 358. j3519.

[42] Anderson G, De La Cruz P, and López A. New Governance and New Knowledge Brokers: Think Tanks and Universities as Boundary Organizations[J]. Peabody Journal of Education, 2017, 92(1): 4-15.

[43] Garsten C, Sörbom A. Think Tanks as Policy Brokers in Partially Organized Fields: The Case of World Economic Forum[J/OL]. Scores Rapportserie, 2014:3[2020-03-15]. http://www.diva-portal.org/smash/get/diva2:770533/FULLTEXT01.pdf.

[44] Willis S M. Reviewed Work: The Idea Brokers: Think Tanks and the Rise of the New Policy Elite by James A. Smith[J]. The Journal of Higher Education, 1992, 63(6), 715-717.

[45] Tripathi R C, Sinha Y, eds. Psychology, Development and Social Policy in India[M]. Springer India, 2014:153.

[46] Fisher C, Vogel I. Locating the Power of In-between: How Research Brokers and Intermediaries Support Evidence-based Pro-poor Policy and Practice[C]. University of Sussex Brighton UK: Institute of Development Studies, 2008.

[47] 胡隆辉,柏必成. 智库主动介入与被动介入政策过程的比较分析[J]. 中州学刊,2017(11):78-84.

[48] Medvetz T. Murky Power:"Think Tanks" as Boundary Organizations[J]. Research in the Sociology of Organizations, 2012,34(1): 113-133.

[49] Anderson G, De La Cruz P, and López A. New Governance and New Knowledge Brokers: Think Tanks and Universities as Boundary Organizations[J]. Peabody

Journal of Education, 2017, 92(1): 4-15.

[50] 李湖生. 应急管理阶段理论新模型研究[J]. 中国安全生产科学技术, 2010, 6(05):18-22.

[51] 邹东升, 陈昶. "循证式"重大行政决策社会稳定风险评估建构[J]. 电子政务, 2019(12):25-34.

[52] Leonard H B, Howitt A M. Leading in Crisis: Observations on the Political and Decision-making Dimensions Response[M]// Helsloot I, Boin A, Jacobs B, et al. Mega-Crises: Understanding the Prospects, Nature, Characteristics and the Effects of the Cataclysmic Events. Illinois: Charles C Thomas · Publisher, 2012: 25-34.

[53] Amara N, Ouimet M, and Landry R. New Evidence on Instrumental, Conceptual, and Symbolic Utilization of University Research in Government Agencies[J]. Science Communication, 2004, 26(1):75-106.

[54] Van Gasse R, Vanhoof J, and Van Petegem P. Instrumental, Conceptual and Symbolic Effects of Data Use: the Impact of Collaboration and Expectations[J]. Educational Studies, 2018, 44(5):521-534.

[55] Guldbrandsson K, Fossum B. An Exploration of the Theoretical Concepts Policy Windows and Policy Entrepreneurs at the Swedish Public Health Arena[J]. Health Promotion International, 2009, 24(4):434-444.

[56] 王永明. 突发事件应急决策模拟演练设计理论框架与技术要点[J]. 中国安全生产科学技术, 2019, 15(05):5-10.

[57] Bielak A T, Campbell A, Pope S, et al. From Science Communication to Knowledge Brokering: the Shift from "Science Push" to "Policy Pull."[M]// Cheng D, Claessens M, Gascoigne N R J, et al. Communicating Science in Social Contexts: New Models, New Practices. Amsterdam: Springer, 2008:201-226.

(作者：邹婧雅、李刚。本文发表于《图书情报知识》2021年第2期。)

4. 基于项目学习模式的智库团队建设

1 引 言

自中国特色新型智库建设伊始，人才队伍就是智库建设的重点。2015年1月20日，中共中央办公厅、国务院办公厅出台《关于加强中国特色新型智库建设的意见》（以下简称《意见》），强调加强智库人才队伍建设，"探索有利于智库人才发挥作用的多种分配方式，建立健全与岗位职责、工作业绩、实际贡献紧密联系的薪酬制度。加强智库专家职业精神、职业道德建设，引导其自觉践行社会主义核心价值观，增强社会责任感和诚信意识，牢固树立国家安全意识、信息安全意识、保密纪律意识，积极主动为党和政府决策贡献聪明才智。"2017年5月16日，中宣部、民政部等九部门联合印发了由中央全面深化改革领导小组第三十二次会议审议通过的《关于社会智库健康发展的若干意见》，指出要加强队伍建设，"建立专业研究人才和行政管理人才招聘、使用、培养、考核、激励机制，形成政治可靠、素质优良、德才兼备的研究专家队伍，以及具备现代社会组织和科研项目管理经验、综合协调能力较强的行政管理人员队伍"。可见，加强团队建设是新型智库营运和管理面临的重要任务。

国内智库团队组建主要以研究院（所、中心）为基本单位，例如，高校智库主要以其挂靠的学院为研究平台，少有跨学科、跨学院的交叉合作；社科院智库项目团队主要由研究中心或研究所的人员构成。团队组建缺少一定的灵活性、机动性，这将影响智库创造一流成果、培养一流人才、打造一流品牌的能力。本文运用"基于项目学习模式"(Project-Based Learning，PBL)阐述智库团队建设的主要内容和基本流程，从组织学习的视角出发，为强化智库团队建设、培养智库人才多方面能力做出探索。

2 我国智库团队建设研究现状

目前，国内几乎没有专门研究智库团队建设的文献，大部分学者在论述智库体制机制与营运管理时会谈及团队建设。在智库团队人才配置方面，李刚提出智库团队是决定智库核心研究能力提升和长远发展的关键，优秀的智库是学术领军人物和智库团队的组合[1]。王文涛和刘燕华强调，智库团队建设要保证研究队伍的专业多样化、研究人员搭配的合理性，并选拔博中有专、专博相济的复合型人才[2]。裴蕾和周立群针对高校智库人才队伍建设，提出要配置全职研究员队伍（研究员、咨询顾问、研究助理）和全职运营队伍（行政、传播、技术）相结合的团队[3]。王驰和孙晓凤从知识动员视角出发，强调了科学配置高校智库研究团队的重要性，其中团队建设既要考虑学术研究，更要考虑学者个人在沟通研究与揭示政策过程中发挥的作用[4]。杨锴和周岩利用凯利方格技术，提出引智创新型智库团队成员的配置标准，组建以"智库领军人才＋科研人员＋行政人员＋其他智库人员（全职或兼任）＋社会人员（全职或兼任）＋政府人员（兼任）"等为主体的引智创新型高校智库团队，吸引和整合外部优势资源，使高校智库发展多主体、跨层次、跨部门之间的合作，重视"群众路线"，团结广大"外部智力人才"[5]。在智库团队建设发展方面，黄荔梅提出，智库要进行团队梯队建设，以便发挥传帮带作用，加大对中青年科研人员的培养力度，造就一批具有国际视野、有实力争取话语权的中青年学术英才[6]。刘志斌认为，在"引智"和"培智"的基础上，"借智"是巩固团队建设的重要手段，即借助媒体与社会各方面关系较好的人脉优势，建立丰富的专家资源库[7]。

综上所述，我国新型智库团队主要由三部分构成（见图1），一是智库的首席专家、明星型专家和领军人物等；二是研究团队（全职或兼职研究员、咨询顾问、研究助理）；三是营运团队（全职行政人员、全职传播人员、全职技术人员）。将智库首席专家、明星型专家和领军人物等单列是为了凸显他们的独特功能和作用，这些高端人才是智库的人格化IP（知识产权，Intellectual Priority），他们的研究水平、宣传能力、人格魅力等都将对树立智库声誉产生重要影响。

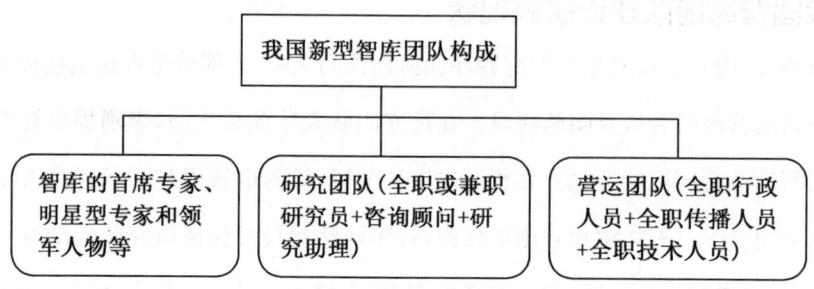

图 1　我国新型智库团队构成

3　基于项目学习模式（PBL）概述

基于项目学习模式（Project-based learning，以下简称 PBL）的发展历史悠久。16 世纪晚期，该模式在意大利兴起，主要用于建筑和工程教育活动；20 世纪初在美国获得关注并蓬勃发展[8]。其理论基础主要包括建构主义学习理论、实用主义教育理论和发现学习理论。著名心理学家让·皮亚杰提出的建构主义学习理论强调，知识不是通过教师传授得到，而是学习者在一定的情景即社会文化背景下，借助其他人（教师和学习伙伴）的帮助，利用必要的学习资料，通过意义建构的方式而获得。杜威的实用主义教育理论则强调采用"做中学"的方式教育学生，即学生通过各种探究活动、制作产品来完成知识的学习。布鲁纳的发现学习理论则认为"学习就是依靠发现"，即学生利用教师或教材提供的材料，亲自去发现问题的结论、规律，成为一个"发现者"[9]。

3.1　PBL 的定义

"基于项目学习模式"中"项目"是指以制作产品并将产品推销给客户为目的，有效利用多种资源，在特定时间段内解决一系列相互关联问题的任务[10-11]。因此，PBL 是指提供给学生高度复杂、高度真实的项目，让学生通过项目实施来寻找问题、规划行动方案、收集资料、解决问题、进行决策、完成研究过程，并最终呈现产品的学习方式。PBL 的构成要素主要包括内容、活动、情境和结果（见图 2）。其中，基于项目学习的主要内容是源自现实生活、真实情境中具有复杂性、非预测性、多学科知识交叉的问题;学习活动是指学习者需要借助一定的工具和研究方法以解决所面对的问题的探究行动;PBL 的运用情境是一种支持学习者探究的环境,既包括由物质实体构成的现实环境,也包括利用计算机网络搭建的虚拟环境[12]。

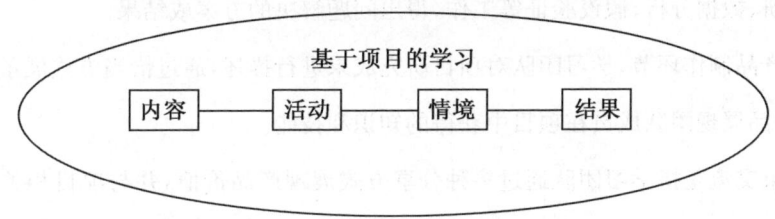

图 2　PBL 的 4 种构成要素

3.2　PBL 的基本流程

PBL 的基本流程或操作程序分为以下六个主要步骤:选定项目、制定计划、活动探究、产品制作、成果交流和活动评价[13](见图 3)。

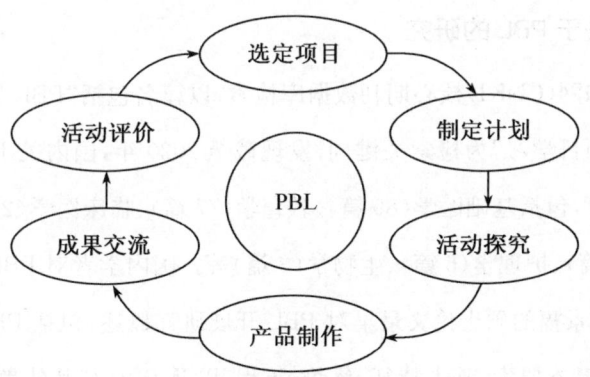

图 3　PBL 的基本流程

在选定项目时,教学者需要考虑两方面因素,一是项目所需知识、项目完成难易程度、项目是否易于评价等,另一方面是学习者现有的知识经验和能力水平。为使两方面的信息相匹配,项目应由学习者自行选定,充分发挥自身的主观能动性,教学者则负责在此环节提供指导而不是主导。

在制订计划时，教学者应与学习者一同安排总体规划，做出一个覆盖项目全过程的时间流程表。

在活动探究阶段，学习者应完善知识框架并掌握相关技能。探究活动应围绕项目相关的假设问题开展，学习团队应通过任务分配完成知识学习和分享、信息收集、实地调研、数据分析、假设验证等工作，得出问题解决的方案或结果。

在产品制作环节，学习团队对项目研究成果进行描述，通过恰当方式展示研究成果，用产品展现团队成员在项目中获得的知识和技能。

成果交流是指学习团队通过多种分享方式展现产品价值，并与项目相关方进行深入的沟通和交流。

活动评价是 PBL 基本流程的最后一环。评价工作要将定量与定性相结合，将形成性评价和终结性评价相结合，将个人评价与团队评价相结合，将自我评价与他人评价相结合。评价内容包括项目选题、学习者的表现、时间安排、产品质量、成果展示等各个方面。评价结果将影响团队下一次在选定项目时会纳入考虑范围的相关因素。

3.3　国内外关于 PBL 的研究

通过中国知网（CNKI）核心期刊数据库检索，以篇名包括"PBL 教学""基于项目的学习""基于项目学习"为检索关键词，发现截至 2020 年，国内关于 PBL 教学的相关文献共 227 篇，包括基础医学（89 篇）、教育学（77 篇）、临床医学（25 篇）、语言学（8 篇）、兽医学（7 篇）、护理学（6 篇）、生物学（3 篇）等。国内学者对 PBL 的概念研究很少。2002 年，刘景福的硕士论文最早对 PBL 开展研究概述，包括 PBL 的定义、所蕴含的教育理念、基本要素、基本特征、优势、流程，以及 PBL 与其他教学模式的区别。有关 PBL 应用于各学科教学实践的文献则十分丰富，包括从小学课堂、中学教育到大学生和研究生培养，涉及自然科学和社会科学。郑鑫淼认为 PBL 可以与计算机教学相结合，这一方面能提高学生的学习兴趣，另一方面能帮助教学者了解学生对新知识的掌握程度，最终提升中职计算机教学质量与效率[14]。顾卫星和叶建敏以"中国地方文化英语教学"课程为例，探索了 PBL 在大学英语中华文化教学中的应用，设置了课程教学保障、课程文化教学和课程文化体验等多方面措施,克服了课程中内容繁杂、知识点分散等难点,帮助大学生培养自主学习能力、团队合作精神和英语应用能力等[15]。李小涛和高海燕等人研究分析和对比了美国 STEAM 教育(以科学(Science)、技术(Technology)、工程(Engineering)、艺术(Arts)和数学(Mathematics)为核心的课程)和创客教育,探讨了项目学习能力与创新能力的培养和转变[16]。付浩采用实验研究法,以某中学初中一年级的 115 名学生为样本,分析了 PBL 对中学生信息素养培养带来的益处[17]。国内关于 PBL 定量研究的文献约为 50 篇,采用的主要研究方法是案例研究法,例如,刘程在研究 PBL 运用于 STEM 教学实践时,以上海市南洋模范初级中学的 STEM 课程——设计义肢的开展情况为案例,分析了 STEM 课程的实质、发展过程、课程内容,以及学生的学习模式和综合素质培养方式[18]。以评价 PBL 教学效果为主要内容的文献只有 3 篇,李时华和刘啸宇通过网络问卷调查法,对西方经济学教学中运用 PBL 后产生的影响进行实证分析,得出了"PBL 能提高学生对该课程的学习兴趣,提高绝大多数学生的综合能力,但对学生笔试成绩的提高影响不大"的结论[19]。

由此可知,国内关于 PBL 的研究主要体现出以下特点:一是概念研究多,实证性研究少;二是案例研究介绍多,案例评价研究少;三是研究 PBL 对学习者产生影响的文献多,研究 PBL 对学习团队产生效果的文献少。

与国内的情况不同,国外关于 PBL 的研究一是侧重于学校、教师和学生对 PBL 教学效果的评价。拉姆(Lam)等人研究了学校对教师坚持 PBL 教学的评价,分析了学校如何根据评价结果实施教师激励措施,提高教师教学的自主性[20]。坎迪斯(Candice)等人以学习者对项目成果的阐述水平、批判性思维和元认知为标准,评价了基于问题的学习和 PBL 学习环境下,学习者自我调节能力和自主性提升的差异[21]。二是侧重于研究 PBL 对团队中群体异质性的影响。李(Lee)等人探讨了高成就者在团队 PBL 中的行为和感知效果,发现这些成员尽管成就突出,但这不代表他们在团队协作方面表现良好[22]。丽贝卡(Rebecca)等人研究了异质能力分组对学生的影响,他们发现群体异质性不是学生学习效能的决定因素。相反,群体组建过程的质量起着关键作用,当这一过程质量较高时,群体所有成员都将受益[23]。三是侧重于研究异步学习或网络学习环境下的 PBL 教学效果。乔伊斯(Joyce)等人分析了学生异步线上讨论参与学习与知识构建程度之间的关系,并为在线 PBL 教学提供了促进学习者深度学习的建议[24]。赫奥(Heo)等人采用社会网络分析法和内容分析法,分析了学生参与 PBL 期间的在线互动,强调了团队成员的知识共建、成员间联合行动是影响他们在线交互质量的关键因素,也影响 PBL 教学效果[25]。可见,PBL 的运用不应局限在课堂或学校,它对组织管理、团队协作、人才培养都能起到重要作用。

4 PBL 与智库团队建设模式的结合点

4.1 PBL 基本流程与智库研究基本流程相对应

PBL 的基本流程是选定项目、制定计划、活动探究、产品制作、成果交流和活动评价。这一套流程基本上与智库团队研究基本流程相对应。

智库研究流程遵循 DIIS(data-information-intelligence-solution,收集信息—揭示信息—综合研判—形成方案)。潘教峰等人基于 DIIS 理论归纳了"智库问题规模划分"的一般流程:定义研究问题、分析问题边界、确定研究人员、确定问题规模、选择研究方法[26]。定义研究问题,利用专业概念表述问题,转化为研究人员可处理的问题;分析问题边界,剖析问题结构,判断问题所涉及的学科和领域,把握问题内涵和外延;确定研究人员,根据问题复杂性、研究人员的知识结构和数量,组建研究团队开展工作;确定问题规模,根据问题涉及的学科数量和研究领域的交叉程度,确定问题规模大小;选择研究方法,根据问题规模选择相应研究方法。实际上,这 5 个步骤与 PBL 流程的第一步有交叉之处,即选定项目。通过问题项目化,探讨项目研究的可行性和相关性,确定项目的研究目标、研究内容、所涉学科和研究领域,充分考虑项目规模、问题的复杂性与多元性,以确定研究团队成员和研究方法。

根据项目管理的基本流程,智库研究项目确定之后会制定计划,有条不紊地向前推进研究工作。PBL 的第三步"活动探究"对应智库研究工作的开展,机构分配人员组建项目研究小组,通过在研究员、咨询顾问和研究助理之间分配任务,团队成员一同完成项目,并将发现转化为研究报告、咨询报告、论文、专著等不同类型的产品。而生成这些产品的过程对应着 PBL 的第四步"产品制作"。

经营现代智库的重要一环就是营运管理,智库营运团队负责为研究团队提供所需数据和技术,协助研究团队顺利开展研究工作,多渠道传播研究成果以提升机构的社会影响力,例如,举办成果发布会、专家咨询会、成果评议会等,围绕研究成果与业界专家开展深入交流,这一环节对应了 PBL 的"成果交流"环节。

智库重视对研究成果进行质量评价,却很少谈及对项目工作的全流程评价。后者正是 PBL 最后一个环节"活动评价"关注的主要内容。从研究选题的确定、研究方法的选择、研究团队人员的配备到研究活动的开展和成果传播活动的举办,所有环节都需要多种方式的评价。只有找到有待提升之处,才能帮助机构、团队和员工个人不断成长。

4.2 PBL 人才培养目标与智库人才素质相匹配

我国新型智库人才必须具备至少以下 4 个方面的素质:一是基本的研究能力和专业素质,接受过严谨的学术训练,掌握了专业的研究方法,具有发现问题和提出独到见解的思维能力,同时能从多学科多角度思考新情况和新问题[27];二是拥有从事智库工作相关的经验,主要是指在国内外相关研究领域、政府部门、企业或社会组织中积累了一定的工作经验、人脉关系和信息获取渠道;三是协作组织和宣介表达能力,智库根据项目背景的复杂性组建研究团队,团队成员要组织研究活动的开展并相互协作,有效地向政府部门、社会组织、社会大众等传播研究成果;四是政治素质和政治敏锐性,中国特色新型智库要求对智库人才的培养必须"坚持党的领导,把握正确方向"[28]。

PBL 模式强调把学习置于复杂的、真实的问题情景中,通过学习者的合作分工共同解决问题,学习隐含在项目中的科学知识,提升多方面的能力,主要包括解决问题的能力、综合分析的能力、沟通协作的能力、创新能力、活动组织能力和自我学习的能力等。这些能力的培养与新型智库人才需具备的 4 个方面素质不谋而合。

研究项目的应用性和学科性要求研究团队成员必须从实际问题入手,学习并融会贯通多方面知识,从项目整体出发分析问题。PBL 模式能提高团队成员的问题解决和综合分析能力;PBL 模式鼓励团队成员互帮互助、分工协作、分享知识,持续开展讨论和交流。这有利于提升智库人才沟通协作的能力。PBL 模式让学习者围绕项目获得了不同的信息资源,他们就项目形成的看法也将产生差异,在互动过程中,学习者将逐渐塑造批判性思维和创新性思维。通过 PBL 的成果交流和互动评价环节,学习者在成果宣传、项目评价、活动复盘等过程中积累一定的人脉资源、锻炼自身的宣介表达能力和自我学习能力。

4.3　PBL 师生互动模式与智库团队协作模式相类似

传统教学模式以老师、书本和课堂为中心,往往会形成老师单向灌输、学生被动接受知识的局面,学生各方面素质的提高难以真正实现。PBL 模式与传统教学模式最大的不同在于,以学生自助、合作和探究式学习为中心,所有学习活动围绕项目展开,教师在此过程中是兴趣激发者、学习组织者、资源提供者、学生能力发展的促进者和自主学习的指导者[29]。教学者既是教育者也是学习者。

智库团队建设是打造以智库专家(往往是项目负责人)为中心的专家团队,建设人才梯队,分工合作,以团队协作的方式开展决策咨询服务,在发挥各自所长的基础上形成高效率、专业化的人才效应[30]。在智库项目团队中,智库专家之于团队成员而言,承担了"教练"或"指导者"的角色。首先,智库专家负责组织、参与和指导成员就项目研究目标与内容、计划与分工、要点与难点等方面的讨论,提高成员的项目参与感、兴趣和自主学习能力。其次,因智库专家拥有多年从事智库相关工作的经历,积累了一定的人脉资源、正式或非正式的信息情报渠道,所以他们能为项目成员提供各方面较为丰富的资源。在研究活动开展过程中,专家可就调研方法、数据分析、知识解惑、文字撰写等方面提供恰当指导,为成员所提交成果给予反馈、提供评估。在此过程中,项目成员多方面能力将获得提升,同样,专家的科研任务得到了分担,管理能力有所提升,科研成果质量得到了保证。与 PBL 师生互动模式不同之处在于,智库团队完成项目不是基于兴趣而是任务,团队成员在任务驱动下具有较高的自觉性和主动性,因此,项目负责人不用承担兴趣激发者和自主学习指导者的角色。

5　PBL 应用于智库团队建设的具体过程

基于 PBL 的一般流程,智库团队建设模式一般包括以下环节(见图 4):凝练项目,剖析问题;形成方案,组建团队;充分调研,相互协作;成果撰写,全面完善;成果发布,转化传播;项目复盘,绩效考核。

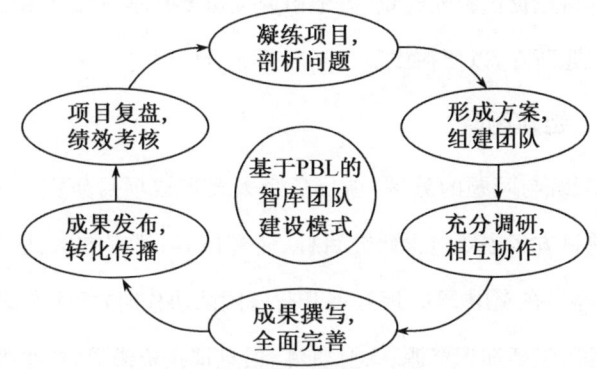

图 4　基于 PBL 的智库团队建设模式

5.1　凝练项目,剖析问题

项目是智库团队组建、协作和建设的起点,也是 PBL 所有活动围绕的核心。在此环节,应注意以下几方面。

5.1.1　问题的相关性

研究项目和咨询项目往往涉及多领域问题。只有当问题与团队成员的知识背景、过往经历具有一定关联,成员们能够进行知识迁移、知识拓展时,他们才能利用以往的知识积累和研究方法,学习问题相关的基本概念和原理,完善项目所需的知识体系。

5.1.2 问题的真实性

只有当问题与时代发展、社会需求紧密贴合时，项目才具有现实意义和价值。智库项目的选定同样要以政府部门、企业、社会组织和大众需求为着眼点，如此团队成员才会在项目过程中体会到强烈的社会责任感和使命感，从而激发学习动力。

5.1.3 问题的结构性

智库专家要组织成员剖析项目所涵盖的复杂问题，将不明确的问题转化成为可分解的、多层次、多方面的问题，并为问题的解决寻找多种解决路径和方法。在此过程中，智库专家要发挥指导作用，通过提问方式引导其他研究人员关注项目的多个方面，为研究人员的讨论提供补充建议；其他研究人员要在本阶段开始之前，思考项目、收集信息、明确问题所在，以便在成员中间展开充分的讨论。

5.2 形成方案，组建团队

经过项目的凝练与问题的分解，项目负责人要形成项目研究方案，组建研究团队。一般而言，项目方案主要包含研究目标、研究内容、研究方法、预计成果、研究进度安排等具体内容。在应用 PBL 模式展开智库团队协作时，智库专家必须明确其能提供的各方面资源，包括知识资源、人脉资源、信息情报资源等，这些内容要显示在项目方案中，以便团队成员及时寻求其帮助和指导。

另外，项目方案还应含有任务分工，并据此选择合适的研究人员和营运人员组建成为项目团队。团队规模依项目规模而定，可根据项目后续开展情况增加成员。合适的研究人员是指其学科背景、工作经历和未来研究方向与项目相关的专业人才，他们负责信息的收集、汇聚和研判，研究成果的撰写、验证和最终生成。营运人员负责科研辅助工作，行政人员负责承担项目相关事务性工作，传播人员负责研究成果的发布与宣传工作，技术人员负责为研究人员提供必要的软硬件设备支持、数据采集与分析支持等。

研究团队的组建应该是一个双向选择过程，智库专家可以根据项目需要选择合适的人员,同时,研究人员或营运人员也可根据能力提升的需要毛遂自荐。团队组建时要注意,团队成员之间尽量相互熟悉,因为了解和理解能够在团队中实现有效的知识共享和开放交流。这意味着智库团队最好具有一定的稳定性,这有助于提高成员工作效率[31]。

智库研究人员一般具有硕士及以上学历,具有较强的科研能力。研究表明,学习能力较强者在 PBL 模式中往往会表现出主动行动、以个人目标而不是以团队目标为导向、不重视保持团队关系的倾向。因此,智库专家要注意团队成员之间的分工和协作,避免团队中的个人主义倾向。

5.3 充分调研,相互协作

项目的复杂性、真实性要求研究人员必须就其中方方面面展开充分调研。若研究项目规模庞大,智库可设置多个小组承担项目任务;若研究项目规模较小,一个智库研究团队可将任务分配到研究员个人。无论是哪一种情况,在调研工作开展过程中或完成之后,任务小组之间、成员之间都应该共享信息。在协作交互过程中,团队成员共同解释一个情况、一个问题,他们对事物的理解得到交流,并共同提出一个问题解决方案[32]。通过团队协作,项目成员不仅拥有了自主探索的机会,他们掌握的调研数据也实现了成倍增长,这有利于看清相关问题的全貌。在数据收集、数据分析、数据解释和信息使用环节,团队成员要反复校验数据的准确性,不断完善数据,优化项目循证。

在此过程中,智库团队要充分利用现代信息技术,帮助团队成员开展项目活动、记录整个过程和展示研究成果等,实现同步和异步学习环境的建设,帮助成员培育创新能力、提高团队分享意识。

5.4 成果撰写,全面完善

智库研究成果类型丰富,包括研究报告、咨询报告、内参、论文、专著等。团队成员需要根据成果的不同受众确定成果的展现形式、内容要点和文字风格等。成果初步形成之后，团队成员应多次召集小组会议对成果进行反复修改，包括框架的调整、内容的完善、遣词造句、关键数据的确认、格式排版的调整等。总之，智库研究成果一定要体现权威性、专业性和客观性。

5.5　成果发布，转化传播

对于可公开、可发布和可转化的研究成果，智库不应忽视成果发布和宣传工作，传播活动是智库树立声誉、提升社会影响的重要手段。在此阶段，营运团队要与研究团队成员深入沟通，充分发挥科研辅助作用，策划宣传方案、保障活动经费、提供技术支持等都是其主要任务。

智库应根据成果规模、重要性和普适性等方面，确定活动形式和规模，比如，新闻发布会，大、中、小型专家研讨会，地方性或全国性论坛等。智库团队作为供给侧，在成果转化过程中要充分考虑需求侧的定位。例如，高校智库研究团队产出的科研成果在转化成为决策咨询成果的过程中，要充分考虑政府定位、官方需求、政策语境等要素。

5.6　项目复盘，绩效考核

PBL项目复盘需要评估许多方面。在评价团队负责人或领导人时，可通过自我评价法和问卷调查法评价负责人是否有效地承担了研究组织者、资源提供者、团队成员能力发展的促进者和自主学习的指导者这四种角色。结合自评结果和他评结果确定团队负责人的绩效，有助于督促其提升专业技能、丰富知识储备、培养沟通技巧等。以上两种方法同样适用于团队成员，可以考察他们解决问题的能力、综合分析的能力、沟通协作的能力、创新能力、活动组织能力和自我学习的能力等是否有所提升。

人员绩效考核是项目复盘的重要方面，项目复盘的另一方面是评价项目流程是否有效、高效。以项目为导向的研究要紧密围绕项目委托方的需求和偏好，否则会导致项目流程和成果偏离项目目标，达不到项目委托方的期望，无法解决其面临的问题。智库团队在开展项目复盘时，第一步要回顾目标，回到项目研究的意图、目的和计划本身;第二步要陈述结果,根据文件材料和档案资料客观陈述项目各阶段成果,并与目标相对照,总结哪些地方做得好,哪些未达到预期;第三步要分析过程,明确实际状况与预期目标之间的差异,分析造成差异的影响因素,总结成功或失败的教训;第四步是总结规律,形成可参考、可复制、可再利用的项目研究模式,供本团队或其他团队使用在下一次项目中有效运用。

6　结语

国内已有研究在新型智库团队建设上存在研究缺口,本文运用基于项目学习模式,构建以培养智库一流人才为目的的团队建设模式。具体而言,一方面将 PBL 基本流程运用于智库项目团队工作过程中,为团队明晰项目步骤、规范项目管理;另一方面,强化智库团队中智库专家作为教学者、团队成员作为学习者的角色,通过类似于 PBL 的师生互动模式,从多方面、多层次提升研究员、助理研究员、研究助理、营运人员等成员的能力,进一步推动智库人才队伍建设。

参考文献

[1] 李刚. 高校新型智库治理与营运[J]. 决策与信息, 2018(11): 37-45.

[2] 王文涛, 刘燕华. 智库运行和智库产品的评价要点[J]. 智库理论与实践, 2016, 1(02): 14-19.

[3] 裴蕾, 周立群. 高校智库专职研究队伍建设的必要性和建议[J]. 未来与发展, 2019, 43(02): 85-87, 41.

[4] 王驰, 孙晓凤. 知识动员视角下的高校智库建设研究[J]. 江苏高教, 2019(08): 74-78.

[5] 杨锴, 周岩. 引智创新型高校智库团队成员配置方法研究[J]. 情报杂志, 2019, 38(11): 72-77, 86.

[6] 黄荔梅. 地方智库人才队伍建设路径探析[J]. 科技创业月刊, 2017, 30(18): 69-70.

[7] 刘志斌. 把准党报传媒智库化转型的发力点[J]. 中国报业, 2019(01): 52-53.

[8] 张秀英. 基于项目的学习(PBL)在我国中小学教学中的应用[J]. 甘肃科技纵横, 2005(04): 137-142.

[9] 刘景福, 钟志贤. 基于项目的学习(PBL)模式研究[J]. 外国教育研究, 2002(11): 18-22.

[10] 杰克·吉多, 詹姆斯·P. 克莱门斯. 成功的项目管理[M]. 张金成, 等译. 北京: 机械工业出版社, 1999: 36-37.

[11] 曾昊. 第一次做项目经理[M]. 北京: 中国经济出版社, 2002: 19-20.

[12] FITZSIMONS C H. Role of project based learning in education[C]. International conference on interactive collaborative learning. Cham: Springer, 2016: 45-46.

[13] 刘景福. 基于项目的学习模式(PBL)研究[D]. 南昌: 江西师范大学, 2002.

[14] 郑鑫淼. 基于项目的学习在中职计算机教学中的应用研究[J]. 计算机产品与流通, 2019(09), 218.

[15] 顾卫星, 叶建敏. 基于项目学习的大学英语中华文化教学探索: 以"中国地方文化英语教学"课程为例[J]. 山东外语教学, 2017, 38(04): 27-36.

[16] 李小涛, 高海燕, 邹佳人, 等. "互联网+"背景下的STEAM教育到创客教育之变迁: 从基于项目的学习到创新能力的培养[J]. 远程教育杂志, 2016, 34(01): 28-36.

[17] 付浩. 中学信息技术课中基于项目学习的学生信息素养培养研究[D]. 内蒙古: 内蒙古师范大学, 2007.

[18] 刘程. 基于项目学习的STEM教学实践研究[D]. 上海: 上海师范大学, 2017.

[19] 李时华, 刘啸宇. 基于项目学习模式的西方经济学课程教学效果评价及反思[J]. 当代教育理论与实践, 2017, 9(07): 49-54.

[20] LAM S F, CHENG W Y, CHOY H C. School support and teacher motivation to implement project-based learning[J]. Learning & instruction, 2010, 20(6): 487-497.

[21] STEFANOU C, STOLK J D, PRINCE M, et al. Self-regulation and autonomy in problem and project-based learning environments[J]. Active learning in higher education, 2013, 14(2): 109-122.

[22] LEE H J, KIM H, BYUN H. Are high achievers successful in collaborative learning? an explorative study of college students' learning approaches in team project-based learning[J]. Innovations in education & teaching international, 2015, 11(8): 418-427.

[23] REBECCA H, Cheng W-Y. When high achievers and low achievers work in the same group: the roles of group heterogeneity and processes in project-based learning[J]. British journal of educational psychology, 2010, 15(8): 24-31.

[24] KOH J H L, HERRING S C, HEW K F. Project-based learning and student knowledge construction during asynchronous online discussion[J]. The internet and higher education, 2010, 13(4): 284-291.

[25] HEO H, LIM K Y, KIM Y. Exploratory study on the patterns of online interaction and knowledge co-construction in project-based learning[J]. Computers & education, 2010, 55(3): 1383-1392.

[26] 潘教峰, 杨国梁, 刘慧晖. 多规模智库问题DIIS理论方法[J]. 中国科学院院刊, 2019, 34(07): 785-796.

[27] 朱敏. 新型智库人才培养管理创新思考[J]. 管理世界, 2016(03): 178-179.

[28] 鞠维伟. 当前国内智库人才培养现状、问题及对策[J]. 智库理论与实践, 2019, 4(01): 44-50.

[29] 刘莉, 惠晓丽, 胡志芬. 基于PBL理论的工科人才培养途径探究[J]. 高等工程教育研究, 2011(03): 104-108.

[30] 李刚, 郭婷婷. 智库嵌入式决策咨询服务模式[J]. 智库理论与实践, 2019, 4(02): 1-6.

[31] CANNON-BOWERS J A, SALAS E, CONVERSE S. Shared mental models in expert team decision making[M]. In: Castellan N J Jr (ed). Individual and group decision

making: current issues. Lawrence Earlbaum Associates Inc: Hillsdale, 1993: 221-246.

[32] JO I H. Effects of role division, interaction, and shared mental model on team performance in project-based learning environment[J]. Asia pacific education review, 2011, 12(2): 301-310.

（作者：甘琳、李刚。本文发表于《智库理论与实践》2021年第6期。）

5. 关于加强高校新型智库建设若干问题的思考*

摘　要: 十八大以来高校新型智库建设的理论认知日益深化,新型智库建设成绩显著,但是这几年高校新型智库建设在体制机制、研究咨询组织、营运管理方面也积累了不少问题,需要从进一步提升政治站位,完善高校新型智库建设政策环境、增强资源供给,采取重点建设重点突破的战略路径,加强智库的专业化和精益化管理等方面入手,只有这样,才能持续提高高校智库的治理与管理绩效。

关键词: 习近平总书记智库建设重要论述;高校新型智库;重点智库;"三明治瓶颈";智库体制机制;智库专业化;智库精益管理

十八大以来,中国特色新型智库建设是高校哲学社会科学发展的新动能,尤其是近五年来,高校智库的理论建设、实体建设、制度建设、文化建设、治理与营运都取得了长足的进步。但是,由于这一场智库建设是自上而下、外部推动的探索,大部分高校的智库建设属于缺乏充分知识准备、组织准备和人才准备而匆忙启动的外延型扩张,因此高校新型智库建设积累了不少亟待解决的问题。本文一方面总结高校新型智库建设的理论进展和认知演进,另一方面着力梳理高校智库建设中存在的问题及其解决方案。

---

* 本文系教育部哲学社会科学研究重大课题攻关项目"推动智库建设健康发展研究"(17JZD009)、教育部人文社会科学研究青年基金项目"智库国际传播力评价理论与实证研究"(17YJC870004)、江苏省社会科学基金项目"基于信息行为的智库专家影响力评价与实证研究"(18TQB008)的阶段性成果。

1 高校新型智库建设的认知演进

2013年4月15日,习近平总书记有关智库的一个重要批示开启了系统构建中国特色新型智库建设的序幕。为贯彻习近平总书记的重要批示,2014年2月10日,教育部下发了教社科〔2014〕1号文件《中国特色新型高校智库建设推进计划》。这份文件要求从七个方面推进中国特色新型高校智库建设。第一,文件明确了战略研究、政策建言、人才培养、舆论引导和公共外交的高校智库五大功能定位;第二,文件构建了三种高校智库的组织形式,即以知名学者为核心的资政团队、具有集成优势的跨学科实体型智库机构、重大项目为载体的课题组、成果转化为核心的智库平台;第三,文件确定了高校新型智库的八大方向;第四,文件构建了高校系统现有的社科重大计划如何对接高校新型智库建设的路径;第五,提出了抓重点的高校智库队伍培养和打造计划;第六,提出了打通智库成果报送渠道和打造发布平台的问题;第七,提出了智库管理创新和组织保障问题。

教育部把《中国特色新型高校智库建设推进计划》作为教社科〔2014〕1号文件下发,可见教育部对新型高校智库建设工作的高度重视。这份文件也体现出教育部对习近平总书记有关新型智库建设的重要论述的把握是非常到位的,对现代智库建设规律是有深刻了解的,对如何在高教系统哲学社会科学研究上对接新型智库建设的路径是非常清晰的。2014年中办第65号文件《关于加强中国特色新型智库建设的意见》采纳了教社科〔2014〕1号文件一些提法。虽然因为种种原因教育部这份重要文件并未完全落地,但是它对高校了解新型智库的基本理念起到了重要作用。

2015年1月20日新华社公开发布《关于加强中国特色新型智库建设的意见》。这是一份深刻领会并把握习近平总书记有关新型智库建设重要论述精髓的文件。文件深刻阐述了中国特色新型智库建设的重大意义、指导思想、基本原则和总体目标,构建了新型智库的发展格局,指出深化管理体制改革和体制机制创新是新型智库建设的主要路径和关键所在,文件还提出了新型智库制度保障体系。

这两份文件为高校新型智库建设奠定了坚实的理论基础和制度保障,描绘了切实可行的行动路线图。2015年后，高校积极参与中央和各省市的新型智库建设计划。当下的新型智库建设主要由中央和省市宣传部主管和推动，取得了较为显著的成绩，一批具有较高知名度和影响力的高校智库逐渐显现。如果说，在中央层面的国家高端智库建设中，高校还不是主力部队，那么在省市层面上的重点智库建设中，高校绝对可以被称为名副其实的"主力军"之一，在各类智库建设计划中保持着数量上的优势。但是，整体而言，高等学校除了少数顶级高校外，新型智库建设的积极性不高，尚未形成整体推进的态势，这背后的原因是多方面的。其中最重要的原因之一在于外部的激励仍然不足。国家高端智库建设序列所能影响的高校毕竟是少数，对于大部分高校而言，其主管部门（教育部）具体有效的建设措施还不多，教育系统的高端智库建设尚未启动，投入的资源和政策有限。如果教育部和各省教育行政主管部门不出台具体实施措施，不拿出资源，不设立项目抓手，不纳入考核体系，资源、项目、考核三位一体的政策措施协调不到位，高校新型智库建设工作很难形成蔚然成风的态势。

　　此外，高校对新型智库建设的认识不足也是一大原因。对于高校来说，参与新型智库建设首先要解决的是"必要性"问题，即高校为何要投入宝贵的人力、财力和物力来开展新型智库建设？其次才是"know-how"的问题，也就是如何建智库的问题。我国高校发展呈现出波浪式前进的特征，"211"工程是一波，"985"工程又是一波，"双一流"建设是当下的一波，对于高校来说能否在新一波发展项目中抢得先机非常重要。因此，对大多数资源有限的高校来说，他们首先要解决的疑问就是新型智库和当下的"双一流"建设，也就是世界一流大学和世界一流学科建设有何关系？如果关系密切，那么当仁不让，必须竭尽全力去建设。如果只是锦上添花，那么投入一点资源不掉队则可，不必冒进。目前新型智库建设推进力度最大的是少数著名高校，除中央国家高端智库建设的作用外，这些高校把中央《关于加强中国特色新型智库建设的意见》看成是哲学社会科学学科发展一个重大发展机遇。这不仅是由这些顶级高校在国家政治生活中的战略地位决定的，而且是因为这些高校对新型智库建设的重大意义有着更深刻的理解和认识。现代高校功能论认为,大学有人才培养、科学研究和社会服务的三大职能。理工类学科可以为经济发展和技术创新发挥直接的作用,而社会科学服务国家服务社会一直找不到恰当的载体、途径和方式。智库正是高校参与国家政治生活和引领社会思潮的恰当载体、恰当途径和恰当方式。对于高校而言,智库建设就是提升政策影响力和社会影响力建设,就是服务党和国家政治的能力建设。因此,这类高校对新型智库建设的必要性和重要性认识是充分和自觉的。

但是,就大部分高校而言,由于对新型智库认识并未完全到位,他们往往把新型智库建设和以往的"重点学科""学位授予权""重大项目""人才项目"一样看待,在新型智库建设方面呈现出项目驱动性、资源驱动性、品牌驱动性等特点。他们的主要目的是拥有新型智库品牌,成为国家新型智库建设资源的"收割机",不断获取新型智库建设的相关研究项目。因此,有些高校积极对待名额争取,消极对待内容建设,新型智库建设的试点单位资格已获取,但却疏于后期建设。目前不少省市的新型智库重点智库建设试点中都出现了类似情况,许多高校参与重点智库建设都是这样的态度。关键原因还是人们对新型智库建设的必要性和重大意义缺乏认识,对现代智库的建设规律缺乏把握。

2 高校新型智库建设中存在的主要问题

近五年来,笔者参加的新型智库建设方面的研讨会近 60 场,接受高校新型智库建设的咨询有 40 多次,也系统地参与了江苏省新型智库建设的全过程,主持了山东省重点智库建设试点工作评估,从这些活动中,笔者发现高校新型智库建设主要存在以下几类问题:

第一,现代智库的知识储备相对不足制约了对现代智库发展规律的把握。智库是建立在高深学术基础上的现代职业,通过一百多年的发展,形成了自己完整的知识体系、研究咨询体系和营运体系。我国大多数高校智库的管理者和从业者对此了解不够,认识不到位,既无知识储备,也无经验积累,大部分人尚处于"在战争中学习战争"的阶段,甚至单纯依靠哲学社会科学的研究管理套路进行新型智库建设和管理。对于绝大多数主管智库的高校领导而言,这方面的知识和经验积累就更显不足。这就导致难以把握现代智库的规律,知识和经验都难以适应新型智库建设的实践要求,因此出台的不少政策、开展的不少业务,有时候是违背现代智库运行规律的。

第二,智库治理机制方面存在严重的"三明治瓶颈"。[1]我国绝大多数高校智库是没有法人资格的机构,甚至相当一部分还是非实体的机构,部分属于三无机构——无全职研究和运营人员,无固定经费投入,无办公场所——只是挂了智库牌子的教授课题组。由于这一部分机构是非法人单位,因此无论是实体还是非实体机构,往往都会缺乏独立的财务权和人事权,要被母体单位(高校)控制财务和人事。在智库治理上这样就形成了国家—高校—智库的三明治治理结构。在这样的结构中,国家(包括省市)出台的有利于智库发展的促进政策都无法直接辐射到智库,政策红利无法释放。高校智库要受到高校财务和人事管理方面的条条框框限制,智库发展所需要的灵活性在僵化的高校财务人事制度下无法得到有效满足,形成了高校智库治理的"三明治瓶颈"。高校智库在体制机制上难以突破这个瓶颈,严重制约了高校新型智库建设的进展。

第三,以学术为导向的组织文化和评价激励机制难以真正激发智库的活力。研究型大学是典型的学术导向机构,重视学术成果是其根深蒂固的组织文化。研究型大学评价激励机制是看获奖、著作、论文和纵向的项目。即便是高校智库里的教师也认为论文才是重要的成果形式。根据笔者课题组近期对山东高校智库的问卷调查,笔者发现智库研究人员普遍重视学术类成果,轻视内参等智库类成果,即使调查问卷设问非常明确要求选择"您认为最重要的智库成果,并按顺序填写在横线上",排在第一位的仍然是CSSCI论文,高达39.2%,其次才是决策咨询报告(26.8%)、"三报一刊"文章(17.2%),选择内参的仅占4.2%。这足以说明智库研究人员的思维很大程度上仍然停留在传统学术研究环境中。[2]

个别高校已经制定了相关评价政策给予智库研究以成果认可,在职称评审时专家组同等对待智库内参成果和学术成果。[3]实际上,一方面大部分此类文件都是用学术评价思维制订的,比如把不同层次内参批示折算成相应的 C 刊论文篇数,这实际上不承认智库成果的主体性和独特性;另一方面,高校职称评审专家往往是知名教授,他们的学术至上思想使得他们很难真正的公正对待智库研究成果。当然,智库成果本身类型多样,很多资政活动难以量化、难以认定也是重要原因。有些涉密成果甚至无法进行公开的认定。

第四,缺乏智库领军人物。大学里不乏杰出的学术领军人才,比如院士、长江学者等等团队负责人。但是,优秀的学术领军人物未必是同样优秀的智库领军人才。实际上,经营一个智库要比领导一个研究所复杂许多。智库要募集资金、要做公共关系、要做市场、要做品牌、要做 IP、要做系统平台。而学术研究机构相对单纯。事实上,目前各类高校的智库负责人绝大部分都是由学术领军人才兼任,这些专家操盘智库的时候,他们领导学术机构的成功经验往往会形成很强的路径依赖,他们会不自觉地用学术思维来经营智库,成功的少,失败的多。因此,有些高校开始招募校外熟悉智库的专家来领导智库。高校要形成一支不仅理解智库而且善于经营智库的身兼学术与智库之长的领军人才队伍,这需要相当长的时间。

第五,高校智库业务单一,缺乏构建社会网络的能力。智库具有多元的社会属性和功能属性。西方智库研究专家认为,智库具有学术性、政治性、媒体性、经济性等多重社会属性,具有战略研究、政策研究、行动研究、政策咨询、沟通交流等多元功能,本质上是政治资本、社会资本、文化资本、经济资本进行融合、交换、增值的场域。因此,智库业务和营运绝不能照搬学术机构的做法。智库离不开学术研究,离不开原创型的知识生产,但是只有学术研究绝非智库,智库更多的业务是把学术转化为政策,在议程设置、政策协商、决策、政策执行、政策评估的整个政策过程中,智库都要承担相应的职责,都可以开展相应的业务。决策研究和决策咨询同等重要。所以西方智库中有 fellow(研究员)和 advisor(顾问师、咨询师)的不同岗位设置。反观我们绝大多数高校智库,主要工作集中在写论文、写报告、写内参,一年办几次会议,严重忽视决策咨询工作，基本上和学术机构业务大同小异，仍然在象牙塔中活动，缺少深入社会和联结社会的能力，无法建构自己的社会网络，在整个政策共同体中是被边缘化的。

第六，信息和数据收集处理分析手段落后。智库的研究工作基于数据和证据的政策分析，因此，数据和资料的收集能力往往是衡量智库水平高低的主要指标之一。可惜，由于大部分高校智库都是建立在社会科学学科基础上，可以说绝大多数高校智库都不那么擅长现代数据采集工作。我们现在动辄谈论大数据分析，可是如果收集不到大数据，又何来大数据分析一说？而收集大数据都需要编程能力，这是文科出身的大部分智库专家所不具备的。按理说，高校智库和社科院等类型智库是有分工的，高校智库应该把更多精力放在数据库开发和数据收集上，然后基于这些数据库从事长期性的前瞻性的智库研究，而让社科院这些与政府关系密切的智库去做应急的短期工作。事实上，鲜见高校智库具备开发专题数据库能力，大部分高校智库还在和政府智库竞争着写内参。在对山东省重点智库建设评估时，笔者就发现不少高校智库三年试点中拿到的批示数量是极为有限的，有的甚至为零。

第七，智库传播和国际交流能力欠缺。前文强调智库有媒体属性，是因为除少数涉密智库外，大部分智库要形成自己的影响力、形成自己的品牌，那就要搞传播，就要搞交流。但是笔者观察到大部分高校智库不重视或者很不擅长做传播，不少高校智库没有自己的独立网站，或者有网站但信息更新非常滞后。在"两微一端"方面也是如此，办得好的高校智库微信公号屈指可数。会议是重要的传播手段，但是高校智库中能够操办大型国际和国内会议的、形成自己的品牌的会议甚少，缺乏香格里拉对话、达沃斯论坛这样国际知名的会议品牌。高校智库在影响力和知名度打造方面意识欠缺、能力不足、举措零散的现象较为普遍。

少数顶级名校的智库要成为国际智库交路的排头兵。我国在国际上缺乏话语权的一个重要原因就是我国在国际政策共同体中处于失语的境地，这和我们的第二经济体的地位很不匹配。二月初笔者参加在日内瓦举办的世界性智库大会，来自中国的会议代表就笔者一人，而南亚、东南亚、非洲、南美都有不少与会者，这也从一个侧面反映了高校智库缺乏智库国际交流的意识。我们国家开展中国特色新型智库建设的一个目的就是希望能建成一批有国际影响力的智库,如果我们的智库不能在国际智库圈中活跃起来,这个目标很难完成。

第八,大部分高校智库缺乏核心竞争力。任何一个组织如果缺乏核心竞争力,那么它在任何一个竞争体系中一定是边缘者。智库也不例外。目前我国的智库体系是各级党委和政府主导的,有行业准入制度,而目前各级重点智库以政府补贴为单一主要资金来源,缺乏可持续性。智库要从单纯面向政府转向面向市场(政府和企业等),这个时候智库就要需要到政策市场上找资金,如果一旦没有核心资源、核心品牌、核心团队、核心能力,也就面临核心竞争力的缺失,那么这样的高校智库必然要遭遇边缘化而被淘汰。

第九,主管部门尚未出台科学成熟的评价机制。目前,美国宾夕法尼亚大学麦甘课题组发布的全球智库排名影响很大,但是著名智库研究者埃布尔森指出:"全球智库报告"产生排名结果的程序是松散的,其调查结果并不是严谨的科学研究成果,而是"临时性、任意性和主观性"的随机选择。[4]这份报告的指导意义有限。上海社科院的《中国智库报告》、中国社科院中国社会科学评价研究院的《2018年中国智库成果与人才评价报告》、南京大学中国智库研究与评价中心的《CTTI智库报告》等智库评价报告都提出了智库评价指标,但是这些报告并非基于详尽可信数据的"净评估",大多数采取影响力评估和行业声望评价,加上缺乏官方背景,在高校智库建设的引领性方面相对薄弱。高校智库的高质量发展还需要国家和地方教育主管部门出台科学成熟的智库评价体系加强引导。

上文所述的高校智库建设中的问题当然不局限在高校,也不同程度存在于其他智库,但是高校智库尤为明显。这些问题具有普遍性,值得高度重视。

3 加强高校新型智库建设的路径选择

中国特色新型高校智库建设从启动到今天已有五年,除了少数高校智库具有一定的知名度外，高校智库总体上可谓数量有余，质量堪忧。高校智库建设的成效和总书记对中国特色新型智库建设的期待之间尚存在一定差距，与中央和教育部新型智库建设的规划还存在不小的距离。我国要在2020年形成中国特色的新型智库体系，没有高校智库参与和发展，这个体系显然是不完备的。因此，在未来的几年，教育行政主管部门和高校应携手共进，教育部加快资源、项目、考核三位一体政策建设，高校提高认识，更加积极进取，共同加快高校新型智库建设的步伐，补齐中国特色新型智库建设体系的短板，为国家治理体系和治理能力现代化承担应有的职责。笔者认为高校新型智库建设要着力解决以下几个问题。

第一，提升对高校新型智库建设的政治站位。《关于加强中国特色新型智库建设的意见》已经把新型智库建设与党和政府科学民主依法决策、国家治理体系和治理能力现代化、国家软实力建设联系在一起。习近平总书记在十八大以来有关哲学社会科学的一系列重要论述中指出，新型智库建设和加强哲学社会科学建设，实现哲学社会科学的转型，突出哲学社会科学的引领性、实践性和斗争性密不可分。中国处在复兴的前夜，无数的经济、社会、文化治理问题急需哲学社会科学的支撑，如果高等学校坚持在一个闭锁的内部循环的哲学社会科学系统里自娱自乐，不仅是政治站位不够的问题，而且也是对社科资源的极大浪费。第四轮学科评估对学科社会服务指标的引入，无疑是对哲学社会科学服务社会这一重要风向标的强调。新型智库建设恰恰是促进高校哲学社会科学转型的重要抓手。笔者认为，我国的哲学社会科学已经出现了两种范式，一种是传统的学术范式，一种是面向实践、解决问题，经世致用的"智库范式"。对于高校而言，加强新型智库建设无疑是发展社会科学"智库范式"的重要途径。因此，无论是教育行政部门，还是具体高校，都应该进一步提高对新型智库建设重大意义的认识，新型智库建设和决策咨询体制改革、软实力话语权培植、哲学社会科学的新范式等意识形态的核心问题有极大的关系。

第二，完善高校新型智库建设的政策和资源供给体系。前文已经论及，高校新型智库能否取得实质性进展，关键是政策环境的好坏和资源投入的多少。教育行政主管部门在资源、项目、考核等方面完善新型智库建设的政策供给是解决问题的关键。比如,教育部国际司所设立的国别与区域研究项目就极大地促进了有关高校设立国别与区域研究中心,投入资源开展国别研究和地区研究,这些研究中心大部分都属于新型智库。[5]教育部人文社会科学重点基地已经多年没有扩容,但是这几年高校哲学社会科学发展较快,分化很大,不少高校希望重点基地能够扩容,把新的有实力的基地和智库纳入这一体系。同时,教育部应依照智库特性分类管理,设立重点智库目录,予以适当的资源、项目、考核标准倾斜,这无疑能更有力地促进高校新型智库建设。

第三,突显图钉效应,抓好重点智库建设。对于我国绝大多数高校而言,审慎地成立新型智库的态度无疑是正确的。翻牌的、跟风的、换汤不换药的所谓智库已经有些泛滥。现代智库是高投入、高消耗、高产出、高影响力的机构,绝大多数高校都无力同时维持数量众多的智库群,明智的战略就是举全校之力办好少数重点智库。比如一些高校成立智库中心,或者成立成果收割型的发展研究院,负责全校智库类成果的研究组织、成果二次加工、统一发布报送等,用全校的力量打响一个智库品牌,就像图钉,把力量集中到一点,才能冒尖。复旦发展研究院就是这样的机构,这个拥有20余位全职工作人员的机构负责全校智库成果的收割、编辑和报送发布。清华则成立了智库中心,统合全校的智库工作。用有限资源抓好重点智库建设,这是必须要坚持的高校智库建设路径。

第四,加强专业化、精益化管理,提升高校智库的效益。聚焦到个别智库层次,加强高校中国特色新型智库建设无疑要在"中国特色"和"新型"两个概念上下功夫。中国特色就是要解决中国发展中的现实问题,新型无疑要在体制机制创新上有突破。高校智库是现代智库,现代智库要尊重现代智库运行的规律,必须用智库思维而非学术机构思维来经营智库,以实现专业化和精益化的管理和营运目的。人财物管理、研究组织、项目管理、传播管理、公共关系管理、国际合作、文档管控都需要专业化和精细化。唯有如此,才能涌现出类似芝加哥大学NORC[7]、哈佛贝尔福中心、斯坦福胡佛研究所那样的一批国际知名的高校智库。否则高校新型智库又会像一阵风,"其兴也勃焉,其亡也忽焉"。正如习近平总书记所强调,必须用钉钉子精神,聚精会神搞个十年二十年高校新型智库建设才能真正见成效。

参考文献

[1] 李刚. 破解我国智库体制的"三明治陷阱"[J]. 科学与管理,2018,38(6).

[2] 南京大学中国智库研究与评价中心评估组. 山东省重点新型智库建设评估报告[M]. 未刊稿. 南京大学中国智库研究与评价中心,2019:35.

[3] 南京大学. 南京大学人文社会科学科研成果分类评价方案[M]. 南京大学中国智库研究与评价中心. 智库研究资料汇编. 南京大学中国智库研究与评价中心,2017:103-104.

[4] 唐纳德·E. 埃布尔森等. 智库、外交政策和地缘政治:实现影响力的路径[M]. 严志军等,译. 南京大学出版社,2019:239.

[5] 中华人民共和国教育部. 关于印发《国别和区域研究基地培育和建设暂行办法》的通知[EB/OL]. [2019-02-05]. http://old.moe.gov.cn//publicfiles/business/htmlfiles/moe/s7068/201502/183702.html.

[6] 王琪. 智库创新文化研究——来自NORC的经验[J]. 农业图书情报学刊,2018,30(1):6-11.

(作者:李刚。本文发表于《江苏高教》2019年第10期。)

6. 企业智库：范畴、职能与发展策略

摘　要：我国现代企业智库建设刚刚起步，学界对其范畴和职能的分歧延搁了其发展问题的研究和解决。论文运用案例分析法，对日、英、美、中等国的企业智库发展现状、运行方式及主要特点进行分析，初步界定企业智库的范畴，并在此基础上总结出企业智库的定义。然后结合我国企业智库两大类型，归纳出我国企业智库的情报与信息、发展战略与竞争战略研究、产业政策与法规研究三大职能，在综合中央智库建设文件精神和世界智库建设经验教训的基础上，为我国现代企业智库发展策略提出了一些建议。

关键词：企业智库；发展策略；产业政策

1　企业智库发展现状与范畴分析

企业智库迄今仍然是一个有争议的概念，对它的内涵与外延学界并无一致的意见。因此，企业智库的研究必须从范畴研究开始，必须要给企业智库下一个相对准确的定义，要厘清企业智库与其他相关概念的联系与区别，要划分企业智库的类型，要归纳各类企业智库的特征。范畴是对事实的抽象，因此企业智库的起源就是本研究的逻辑起点。

现代企业智库的原型来自日本。二战以后，日本经济起飞，涌现了一批世界级的大型制造业和金融业集团，这些企业集团有的本身就是日本"财阀"，其中有一些是财阀的核心企业，在日本经济中具有一定的垄断性地位，往往是左右日本产业发展的关键力量。对于这些企业而言，情报收集与分析、竞争战略、产业经济和产业政策研究

不仅事关企业自身的生存发展,而且对日本相关产业的整体发展而言都非常重要。由于二战后日本的大学相对封闭,咨询业和智库也不够发达,日本企业界的这种需求无法从市场上圆满解决,在20世纪80年代中后期到90年代初期,日本的金融、生命保险、制造商、地方银行等大型企业开始创办自己的研究机构。日本的企业智库属于营利社团法人(企业),以营利为目的,实行企业化运作,如野村综合研究所(NRI)、大和总研(DIR)、日本综合研究所(JRI)等企业系的智库都属于营利社团法人。这类社会智库是日本智库中的主体,其特点是一家企业或多家企业为其股东,实行企业化运作[1]。

第一类是日本证券公司和投资银行创办的企业智库。从1956到1965年,日本仅用10年就使GDP实现翻两番。实体经济的发展不仅使得日本以实物计算的国民财富日益积累,也使以金融资产计算的国民财富迅速膨胀,为虚拟经济(金融、证券、债券等金融产业)的发展准备了条件。1970年日本金融机构总资产占GDP的比例已经达到了165.4%。[2]情报收集、战略分析、产业研究等是证券和投资银行业务的前导性基础工作,日本证券和投行认为情报收集和产业研究属于"头脑部位",相当重视企业智库的工作。[3]野村综合研究所(NRI)是日本证券业巨头——野村证券出资兴办的第一家民营智库。1965年成立的时候,野村综合研究所注册资本5亿日元,员工130人。2018年,野村综合研究所员工6 130人,是一家世界级的咨询和智库机构。大和综合研究所(大和总研,DIR)是另外一家著名的金融业智库,成立于1989年8月,由原大和证券的经济研究所、大和电脑服务、大和系统服务三部分独立重组而成,现已经发展为资本额100亿日元的企业智库。

第二类日本企业智库是以制造业为主的大型财阀设立的综合研究所。1970年,恰逢三菱集团成立100周年,三菱成立了三菱综合研究所(MRI),它是由已有40年历史的三菱经济研究所、三菱原子能工业股份有限公司综合计算中心和技术经济情报中心门联合重组的一家新型企业智库。来自三菱集团的业务只占其总业务的20%,其他的业务都是集团之外的,其中的50%来自政府、地方公共团体和特殊法人。也可以说，三菱综合研究所是一家"政策导向"（Policy Oriented）型的智库，重点在资源、能源方面作咨询研究，为许多重要部门和大型团体提供决策依据，完成了数以百计的研究和咨询项目。MRI 成立之初只有 180 名员工，2018 年已经有员工 3 842 名。

英美是现代智库的发源地，但是英美企业智库发育并不完全。1943 年成立的美国企业研究所（AEI），又叫"美国企业公共政策研究所"，这个智库直接接受来自企业的捐款。2017 年度来自企业的捐款达 670 万美元，占它总收入的 11%。由于 AEI 不是一个合同型研究机构，这些来自企业的捐款并不能影响 AEI 的研究选题，因此很难说 AEI 是企业集体主办的智库，更非单一企业主办的智库。美国企业之所以不像日本企业那样创办智库，原因是美国的智库和管理咨询业高度发达，美国企业的研究和管理咨询需求可以从政策思想市场和管理咨询市场得到有效的满足。美国智库和咨询公司之间存在交集，这一交集就是咨询公司创办的智库性质的研究机构。例如，麦肯锡全球研究院（MGI）成立于 1990 年，是麦肯锡公司的业务和经济研究部门。MGI 自称使命其是帮助商业、公共和社会各界的领导人对全球经济的发展有更深的了解，并提供一个事实基础，辅助关键管理人员对决策和政策问题做决定。MGI 研究主要集中在经济学和管理学两个学科。近二十年来，MGI 发展了"微观到宏观"的方法，研究范围涵盖超过 20 多个国家和 30 多个行业，MGI 目前的研究议程集中于"生产力、竞争力和增长，全球金融市场的演变，以及技术对经济的影响"三个领域[4]。

英国《经济学人》创办的"情报部"属于媒体智库，在英国语境中，媒体也是自负盈亏的企业，"经济学人情报部"也可以看成是企业智库。EIU 全称 The Economist Intelligence Unit，是经济学人集团（The Economist Group）旗下的经济分析智囊机构。其总部位于伦敦，在全球有 3 个区域总部（伦敦、纽约、香港）并在 40 多个主要城市设有常驻机构。EIU 主要为全球商业与各国政府决策者提供针对国家、产业及管理领域内的经济预测分析与咨询服务。多年来 EIU 因其专有的预测和高级风险评估模型而著称，在其针对各国经济分析与预测服务中享有高度的客观性、独立性、透明性与简洁性的声誉。

我国一些科技咨询公司也成立了自己的企业智库。例如,广州奥凯信息咨询有限公司于2015年3月成立广东中策知识产权研究院,是集知识产权战略分析、政策研究、高端培训、管理咨询等业务于一体的知识产权专业知识服务机构。三年来,中策研究院承担了近40项政府和企业委托的研究课题。2017年,中策研究院举办了"2017广东知识产权交易博览会";发布"2017中策—中国企业专利创新百强榜"、首发"中国企业专利创新百强榜海外版"等重要活动。可以说,中策研究院是我国企业智库的一个代表。

我国大型央企普遍有自己内部的政策研究室。到目前为止,98家央企共有23家在总部层面成立了智库,还有不少央企虽然没有智库,但仍设有信息中心等部门来发挥智库的部分职能。[5]但是由于这些研究室主要负责的是企业内部的政策研究,属于"内脑",对国家和公众的影响力有限,还处于由企业内部政策研究机构向企业智库转型的路上。我国大型的民营科技公司,比如BAT都有自己研究院。BAT的研究院中,腾讯研究院最像企业智库,有专门团队做政策研究。腾讯研究院声称:"腾讯研究院是腾讯公司设立的社会科学研究机构,旨在依托腾讯公司多元的产品、丰富的案例和海量的数据,围绕产业发展的焦点问题,通过开放合作的研究平台,汇集各界智慧,共同推动互联网产业健康有序的发展。研究院下设法律研究中心、产业与经济研究中心、社会研究中心、犯罪研究中心、安全研究中心、专利与创新研究中心、'互联网+'创新中心,并设有博士后科研工作站。我们坚守开放、包容、前瞻的研究视野,致力于成为现代科技与社会人文交叉汇聚的研究平台。"[6]应该说,我国企业智库建设已经起步,新型智库建设已经得到大型企业和行业领袖企业的重视。

根据上述案例,我们可以对企业智库的范畴做初步的界定。智库是基于数据和事实的非营利性战略和政策研究与传播机构。这个范畴基本上是中外智库研究界的共识。但是中外企业智库的案例并不完全符合这一定义。第一,营利性问题。几乎所有的企业智库都不是非营利组织,反而都是营利性的企业。《美国法典》(United

States Code)规定,智库必须符合《美国法典》第 26 条 501(c)(3)款对非营利组织的规定才可以获得联邦所得税豁免。社会智库是美国智库的主体,大部分都是符合 501(c)(3)款的非营利性机构。因此,美国的智库研究界一般认为非营利性是智库的一个基本属性。我们国家的《关于社会智库健康发展的若干意见》规定,社会智库必须到民政部门办理社会组织登记。也就是说社会智库在我国属于社会组织,不是营利组织。这一点和美国是一致的。那么,是否具有营利属性是界定智库的基本要件吗?凡是营利性的社会科学研究机构就一定不是智库吗?企业智库因为其营利属性是不是不能叫作智库?这个问题不能一概而论。各个国家国情不同,对智库的非营利性属性理解各有不同。日本的企业智库发达,很多企业的综合研究研究所的自身认同就是智库。我国《关于加强中国特色新型智库建设的意见》(以下简称"意见")中也单列了企业智库的类型:"支持国有及国有控股企业兴办产学研用紧密结合的新型智库,重点面向行业产业,围绕国有企业改革、产业结构调整、产业发展规划、产业技术方向、产业政策制定、重大工程项目等开展决策咨询研究。""意见"并未规定企业智库的组织形式和非营利属性。麦甘全球智库报告也单列了营利型智库这个类型。可见,非营利性质不应该是智库的本质属性。第二,公共性才是智库的本质属性。企业智库之所以叫智库,而不是咨询公司,根本原因是企业智库具有的"公共性"和"外部性"。这种公共性体现在:(1)从研究议程设置上看,企业智库开展的政策研究是公共政策研究,不全是企业自身的发展政策。日本企业智库的全日本甚至全球的经济社会统计数据收集与利用,腾讯的"互联网+"等政策研究,以及 MGI 的大数据报告都是面向全社会的。这些研究不仅涉及全国和全世界,某种意义上也可以说是增进整个社会福利的,也就是说企业智库具有"外部性";(2)从透明性上来说,企业智库也向社会公开自己的理事会、学术委员、研究员团队等信息,社会公众从这些公开信息上可以判断企业智库的政治、行业和社会背景,从而在一定程度上判断企业智库的研究是否客观中立,是否代表利益集团说话;(3)从研究报告的公开获取性来说,企业智库的研究报告大部分是可以从网站等渠道被公众无偿获得的,这就是研究报道的无差别获取性(open access)。企业智库这三个方面的特征是区别企业智库和咨询公司的重要依据。咨询公司在议程设置上一般集中在微观层次,比如企业的管理、财务、审计、HR、系统等,议程设置一般不大以公共政策作为自己的研究重点。其次,咨询公司没有义务公开自己的治理结构和研究队伍。另外,咨询公司的研究报告是付费使用,不具有无差别可获取性。

简而言之,企业智库之所以是智库,并非是因为非营利性,而是因为它具有智库的"公共性"和"外部性"。那么,我们就可以为企业智库下一个定义:企业智库是企业创办的关联机构,可以是独立法人实体,也可以是非法人实体,公开自己的治理结构和研究员信息的,从事和企业所在行业有关的公共政策研究咨询,并向社会无差别无偿提供研究成果和事实数据的研究机构。

2 "情报—战略—政策研究"三位一体的企业智库职能

有关企业智库的服务对象、职能和研究领域的定位,柯银斌和马岩等曾有专文论述[7]。各国的企业智库职能差异性很大。就日本企业智库的实际情况来看,日本企业智库往往独立设置,是大型企业集团的子公司,在发展到成熟期后,日本几大著名企业智库都有三大业务领域,即智库＋咨询＋系统集成,其中智库主要做公共政策研究,咨询主要面向企业做管理咨询和财务咨询等,而系统集成则是为企业提供信息管理方面的解决方案。日本企业智库职能显然是复合的,或者说是综合的。如果抽象一点看,日本企业智库具有情报职能、决策咨询职能、业务咨询职能、信息化职能等。情报职能是日本企业智库的根本和生命力所在。日本企业素有亲政府的文化传统,决策咨询主要服务于政府,是企业联络政府的重要手段。业务咨询和系统集成服务是日本企业智库的主要利润来源。

而我国企业智库分两大类,职能有较大差别。"意见"所说的企业智库主要是国有和国有控股企业创办的智库,业务范围比较清晰:"重点面向行业产业,围绕国有企业改革、产业结构调整、产业发展规划、产业技术方向、产业政策制定、重大工程项目等开展决策咨询研究"。也就是说从中央新型智库建设文件的精神来看，中央希望大型央企能创办一些智库，为党和政府的决策提供面向行业产业的国企体制机制改革、产业政策和重大工程项目领域的咨询服务。这种面向行业产业的决策咨询要比政府智库和学术智库做的产业政策研究更接地气、特点更鲜明、更具操作性。就这一点而言，企业智库的功能是政府智库和学术智库无法替代的。

第二类是民营的行业巨头创办的企业智库。这是自发生长出来的，是民营企业发展到一定阶段因研究咨询需求无法从市场上满足，通过设立内部机构满足自我需求的一种做法。日本企业曾经历这个阶段。前文已经阐明，这是由于中日的智库业和咨询业不够发达的原因。由于缺乏现代智库意识和运行经验，民营企业巨头的企业智库的架构和模式差别很大，但是它们都集中精力做产业政策引导，利用其行业垄断地位，通过为政府提供决策咨询，通过公众政策教育，希望产业政策和舆论有利于本行业发展。在这方面 BAT 企业智库还是有成效的。

我们下面以"大数据"如何从概念变成产业政策来说明企业智库是如何引导产业政策的。1997 年美国宇航局研究员迈克尔·考克斯和大卫·埃尔斯沃斯首次使用"大数据"这一术语来描述 20 世纪 90 年代的挑战——超级计算机生成的大量信息（在考克斯和埃尔斯沃斯的案例中，是模拟飞机周围的气流）是不能被处理和可视化的。数据集非常之大，超出了主存储器、本地磁盘，甚至远程磁盘的承载能力。他们称此为"大数据问题"。但是这个时候，大数据并未引起人们重视。2011 年 6 月，麦肯锡研究院发布大数据报告——Big Data: The Next Frontier for Innovation, Competition, and Productivity。由于麦肯锡的特殊地位、全球网络和强大的传播能力，这篇智库研究报告一出台就引起了互联网界、企业界和学术界的高度重视，从此真正炒热了大数据的概念，衍生出大数据产业、互联网＋、互联网思维、社会计算等等次生概念群。

这些概念当然很快传到我国政府相关政策文件。2014 年 7 月 23 日，国务院常务会议审议通过《企业信息公示暂行条例（草案）》，推动构建公平竞争的市场环境。

其中要求建立部门间互联共享信息平台,运用大数据等手段提升监管水平。

2014年9月17日,国务院部署进一步扶持小微企业发展,推动大众创业,万众创新,其中包括加大服务小微企业的信息系统建设,方便企业获得政策信息,运用大数据、云计算等技术提供更有效服务。2014年10月29日,要求重点推进6大领域消费,其中特别强调加快健康医疗、企业监管等领域的大数据应用。2014年11月15日,提出在疾病防治、灾害预防、社会保障、电子政务等领域开展大数据应用示范。2015年1月14日,部署加快发展服务贸易,以结构优化拓展发展空间,提出要创新模式,利用大数据、物联网等新技术打造服务贸易新型网络平台。2015年2月6日,确定运用互联网和大数据技术,加快建设投资项目在线审批监管平台,横向联通发展改革、城乡规划、国土资源、环境保护等部门,纵向贯通各级政府,推进网上受理、办理、监管"一条龙"服务,做到全透明、可核查,让信息多跑路、群众少跑腿。

但是,这个时候大数据概念只是渗透到国家相关政策中,尚未被作为独立的产业政策提出来。腾讯研究院和阿里研究院并未简单照搬MGI的大数据概念,而是提出了独具特色的"互联网+"概念,2015年3月10日,阿里研究院的报告指出:"所谓'互联网+'就是指,以互联网为主的一整套信息技术(包括移动互联网、云计算、大数据技术等)在经济、社会生活各部门的扩散、应用过程。"[8] 2015年两会,马化腾代表提出了《让移动互联网构建智慧民生,推动"互联网+"成为国家战略》的议案。马化腾建议,政府部门应当加快移动互联网在民生领域的普及和应用,把"人与公共服务"通过数字化的方式全面连接起来,有助于解决看病难、教育资源不均衡以及防治雾霾等重大新老民生问题。他表示,这种"智慧民生"可以提高生活便捷度,降低社会成本,而且为互联网创业提供更多机会。

2015年7月《国务院关于积极推进"互联网+"行动的指导意见》是由国务院在2015年07月01日成文,发布于2015年07月04日,其发文字号为国发〔2015〕40号,主要围绕"互联网+"讲述如何把互联网的创新成果与经济社会各领域深度融合,进一步促进社会发展。2015年8月《国务院关于印发促进大数据发展行动纲要的通知》(国发〔2015〕50号)。2017年1月为推动我国大数据产业持续健康发展,实施国家大数据战略,落实国务院《促进大数据发展行动纲要》,按照《中华人民共和国国民经济和社会发展第十三个五年规划纲要》总体部署,工业和信息化部正式发布了《大数据产业发展规划(2016—2020年)》(工信部规〔2016〕412号,成文日期:2016-12-30;发布日期:2017-01-17)。至此,大数据的产业政策布局完全落地。在这个过程中,阿里研究院和腾讯研究院起到了关键作用。

我国国企尤其是央企早就有影响国家产业政策的正常渠道和自己的影响模式,只是央企尚不熟悉如何利用自办的企业智库来影响和引导国家产业政策。在这方面腾讯和阿里则初步摸索出了利用企业智库影响产业政策的成功案例。

产业政策研究和决策咨询是不是就是我国企业智库的全面职能?当然不能这么说。下面通过分析国家高端智库试点单位中唯一的企业智库——中国石油经济技术研究院来讨论一下企业智库的职能。该机构声称:"中国石油集团经济技术研究院是中国石油集团直属科研机构,主要从事石油工业发展、石油科技、石油经济、石油市场、海外投资环境、政策法规等方面的趋势分析与策略研究,提供广泛的能源信息咨询服务,其前身是成立于1964年的石油工业部科技情报研究所。"[9]可见,服务于本集团情报研究与开发、发展战略研究咨询和产业政策与法规研究咨询是它的基本职能。目前,中国石油集团经济技术研究院处于集团内综合研究所的发展阶段,尚未能转型为兼顾服务集团内部和服务国家石油能源行业决策咨询并重的现代企业智库。

综上,通过分析我国企业智库的案例,企业智库的职能大致可以归纳为:(1)情报和信息职能,从事有关行业和产业的信息情报收集分析开发和服务;(2)发展战略与竞争战略研究,包括行业发展趋势分析、竞争环境分析、企业发展战略分析等;(3)产业政策与法规研究。至于日本的企业智库,由于它们已经基本上变成了现代智库和现代咨询公司,以上三项职能虽然也是它们的主要职能,但是它们的服务对象已经主要不是母公司,而是整个产业界和政府,它们的职能也更加多样化。

至于舆论引导、人才培养、公共外交这些智库的一般职能，企业智库当然具备，但是只是次生的职能。由于缺乏材料支撑，本文不展开讨论。

3　正确处理现代企业智库建设中的几个关键问题

传统意义上的企业"内脑"，我国早已有之。但是，现代企业智库建设可以说刚刚起步，根据中央智库建设文件精神和世界智库建设的经验教训，我国企业智库建设应该注意解决以下几个关键问题。

第一，提升政治站位，处理好服务企业和服务党和政府之间的关系。企业智库不能局限于面向企业自身的研究，而要提升政治站位，要站在国家层面，着力提升为党和政府提供国企改革、产业经济、产业政策等方面的决策咨询能力。通过服务党和政府经济决策咨询，彰显企业智库的"公共性"和"外部性"，这样的企业智库才是现代智库。企业智库尤其要避免利益陷阱，保证研究成果的客观性、中立性和科学性。否则如果只关心企业自身利益，那么这样的企业智库只是母公司的"内脑"，缺乏"公共性"和"外部性"，不能算是增进全社会公共福祉的现代智库。

第二，提升研究能力，处理好对策研究与基础研究的关系。企业智库的长处是接地气，擅长对策研究和行动研究，但短处是基础研究能力较弱。世界著名智库无不在对策研究与基础研究之间保持一定的平衡。行业统计数据库和政策分析模型算法等等属于基础研究，这是开展基于数据和事实的政策分析的基础，如果企业智库不能立足本行业积累系统的数据，不能基于这些数据形成独特的政策分析理论和方法，那么对策研究和行动研究往往也是无源之水、无本之木。

第三，加强法人化实体化建设，提升企业智库体制机制创新能力。现代企业呼唤现代企业智库，所谓现代企业智库就是拥有崭新体制机制的智库。央企的内部政策研究机构历史悠久，但是在国际国内发展战略、产业政策和情报研究界影响不大，原因何在？就是因为机制陈旧，管理僵化，缺乏必要的激励考核措施，因循守旧，导致研究咨询的生产率很低。日本企业为何把内部的综合研究所变成独立法人实体？就是要切断脐带,让原本靠母公司提供资金的企业智库到市场上淬炼,实现凤凰涅槃,这样才形成了野村、三菱、大和等世界一流的企业智库。不走法人化和实体化之路,实现体制机制的转换,我国企业智库将难以实现彻底的变革。

第四,加强智库意识,遵循现代智库规律,建设我国现代企业智库。企业智库不是咨询公司,不是企业内部的政策研究室,也不是企业内部的技术研发部门,既然是智库,那么就要尊重智库发展规律和营运规律。比如,要明确公共性定位,要保证运作的透明性,要有外部专业人士介入的治理结构,要有公开的研究员队伍,要有公开的网站,要自己的出版物和研究报告体系,要有完整的质量控制体系等等。

第五,把央企智库联盟平台切实建设好运作好,培育企业智库共同体。2016年5月27日,国资委主导的"中央企业智库联盟"成立,成员单位主要是中央企业的政策研究中心和智库,其职责定位是公益性、研究性、服务型和第三方性,加强中央企业智库之间的横向交流,服务国有企业改革发展需要,促进中央企业智库资源合作,共同开展涉及中央企业改革发展共性重大问题研究,协同研究产业经济、重组并购、科技创新、国际化经营等重大问题,搭建资源共享、信息共享、成果共享平台,发挥各企业在资源、资金、人才、技术、信息、渠道等方面的优势,形成研究合力。国家电网公司担任第一届理事长单位的职责。2017年12月1日,中央企业智库联盟召开了第二届理事会会议暨首届新时代国企国资改革发展论坛。央企智库联盟平台不能建成国资委系统的封闭平台,而应该建成全国性企业智库协会,统一协调管理全国企业智库网络,培育出具鲜明特色的现代企业智库共同体。

参考文献

[1] 程永明. 日本智库经费来源渠道研究[J]. 人民论坛,2014(8):240-243.

[2] 丁敏. 日本头脑产业[M]. 北京:社会科学文献出版社,2004:43.

[3] 丁敏. 日本头脑产业[M]. 北京:社会科学文献出版社,2004:63.

[4] MGI. About MGI[EB/OL]. [2018-08-22]. https://www.mckinsey.com/mgi/

overview.

[5] 牛溪,李君臣. 我国企业智库发展现状、特点及趋势[J]. 智库理论与实践,2018(3):44-50.

[6] 腾讯研究院. 关于我们[EB/OL].[2018-08-23]. http://www.tisi.org/general/ger_detail/id/1.

[7] 柯银斌,马岩. 企业智库的战略定位[J]. 智库理论与实践,2017,2(2):84-91.

[8] 阿里巴巴研究院. 阿里研究院"互联网+"研究报告[R]. 2015:4.

[9] 中国石油经济技术研究院. 企业简介[EB/OL].[2018-08-24]. http://etri.cnpc.com.cn/etri/qyjj/column_common.shtml.

(作者:李刚、王传奇。本文发表于《智库理论与实践》2018年第5期。)

7. 智库知识体系制度化建构的进程与路径*

摘　要：现代智库是国家治理体系和治理能力现代化的关键符号之一。20世纪初，由于社会治理、经济治理和国家治理日趋复杂，基于经验的决策模式捉襟见肘，现代智库在英美应运而生。经过一个多世纪的发展，现代智库不仅成为一个成熟的基于高深知识的行业，而且有关智库的知识体系也完成了制度化建构，成为主流社会科学的重要研究领域，形成了稳定的研究共同体，孕育了一批高水平的研究成果。智库知识体系与智库实践形成了良性互动。而我国由于智库建设自主意识刚刚觉醒，智库实践起步不久，各方对智库知识体系制度化构建的重要性、意义和路径都缺乏清醒认识，智库知识体系的制度化构建尚处于自发阶段。论文认为要从话语体系、学科体系、学术体系和职业发展体系角度出发，推动我国智库知识体系的制度化，使智库知识体系能够嵌入主流社会科学，尽快确立中国特色新型智库知识体系。

关键词：智库研究；制度化；建设进程；建设路径；知识体系；话语体系；学科体系；学术体系；智库范式

1　引　言

任何一个基于高深知识体系的现代职业，例如医生、律师、工程师、图书馆员等都有一个深厚而复杂的话语体系、学科体系、学术体系和职业发展体系。知识体系包括

---

* 本文系"教育部哲学社会科学研究重大课题攻关项目：推动智库建设健康发展研究（17JZD009）"和"江苏省社科基金重大项目：江苏新型智库建设与评价研究（16ZD007）"成果之一。

话语体系、学科体系、学术体系和职业发展体系[1]。因此,考察一个行业是否成熟,该行业依托的知识体系建构是否完备就成为重要的视角。

现代智库是一种现代知识密集、智慧密集、人才密集的职业,是一种以公共利益为宗旨的专业[2]。郑永年认为,"'专业'这一概念的起源指的是基于教育之上的职业,为社会的其他领域例如政治和商业提供专业性服务。"[3]专业往往具备一些独有的特征。第一是"规制性",即法律规定专业团体所要履行的责任。比如,医生、律师、会计师等都有专门的法律规范其资格、资质、职责和权益。第二是"自治性",专业团体享有高度的自治权来管理其内部事务。单个的智库实体本身就是专业人士的共同体,这个共同体应该由专家和专业人士来管理内部事务,所以智库内部有理事会和学术委员会,智库的内部事务决策权应该主要由这些机构来行使。其次,智库行业由一定数量的实体智库组成[4],行业自治应该在党和政府领导下由行业来主导,而不是变成党和政府的直接下属机构,否则就失去了第三方地位,这会影响决策咨询研究的"科学性"和"客观性"。第三是"声望",也就是专业声望,智库从事的是公共政策研究,对社会有巨大的影响,因此智库专家们也享有较高的社会声望,这要求智库比任何营利性咨询公司都要肩负崇高的社会责任,必须保持知识的诚实,保证不被利益集团所俘获。因此,法律必须规定所有智库保证透明,公布自己的经费来源和项目委托单位等重要信息。

智库实践是我国智库知识体系制度化建构的基础。智库工作是学术和咨询的交集。从产业视角看,智库业是现代咨询业的一个细分行业。现代咨询业[5]又被称为高端服务业,主要原因是现代咨询业是以高深知识和技术为基础、向客户提供咨询服务的专业,它主要包括审计和财务咨询,如德勤会计师事务所;也包括投资融资服务的投行,如摩根、高盛等投资银行;也包括企业管理咨询,如麦肯锡咨询公司等;也包括从事兼并重组业务的法律事务所;还包括各类工程咨询公司。智库是非常特殊的咨询类别,一般称为决策咨询,它服务的对象是政府、公共机构和政治人物。由于决策是影响国家和社会发展的重要政治行为,是国家治理体系的重要组成部分,所以智库业可以说在整个现代咨询业中占据特殊地位,是咨询业这个皇冠上的"明珠",因为智库业是否发达和政府决策水平有很强的相关关系。智库业的发育程度也离不开现代咨询业的总体支撑。一个国家只有现代咨询业总体水平高,其智库业水平才会高。美国、日本、欧洲的历史已经充分证明了这一点。

无论西方还是我国的智库业都具备这两个基本属性。一方面智库是学术机构,因为基于高水平的学术研究,智库才有发声的资格。智库的主要任务之一是转化学术成果,是利用现代科学知识促进决策科学性和政治理性的提升。这就是智库的专业性所在。另一方面,智库属于现代咨询业的一部分,智库的运营要符合咨询业的基本规律,要有良好的管理运营体系才能有效地发挥智库的社会功能。

本文侧重的是对智库知识体系制度化建构的梳理,适当兼顾行业和实践视角的讨论。本文不仅系统考察了西方,尤其是美国的智库知识体系的建构过程,而且详细分析了我国新型智库建设和智库知识体系制度化建构的关系,提出了智库话语体系、学科体系、学术体系和职业发展体系等制度化建构是新型智库建设重要内容的观点,指出应该尽快加速我国智库知识体系的制度化构建,推动中国特色新型智库知识体系的尽快确立。

2 西方智库知识体系制度化的历程

2.1 西方现代智库业的萌芽和发展

为决策提供参考与咨询是古已有之的人类行为,从古希腊的雅典学园到战国时期的稷下学宫都曾为统治阶级做过政策辩论和决策咨询。但是,传统社会的决策咨询工作是零星的、非制度化、非系统的行为。进入工业社会以后,产业化、市场化、城市化和全球化使得西方社会变得极其复杂,传统社会的经验决策模式失灵,光靠"有限政府"[6]自身的决策系统已经无法解决问题。一方面,从决策客体来看,很多需要决策的事项本身非常复杂,不经过调查研究很难弄清楚其中的因果原委;另一方面,从决策主体来看,竞选上台的政治人物基本上是靠"口才"获得选民的认可,缺乏治国理政方面的历练。为解决这种日益增长的矛盾,现代决策咨询工作也就应运而生。

决策咨询工作专业化的标志性符号就是现代智库的出现[7]。以美国为例,19世纪末期美国工业产值跃居世界第一后,其社会问题也迫近临界点,政治腐败的同时,社会风气也日趋败坏。为改造社会,重建一个清朗的政治系统,美国发起了史称"进步主义"的运动,[8-9]其核心理念之一是用科学改善决策的质量,在这个理念的引导下,在工业化中积累了丰厚资本的企业家们要么亲自出马,要么让他们的基金会捐款,建立了一批旨在改善政府管理、提高决策质量、提升公共政策辩论水平的研究机构。如罗素·赛奇基金会(1907)、卡内基国际和平基金会(1910)、政府研究所(1916)、胡佛战争、革命与和平研究所(1919)、经济研究所(1922)、罗伯特·布鲁金斯经济与政治研究学院(1924)。1927年,政府研究所、经济研究所和罗伯特·布鲁金斯经济与政治研究学院合并为布鲁金斯学会[10],致力于解决政府和经济政策问题。经过一百多年的发展,美国迄今为止已经有1800多家各种类型的智库,建立了以总统顾问系统、立法和行政系统内官方研究部门、独立智库为主,联邦资助研发机构、研究型大学战略和政策研究机构、大报政策讨论版、商业咨询机构智库板块、投资银行研究部门为辅的多元竞争的专业化的决策咨询和政策辩论体系。在这一体系中,独立智库是关键部门,通过旋转门机制,智库链接了其他决策咨询机构,促进了各种机构决策咨询人才的流动。

2.2 西方智库知识体系的制度化进程

伴随着决策咨询的专业化和现代智库的发展,美欧的智库研究也日趋制度化。这种制度化[11]体现在以下几个方面:

2.2.1 形成了稳定的智库研究共同体

笔者在Web of Science数据库中检索了西方1900年以来智库研究论文,获得1345篇论文。根据数据判断,这里的西方其实主要是指美国。在除去不相关论文和文献冗余后,有效文献共有1286篇。根据普莱斯定律,本文确定核心作者的主要依据是作者的最低发文量。发表论文数为m篇以上的作者为该领域内的核心作者

[$m=0.749*(n\max)^{(1/2)}$,$n\max$ 是该研究领域最高产作者发表的论文数]。据统计,西方智库研究发文量最高的作者是 IACOBUCCI G,共计发文 30 篇。经过计算四舍五入之后得出最低发文量 m 为 4 篇。因此,确定了该研究领域核心作者共计 138 人。由表 1 可知,西方智库研究共同体人数较多(至少有 138 人),且核心作者在该研究领域的发文量较大。这说明西方(以英文为写作语言)智库研究共同体已有一定规模,为智库研究的制度化发展奠定了基础。

表 1 国外智库研究核心作者群

序号	作者	发文数量	序号	作者	发文数量
1	IACOBUCCI G	30	18	O'DOWD A	8
2	HAWKES N	17	19	OKUN MS	8
3	DOUGLAS PS	16	…	…	…
4	KMIETOWICZ Z	14	…	……	…
5	KAMAT AM	11	…	……	…
6	STONE D	11	128	LEONARDI MC	4
7	BORRUSO M	10	129	LATINI DM	4
8	KRUCOFF MW	10	130	LANGEVIN JP	4
9	YUNWONHWANG	9	131	KUH GD	4
10	WEIN AJ	9	132	KRUMHOLZ HM	4
11	PAUTZ H	8	133	KRISHNAMURTI C	4
12	CERQUEIRA MD	8	134	KHODOR R	4
13	FOOTE KD	8	135	KAIDAR-PERSON O	4
14	GUNDUZ A	8	136	JUDY JW	4
15	LIMB M	8	137	JIMENEZ-SHAHED J	4
16	LOTAN Y	8	138	JACKMAN WM	4
17	MARINAC-DABIC D	8			

2.2.2 积累了数量可观、质量上乘的学术出版物

上文所提及的 1 286 篇文献分布于 158 种期刊中,其中有 84 种期刊可在 JCR(Journal Citation Reports,期刊引证报告)中查到。通过统计 84 种期刊的"近五年影响因子"和"JCR 分区"发现,Q1 分区文献数占总数的比例约为 39.3%,Q2 分区文献数占比约 28.6%,Q3 分区文献数占比 15.5%,Q4 分区文献数占比 16.6%(见表 2)。由此可见,西方智库研究文献约有 70%发表在水平较高的学术期刊上。这一方面体现出智库研究方法具有科学性和规范性,研究成果具有重要影响力,另一方面也体现出高质量学术出版物对智库研究的重视。

表 2 国外智库研究文献分布期刊的影响因子和 JCR 分区统计

期刊名	智库研究文献量	近五年影响因子	JCR 分区
LANCET	2	52.665	Q1
NATURE	3	44.959	Q1
BMJ BRITISH MEDICAL JOURNAL	28	20.467	Q1
BRITISH MEDICAL JOURNAL	11	20.467	Q1
JOURNAL OF THE AMERICAN COLLEGE OF CARDIOLOGY	3	18.737	Q1
BMJ CLINICAL RESEARCH ED	39	15.88	Q1
JOURNAL OF ECONOMIC LITERATURE	2	8.991	Q1
RESEARCH POLICY	2	7.07	Q1
AMERICAN JOURNAL OF SOCIOLOGY	2	5.678	Q1
AMERICAN JOURNAL OF PUBLIC HEALTH	2	5.403	Q1
…	…	…	…
…	…	…	…
…	…	…	…
JOURNAL OF THE HISTORY OF THE BEHAVIORAL SCIENCES	2	0.6	Q3

(续表)

期刊名	智库研究文献量	近五年影响因子	JCR分区
SOCIETY	4	0.508	Q4
DISSENT	3	0.505	Q4
CHINA AN INTERNATIONAL JOURNAL	6	0.422	Q4
ACTES DE LA RECHERCHE EN SCIENCES SOCIALES	2	0.409	Q4
INTERNATIONAL JOURNAL	9	0.381	Q3
POLITISCHE VIERTELJAHRESSCHRIFT	9	0.374	Q4
FUTURIST	2	0.214	Q2
OSTEUROPA	3	0.155	Q4
AORN JOURNAL	3	0.1235	Q4

2.2.3 获得了主流社会科学的认可并成为这些学科公认的研究领域和人才培养方向

对这1286篇文献的研究方向进行统计分析可知，智库研究文献多分布在政府法律（GOVERNMENT LAW）（21.99%）、公共管理（PUBLIC ADMINISTRATION）（14.66%）、企业经济学（BUSINESS ECONOMICS）（12.46%）、社会学（SOCIOLOGY）（12.17%）、行为科学（BEHAVIORAL SCIENCES）（9.47%）、心理学（PSYCHOLOGY）（8.54%）、教育教学研究（EDUCATION EDUCATIONAL RESEARCH）（7.9%）等研究方向。由此可见，智库研究文献量排名靠前的研究方向多属于政治学、管理学和社会学等学科。

表3 智库研究文献研究方向分布表

序号	研究方向	文献量	占比
1	GOVERNMENT LAW	309	21.99%
2	PUBLIC ADMINISTRATION	206	14.66%
3	BUSINESS ECONOMICS	175	12.46%
4	SOCIOLOGY	171	12.17%

(续表)

序号	研究方向	文献量	占比
5	BEHAVIORAL SCIENCES	133	9.47%
7	PSYCHOLOGY	120	8.54%
8	EDUCATION EDUCATIONAL RESEARCH	111	7.90%
10	SCIENCE TECHNOLOGY OTHER TOPICS	96	6.83%
11	SOCIAL SCIENCES OTHER TOPICS	80	5.69%
12	ENGINEERING	79	5.62%
13	INTERNATIONAL RELATIONS	79	5.62%
14	INFORMATION SCIENCE LIBRARY SCIENCE	61	4.34%
15	SOCIAL ISSUES	57	4.06%
…	…	…	…
…	…	…	…
…	…	…	…
131	MECHANICS	1	0.07%
132	MICROSCOPY	1	0.07%
133	OCEANOGRAPHY	1	0.07%
134	OTORHINOLARYNGOLOGY	1	0.07%
135	PARASITOLOGY	1	0.07%
136	REMOTE SENSING	1	0.07%
137	ROBOTICS	1	0.07%
138	THERMODYNAMICS	1	0.07%
139	TROPICAL MEDICINE	1	0.07%
140	WOMEN APOS S STUDIES	1	0.07%

笔者通过 ProQuest 数据库检索收集了智库研究相关博士论文共 73 份，这对于研究国外大学智库研究相关学科的人才培养方向具有重要意义。对 73 份博士生毕业论文的研究方向统计可知，(见表 4)，智库研究多以政治科学、公共政策与管理、教育学、图书馆与信息科学、公共事务等研究方向为主，可以看出智库研究是一种交叉

性研究,涉及多个学科。另外,该表也说明智库研究已然成为政治学、公共管理学、教育学、图书馆与情报学等学科硕士生、博士生关注的焦点之一。

表 4　智库研究国外博士毕业论文研究方向统计

研究方向	论文数
Political Science	14
Public Policy and Administration	13
Education	10
Library and Information Science	6
Public Affairs	4
Business	4
Sociology	4
Public Health	3
Rhetoric and Professional Communication	3
History	3
Economics	3
Public Diplomacy	1
Media and Public Affairs	1
Urban Planning and Policy Development	1
Social Policy	1
Journalism and Mass Communication	1

2.2.4　智库研究论文被主流学术刊物接受并保持了一定的发文频率

笔者以五本国际著名的政治学和管理学期刊(见表 5)的官网数据为主要研究样本,统计了这些期刊发表智库研究文献的频率(见表 6)。可以发现,早在 1970 年 RPA 就已经开始接受智库研究文献。1992 年之前,期刊接受智库研究的频率较低,数量较少;但在 1992—2006 年期间,接受智库研究的期刊有所增加,且文献数量明显增长;2006 年之后,接受智库研究文献的期刊更多,且文献数量大约是前一阶段的两倍,五本期刊接受并发表智库研究文献的数量呈现出波动增长的趋势,并保持了一定的发文频率。

表 5　五本国际政治学和管理学期刊中英文名称及简称

期刊中文名	期刊英文名及简称
公共管理研究与理论	Journal of Public Administration Research & Theroy,简称 J-PART
美国公共管理评论	American Review of Public Administration,简称 RPA
政治分析	Political Analysis,简称 PA
政治研究季刊	Political Research Quarterly,简称 PRQ
英国政治学杂志	British Journal of Political Science,简称 BJPolS

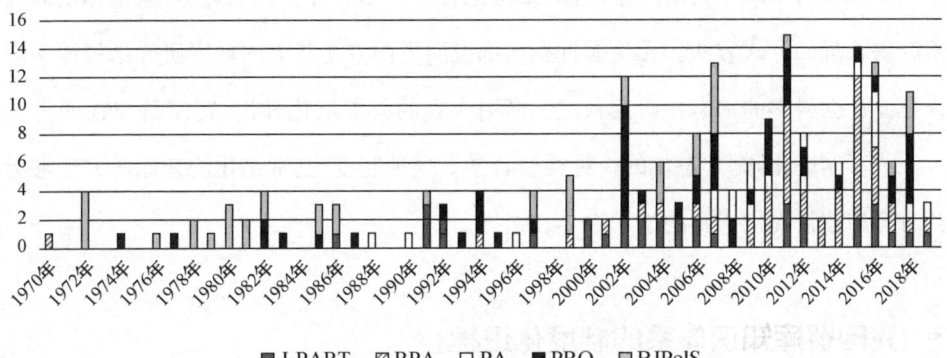

图 1　五本国外期刊发表智库研究文献的频率统计

2.2.5　智库研究不仅成为学术会议的正式议程,而且智库共同体自己建立了连续性的会议活动

OTT(On Think Tank)会议为来自世界各地的智库机构、学者、政策企业家和智库资助者提供了一个交流经验、展示研究成果、共同制定并应对挑战的解决方案以及建立或加强新旧伙伴关系的机会[12]。2017—2019 年,OTT 会议已成功举办三届。笔者对其官网提供的参会者名单进行了统计(见表 6)。经过三年的发展,参加 OTT 会议的人数、参会者所在国家数量和所在机构数量都在持续增长[13]。这说明由智库

共同体所建立的 OTT 会议影响力越来越大,涉及地域范围越来越广,强有力地推动了智库研究的国际性和权威性。

表 6 On Think Tank 会议 2017 年—2019 年历届参会者相关统计

	2017 年	2018 年	2019 年
参会人数	40	72	35(未完全公布)
参会者国家数	5	18	26(未公布完全)
参会者机构统数	21	48	35(未完全公布)

这种制度化的智库研究有两大指向,一是把智库作为政治现象和管理现象,从学术层面探索其背后丰富的理论内涵;二是把智库作为一种实践综合体,从操作层面探索改善管理的方式方法。无论哪种指向都说明了西方尤其美国智库研究已经深深嵌入主流社会科学的常态化研究领域。借用库恩的科学演化理论,智库研究在西方已经完成了制度化,是常态化的一种社会科学。这种制度化、常态化的智库研究能够为西方智库建设提供丰富的学术滋养和指导。

3 我国智库知识体系的制度化进程

利用社会科学改善决策的思想可以追溯到民国时期的"行政效率运动"。美国的"进步主义"运动也曾通过留学生影响到我国的政治实践,20 世纪 20 年代末 30 年代初,是我国行政学形成的重要时期,在此期间,我国学者与行政官员从欧美国家输入的行政学理论,对于政府的行政改革与开展行政效率运动有着不小的引导作用。当时的学者与官员将提高效率作为研究行政、进行行政改革的原动力。比如,时任内务部次长的甘乃光就指出:改革行政,即实现行政现代化与效率化。时任考试院副院长的邵元冲也认为,行政改革的要点是"使机关组织简单,办事手续敏捷,减省非必要的消耗,增进行政效率";从国外行政管理研究的发展看,这一时期也正是欧美行政学家提倡行政效率研究的时期[14]。但是在那个动荡时代,国民政府并没有政治理性化建设的机会,希望利用现代社会科学知识改善行政效率的运动也就不了了之。

3.1 政策研究的"内脑"奠定了我国智库知识体系的初步基础

中国共产党一直重视政策和决策工作。1948年3月20日,毛泽东为中央草拟了《关于情况的通报》文件。文件指出:"只有党的政策和策略全部走上正轨,中国革命才有胜利的可能。政策和策略是党的生命,各级领导同志务必充分注意,万万不可粗心大意。"由此提出了著名的"政策生命论"[15]。1948年9月,中共中央在西柏坡成立了"中央政策研究室",彭真任主任,全部工作人员有23名,主要任务是起草文稿和调查研究。1949年以后,中共依然保持了先开展调查研究然后决策的民主集中制模式,也创造了走村住户的"蹲点"和解剖麻雀等调查研究新方式。改革开放后,为应对改革开放过程中出现的新形势、新问题,提高政府决策的科学化水平,中共大力恢复决策咨询和调查研究体系,建立了党委系统的政策研究室和政府系统的研究室。以国务院发展研究中心(1980年成立)、中共中央政策研究室(1981年成立)、中国现代国际关系研究所(1980年成立)为代表的各级党政部门下属的发展研究中心、政策研究室、研究所等决策咨询机构纷纷建立、发展。

经过近40年的发展,我国建立了以党委政策研究室和政府研究室为主体,社科院、党校行政学院为辅助的完整的、系统的内部调查研究和决策咨询体系,也就是党委政府的"内脑"系统。但是这种以党委政府内部智库为核心的决策咨询模式存在一些问题:

(1)党委政策研究室和政府的研究室虽然有文稿服务和调查研究两项主要内容,但实际上其主要精力大部分花在领导文稿的起草上,没有更多精力开展调查研究。其次,"内脑"中的研究人员属于幕僚身份,不能突出自己的身份和个性,"内脑"的工作属于幕后工作,因此整个内脑的文化是谨言慎行、相对封闭的,且缺乏透明性。因此,也无法和外部开展正常的、有效的沟通交流。再次,由于各层次的内脑都是以文件起草、领导讲话稿起草为主,虽然他们能够了解内部的信息、数据和材料,但是由于人手缺乏和长期从事文字工作,"内脑"缺乏数据库建设的技术和能力。在大数据和人工智能时代,政策研究已经从经验驱动型向充分信息政策研制(IPM,Informed

Policy Making)[16]和计算政策科学转型,也就是说当下"内脑"的政策研究方法严重滞后于时代发展。

(2)中国已经成为世界第二大经济体,是世界第一大贸易国,中国发起的一带一路倡议和人类命运共同体建设已经成为全球性议题,但是由此引发的中西方政治、经济和文化等方面的误解和冲突也日益增加,如何成功地化解矛盾,实现和平崛起,成为中国参与全球治理必须回答的问题。这些问题若单纯依靠"内脑"系统的决策咨询能力来解决,显然是力不从心。

正因为此,2013 年 4 月,习近平总书记做出了建设一批新型智库的指示[17],2014 年中办下发的第 65 号文件是《关于加强中国特色新型智库建设的意见》,2015 年 1 月 20 日,新华社被授权公开发布了此份党内文件,这就是后来无数文章误以为此份文件是 2015 年中办和国办新发的原因。虽然 2013 年之前国内就有一小批学者(核心专家人数不超过 30 人)研究智库,但是有关智库的知识积累依然严重不足。所以,自 2015 年初国内大规模开展智库建设之时,由于智库知识储备严重不足,在对现代智库的规律、对现代智库的运行、对西方智库的历史等问题的认识这些方面,我国智库都存在一定的局限性。

智库知识体系是有关智库的话语体系、学科体系、学术体系和职业发展体系的有机集合。这里的知识是广义的知识范畴,包含价值观、理论、方法、技术、政策、制度、治理、运营等不同层面。中国特色新型智库建设既可以是指智库实体建设,如当下的国家高端智库和各省市的重点智库建设,也可以是指知识体系建设,即中国特色新型智库的话语体系、学科体系、学术体系和职业发展体系的建设。前者侧重的是实体建设,而后者侧重的价值、理论、方法、制度建设。虽然现阶段我国智库建设侧重实体建设,但是在某种意义上,中国特色新型智库知识体系建设更为根本。两者之间的交叉反馈平衡不容忽视。

3.2 确立话语体系是智库理论建设的关键所在

智库话语体系是智库理论建设的关键所在。确立了中国特色新型智库的话语体系，中国智库才有自主自觉的意识。智库话语体系必须能回答以下问题：什么是智库？智库的基本属性、基本性质和基本特征是什么？智库的产生与演变的历史怎么描述？以及对世界各国智库的认知和性质判断等问题。对以上所以问题都必须有基本判断和基本观点，这些判断和观点不仅要能说明中国的智库历史和实践，也必须能说明世界其他国家智库的历史和实践。而且这些判断和观点还要能影响到国际智库界，这才算是真正地建立了中国的智库话语体系。实际上，以美国为主的西方智库话语体系深深影响到中国智库研究，比如，智库的独立性、智库的旋转门机制、智库的第五种权力说[18]等核心概念已经成为中国智库研究的基本概念。另外，布鲁金斯学会、兰德公司、传统基金会和CSIS等美国著名智库也几乎成为全球智库的基本范型。反之，中国智库界尚未能构建中国特色、中国风格、中国气派的话语体系。

3.3 智库知识体系要嵌入我国的主流社会科学学科

学科是一类知识的集合，也可以看成是一种知识训练范式，提倡智库的学科体系不是说智库研究已经是一个学科，也不是说智库研究必须建成一个独立学科，而是从学科的理论视角去审视智库研究，智库研究必须能像美国的智库研究一样在主流学科体系中有一席之地。从学科的视角看，智库研究属于跨学科或者交叉学科，政治学、管理学、传播学、国际关系、图书情报与档案、历史学是智库研究依托的主要一级学科，需要从这些一级学科中吸取理论和方法论营养来构建智库自己的核心知识体系和训练体系。但是，就目前的知识体系发育程度来看，智库研究尚不可能成为上述任何一个一级学科的下位二级学科甚至三级学科。不过，智库研究成为上述一级学科的一个研究方向是完全可能和够格的。比如，智库基本理论、智库管理、智库传播、智库与国际政治、智库与国内政治、智库信息系统、智库知识管理、智库史、国际智库比较、智库评估评价等都是值得开拓的领域。这些研究积累到一定程度，智库研究将形成自己的学科内部体系。学科的命名有两种方法，一是××学，许多基础性的历史悠久的学科都如此命名，湖南省社科院一些专家合写一本《智库学概论》的专著，对智库理论做出了有益的探索,但是这一观点尚未得到学术界普遍接受[19];一是××研究,一些跨学科的、交叉的、前沿的或者发育不完备的学科往往如此命名。智库研究的学科化是制度化的重要方面,正如前面提到的美国智库研究能被主流学科承认,主流刊物会接受并发表智库研究论文,主流学术会议积极讨论智库研究议题,研究型大学硕博士生人才培养将智库研究作为毕业论文选题,而且这些活动必须是长期稳定的,不能是一阵子的学术时髦,风口一过就不再有人关心。

智库研究能否有效嵌入学科体系还要看在专业人才培养方面,智库研究能否起到重要作用。如智库研究是否为专业人才培养提供了核心的或者选择性的课程和教材。南京大学不仅设立了智库研究的博士生培养方向,还在图书情报专业硕士培养中设立了智库知识管理方向,开设了智库信息系统和知识管理的课程,也规划了"现代智库概论"教材。自 2016 年以来,南京大学中国智库研究与评价中心(China Think Tank Research and Evaluation Center,CTTREC)已经毕业了 4 名智库研究方向的博士生。中国科学院文献情报中心也设立了智库研究的博士生培养方向。这都是智库研究努力嵌入学科体系的有益尝试。

通过 CNKI 硕博士论文数据库,以题名为"智库""思想库""智囊团"和"政策研究机构"进行检索,得出 232 篇论文。在剔除不符合智库研究主题文献后得到 211 篇论文,对其学科分布、指导老师和培养单位进行了统计(见表 7)。我们发现,行政管理(占比 27.88%)、公共管理(占比 18.75%)和国际关系(占比 8.17%)等政治学学科的硕博士论文占比最多;其次是教育学(包括教育经济与管理、高等教育学、比较教育学)、图书情报与档案学和新闻传播学三类学科占比较重。由此可见,涉及智库研究的头部学科比较集中,但是长尾部分相对分散,很多学科都涉足智库研究。这是前科学阶段的一个典型特征。

表 7　国内智库研究硕博士论文学科分布

学科	文献量	学科	文献量	学科	文献量	学科	文献量
行政管理	58	新闻传播学	5	比较制度学	1	农业信息管理	1
公共管理	39	政治学理论	4	法政策学	1	软件工程	1
国际关系	17	档案学	3	管理科学与工程	1	社会学	1
情报学	14	世界史	3	教育史	1	思想政治教育	1
教育经济与管理	10	法学	2	比较政治学	1	体育人文社会学	1
高等教育学	9	工商管理	2	科学技术哲学	1	英语语言文学	1
国际政治	7	马克思主义中国化研究	2	科学社会主义与国际共产主义运动	1	哲学	1
图书馆学	6	外交学	2	马克思主义法学	1	政治学	1
比较教育学	5	教育学	2	马克思主义理论	1	中外政治制度	1

　　智库知识体系制度化学科嵌入路径的重点是要把智库研究变成国际关系学、政治学、应用经济学、管理学等主流社会科学的重要研究方向，假如有更多主流学科知名专家开展智库研究，会加深智库研究嵌入主流学科的程度。像清华大学的薛澜、朱旭峰，人民大学的王莉丽，复旦大学的任晓、沈国麟等坚持智库研究，他们对推动智库研究的制度化起到了积极作用。另外，一流高校和著名研究机构开展智库研究也能够加强智库研究在主流学界的嵌入程度，比如清华、人大、复旦、南大等一流高校，中国社会科学院、上海社会科学院、山东社会科学院、四川社会科学院、湖南社会科学院等著名研究机构都积极开展智库研究。这些努力促进了智库研究嵌入主流学术圈，但是嵌入主流社会科学还有待进一步努力。

3.4　学术体系和职业发展体系构建是我国智库可持续发展的根本保障

　　构建学术体系是智库研究制度化的另外一个重要内容，学术体系是指学术组织、学术期刊和学术活动等要素构成的一个框架或者平台。对于任何一个得到学术界公认的研究领域来说，都会有相应的学术组织，比如国家的一级学会或者二级学会，或者一级学会下面的专业委员会[20]。目前没有类似于"全国智库研究会"这样的一级学会组织，也没有在政治学会、管理学会或者中国图书馆学会下面设立智库研究专业委员会，这导致没有人能够合法地进行全国性智库研究和评价的规划、组织和协调工作。除个别省外，大部分省市都没有建立本省的智库研究学会。也就是说从学术研究组织的建设来看，智库知识体系的制度化程度较低。

智库研究成果的发表平台是学术体系的另外一个重要组成部分。智库研究长期稳定地成为主流学术期刊的选题之一是制度化的重要标志。以光明日报智库版为代表的主流报纸这几年也发表了不少智库研究的文章，但是这些报纸的智库版越来越倾向于发布智库的研究成果，而不是研究智库的文章。从智库研究成果的出路来说，能否形成稳定的发表平台是制度化的一个重要方面，没有制度化的高层次发表平台，智库研究很难吸引长期稳定的作者群，很多学者会因为发表困难而离开智库研究共同体。

我国一些社会科学期刊发表了一定数量的智库研究论文，但令人担忧的是，一些刊物发表智库研究论文明显是一种跟风行为，有很大的随意性和不确定性。智库研究要能成为著名社会科学学术刊物的长期稳定的选题。据本文期刊发文数据显示，发文量最多的五本刊物中有两本图书情报类刊物，《情报杂志》发表智库研究论文数量第一，这种现象的产生有必然性和偶然性，必然性是因为情报工作和智库工作有一定的交叉，两者常容易被混淆；偶然性是因为我国图情档学科较早介入智库信息系统开发和智库评价工作。但是，这种现象并不正常，从学理上说，政治学、国际关系和公共管理等刊物才应该是和智库研究关联性最强的专业刊物。

在 CSSCI 数据库，本文以题名为"智库""思想库""智囊团"和"政策研究机构"进行检索，得到 779 篇论文，在去除冗余文献和不相关文献之后得到 685 篇。笔者对发表智库研究文献量排名前五的期刊进行了统计，分别是《情报杂志》(66 篇)、《国外社会科学》(32 篇)、《重庆社会科学》(31 篇)、《图书情报工作》(28 篇)和《中国行政管理》(27 篇)。统计五本期刊发表智库研究文献的频率(见图 2)可知，我国高质量期刊大约是在 2005 年之后才开始接受智库研究论文。2010 年之前,发表智库研究文献的期刊很少,期刊发表的相关研究文献量也很少;但在 2010 年之后,五本期刊相继发表了智库研究文献,且文献数量不断上涨、波动较小,显现出我国智库研究文献的数量和质量都得到了显著提升。

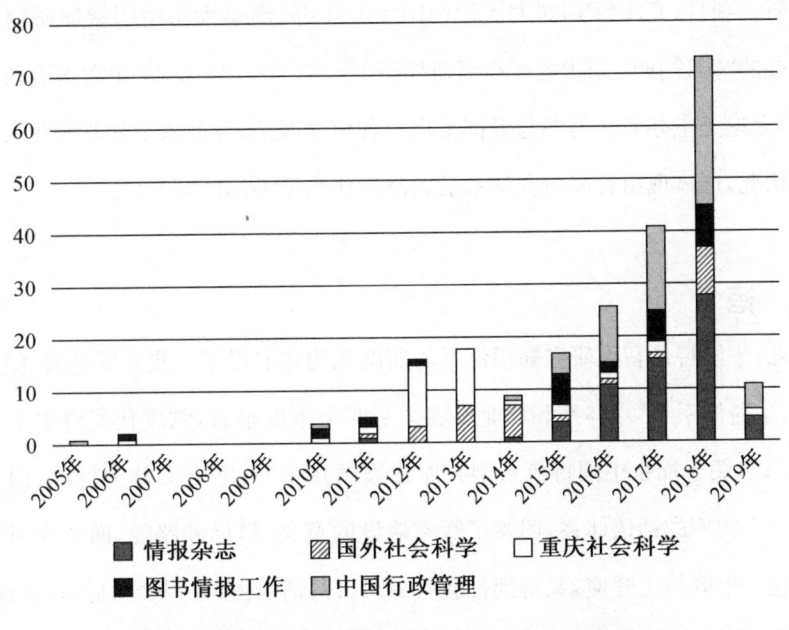

图 2　五本国内期刊发表智库研究文献的频率统计

从学术活动来看,以智库研究和智库专业建设为目的的全国连续性会议有光明日报社和南京大学创办的"中国智库治理论坛",该论坛已成功举办三届,每届都有 700 余人参加,是智库业界的年度会议。一些智库研究者也积极参加该论坛,但是该论坛仍然算不上是智库研究方面的专业会议。以智库研究为主题的全国性专业会议是浦东干部学院的中国特色新型智库论坛,该智库论坛由浦东干部学院和光明日报社主办,每年的与会代表是浦东干部学院主办的"新型智库建设干部培训班"学员。至于有影响力的培训活动,目前国内有中国科学院文献情报中心《智库理论与实践》编辑部组织的新型智库核心能力培训班;南京大学中国智库与研究评价中心等多家单位协助支持举办的"2016 年新型智库核心能力建设高级研修班";全球化智库

(CCG)、宾夕法尼亚大学智库研究项目(TTCSP)、宾大沃顿中国中心和中国科学院文献情报中心《智库理论与实践》编辑部举办的"2017年中国高端智库建设与创新研修班";中国科学院文献情报中心《智库理论与实践》编辑部举办的"2018年第三届新型智库核心能力建设高级研修班"[21];还有诸如由全球化智库(CCG)、宾夕法尼亚大学智库研究项目(TTCSP)、宾大沃顿中国中心主办,南京大学中国智库研究和评价中心协办的"2018国际顶尖智库高级研修班"等。[23]2015以来,智库学术活动虽然很频繁,但无论是主办者还是参与者都呈现一种鱼龙混杂、专业人士和非专业人士边界不清的状况,这体现出智库研究学术活动制度化水平不高的特征。

4 结 语

总之,中国特色智库研究知识体系的制度化构建取得了一些重要进展,但是从话语体系、学科体系、学术体系和职业发展体系四个维度来看,制度化发育水平是不平衡的。[22]以《关于加强中国特色新型智库建设的意见》等官方文件为标志,国家已经建构了一个智库的话语体系,回答了智库建设的意义、目标和路径,而智库研究界尚未能构建一个既与之呼应,又得到社会各界认可的话语体系。从学科体系来说,智库研究成了一些学科的研究对象和人才培养方向,但是智库学科体系尚处在起步阶段。而智库学术体系就更加不完整,全国性的、行业性的、地区性的学会和协会组织都未能建立。因此,如果借鉴库恩的科学演化理论,如果说西方的智库研究是常态科学,那么我国的智库研究制度化程度不高,还处于"前科学"阶段。

当我国建立了一个健康的智库行业并经历了专业化的智库实践后,我国智库知识体系的制度化才能有源头活水。如美国有一个规模较大、历史悠久、运行规范的智库业,这个行业得到了主流社会科学的高度认可,并且是政治学、社会学、经济学和管理学科专业人士就职的重要领域,因此美国智库制度化路径是把智库研究作为一个重要领域长期稳定地嵌入社会科学的主要学科,智库研究是社会科学的刊物、教学、课程、人才培养的重要载体。美国智库研究制度主要采取的是嵌入式路径,而非另起炉灶培育自己的学科体系和学术体系。

由于我国智库行业还在发展阶段,以政治学、经济学和管理学为代表的主流社会科学对智库行业的认同度和认可度还比较低,因此,智库研究尚未能有效地嵌入这些主流学科,目前反而是图书馆、情报和档案管理、公共管理和新闻传播等学科在关注智库研究。所以,我国智库研究制度化的路径恐怕和欧美有所不同,要采取学科嵌入和共同体建构并行的制度化路径。在智库知识体系尚无法有效嵌入主流学科的情况下,智库研究共同体自身应该建构智库研究的制度化机制和平台。如应该尽早呼吁在全国层面成立全国智库研究会,各省市也应该尽早成立智库研究会。有了智库研究会,就能合理合法地组织学术活动,切磋交流,迅速提高智库研究的水准。因此,把智库知识体系制度化建构作为中国特色新型智库建设的题中应有之义,在推动我国智库现代化建设的同时,智库共同体也应自觉地构建中国特色新型智库的话语体系、学科体系、学术体系和职业发展,从而为我国智库健康发展构建一个科学的知识体系。

参考文献

[1] 严建新. 国内几种科学知识体系结构的评述[J]. 科学学研究,2007(01):19-25.

[2] 唐庆鹏. 论现代智库的成长逻辑及其对我国的启示[J]. 社会主义研究,2015(01):139-147.

[3] 郑永年. 中国知识体系的缺失与建设问题[J]. 学术界,2012(01):236-241.

[4] 李安方. 智库产业化发展的基本特征与操作[J]. 重庆社会科学,2012(06):92-98.

[5] 尹开国. 现代咨询业的概念和分类探讨[J]. 图书情报工作,2002(09):84-87.

[6] 陈国权. 论法治与有限政府[J]. 浙江大学学报(人文社会科学版),2002(02):6-11.

[7] Christopher D. McKenna. The Origins of Modern Management Consulting[J]. Business & Economic History,1995,24(1):54-54.

[8] 王春来. 转型、困惑与出路——美国"进步主义运动"略论[J]. 华东师范大学学报(哲学社会科学版),2003(05):71-78,86-124.

[9] 李剑鸣. 关于美国进步主义运动的几个问题[J]. 世界历史,1991(06):50-57,125.

[10] Charles B. Saunders, Jr.. The Brookings institution[M]. WASHINGTON, D. C.: Washington, 1966:32.

[11] 刘永春,李良玉. 制度化的"决策场"与政治理性——关于《思想产业》的访谈[J]. 图书馆论坛,2019,39(05):29-32.

[12] On think tank. The 2019 On Think Tanks Conference[EB/OL]. https://onthinktanks.org/resources/the-2019-on-think-tanks-conference/,2019-05-23.

[13] Enrique Mendizabal. On Think Tanks Conference 2019:a report[EB/OL]. https://onthinktanks.org/articles/on-think-tanks-conference-2019-a-report/,2019-3-15.

[14] 胡鸿杰. 中国档案学的理念与模式[M]. 中国人民大学出版社,2005:41.

[15] 吕臻. "政策生命论"的提出[EB/OL]. http://dangshi.people.com.cn/n1/2016/0628/c85037-28502331.html,2016-6-28.

[16] 李贤民. 美国政府的信息政策对其因特网发展的影响[J]. 国外社会科学,2000(03):43-47.

[17] 习近平. 习近平谈治国理政(第二卷)[M]. 外文出版社,2017:382.

[18] 任晓. 第五种权力[M]. 北京大学出版社,2015:32.

[19] 朱有志、贺培育、刘助仁等. 智库学概论[M]. 中国中央党校出版社,2015.

[20] 智库理论与实践. 智库理论与实践—信息公告[EB/OL]. http://zksl.cbpt.cnki.net/WKD/WebPublication/wkList.aspx?columnID=5e39458d-27b4-4fe0-92fa-83ab3d0d6976,2019-05-14.

[21] 中国与全球化智库. 国际顶尖智库高级研修班成功举办[EB/OL]. http://www.ccg.org.cn/Event/View.aspx?Id=9193,2018-6-15.

[22] 谢伏瞻. 加快构建中国特色哲学社会科学学科体系、学术体系、话语体系[J]. 中国社会科学,2019(05):4-22,204.

（作者：李刚、甘琳、徐路。本文发表于《图书与情报》2019年第3期。）

8. 国家政策与学术前沿的嬗变

——2016 年前后智库研究文献的比较分析

摘　要：国家政策变化与学术前沿嬗变之间存在关联，本文通过对 2016 年前后智库研究文献进行比较分析，从而证明了这一假设。学术前沿的逐渐发展是内外路径共同作用的结果，但学术前沿的嬗变主要是由于国家政策发生了重大变化，进而引发科研基金立项、学术共同体和研究主题等方面发生转变。文章利用文献计量学的方法，对智库研究各方面的发展变化进行了深入剖析，发现 2016 年后我国智库研究由学术边缘走向学术前沿，而推动这一变化产生的动力正是建设中国特色新型智库的国家政策。

关键词：智库研究；国家政策；学术前沿

1　学术前沿嬗变的动力机制

学术前沿的嬗变由多方面原因促成，总体而言有内部外部两个路径。内部路径是指学术共同体通过长期探索推动学术积累，因量变引发质变使学术前沿产生重大变化；外部路径则是指因社会剧变、技术重大进步和国家政策等外在因素变化引发学术前沿嬗变。比如 1978 年的"改革开放"、1995 年以来的互联网革命、2008 年的"金融危机"等，都是引发相关学术前沿嬗变的重大政治、技术和经济事件。这种变化和内部路径的量变引发质变不同，它往往是外部因素直接引发的表现更为剧烈的嬗变，嬗变之前的量变过程并不显著。国家政策是现实社会最迫切需求的反映，也是社会科学各学科学术共同体的密切关注点。社会科学学术共同体开展研究工作的重要目的之一是为了满足社会需求，从而体现自身重要价值。国家政策通过驱动学术共同体，引发学术前沿的嬗变。当这种情况发生时，原本边缘化的研究领域会忽然之间由蛰伏状态进入勃兴状态,并走向学术中心、学术前沿。国家政策与学术前沿之间不仅联系紧密,且相互促进发展。在我国,国家政策变化引导哲学社会科学前沿发生嬗变的现象屡见不鲜,2013年以来智库研究成为哲学社会科学的重大前沿是又一典型案例。

智库是基于事实的独立的公共政策和战略研究机构,从这一定义出发,它是一个非常合适探讨国家政策与学术前沿关系的切入点。本文选取了近年来由学术边缘走向学术前沿的"智库研究"这一热点作为研究对象,通过对智库研究文献多方面的文献计量分析,利用详尽数据对不同时间段研究变化进行对比,印证了国家政策与学术前沿变迁之间的关系。

十八大以来"国家治理体系"和"国家治理能力"现代化建设成为推动体制改革的主要途径。中国特色新型智库属于国家治理体系的有机组成部分。2013年4月15日,习近平总书记对智库建设做出重要批示(以下简称"4·15批示"),提出了建设"中国特色新型智库"的重大战略部署[1]。2013年11月,十八届三中全会通过的《中共中央关于全面深化改革若干重大问题的决定》明确提出"加强新型智库建设,建立健全决策咨询制度",将"4·15批示"主要内容写入中央文件。因此,理论界和智库界将2013年看成是建设"中国特色新型智库"的元年。2014年"中办"下发了《关于加强中国特色新型智库建设的意见》(以下简称"意见")的第65号文件,但是这份文件并非是向全社会公开印发的文件,所以现在提及的都是2015年1月20日,中共中央办公厅、国务院办公厅公开印发的"意见"。"意见"明确指出,中国特色新型智库是党和政府科学民主依法决策的重要支撑,是国家治理体系和治理能力现代化的重要内容,是国家软实力的重要组成部分[2]。该"意见"是中央关于建设中国特色新型智库的第一份专门文件,对构建中国智库发展新格局、深化管理体制改革、健全制度保障体系、加强组织领导等方面都做出了说明。2015年11月,财政部与中共中央宣传部为贯彻落实"意见"相继出台《国家高端智库专项经费管理办法(试行)》(财教[2015]470号)、《国家高端智库建设试点工作方案》(中宣发[2015]36号)和《国家高端智库管理办法(试行)》(中宣发[2015]37号)等文件。总体而言,这几份文件基本奠定了中国特色新型智库建设的理论基础,完成了体制机制设计,规划了新型智库建设的路径,对人、财、物都提出了明确的管理办法。中央要求各省、市、自治区和各部委根据本地区本行业的情况统筹安排,落实中央新型智库建设文件精神。2015年后,部分省市和国家部委出台了新型智库建设相关文件,一场新型智库建设的热潮在全国范围内兴起。新型智库建设热潮由国家政策引导,并不是由理论界和学术界自发倡议的思想和学术运动。因此,新型智库建设的理论准备、知识存量和经验储备严重不足。所以,理论界和学术界需要加紧围绕智库建设的理论研究、行动研究和案例研究开展应急研究。这直接导致智库研究从原本的小众边缘研究迅速走向学术舞台、理论舞台、媒体舞台的中心,从原本全国少数学者关心的蛰伏研究领域迅速勃兴,成为各种相关学术会议、科研机构管理会议等会议中频繁出现的议程。

国家各类科研基金项目指南是引导学术研究方向的重要工具。本文统计了2011—2017年,国家级社科基金和教育部社科基金每年公布的项目指南和立项课题(见表1)。2013年以来,政府各级社科基金项目指南中有关智库类研究的主题数量增长很快。为了进一步说明科研基金项目是学术前沿嬗变的引导工具,本文从学科分布角度对有关智库类项目指南和立项课题进行了统计分析(见图1、图2)。在项目指南统计中,有关智库类项目指南多分布在"图书馆、情报与文献学(34%)""国际问题研究(20%)""政治学(17%)""管理学(12%)"四门学科;而在立项课题统计中,有关智库类课题多分布在"综合学科(23%)""政治学(20%)""国际问题研究(17%)""图书馆、情报与文献学(15%)"四类。另外,与图1统计结果相比,图2中出现了许多涉及智库研究的新学科,比如"出版学""法学""医学"和"计算机科学"等等。统计表明,一方面,涉及智库研究的学科在项目指南和立项课题中的分布大部分吻合;另一方面,越来越多的学科涉足智库研究说明不同学科学者都在主动投入力量开展智库研究。科研基金项目发挥了积极引导作用。综上所述,"科研基金项目"是引导智库研究从蛰伏走向勃兴的重要机制,它在向学术界明确表达国家意志的同时,也牵引着学术前沿的未来走向。

表 1 国家级/教育部社科基金项目项目指南与立项课题中智库研究的数量统计

智库研究项目指南/立项课题数(单位:个)	年份	2011年	2012年	2013年	2014年	2015年	2016年	2017年
国家级社科基金	项目指南	1	1	3	3	14	6	9
	立项课题	3	2	1	10	21	8	10
教育部社科基金	项目指南	0	0	1	0	0	0	1
	立项课题	0	0	7	3	14	1	5

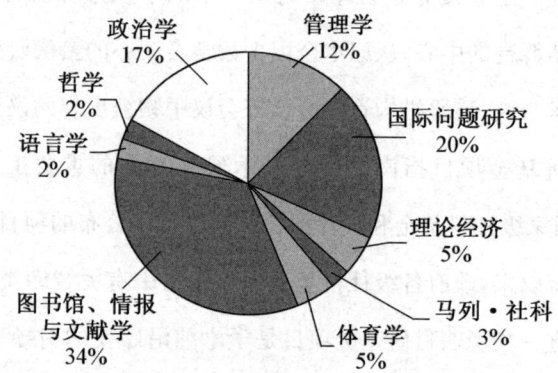

图 1 国家级和教育部社科基金项目指南中智库研究所在学科分类

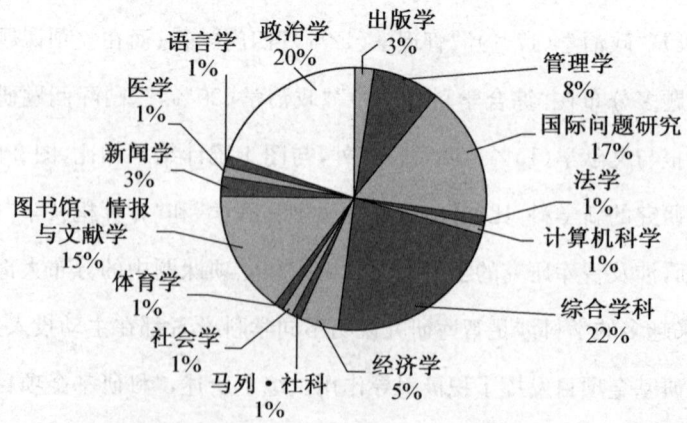

图 2 国家级和教育部社科基金立项课题中智库研究所在学科分类

2 数据来源与分析工具

高质量期刊论文能真实反映学科学术前沿与热点。本文所有文献数据来源由三部分构成：中文社会科学引文索引（以下简称 CSSCI）、光明日报《智库》版、《智库理论与实践》。光明日报《智库》专版从 2015 年 1 月 7 日开始正式运行，以展示中国智库一流研究成果、助推中国特色新型智库建设为宗旨，以刊登专家文章、专访等为主要形式，内容涵盖智库研究成果发布、智库专家对策建议、智库自身建设研究、智库成功经验介绍等诸多方面[3]。《智库理论与实践》由中国科学院文献情报中心和南京大学联合主办，于 2016 年 2 月创刊，目前它是我国智库研究领域唯一一份专业学术期刊。把上述平台发表的智库研究文献纳入数据来源可提高样本的全面性和针对性。

为提高智库研究文献查全率，本文在正式检索之前进行了相关文献调研，抽取了研究频率较高的智库文献关键词以保证检索结果的查全率，并将这部分关键词组成"关键词表"（如表 2 所示），逐一将它们作为 CSSCI 数据库的检索入口，结果共得到 670 篇论文。为提高查准率，本文在剔除了重复文献及与研究内容不相关的文献后得到 611 篇论文（文献分布时间跨度为 1998—2017 年）。

表 2　智库研究文献检索关键词表

智库名称	我国智库机构名称	国外智库机构名称
智库	中国现代国际关系研究院	布鲁金斯学会
思想库	中国社会科学院	皇家国际事务研究所
智囊团	中国经济体制改革研究会	卡内基国际和平基金会
智囊库	中国环境规划院	战略与国际研究中心
智囊机构	中国国际问题研究所	斯德哥尔摩国际和平研究所
脑库	中国（海南）改革发展研究院	布鲁盖尔研究所
政府第四部门	中共中央党校	外交关系协会
第五种权力	上海市人民政府发展研究中心	兰德公司

(续表)

智库名称	我国智库机构名称	国外智库机构名称
思想工厂	上海社会科学院	国际战略研究所
头脑风暴中心	上海国际问题研究院	伍德罗·威尔逊国际学者中心
战略思想中心	清华—卡内基全球政策中心	胡佛研究所
头脑企业	零点研究咨询集团	对外关系委员会
顾问班子	江苏省社会科学院	美国企业公共政策研究所
中智	国务院发展研究中心	哈德逊研究所
	国家发改委宏观经济研究院	城市研究所
	国际战略研究中心	传统基金会
	东中西部区域发展和改革研究院	未来研究所
	北京市社会科学院	
	21世纪教育研究院	

对光明日报《智库》版智库研究的论文进行搜集,剔除新闻报道、智库献策等内容之后共获取105篇有效文献。同时,从《智库理论与实践》检索到215篇相关文献,将这两部分文献与前述611篇文献相结合,去重之后得到789篇论文作为本文研究对象。本文选用SPSS和Citespace作为统计分析工具,对智库研究文献的增长趋势、关键词共现与聚类、核心作者、作者合作度、作者机构分布以及论文学科分布进行不同时间段的对比分析,以证明在国家政策影响下该研究领域如何从学术边缘走向前沿。

3 智库研究文献的定量分析

3.1 智库研究文献量的突破性增长

文献年代分布表(见表3)可清楚说明,2012年以前智库研究的文献量增长缓慢且稳定在[5—21]这一区间内。虽然2012—2015年文献量已有明显增长,但增量实现真正突破的时间点是在2016年,该年文献量几乎是前一年的四倍。

表 3 智库研究文献数量年代分布表

年份	文献量	文献累积量	年份	文献量	文献累积量	年份	文献量	文献累积量
1998	5	5	2005	6	74	2012	52	226
1999	7	12	2006	16	90	2013	31	257
2000	13	25	2007	13	103	2014	50	207
2001	12	37	2008	15	118	2015	56	262
2002	6	43	2009	16	134	2016	201	564
2003	13	56	2010	19	153	2017	220	784
2004	12	68	2011	21	174	2018	5	789

为更好说明和预测我国智库研究文献量的增长情况,本文运用信息计量学的相关理论[4],以文献累积量为依据,对智库研究文献的增长规律进行了时间序列的统计分析。通过时间序列曲线,分析文献积累量(因变量)与时间(自变量)之间的关系。首先利用SPSS构建图形,观察并找出两者之间可能存在的关系,运用一元线性、二次方程、复合函数、幂函数、S形曲线、增长函数和指数函数进行拟合,得到文献增长量与年份之间的关系(如图3所示)。为选择最合理描述文献增长量的模型,本文对拟合后的模型数据进行了汇总(见表4)。通过表4得知一元线性、二次方程的R方和F值都比较小,因此可以被排除。而复合函数、幂函数、S形曲线和指数函数的R方值都更加接近于1,其中S形曲线最接近于1。从实际情况出发,文献量从平缓增长到快速增长,此后将进入一个成熟稳定时期。因此,本文认为用S形曲线描述智库研究的文献增长最为合理,而2016年正是智库研究的文献增长从平缓增长进入"井喷式"增长的转折点。

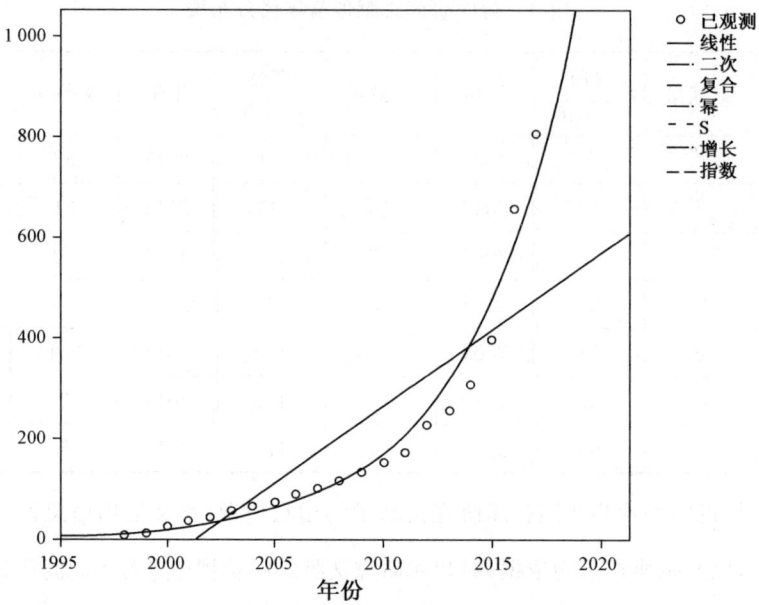

图 3 智库研究文献增长量趋势图

表 4 智库研究文献量增长趋势拟合模型汇总和参数估计值

方程	模型汇总					参数估计值		
	R方	F	df1	df2	Sig.	常数	b1	b2
线性	0.738	53.44	1	19	0	−65 142.606	32.545	
二次	0.739	53.721	1	19	0	−32 489.633	0	0.008
复合	0.942	306.203	1	19	0	8.81E−177	1.227	
幂	0.942	307.815	1	19	0	0	410.132	
S	0.943	309.429	1	19	0	414.882	−823 658.258	
增长	0.942	306.203	1	19	0	−405.382	0.204	
指数	0.942	306.203	1	19	0	8.81E−177	0.204	

学术前沿的变化通常和社会实践的发展之间存在滞后效应。从 2013 年"中国特色新型智库"首次提出,到 2015 年 1 月 20 日"意见"正式出台,我国许多学者至少花费了一年多的时间和精力消化这一文件,并为智库研究进行理论准备和资料积累,所

以 2016 年后智库研究文献才呈现爆发性增长。这是智库研究从学术边缘走向学术前沿的重要证明，也体现了国家政策对智库研究的重要推动作用。

3.2 智库研究主题的重大变化

3.2.1 研究主题中心簇团出现

智库研究文献的关键词共现网络如图 4 所示，其中 Timespan 为 1998—2017（Slice Length=1），分析得到的网络节点数 $N=176$，网络密度 Density=0.0308。蓝色、绿色、黄色区间由深变浅代表的时间跨度分别为 1998—2003 年、2004—2012 年和 2013—2017 年，由图可知关键词"智库"的中介中心性最强，黄色和红色所占面积远远超过绿色和蓝色所占面积。由此可知，以"智库"作为关键词的文献在近五年内数量显著增长，反映出我国学者对智库的关注度越来越高。除此以外，与关键词"智库"共现且具有较高中介中心性的词还有"思想库""布鲁金斯学会""美国""决策咨询""中国特色""国际战略研究所""理论与实践""智库建设"等，其共现频次、年份和中介中心性可参见表 5。中介中心性（Betweeness Centrality）是测度节点在网络中重要性的一个指标，Citespace 中使用此指标来发现和衡量文献的重要性。中介中心词相当于沟通其他关键词之间的桥梁，重要性不言而喻，其数值越大意味着中介中心性越强。

根据关键词共现图谱，可按研究性质对前 30 个中介中心性较强的关键词进行分类。总体而言，1998—2017 年间中国学者对智库开展的理论研究主要围绕"智库""思想库""智囊机构""中国特色"等一般性的概论性主题。但 2016 年前后，文献的关键词却发生了显著变化。自 2013 年，以"中国特色新型智库""新型智库""中国特色"为关键词的红色簇团开始形成并不断扩大；2014 年以"高校智库"作为研究关键词的文献量也开始迅速增长。2016 年开始这一趋势更加明显，且出现了"理论与实践""南京大学""文献情报中心"等具有实体意义的关键词，产生该现象的原因有三方面：一是《智库理论与实践》是由中国科学院主管、中国科学院文献情报中心和南京大学联合主办。2016 年创刊以来不仅有许多学者在该刊物上发表许多高质量研究成果，编辑部还举办了"新型智库核心能力建设高级研修班"等活动。二是由光明日报社、南京大学主办的"中国智库治理论坛"所发布的一系列成果,如《CTTI 来源智库 MRPA 测评报告》《2017 年 CTTI 来源智库发展报告》《2017 年中国智库网络影响力报告》等,在业界产生了重要影响。三是由于中国科学院文献情报中心和南京大学涉及智库研究领域的人员和研究成果较多。

关键词共现揭示 1998—2013 年期间,我国智库研究以概况性和介绍性为主,涉及"布鲁金斯学会""美国智库""决策咨询""英国国际战略研究所""兰德公司"等研究主题,体现出该阶段我国智库研究尚处于输入西方智库经验时期。这种"学习模式"是分散的、零碎的、无方向性的,直接导致这一时期智库研究文献整体不具备系统性和方向性。

而 2013 年这种"一盘散沙"的现象开始发生变化,由于习近平总书记的智库4.15批示确立了"中国特色新型智库建设"的战略部署,大量具有创新性、突破性的理论研究和应用研究开始涌现。2016 年后,我国的智库研究已经从少数学者关注的边缘研究领域变成具有一定规模的逐渐结构化和学科化的前沿研究领域。

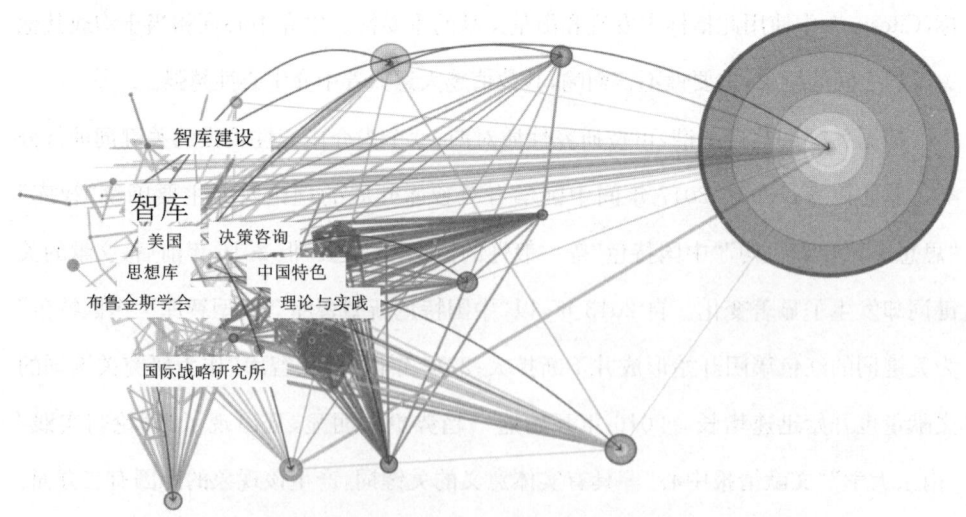

图 4　智库研究文献关键词共现网络图谱

表 5 智库研究文献共现关键词出现频次与中介中心性（前 30）

共现关键词	共现频次	年份	中介中心性	共现关键词	共现频次	年份	中介中心性	共现关键词	共现频次	年份	中介中心性
智库	317	2007	0.51	智库建设	21	2012	0	文献情报中心	10	2016	0
思想库	56	1998	0.06	兰德公司	19	1998	0	全球治理	10	2016	0.04
布鲁金斯学会	44	1999	0.17	中国特色新型智库	18	2014	0.05	美国智库	10	2010	0.02
美国	42	2002	0.05	南京大学	15	2016	0	学术研究	9	2012	0.05
中国特色	31	2015	0.11	智囊机构	13	1998	0.07	研究机构	8	2016	0.02
新型智库	31	2015	0.12	中国社会科学院	13	2012	0.15	中美关系	8	2006	0.03
决策咨询	27	1999	0.1	中国	12	2001	0.02	研究中心	8	2016	0.01
高校智库	26	2014	0.04	运行机制	11	2014	0.08	学术期刊	7	2016	0
英国国际战略研究所	23	2003	0.1	研究成果	10	2013	0.02	情报研究	7	2012	0
理论与实践	21	2016	0.02	胡佛研究所	10	2016	0.02	知识图谱	7	2015	0

3.2.2 研究主题层次与特征越发明显

通过 Citespace 统计，1998—2017 年的关键词聚类可划分为 40 个（见图 5）。经过同项归类，最终确定了 35 个存在明显差异的聚类（见表 6）。对 35 个聚类内容进行横向划分，大致可分为三个层次：智库理论和事业研究（新型智库、中国智库、中国机构、美国思想库、服务型产业、产业机构、第五种体系、智库评价、评价体系、评估测试、智库体系、绿色发展）；智库内部运行机制建设（战略管理、战略驱动、互动关系、激励机制、企业智库、研究中心）；智库职能建设和营运模式（决策咨询、全球治理、数据收集、国际制度、服务模式、知识管理、科技创新、公共政策、智能决策、文献计量分析、政策建议、咨询顾问、国际视角）。

（1）"智库理论和事业研究"对智库发展的制度建设与发展环境进行了深入思考。这一层面的建设涉及政策分析市场的需求与供给、智库经费来源的保障、智库对政策的影响方式、政策思想优劣鉴别机制、政策分析市场的监督机制等方面。[5]

（2）"智库运行机制建设"的文献多以研究西方智库的发展和运行机制作为理论基础，对创新思想引领机制、舆论引导机制、人才交流机制和"旋转门"等影响力塑造方式展开深入研究。[6]

（3）"智库职能建设和营运研究"重点探讨智库职能和服务模式的转变。我国学者越来越重视智库情报功能的发挥，希望整合资源构建一个面向决策的智库协同创新情报服务体系，帮助各个领域实现智库资源的合理利用。[7]

由此可见，2016 年开始我国智库研究领域出现两个重要特征，即建构性与实践性。建构性是指建立新知识体系的过程。例如，建设"中国特色新型智库"的概念一经提出，我国研究学者就逐渐开始以其理论框架的建构及实现路径的设计作为研究重点。2016 年以来我国对智库研究走向纵深发展，细分出越来越多的研究切入点。智库宏观制度建设层面研究集中体现在"智库产业""智库生态"和"智库体系"等方面，智库运行机制层面研究具体化，包括"智库评价""激励机制""人才培育""服务转型"，智库职能建设研究细分化，包括"信息采集""文献情报服务""信息平台""智能决策"等。关键词聚类呈现出智库研究分工进一步细化，体现了智库研究实践性特征。智库是从事对策研究的机构。智库的营运研究重在讨论智库如何为国家政策咨询服务，讨论智库如何发挥决策咨询功能，智库如何与其他社会机构的协调。

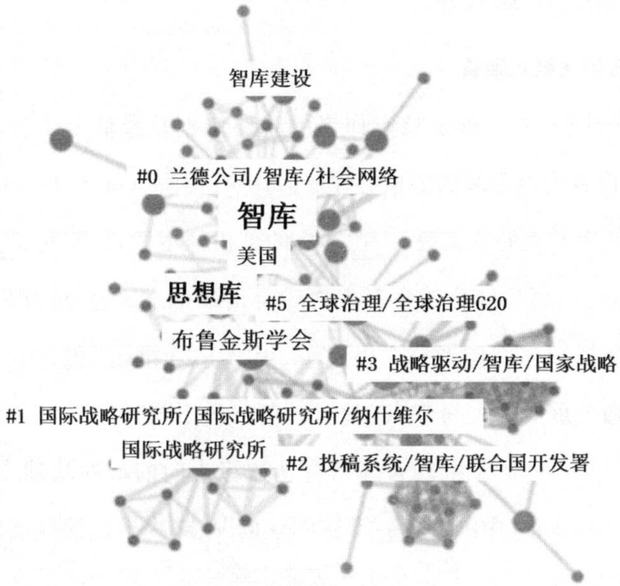

图 5　智库研究文献关键词聚类网络图谱

表 6　智库研究文献聚类关键词表

序号	聚类主题	年份	序号	聚类主题	年份	序号	聚类主题	年份	序号	聚类主题	年份
1	决策咨询	1999	10	美国思想库	2010	20	科技创新	2017	29	战略管理	2016
2	英国国际战略研究所	1999	11	数据收集	2017	21	公共政策	2016	30	服务型产业	2003
			12	评价体系	2017	22	智能决策	2017	31	咨询顾问	2005
3	战略驱动	2016	13	智囊机构	2001	23	文献计量分析	2016	32	激励机制	2017
4	"休克疗法"	2000	14	企业智库	2017				33	产业机构	2017
5	全球治理	2013	15	互动关系	2017	24	绿色发展	2017	34	国际视角	2016
6	新型智库	2017	16	国际制度	2000	25	研究中心	2017	35	智库研究	2017
7	中国智库	2016	17	服务模式	2017	26	评估测试	2016			
8	智库体系	2017	18	知识管理	2017	27	智库评价	2016			
9	第五种权力	2009	19	中国机构	2016	28	政策建议	2016			

3.3 学术共同体的结构性变化

3.3.1 学术队伍的飞跃式增长

根据普莱斯定律,本文确定核心作者的主要依据是最低发文量。发表论文数为 m 篇以上的作者为该领域内的核心作者[$m=0.749*(n\max)^0.5$,$n\max$ 为该研究领域最高产作者发表的论文数]。在本文的分析样本中,发文量最高的作者是朱旭峰(11篇)。由此,经过计算四舍五入之后得出最低发文量 m 为 2 篇,以此为依据确定了该研究领域核心作者群。以 2013 年"4·15 批示"和 2015 年 1 月 20 日"意见"颁布为两个重要的时间节点,对作者在三个不同时间段发文数量进行对比(见图 6、图 7)。学术队伍是推动智库研究从边缘走向前沿的基础力量。"早期核心作者"是指在 2013 年"中国特色新型智库建设"战略提出之前就已对智库开展相关研究,且发表重要研究论文,近年来仍在持续进行相关研究的人员;"新晋核心作者"是指以前未涉足该领域,2013 年之后才开始进行智库相关理论与应用研究的学者。在短短近五年的时间,核心作者数量由原来的 14 位增长至 28 位。通过对比图 6 与图 7 可知,早期核心作者群在 2015 年以后仍在继续开展智库研究,共发表文献 22 篇,个人最多发表 5 篇。但是新晋核心作者群在同一时期的发文数量赶超前者,共发表 53 篇,个人最多发表 10 篇。新晋核心作者群成为智库研究领域的新鲜血液。

尽管学术界质疑"跟风"的声音从未停止,但是"智库热"所吸引的新晋智库研究者深谙牢牢把握时代脉搏的重要性。在国家政策的指引下,智库研究队伍不断壮大,推动了智库研究从学术边缘推向前沿。数据显示新作者主要来自南京大学、北京大学、武汉大学、清华大学和我国著名社会智库"中国与全球化智库"(CCG)等我国一流的高校和智库。

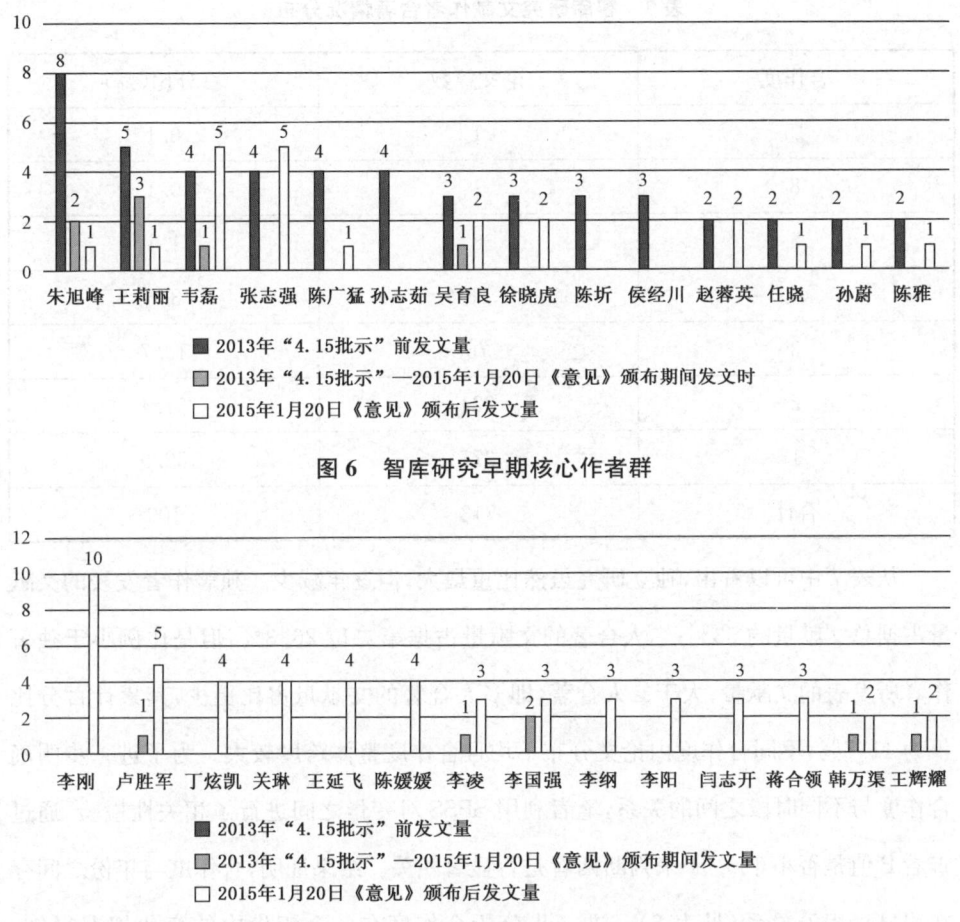

图 6 智库研究早期核心作者群

图 7 智库研究新晋核心作者群

3.3.2 联合署名文献大量增加

本文采用合作度这一指标来衡量作者之间的合著情况。一篇论文的合作度是指参与撰写该论文的作者数量[8]。笔者对全部文献样本进行了普查,得出了作者合著情况分布(见表 7)。

表 7　智库研究文献作者合著情况分布

合作度	论文篇数	百分比(%)
15	1	0.1
8	1	0.1
5	8	1.1
4	26	3.6
3	76	10.7
2	224	31.4
1	377	52.9
合计	713	100

从表 7 中可以看出，独立研究虽然比重最大，但逐年减少。独著作者发表的文献量占据总文献量的 53%；二人合著的文献量占据第二位 26.3%，但是比例小于独著作者所发表的文献量；大于二人合著，即多人合著的文献量占比更少，其累计百分比仅为 11.7%，不同合作度内论文分布不均且合作度整体跨度较大。为了进一步明确合作度与不同时段之间的关系，笔者利用 SPSS 对变量之间进行了相关性检验，通过查看 P 值是否小于 0.01 来判断两者是否显著相关。结果证明，合作度与年份之间存在明显正相关关系(见表 8)。进一步分析合作度在各个年份内的变化情况得知，2016 年之前智库研究文献以独著为主；2016—2017 年，二人或三人以上合作撰写的文献量占年文献总量的比例显著提升，且高合作度文献多出现在这一时间段。

表 8　智库研究文献合作度 * 年份相关性检验

合作度			合作度	年份
	Pearson 相关性		1	.176**
	显著性(双侧)			0
	N		713	713
	Brookstrapa	偏差	0	.006
		标准误差	0	.063
		95%置信区间 下限	1	.044
		上限	1	.281
年份	Pearson 相关性		.176**	1
	显著性(双侧)		0	
	N		713	713
	Brookstrapa	偏差	.006	0
		标准误差	.063	0
		95%置信区间 下限	.044	1
		上限	.281	1

**．在.01(双侧)上显著相关。

a. Unless otherwise noted, bootstrap results are based on 1 000 boorstrap samples

联合署名文献量增加是 2016 年前后智库研究方式出现的新特征之一。这一现象产生的原因有很多，主要可归结为两方面：首先，智库研究是一门跨学科的综合性社会科学，涉及多学科领域的知识，需要不同学科的学者通力合作才能产生更多创新性成果；其次，我国智库研究主力来自高校等机构，他们开展学术研究的主要形式是课题组集体研究，"导师＋研究生"是其主要模式。这种模式体现在署名上就是合著。智库研究在 2016 年以前是独立研究为主，那么 2016 年后团队研究是其新特征。

3.3.3　涉足智库研究的机构剧增

以 2016 年为界限，笔者对前后两个时间段内作者所在机构进行统计(如图 8 所示)。从总量上看，高校作者是智库研究的主要力量，其在两个时间段内的占比都是最高，且在后一阶段更加领先。其次是社科院与研究院(所)的作者。来自高校、社科院以及研究院（所）的作者一直是我国智库研究的主力军，但是 2016 年以来，智库机构也开始发挥研究功能。相比于前三者，若有更多智库机构作者参与智库研究，研究将更具有实践性、典型性，并成为进一步深入研究的重要来源。

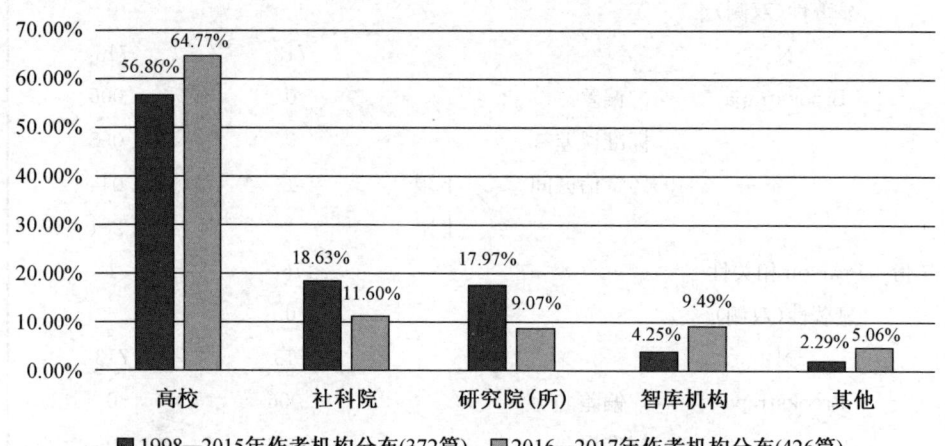

图 8　智库研究文献作者机构百分比分布

为了解各个机构的发文量及其合作情况，本文对两者进行了统计分析和可视化处理。围绕智库研究产出成果较多的机构主要有：中国科学院及其多个下属机构、南京大学、中国国防科技信息中心、北京大学、武汉大学、中国人民大学、《智库理论与实践》编辑部以及武汉大学等。这些高产机构出现的年份集中在 2015—2017 年。

2015 年之前智库研究高产机构尚未出现，说明该研究在各机构所开展的研究工作中处于边缘位置。高校、研究院（所）和社科院是我国进行学术研究的中坚力量。国家政策的变化会引导各类研究机构为智库研究领域配置高端人才、划拨充足资金，提供其他各方面的政策支持。因此，我国智库研究能够从学术边缘走向前沿也体现出研究机构积极响应国家政策的变化。

表9 智库研究高产机构(发文作者数量≥4)

机构名	频次	年份	中介中心性	机构名	频次	年份	中介中心性
中国科学院文献情报中心	26	2015	0.02	华东理工大学科技信息研究院	5	2016	0
中国科学院大学	20	2015	0.02	中共中央党校国际战略研究所	4	2015	0
南京大学信息管理学院	13	2016	0	中国社会学院美国研究所	4	2015	0
中国国防科技信息中心	9	2016	0	盐城师范学院	4	2016	0
北京大学信息管理系	8	2015	0	中国与全球化智库	4	2016	0
中国人民大学重阳金融研究院	7	2016	0	吉林大学管理学院	4	2017	0
中国社会科学院中国社会科学评价中心	6	2016	0	中国科学院科技战略咨询研究院	4	2017	0
中国科学院兰州文献情报中心	6	2016	0	武汉大学信息资源研究中心	4	2016	0
《智库理论与实践》编辑部	6	2016	0	中国科学院大学公共政策与管理学院	4	2016	0
武汉大学信息管理学院	6	2016	0	武汉大学中国科学评价研究中心	4	2016	0
浙江省社会科学院图书馆	5	2016	0				

3.4 智库研究跨学科性越发显著

按照教育部《学位授予和人才培养学科目录(2011年)》对文献进行学科标引。文献的主要学科分布情况如图9所示,1998—2015年将近77%的智库文献分布在"政治学""图书情报与档案管理""公共管理"三类学科。2016—2017年,属于这三类学科的文献所占比例有所下降,但仍然稳居前三位。除了经济学智库研究的文献在后一阶段有明显增长外,其他学科变化幅度不大。

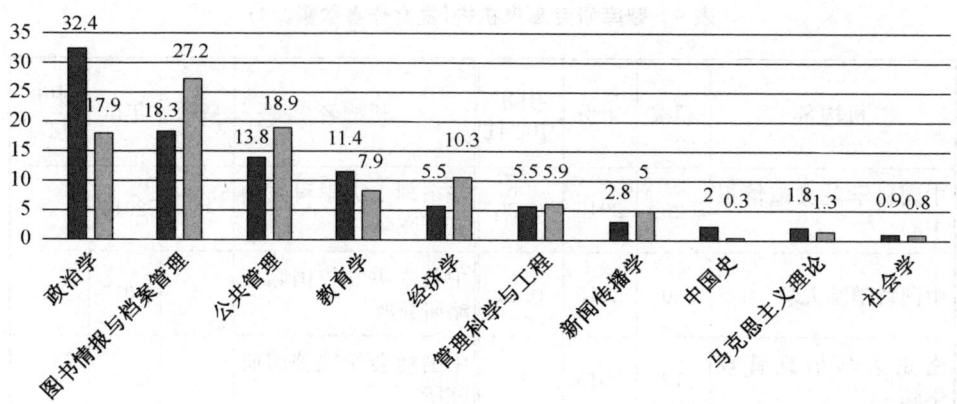

图 9 智库研究文献学科百分比分布

智库研究是问题导向型的跨学科研究,图 9 可直接说明智库研究主要涉及"政治学""图书情报与档案学""管理学学"三个学科。这三个学科所覆盖的文献量远高于其他学科。其中,"政治学"智库相关文献对美国、英国、德国等多国智库在战略研究领域所发挥的重要作用进行了深入研究;"图书情报与档案管理"智库相关文献多以智库服务模式、情报功能为研究对象,另外还有部分文献是对不同时间段国内外智库领域研究热点的计量分析;"管理学"智库相关文献聚焦在智库影响力、全球化、转型、评价等方面。

以上三类学科的智库文献在 2016—2017 年占比相较前一阶段有所下降,主要原因是学科"交叉性"增强,这是学术前沿的另一重要特征。1998—2015 年,论文分布的学科总量较少,学科间的天然屏障导致其他学科对智库的研究进展缓慢。学科差异造成的无形壁垒往往使合作难以开展。这直接导致其他学科对智库的认知停留在较浅层次。但是,随着 2015 年国家政策对各类智库建设的强力引导,其他学科学者开始涉足该研究领域。据笔者统计,除了图 9 中的学科以外,2016—2017 年与前一阶段相比,文献分布学科新增"哲学""体育学""公安学""气象学""环境科学与工程",这正说明了智库研究领域是多学科相互影响、相互渗透而产生的交叉性前沿研究。

4 结 论

学术前沿的嬗变主要是由学术共同体推动产生的从量变到质变的结果,智库研究之所以能从边缘走向中心,从蛰伏到勃兴,关键是具备了一定的前期基础。因此,2016 前的智库研究积累是非常重要的。但是智库研究从边缘走向中心的原因不完全是量变到质变的结果,它更多地依赖于国家新型智库建设政策的强力牵引。与学术共同体推动学科前沿化的内在理路不同,国家政策具备更强大的推动力,是社会科学学术前沿嬗变的主要驱动力之一。2013 年以前,智库研究领域一直处于综合性社会科学的边缘地带,学术共同体力量十分有限,从内部路径来发展智库研究明显受限,导致多年来未产生具有突破性的研究成果。但在 2013 年"4·15 批示"以后,尤其是 2015 年"意见"出台之后,越来越多的学者、学术机构和社会组织对智库研究投入更多的关注和精力,相互之间加强合作,切实将智库作为研究重点,不断发表具有重要参考意义的报刊文章。通过对比分析智库研究科研基金立项、文献增长趋势、研究主题的变化以及学术共同体特征的变化等方面,本文阐述了国家政策对智库研究领域的推动和引导作用,论证了国家政策变化是促进社会科学学术前沿变化的重要因素之一。

参考文献

[1] 李刚,丁炫凯. 习近平治国理政思想是新型智库建设的指针[J]. 智库理论与实践,2016,(02):1-7.

[2] 新华社. 中共中央办公厅、国务院办公厅印发《关于加强中国特色新型智库建设的意见》[EB/OL]. (2015-01-20). http://www.gov.cn/xinwen/2015-01/20/content_2807126.htm.

[3] 王斯敏. 光明日报《智库》版与读者见面[EB/OL]. (2014-12-25). http://epaper.gmw.cn/gmrb/html/2014-12/25/nw.D110000gmrb_20141225_5-01.htm?div=-1.

[4] 余建英,何旭宏. 数据统计分析与 SPSS 应用[M]. 北京:人民邮电出版社出版,2003.

[5] 薛澜.智库热的冷思考:破解中国特色智库发展之道[J].中国行政管理,2014,(05):6-10.

[6] 朱瑞博,刘芸.智库影响力的国际经验与我国智库运行机制[J].重庆社会科学,2012,(03):110-116.

[7] 李纲,李阳.面向决策的智库协同创新情报服务:功能定位与体系构建[J].图书与情报,2016,(01):36-43.

[8] 殷辉.基于科学知识图谱的我国物流学合作网络分析[J].现代管理科学,2011,(06):56-58.

(作者:甘琳、李刚。本文发表于《图书情报知识》2020年第1期。)

9. 从"学者"到"参谋"：社科院专家的治学范式转变

前 言

随着时代的发展，社会活动多样繁复，信息社会下政策议题日趋复杂，公共决策逐渐变得开放、多元。政策议题的设置和决策过程不断呼吁着专家参与，以提升决策的科学化和民主化[1]。过去，"参谋"作为一类官员，主要从事军事战略和作战计划的制订与谋划[2]。而在现代社会，参谋工作渐渐介入经济、社会、文化等领域，社会科学类专家的"参谋"作用愈加明显。社会科学院（以下简称"社科院"）作为哲学社会科学界"五路大军"之一，不仅承担科学阐释中国思想的理论创新职能，还要聚焦基层民生问题，科学引导社会公众舆论，更要放眼全国、关注国家重大战略任务，积极主动参与决策咨询工作。2017 年 5 月，中共中央印发《关于加快构建中国特色哲学社会科学的意见》，强调"哲学社会科学工作者要积极为党和人民述学立论、建言献策"，赋予社科院更为艰巨的决策咨询使命和更加明确的"参谋"职责。自此，社科院专家作为推动哲学社会科学事业繁荣发展的一支重要力量，开始尝试从传统的学者型角色向参谋型角色转变，以适应国家决策需求和社会现实需要。

治学范式是针对发现、思考和解决问题，个体内在固有的价值观念、思维方式、话语体系等，是一种渐进式知识积累的结果。治学范式的转变是个体对传统习惯和解决问题方式的"优化"而非"否定"，是对传统思想的"重塑"而非"抛弃"，主要表现在对社会关系中新角色的转变与适应。在社会生活中，每个人都扮演着不同的社会角色。社科院专家作为其中一类群体，既有哲学社会科学理论研究与阐释的使命和义务，也有服务党委政府科学决策的职责和要求,但社科院专家的多重职责容易引发其在转型过程中出现本领恐慌、角色紧张、自我定位不准确等问题,影响"参谋"角色作用的发挥。本文以此为出发点,尝试分析社科院专家从学者型角色向参谋型角色转变过程中的实际处境,并根据实际情况和现实需要提出恰当的对策。

1 概念界定与理论基础

1.1 "学者型专家"与"参谋型专家"

探讨社科院专家治学范式从学者型向参谋型的转变,首先要从"学者"和"参谋"的概念谈起。汉语中所谓的"学者"(scholar)是指从事学问研究或在学术上有一定成就的人[3]。这表明"学者"不仅是做学问之人,更是有一定造诣之人,能够在相关学科领域表达思想、提出见解。因此,学者型专家是在特定领域专深探究,对复杂问题进行思辨性研究的"专才",没有特定的服务对象,研究工作具有相对独立性。"参谋"最早出现在军事领域,正如《中国军事百科全书》对"参谋"(staff)的定义,是指各级司令机关中参与军事谋划、承办具体业务工作的人员[4]。而根据《现代汉语大词典》的解释,"参谋"一词还表示提供建议供他人参考的人[3]。可见,随着时代发展和社会变革,现代"参谋"的概念远超政治、军事领域,参谋人员渐渐进入经济、文化、科技等几乎一切领域,参谋工作已经成为一批学者型专家科研过程与成果的体现,而参谋事业的发展也需要决策部门和研究部门共同推进[2]。

与学者型专家相比,参谋型专家更像一种身份的标志,是一种服务特定对象、用研究成果解决特定社会现实问题的"通用型"人才。两者的区别在于,学者型专家聚焦某一专业领域,研究工作具有一定的独立性;参谋型专家在身份和组织上则属于政府的"外脑",不具有法定决策权[1],但凭借自身才学、技术、表达等优势参与决策过程,通常是拥有特定服务对象的智囊型"通才"。因此,从学者型专家到参谋型专家的转变,其实是社科院专家另一种身份的认定过程,也是一个辅助特定对象科学决策的咨政职能扩展过程。

1.2 角色理论及其应用

角色理论是研究社会角色期望和角色地位对个体态度与行为的影响的一种理论[5]，能够较好地解释和讨论社科院专家治学范式转变中的角色不适应问题。当前，角色理论普遍应用在教育领域中的教师角色[6]、经济管理领域中的政府角色[7]、医学领域的护士角色[8]、商业管理领域的消费者角色[9]等情境之中，较少应用于公共政策领域咨政者角色的情境分析。因此，本文从角色理论出发，剖析社科院专家治学范式转变中的角色期望和角色扮演，以及因角色扮演偏离角色期望而陷入的角色困境，进而提出社科院专家加快融入参谋角色的建议，即角色建构，以促进社科院专家由学者型向参谋型角色转变（相关理论框架见图1）。也就是说，如何让社科院专家更好地适应参谋角色，解决其治学范式转变的现实问题，是本文关注的焦点和主要探讨的问题。

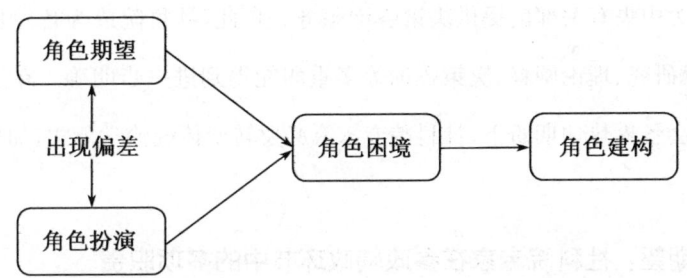

图 1　社科院专家治学范式转变的角色理论框架

2　社科院专家治学范式转变的角色期望

著名社会心理学家加琳娜·M. 安德列耶娃（Galina M. Andreeva）认为，研究角色就要把角色行为的主观因素与客观社会关系紧密联系起来[10]。角色期望包括他人对角色主体的社会行为期望系统以及角色主体对自身行为的自我期望系统[11]，其中社会行为期望一般包括义务期望、行为期望和素质期望[12]。角色期望不是一成不变的，它随着时代的变化而变化，这也是实现角色认同、规范角色行为的一种有效手段。政府、社会组织、公众等利益相关者对角色主体的角色期望越强烈，角色职能就发挥得越充分。

2.1 义务期望：国家战略背景下社科院专家的咨政角色担当

咨政历来都是哲学社会科学的一个重要功能。哲学社会科学作为人们认识世界、改造世界的重要工具，理应为党和国家科学决策提供理论依据、规划方案、制度设计、对策建议等咨政服务。成立之初的社科院一度被戴上"象牙塔"帽子，社科研究长期与社会现实处于"隔离"状态，这显然与党和政府对哲学社会科学工作者的要求以及社会发展现实需要存在很大差距。2004年1月，《中共中央关于进一步繁荣发展哲学社会科学的意见》明确指出，要使哲学社会科学界成为党和政府工作的"思想库"和"智囊团"。可见，社科院作为哲学社会科学界"五路大军"之一，服务政府决策是其义不容辞的责任和使命。2015年1月，中办、国办印发的《关于加强中国特色新型智库建设的意见》指出，地方社科院、党校行政学院要着力为地方党委和政府决策服务，有条件的要为中央有关部门提供决策咨询服务。自此，社科院成为智库界五大主体之一，其学术研究、理论阐释、决策咨询等多重职能得到进一步明确。在这种国家战略背景和社会各界热切期盼下，社科院专家有必要转变传统治学范式，加快融入和适应参谋身份。

2.2 行为期望：社科院专家在参政辅政环节中的多项职责

社科院作为政府部门的重要决策支撑机构，与其他行政部门有所不同，它是辅助单位而非权力单位，是事务单位而非实务部门，具有参谋属性而非决策属性[13]。过去，政府议程设置通常是由权力精英支配，决策者根据自身经历和判断，独立提出政策问题，将其纳入政策议程，这属于自上而下的议程设置模式[14]。20世纪八九十年代以后，我国开始注重国家治理体系建设，中央机关和省级地方政府陆续成立了专家咨询委员会，这为社科院专家参政议政提供了关键性的议程保障。笔者以内容分析法梳理了七大国家部委办局颁布的专家咨询委员会制度文件，总结出专家委员应担负的多重职责和义务，即建言、参会、调研、交流和自我约束五个方面（见表1）。建言是专家委员的核心职责;参会、调研、交流是为提升决策科学性而对专家提出的基本要求;自我约束是对专家的内在要求,更是底线和原则。由此可见,学者型专家若想成为咨询委员会中的一员,除开展必要的科学研究和咨政建言以外,还承担着社会调查、参会讨论、交流合作等其他社会行为责任和义务。

表1 七大部委办局专家咨询委员会委员职责要求

制度文件	负责部门	具体职责要求
国家信息化专家咨询委员会章程	国家信息化领导小组	参与专家咨询委员会组织的会议和重要活动(参会义务);积极提出意见,及时完成交付的研究和咨询任务(建言义务);对有关事宜承担保密义务(自我约束义务);深入开展调查研究,提供政策研究报告和发布信息(调研义务)。
国家环境咨询委员会章程	国家环境保护总局	按照年度工作计划,采取座谈会、方案论证会、书面建议等多种形式提供咨询意见和建议(参会义务、建言义务)。
全国林业信息化专家咨询委员会章程	国家林业局	参与重要文件的会前咨询审议(建言义务);为我国林业信息化发展的重大问题、发展战略和规划、前瞻性研究提出意见与建议(建言义务);积极促进中外专家、教学科研单位、政府机构、非政府组织等的交流与合作(交流义务)。
卫生部疾病预防控制专家委员会管理办法	卫生部	遵守国家有关法律法规和专家委员会管理办法(自我约束义务);参加专家委员会的各项活动(参会义务);提出研究、推广应用先进适用疾病预防控制技术策略的建议(建言义务);除许可和接受委托工作以外,不得以卫生部专家的名义作个人宣传(自我约束义务)。
药品注册审评专家咨询委员会管理办法(试行)	国家食品药品监督管理总局	为处理新领域、新技术、新发现、新适应症等问题提供技术指导与技术决策建议(建言义务);遵守审评工作相关规范,熟悉审评程序、技术指导原则与技术标准(自我约束义务);接受委员会办公室对所承担工作情况的评估、考核与管理(自我约束义务);参加各类专家咨询会议、公开论证会议(参会义务);保守国家秘密、申报单位的商业秘密和公民个人隐私(自我约束义务);不得接受申报单位、与申报单位有关的中介机构或者有关人员的馈赠(自我约束义务)。

(续表)

制度文件	负责部门	具体职责要求
国防科工委关于进一步发挥专家咨询委员会作用的若干意见	国防科学技术工业委员会办公厅	保护知识产权,不准擅自复制、抄录和留用评审资料(自我约束义务);不准泄露或以任何形式剽窃有关内容(自我约束义务);自觉遵守保密法规,确保国家秘密安全(自我约束义务)。
国家公共文化服务体系建设专家委员会工作章程	文化和旅游部	承担国家公共文化服务体系示范区(项目)创建工作的调研、咨询和指导(建言义务);承担国家公共文化服务体系制度设计研究的课题立项、研究和评审等工作(建言义务);对公共文化服务体系建设相关问题进行调研和论证(调研义务)。

2.3 素质期望：从普适性学术素养到嵌入实践的多元化综合素养

参谋政治一直是我国典型而特殊的政治现象,从古至今都重视参谋职业素养的规范化。古代幕府对参谋的职业素养要求主要体现在三方面:"品正""尽心""尽言"[13]。"品正"即品德端正,居于首位;"尽心"即尽心竭力于公事,此乃参谋工作之本位;"尽言"即尽己之言、尽人之言,既是参谋体系的工作原则,也是对古代参谋的能力考验。在现代社会,欧美对社科研究者的评价标准和素质要求较为明确,以美国教师职务晋升标准为例,包括教师智力素质、教学能力、研究能力、运用公共政策和管理的能力以及潜在的机构管理能力五方面[15]。在我国,社科院专家多数属于专业学者,难免与参谋型专家在素质结构上存在差异。社科院学者型专家传统的治学范式主要以"求真"为导向,始终坚守学术研究的规范性,用真实的社会现象反映和揭示事物的内在逻辑和规律。因此,知识发现和理论创新是社科院学者型专家理应具备的专业能力和学术素养。参谋型专家追求"实用"导向,以综合的能力素养履行"参谋"角色期待和要求,包括学术素养、科技素养和媒体素养。参谋型专家必须能够综合运用社会科学和自然科学的理论知识,随时更新学术理念和研究方法,紧密跟踪和研判当代前沿理论和发展趋势,发挥学理性优势;自觉跟进应用对策研究的信息化数字化进程,熟练运用大数据、系统仿真、社会计算等新技术手段,形成具有自身专业特色的研究方法和研究体系,提升重点事件研判和政策评估的专业性和科学性;媒体素养是专家了解、运用、判断媒体及媒体信息的能力,具体表现在专家的话语组织能力、媒体应对能力和平台运用能力等。

2.4 自我期望:角色转型为社科院专家找到"第二条发展路径"

过去学术界更关注自然科学领域,只因其成果能较为直接地产生明显的社会效益或经济效益。对于社会科学领域,尤其是文哲史等纯理论学科,专家们的科研成果往往因其社会影响的潜在性、效果检验的长期性而被社会忽略,他们甚至穷其一生也无法在某一领域有所突破和创新,"社科人才天花板"现象显现[16]。对于社科院专家自身发展而言,"参谋"身份能够帮助他们走出"象牙塔",让更多有价值、有意义的社会基层问题浮出水面,让研究成果更能贴近生活、接近真实。正如曾担任美国社会科学研究会主席和国家科学基金会社会科学办公室主任的亨利·瑞肯所说,社会科学家参加解决教育问题、法律实施、地区研究和行为科学研究等一系列任务,不仅能对社会科学发展的政策产生反馈效应,还能检验他们对社会政策做出贡献的能力[17]。可见,这种角色转型不仅为党和国家科学决策提供有力支撑,对社科院专家而言也是一种个人能力的检验与提升。

3 社科院专家治学范式转变的角色扮演

著名人类学家拉尔夫·林顿(Ralph Linton)认为,当个体根据其在社会中所处的地位行使自己的权利和义务时,他就会扮演相应的角色[18]。角色扮演是指个体根据自己所处的特定位置,按照角色期望和规范要求所采取的一系列实际性角色行为(并非暂时的),一般包括角色定位、角色学习、角色实践和角色评价等内容[19]。

3.1 角色定位:从站在政府背后的"学术支柱"到抢在政府前面的"前瞻思想家"

1977年中国社会科学院成立,党中央提出三大职能定位,其中之一是"我国哲学社会科学研究的最高殿堂"。这既是对中国社科院的期望,也是对全国社科院系统学术研究的总体要求。对哲学社会科学研究机构而言,学术属性是其安身立命之本,学科建设是其开展学术研究的基石。从明确学科方向、制定学科规划,到形成学科理论与方法、搭建学科团队、培养学科人才,再到跨学科研究、社科宣传等,社科院始终是为政府提供国情市情信息和学术理论支撑的强大后备力量。据统计,全国已经有24家地方省级社科院明确制定了具有自身特色的重点学科发展规划(见表2)。除天津、河北、山西等社科院专门制定重点学科管理办法和实施方案外,吉林社科院还与吉林师范大学等地方高校共建学科基地;上海、广东等社科院拥有硕/博士学科点,采用招生教学和科学研究并举的方式,促进优长学科发展;湖南社科院倡导以品牌创建提升学科建设,专门制定学科品牌创建工作方案,力促"品牌立院"战略目标的实现。

表2 地方社科院重点学科体系建设情况(部分)

社科院名称	重点学科体系
天津社科院	重点学科:华北区域城市史、城市经济、经济社会预测、城市社会学、当代日本、舆情研究 重点扶持学科:犯罪学
河北社科院	重点学科:农村经济学、区域经济学、中国特色社会主义理论体系研究、当代文化(文学)与河北文化发展研究、李大钊与区域史研究 重点扶持学科:服务经济、人口社会学、马克思主义哲学与现代化、地方法治建设 重点培育学科:人力资源开发、新闻传播学、宏观经济政策、旅游经济
江苏社科院	重点学科:中华民国史、编辑出版学、社会学、农村经济学 培育学科:产业经济学、世界经济学、伦理学、政治学、组织社会学 自组学科:江苏文化家族与文化学派、政治与社会关系互动研究、城市社区研究等10个
江西社科院	重点学科:应用社会学、宋代文学、区域经济学与应用对策研究、马克思主义中国化与执政党建设、中国苏区史与区域社会史、生态经济学、文学地理学 准重点学科:法治与地方治理、中国叙事学、中国茶文化与中国农业文明史、文学地理学
浙江社科院	重点学科:部门法学、专门史、中国哲学史、文化史、马克思主义政党研究、区域经济学 特色学科:中国哲学史、浙江文学与文化研究、社会史、区域经济学

(续表)

社科院名称	重点学科体系
安徽社科院	重点学科:安徽社会经济史、后发地区经济发展、中国特色社会主义研究 骨干学科:安徽产业经济研究、中国哲学(皖籍思想家)和文化研究、法治安徽研究、安徽文学研究、社会建设与社会治理现代化研究、文化传播学研究、新型城镇化发展研究、学术期刊的时代化问题研究
河南社科院	重点学科:中国特色社会主义、河南经济(区域经济)、中原文化研究
宁夏社科院	重点学科:应用社会学、西夏学、回族学、宁夏地方历史文化等 重点扶持学科:社会学、文化学、法学等
湖北社科院	重点学科:应用经济、宏观经济、产业经济、区域经济、马克思主义中国化、哲学、楚文化
四川社科院	首批重点学科:马克思主义中国化、民商法学、区域经济学、巴蜀文化学、文化发展学、产业经济学、康藏研究等
贵州社科院	重点学科:民族法学、大数据治理学、产业经济学、民族学、区域经济与发展经济学、应用社会学、中国历史·专门史·黔学、人口学、哲学·中国哲学·儒学
新疆社科院	重点学科:民族研究、宗教研究、新疆历史研究、中亚研究、经济研究

随着社科院咨政建言职能的进一步明确,应用研究和成果转化逐渐获得重视。社科院开始将研究重点向具有针对性和实效性的应用研究倾斜,将充足的学科储备应用到对党和政府科学决策的酝酿、制定、实施和反馈等各个环节中,想国家之未想、谋国家之未来。具体表现在:第一,开始注重学科交叉和地方产学研合作,建立跨学科研究中心/基地。据不完全统计,全国省级社科院中有9家设立跨学科研究中心(如上海、湖南、重庆、黑龙江),9家成立地方研究/实践基地(如山东、江苏、黑龙江、甘肃)。第二,加强与党政实务部门的合作。例如,山东社科院经常以各种方式征求省领导对社科院科研工作的指导意见,还不断承接省委办公厅、省委组织部、省委政研室等20多个省领导部门交办/委托的课题,积极参加领导内部座谈会,参与各类发展规划和实施方案的制定和论证工作;江苏社科院在2015—2018年间共编发《江苏发展研究报告》218期、《决策咨询专报》206期、《大运河智库专报》8期、《金融研究专报》46期,获得省部级以上领导批示131项[20],与地方政府建立起常态化合作交流机

制。第三,搭建智库平台。江苏社科院目前已形成"四院一中心"的专业智库平台体系,编印《大运河智库》专报和《运河文化研究》辑刊,还与省有关单位建立"乡村振兴研究中心""城乡发展研究中心"等[20]。此外,天津社科院的《论点·建议》、湖北社科院的《要文摘报》、湖南社科院的《湖南省情要报》、山东社科院的《科研要报》《智库专报》等平台纷纷将对策性研究成果及时呈报省级领导参阅。可见,面对新形势、新要求和新任务,社科院专家开始从侧重"以学科为中心的基础研究"向"以成果转化为重点、基础研究和应用研究并重"的治学范式转变,逐渐从站在政府背后的"学术支柱"转向为抢在政府前面的"前瞻思想家"。

3.2 角色学习:社科院专家为适应现实需求做出诸多改变

在复杂的社会活动中,个体必须在不断变化的社会需求中学习符合各种角色的社会行为或技能。中办、国办印发的《关于加强中国特色新型智库建设的意见》指出,新型智库要深化组织管理、研究、经费管理、成果评价和应用转化、国际交流合作等五方面的体制机制改革。社科院作为五大智库主体之一,做出了一系列改革,这也迫使社科院专家加快角色学习,努力应对新时代带来的新方式方法、应对新改革带来的难招狠招、完成新要求带来的急务要务,快速向参谋型专家转变。具体表现在:一是适应新的科研组织方式。社科院文、史、哲、经、法等传统分类的研究所架构以及学术代际传承关系造成其无法适应现代社会的知识创新需求,新的科研组织方式促使社科院形成了以学科融合为手段、以问题解决为导向的"项目制"科研管理模式,也推动了社科院专家从单一学科向跨学科研究范式的知识生产路径转变[21]。二是适应新的专家评判标准。社科院参谋型专家多半是由原来的学者型专家构成,评选这些专家的标准无法再以传统学术评价为主,而是对专家政策敏感度、话语组织能力、媒体应对能力、国际对话能力等技能进行综合考量。三是适应新的成果评价体系。社科院尝试制定体现决策服务的应用成果与体现科研水平的学术成果并重的成果评价体系,应用类成果逐渐得到学术界的广泛认可。这一改变使社科院专家逐渐加大对咨政类成果的研究力度,促进专家由理性思辨为主向科学实证为主的实践路径转变,进而提高了社科院专家"参谋"身份的认同感。

3.3 角色实践：专家决策咨询成为政府科学决策常态化、规定性动作

党和政府始终高度重视决策咨询机构的设立和专家咨询制度的落实,强调规范决策程序,建立健全科学决策机制。习近平总书记在党的十八届三中全会上提出加强中国特色新型智库建设,建立健全决策咨询制度。党的十八届四中全会通过《中共中央关于全面推进依法治国若干重大问题的决定》,把专家论证纳入重大行政决策法定程序。2015年12月,中共中央、国务院印发的《法治政府建设实施纲要(2015—2020年)》倡导建立行政决策咨询论证专家库,进一步推动了专家咨询决策制度的规范化建设。据统计,近半数省级地方政府已经对专家咨询以规范性文件的形式予以明确[22]。我国大致拥有五大决策咨询队伍力量,分别是党政系统直属的政策研究室(中心)、党委政府决策咨询委员会(或专家顾问团)、国家企事业属性的工程咨询公司、传统事业单位性质的软科学研究所(中心)以及其他咨询型社会组织[23]。社科院属于第四类,承担着对城市治理、科技创新、乡村振兴、民生保障、公共卫生等经济社会问题建言献策的职能。此外,通过访问中国政协网,发现历届全国政协委员中社会科学界专家从第二届13位,升至第十三届68位,这68位专家中有12位来自社科院系统,主要从事世界史与中国史、马克思主义与哲学、世界经济与政治等领域的研究。这既体现了社科院专家参与中央参政议政成为常态,建言立论的影响越来越大,也体现了党和国家及社会各界对社科院专家的高度重视和信任,社科院专家的"参谋"身份逐渐获得认可。

3.4 角色评价：逐渐建立内外部双重评估标准

角色评价是各利益相关者(政府决策者、社会组织、公众等)对角色主体在某一时期完成某一任务或实现某一计划,达到预期目标而进行评价的过程[12]。美国社会学家乔纳森·H. 特纳(Jonathan H. Turner)认为,角色评价包括内部评价和外部评价[24]。角色内部评价是机构内部对角色主体工作的实际完成情况进行总体量化考

评的过程。角色外部评价是角色主体任务完成情况的社会反响或影响程度。目前社科院多以可量化的科研工作考核为导向,围绕科研成果和学术活动开展业绩考核与评估,从而起到科研激励作用。过去社科院科研成果评价单纯以学术论文、著作和纵向项目为标准,开展专家职称晋升定级、科研成果鉴定、绩效评估等工作。为打破这一惯性思维,习近平总书记在"哲学社会科学工作座谈会(2016 年 5 月 17 日)"上强调要"严肃对待学术研究的社会效果"。2020 年 7 月,人力资源社会保障部、教育部共同研究起草的《关于深化高等学校教师职称制度改革的指导意见(征求意见稿)》提出克服"破五唯"倾向,注重标志性成果的质量、贡献和社会影响。据统计,上海、广东、江苏、天津等地的 16 家社科院对科研成果鉴定评价标准进行改革,增设"内参批示""成果采纳""科研获奖""媒体采访""学术交流"等咨政类成果与对外交流活动指标,制定出体现成果宣传推介、决策采纳成果与传统学术成果并重的评价体系,通过"量化积分"的成果折算方式,寻求基础理论研究与应用对策研究的相互促进与融合;安徽、福建等 4 地的社科院也在职称评定、人事考核中有意识地将咨政类成果纳入评价体系[25]。目前由于社科类成果评价比自科类更加主观,这种成果折算机制仍未完全获得学术共同体的认可,还在不断探索和改良,当然也需要社会各界的参与和协商。

4 社科院专家治学范式转变的角色困境

角色困境的产生原因通常是角色主体的多重角色期望与现实角色扮演之间产生矛盾。基于社科院专家实际,笔者总结出角色固化、角色冲突和角色迷茫三类角色困境。

4.1 角色固化:传统学科体系和制度硬约束引发思想和行为固化

学科逻辑是在稳定的学科组织、充足的学科资源和规范的学科文化共同作用和影响下形成的。社科院传统的学科框架基本已获得学术界的广泛认同和支持,但这种框架属于自我循环的、内卷化的学科体系,极易造成专家既不关注社会现实,也不关心成果的社会影响。这与社会实践是"两张皮",不符合现代社会的要求和期望。因此,社科院传统院所的结构设置容易形成学术研究边界,使社科院专家知识结构单一、创新思维受限,造成思想固化,更加限制了跨学科、跨领域科研管理体系的改革与发展。同时,公益一类事业单位属性使社科院自身绩效分配的发挥空间相对有限,加上职称评聘、资源配置等制度约束,造成社科院的制度优势难以充分发挥,对人员的激励作用也较弱,导致社科院专家无法施展拳脚,陷入角色行为固化,科研动力和活力大大减弱。这显然与目前的体制机制改革要求相违背。

4.2 角色冲突:多重压力引发本领恐慌、角色错位与角色紧张

社科院专家的角色冲突通常存在以下情况:角色技能不匹配(本领恐慌)、角色认知与角色实践不符合(角色错位)、多重角色压力带来的强烈不适应(角色紧张)等。首先,社科院专家从学者型转变为参谋型的关键路径之一是自身技能的提升,除了具备多学科的知识背景,还需要兼备媒体应对、通俗性语言组织、咨询报告撰写和团队统筹管理等复合型能力。因此,社科院专家自身能力跟不上,就会出现本领恐慌[26],影响"参谋"职能的有效发挥。其次,正所谓"在其位谋其职",社科院专家要找准自己的定位,避免角色错位。定位过高,科研成果不符合验收标准,容易造成科研资源浪费;定位过低,无法充分挖掘其内在潜力,容易造成人力资源浪费。因此,社科院专家无论是学者型还是参谋型,无论是参会建言型还是对外发声型,都要在角色扮演过程中优先做好角色定位。最后,按照美国社会学家威廉·J. 顾迪(William J. Goode)[27]对角色紧张的解释,社科院专家角色紧张主要存在强制性、冲突性两种情况。强制性角色紧张是在社会各界对社科院专家学术研究和咨政研究并重的强制性要求下出现的,冲突性角色紧张则是指社科院专家既要扮演专业学者,又要承担咨政参谋工作,甚至还要负责对外宣传与引导社会舆论等工作,多重角色带来了不同任务和责任,使社科院专家出现任务分配的冲突,进而造成双重或多重角色之间的不适应,引发角色紧张。

4.3 角色迷茫：角色自我认知不到位与政策落实"最后一公里"问题仍然突出

角色迷茫既包括角色主体对新角色认识不清晰、不到位而造成的迷茫，也包括社会对角色主体工作任务的不支持而引发的迷茫。智库意识是地方社科院建设新型智库的起点[25]。据调研，社科院专家普遍还无法对决策咨询、内参报告、智库研究等名词有更清晰的认识，尤其对"智库是什么""如何做'参谋'""咨政成果与学术成果的不同""如何撰写内参"等基础性知识不够了解，正经历着新角色探索转型的"方向迷茫期"。社科院专家角色迷茫的另一个表现是政策落实的"最后一公里"未完全打通，从而引发了专家对参与决策咨询工作的目的和方向的迷茫。社科院专家作为政府的"参谋助手"，一直以来将政策文件的出台、内参圈阅批示文本等视为决策效果的关键性评价标准和最终判断指标。原因在于，目前社科院专家仍无法切身参与政策实施与落地的最后环节，无法及时获取后续实施进度和效果，使得社科院专家无法根据反馈提升服务的针对性和有效性，从而引起一定程度的角色迷茫与困惑。

5 社科院专家治学范式转变的角色建构

在推进国家治理体系与治理能力现代化进程中，社科院作为党委政府的"思想库"和"智囊团"，必须尽快适应新形势新任务新要求，践行"三力"要求。具体而言，社科院专家既要坚守住党和国家赋予的重要学术研究和理论阐释使命，又要加快适应"参谋"角色、发挥决策咨询作用，还要努力实现以贡献思想为诉求、以付诸实践为导向、以综合技能提升为目标、以开放接纳为动力的角色突破与改变，进一步推进我国哲学社会科学事业繁荣发展。

5.1 坚守力——找准角色定位，坚守学术治学理念和家国情怀

党和国家赋予社科院繁荣发展哲学社会科学的学术使命和责任，智库的出现进一步明确并拓展了社科院的职能要求，从简单的学术研究机构向"学术研究、理论阐

释、决策咨询三只脚走路"的智库型机构转型成为时代之需、民心所向。社科院专家面对国家期望和社会需要,身兼多重身份,既要承担科学阐释中国思想的理论创新职能,又要放眼全国关注国家重大战略任务,还要聚焦社会基层解决国计民生问题。这就要求社科院专家必须正视社会新角色带来的机遇和挑战,意识到自己在推动哲学社会科学事业繁荣发展中的关键作用,在思想上不断强化自身的角色意识和角色认同,增强学术责任感和使命感,抱着情怀做实事、出实招、求实效,坚守学术研究、服务决策、贡献社会的自觉性和主动性,将学术规范、咨政启民作为必须坚守的科研底线和治学理念。此外,社科院专家要加快调整角色定位和角色心理,结合实际工作流程与内容以及社科院的发展定位,制定自己的岗位职责清单,准确把握领会所在岗位的工作权限、工作特征、岗位协调关系、时间特征、绩效考核目标、培训进修计划等要素,掌握必要的角色规范和角色技能,避免转型过程中出现角色错位、角色紧张等问题。

5.2 适应力——增进角色认同,尽快度过"转型适应期"

由于决策实践中的参谋型专家多数是从传统的学者型专家成长而来,转型过程中往往会出现角色失调现象。从角色调适角度来看,社科院专家由学者型到参谋型的转变实质上是与角色相适应的一系列地位结构、行为模式、技能和认知的变迁。这种变迁本身是一种长期过程,是适应社会期望的一个动态发展过程,不是一蹴而就的,需要社科院专家调整自己的角色行为,增进角色认同,以适应社会发展。角色认同是处于一定社会地位的个体或群体在实现与这种社会地位相联系的权利与义务时,表现出符合社会期望的行为与态度的模式[28],是衡量个体社会化成长水平的重要指标[29]。社科院专家必须准确领会"参谋"角色的地位、义务、行为和形象,尝试通过研讨会、访学进修、技能研修班、挂职锻炼等多种形式,强化对自身角色地位、角色期望和行为规范的理解和认同。此外,实现角色认同不仅依赖社科院专家自身,还依赖外部社会环境对社科院"参谋"角色的规范建设,也就是我国决策咨询体系中象征标志和专家系统的建立。因此,参谋型专家的评估标准、奖项设置、职称体系、培训计划、奖励激励等制度的制定和落实,也是推进社科院专家治学范式转变的关键要素。

5.3 突破力——加强角色学习，努力实现"四个转变"

5.3.1 将思考变成思想，实现理论家向咨询专家的角色转变

理论产生效用，往往需要一个长期的转化过程，将专家个人的思考转变成决策者的思想，这也是理论服务于应用和决策的重要过程与环节。社科院专家除了增进角色认同，还要自觉将外界对其的行为规范、职责要求转化为行动，将自己独特的见解和观点进行有效梳理、整合、组织与归纳总结，通过编撰专刊专报、培训授课、参与论证会、加入专家咨询委员会等渠道或方式嵌入决策过程中，为党委政府决策提供参谋服务，力求将专家思考转化成党委政府领导"用得上、信得过"的决策思想，实现从传统的社科理论家向咨询专家的角色转变。

5.3.2 从理论走向实践，实现社科象牙塔向灯塔的角色转变

哲学社会科学是人们认识世界和改造世界的重要成果，也是重要工具。从成果到工具的转变依赖于研究成果的应用转化，这也是社科院改革创新的重要任务之一。社科院拥有天然的调研优势和渠道优势，这为理论在实践中得以运用提供了充足的平台和机会。一方面，社科院专家与党政部门内部研究人员有所不同，没有被繁杂的事务性工作所困扰，拥有充足的时间和精力去基层调研学习，更能将科研课题与社会现实问题紧密结合起来。因此，社科院专家应通过参与大调研大走访活动、前往实务部门短期挂职锻炼等方式加快融入社会生活、融入党和政府决策、融入地方经济社会发展实际。另一方面，社科院专家与高校、企业研究人员有所不同，具有明确的服务对象和强烈的任务意识，是党委政府依托的一支重要研究力量，始终受到各级党委政府的关注和重视。因此，社科院专家不应辜负中央及地方党委政府的角色期望，尽快走出书斋，广泛参与社会实践，努力站在时代的前沿，引导社会发展和进步，这既是历史赋予的艰巨使命，也是社科院从"求真式象牙塔"转变成"求用式灯塔"的艰难过程与重要环节。

5.3.3 从单向变成多向，实现纯学术型向复合型技能整合的角色转变

从能力要求上来看，社科院专家"参谋"身份的认定过程不仅是与角色相适应的

行为模式、技能水平和素养结构的变迁,也是一个从以学科建设为导向的"单向"研究行为向基础研究与应用研究并重的"多向"研究行为转变的过程。由于社科院专家长期钻研某一特定的专业领域,这种学科路径依赖背景下的"思维定势"造成社科院专家转型过程中出现角色固化、角色冲突、角色迷茫等困境。同时,他们对政策实践过程及其行为主体间复杂关系的理解程度严重不足,难以从纯粹的学术知识体系架构中迅速转换出来。因此,社科院专家需明确"参谋"角色应具备的知识技能和素养要求,如科研能力、建言能力、沟通交流能力、自我管束能力、创新能力、媒体应对能力等,及时"充电"增强本领,从技能提升出发,加快实现价值观念、科研方式、研究方法、话语能力等治学范式的转变。

5.3.4 从院内迈向院外,实现闭门造车向与时俱进的角色转变

角色扮演不能闭门造车,需要不断接近和学习正确扮演特定角色的个体[28],才能避免角色迷茫,真正实现角色适应和角色认同。对外开放是社科院全面发展的客观要求,也是凝聚资源、挖掘潜力、突破壁垒的关键举措之一。一方面,社科研究需要有全局意识和顶层思维,社科院专家只有走出院门,才能紧密跟踪全国及地方经济社会发展的前沿问题,回应地方经济社会发展的重点难点问题,使研究成果更具有实践性。另一方面,社科院必须通过开放办院来开拓新的途径和方式,让社科院专家的决策咨询工作变"被动应对"为"主动服务",减少因不确定性而带来的角色紧张和本领恐慌。首先,拓展咨政渠道。社科院专家要积极拓展个人关系网络,紧跟政府课题征集与论证活动,及时主动向决策部门领导汇报和宣介自身优势和研究进展,将参与委托课题研究、内部座谈、项目或政策评估、政府规划或法律法规起草等作为提升咨政建言能力的渠道和平台,切实发挥自有渠道或资源的突出优势,解决政策落实"最后一公里"问题。其次,加强地方联络合作。社科院专家要以课题研究为基础、以学术交流为纽带、以理论研究与咨询服务为平台、以人才交流为桥梁,形成主动的、常态化的成果交流与联络机制。最后,合理利用媒体平台。社科院专家要加强自我宣传和形象塑造,依托报刊、图书、广播电视、互联网等平台宣传推介自己的研究成果和突出

成就,增加更多曝光机会和宣传渠道,以扩展视野、提高研究能力、实现自身价值,进而带动社科院整体发展。

6 结语

社科院专家治学范式的转变是其价值观念、思维方式、话语能力等内涵特征共同转化而产生的结果。无论是国家层面,还是社会公众和个人层面,无不展现出对社科院专家"参谋"身份的角色期望,进而引发社科院专家在角色定位、角色学习、角色实践和角色评价过程中的转型探索。但是,受到我国行政决策体制改革、社科院体制机制创新等因素的影响,社科院专家在适应新角色过程中出现角色固化、角色冲突和角色迷茫等问题,必须重构自我学术生态,转变传统固有的治学范式,践行"三力"要求,努力实现从学者型专家到参谋型专家的角色转变,加快成为服务中央和地方党委政府科学决策的一支不可或缺的关键力量。

参考文献

[1] 肖滨,费久浩.专家-决策者非协同行动:一个新的解释框架——以 A 市政府决策咨询专家的政策参与为例[J].公共管理学报,2020,17(03):37-48,167.

[2] 方国雄,常崇宜.试论参谋与参谋学[J].成都大学学报(社会科学版),1989(02):39-46.

[3] 龚学胜.现代汉语大词典[M].北京:商务印书馆国际有限公司,2015:131,1660.

[4] 中国军事百科全书编审委员会.中国军事百科全书:军事学术Ⅰ[M].北京:军事科学出版社,1997:24.

[5] KATZ D, KAHN R L. The Social Psychology of Organizations[M]. 2nd ed. New York: John Wiley,1978:135-138.

[6] 胡金平.知识人与政治人:陶行知教师角色理论的分析[J].华东师范大学学报(教育科学版),2004(02):69-74.

[7] 马勇,陈雨露.农村金融中的政府角色:理论诠释与中国的选择[J].经济体制改革,2009(04):86-91.

[8] 陈娅萍,王瑞珠.角色理论在护生向护士角色转变中的应用[J].福建医药杂志,2007(03):167-168.

[9] 周学春.角色理论视角下的顾客参与负面效应研究[J].商业时代,2014(25):22-23.

[10] 加琳娜·M.安德列耶娃.西方现代社会心理学[M].李翼鹏,译.北京:人民教育出版社,1987:200.

[11] 董丽晶,刘贺,朱二孟.驻村第一书记扶贫实践多重角色冲突及调适——基于角色理论的分析[J].理论导刊,2020(08):86-91.

[12] 李翔,贺芒.角色理论视角下村改居社区居民城市融入困境研究[J].吉林省教育学院学报,2020,36(07):163-166.

[13] 朱有志,贺培育,刘助仁,等.思想库智囊团——社会科学院初论[M].北京:社会科学文献出版社,2011:55-59.

[14] 杨宏山.从精英驱动到互动创设:中国政策议程设置的制度发展[J].国家治理,2019(30):13-18.

[15] Harvard Kennedy School. Faculty Handbook[EB/OL].[2020-12-02]. http://www.Faculty.harvard.edu/sites/default/files/downloads/hks-faculty-handbook-090111.pdf. 2013-10-06.

[16] 林坚.智库建设对学术界的意义略论[J].国家治理,2015(44):26-30.

[17] RIECHEN H W. The Federal Government and Social Science Policy[J]. Annals of the American Academy of Political and Social Science,1971,394(1):100-113.

[18] LINTON R. The Study of Man[M]. New York:Appleton-Century Company,1936:113.

[19] 段爱明,杨洁.学校、家庭、社区体育一体化下大学生的角色定位与培养[J].体育学刊,2015,22(02):72-76.

[20] 刘德海.江苏新型智库发展报告(2015—2018)[R].南京:江苏人民出版社,2020:125.

[21] 韩玉梅,宋乃庆.新型教育智库的组织形态和研究路径[J].教育研究,2019,40(03):145-153.

[22] 胡志强,李陆祥,常征.科学决策与专家咨询——基于省级地方政府制度建构的分析[J].自然辩证法研究,2018,34(08):45-50.

[23] 李群,杜宇.我国专家咨询论证制度建设与存在的问题[C].//第五届软科学国际研讨会论文集.2008:128-134,150.

[24] 乔纳森·H.特纳.社会学理论的结构[M].吴曲辉,等译.杭州:浙江人民出版社,1987:572.

[25] 山东社会科学院智库研究中心课题组.从萌生、自觉到强化:地方社会科学院智库意识发展报告[N].光明日报,2019-05-20(16).

[26] 田祚雄.地方社科院智库建设的现实困境与发展路径[J].理论月刊,2016(10):136-141.

[27] GOODE W J. A Theory of Role Strain[J]. American Sociological Review,1960,25(4):483-496.

[28] 王舒.编辑的角色认同与文化自觉[J].浙江学刊,2008(03):199-202.

[29] 黄国辉.角色失调与调适:社会角色理论视阈下的高校教学管理人员[J].山西高等学校社会科学学报,2013,25(09):20-23.

(作者:吕诚诚、李刚。原文发表于《图书馆论坛》2021年第10期。)

第二部分
至关重要却常被忽视的智库管理活动

第二部分

光电倍增管应用基础及信号检测技术

10. 智库研究项目文件与数据的归档问题

摘 要： 当今时代智库作为全球化的智慧生产机构，研究内容多样，研究项目聚焦多维度的社会问题。尽管如此，在研究过程中仍然存在不足，对于研究项目的归档问题明显重视不够。在智库管理实践中，智库人员首先要树立研究项目的归档意识，明确归档时间、确立归档内容、维护好项目档案的存储与访问渠道；其次，智库本身还要不断完善相关政策和程序的指导。智库人员必须积极参与研究项目文件与数据的归档工作，优化智库管理，提升研究能力，充分发挥智库的决策咨询作用。

关键词： 智库；研究项目；归档

在过去25年里，笔者与十几家智库就各种管理问题进行了实质性的交流，但没有一家机构提及关于研究项目主要成果和背景资料的归档问题。对此，在笔者曾经工作过的3家智库中，团队负责人或首席调查员提供给笔者唯一的指导，就是关于如何从已完结的项目中组织资料进行保存，但这一形式也不明确。尽管笔者从未对此发表言论，也从未看到相关政策声明，但笔者非常确定这种经历具有一定的代表性。

1 智库研究项目归档的必要性

在智库运行发生严重错误之前，归档问题往往不会得到太多的关注。较为常见的是，在项目完成之后，该项目的主持人（PI）便会离开智库，并带走他（她）所指导项目的数字文件以及实物资料。大多数情况下，智库不会检查这些资料中是否携带重要文件的副本，而这一行为恰恰可能成为机构日后产生重大管理危机的根源。例如，项目最终未能产生可交付成果时,项目发起人(政府机构、基金会、国际援助机构或者其他类型的出资人)可能会在结项一两年后要求智库提供当初与项目相关的所有数据集,通过利用这些数据来解决其他政策问题。然而智库在研究项目结项后可能没有归档保存这些数据集,因此必须转向项目主持人来征集这些信息。但现实情况也许并不理想,项目主持人可能完全没有注意到要转移各种文件;他(她)也可能并不急于检索数据。最糟糕的情况就是,智库不得不对项目发起人承认无法提供数据集,这也从侧面反映出智库管理水平的不足。

我们应该不难想到,在研究项目结束之后这些数据集仍然能产生其他的利用需求。考虑到期刊审核时间和文章出版的等待时间较为漫长,有时文章在提交后的两年甚至更长的时间才得以发表,此时文中的定量分析内容又受到质疑,这种情况下,如果智库和作者不确定应该使用哪种数据集来验证已经发表的结果,那么他们就可能陷入非常尴尬的处境。

从档案使用的角度来看,档案的利用率也远远超出人们的预期。本文采访的其中一个智库公布了机构研究人员对其归档行为的调查结果。在回答"多久会利用一次以前项目信息处理当前项目"的问题上,有一半的人说"有时候",41%的人回答"非常频繁"。显而易见,有序的归档工作可以使之前的项目资料受到更高效的利用。

其实大多数智库都会单独设立一个总文件夹,囊括项目的各个方面,用于提交提案,方便挖掘信息,满足日后的使用。同样,为了开发新项目,往往需要付出很大的努力来收集调查数据和辅助数据,因此对这些数据资料进行归档显得非常必要。一家美国智库曾利用一次大型家庭调查数据,这一调查距今20年之久,目的是了解这些受访家庭如何随着时间推移摆脱种族歧视,受到平等的待遇。智库保存了当时的调查问卷,在最初的调查样本中,60%的受访家庭与智库研究成功地联系起来,从而构建了一个近乎理想的数据集合。

将实物资料(如书籍、客户定制的研究报告、会议横幅和其他会议材料)进行归档,对智库日后的传播交流和机构史的准确撰写具有重要意义。

2 如何做好智库研究项目归档

从笔者近期的网络搜索结果来看,有关项目资料归档的内容不是很多[①]。为了清楚地了解当前智库的归档行为,确定机构是否正在采取有力措施改善这一局面,笔者访问了4家智库,包括芝加哥大学全国民意调查中心、美国城市研究所、华盛顿发展绩效研究所以及俄罗斯城市经济研究院,与机构内的归档人员展开了重点讨论,还审查了相关的政策声明。这4家智库目前发展成熟,虽然其中一家成立至今只有10年,但工作人员已接近150人;其余3家运营时间至少达到23年。这4家机构全都可以进行定量分析,收集原始数据,开展更多的理论性研究。这些组织大多经历了一个对归档工作漠不关心到形成完善的归档系统这一过程的转变。

笔者在下文主要对成熟的归档模式进行总结,这一模式既要充分体现出不可或缺的项目资料,同时在实施归档的过程中不能消耗过多资源。主要针对如下几个部分展开论述,首先是项目归档的实际时间,其次要明确考虑数字文件和实物资料的归档问题,最后还要注意档案的维护工作。

需要说明的是,第一,笔者假设所有的智库机构都为每一个项目分配唯一的编号,并且所有项目文件都用这个数字标记,包括合同文档、财务信息、数据集合、报告等其他项目成果以及项目分析文件等。但这并不意味着每份数字文件都标有数字,至少重要的项目文件(数字文件和实物资料)是这样标记的。第二,当笔者使用"数字"一词时,一般有两层含义,即原生数字文件和实物资料数字化。

2.1 确立归档时间

归档工作开始的最明显标志是什么?合理的回答是当最终研究成果被客户接

---

① 有一篇文献涉及非营利性组织如何展开基本归档工作,这项工作的重点是满足处于保留期中各种财务记录和关键管理文件的法律要求,如章程及其修正案、董事会成员名单、强调所做出决定的董事会会议纪要以及其他方面的审计记录。国家非营利性组织理事会为美国NGO提供的指导为例。详细内容请参阅:https://www. councilofnonprofits. org/tools-resources/document-retention-policies-nonprofits。

受。通常情况下,智库会收到一份项目验收通过的正式通知,这意味着研究项目的结束。随即智库就应该在结项待办事项清单上新增一条内容,即"通知IT部门和传播小组归档项目资料"(传播小组主要负责实物资料,参阅下文)。到了合同规定的最后期限,当项目编号设置完成时,在没有外部项目赞助人的情况下,相关合同人员或者首席会计师可以向项目负责人或指定的项目经理询问项目是否完成。

2.2 确定归档内容

关于研究项目资料归档,最好保存两份与研究相关的数字档案:(1)项目相关的所有文件;(2)数据集合。与此同时,还应为其他部分项目增设一些单独的档案:所有提交的提案(不管是否有资助,有价值的部分内容都可以在将来的提议中使用)以及所有的合同文件和财务记录。除此之外,由首席调查员和其他人员维护的数字项目文件夹主要用来存放一些其他主题的信息,这些内容在项目执行期间对不同的工作人员有不同的用途,而完整的项目信息则存放在单独的文件夹中。同一项目编号可用于标识该项目所有档案中存储的全部信息。

2.2.1 数字文件(非数据集)

除非智库规模较小,所有现行项目信息都应该在项目生命周期内被保存在服务器上,并按项目编号有序组织起来。

对这些文件采取一些简单的维护措施有利于归档后的使用。首先,智库应规定,在每个相关人员的项目总文件夹中,都应该包含一系列名称标准、主题重要的文件夹,甚至还可能包含一些子文件夹,涉及合同、子合同、咨询公司、发票、数据、分析表、报告、重大事件以及成果展示等研究项目的不同方面(明确这一组由大量高级研究员形成的文件夹内容对获得客户认可是非常可取的)。项目人员主要维护各自文件夹中的项目资料,并将其进行编号标识①。此外,所有项目文件夹内的全部内容都将进行归档,这比试图检查每位相关人员的子文件夹有无关联性要更容易实践。

项目主持人通常会拥有最完整的文件夹集合。其他项目人员有包含同一项目标签的子文件夹,但通常只有少数文件夹内含有大量内容,且往往与数据集、分析表、文献评论等类似事物有关。在项目结束时,所有项目文件夹中的全部文件都将被归档。

2.2.2 数据集

数据集往往单独保存,这既是为了满足将来的研究项目(或提议)的使用需求和结果验证的方便,也更利于进行正确的标记和定位。由此可以得出结论,每个"数据集"都要包含适当的文档,以便没有数据处理经验的人员能快速上手。此外,如果数据存在多个版本,数据集使用并存储的版本应该在最终研究报告中呈现出来。

按照普遍认可的标准来描述项目调查情况、编写调查问卷、收集统计数据和相关的社会科学研究信息,这一做法极大地促进档案主要数据集和辅助数据集的创建。同时,包括世界银行数据文件倡议(DDI)②和 Nesstar 议定书③在内的这些协议允许分析人员新建数据并掌握数据的收集方式(如样本属性),检查原始数据,了解对原始数据进行的调整(如填补缺失值),并访问在报告、杂志、文章和书籍中分析使用的最终数据。

如前文所述,由于项目发起人频频要求数据集按照合同要求形成可交付成果,智库应将这一要求贯彻到项目工作计划中加以实施,并在预算中列入数据集的编制费用,以便存储和今后的使用,并向赞助商交付。

---

① 理想状态下,整个项目文件夹由特定人员维护,文件夹全名可以有一个类似"6198-健康-PI"的标题,其中,"6198"是项目实际编号,"健康"是执行工作的程序,"PI"是项目主持人或其他文件夹维护人员的角色缩写。其他像 SR 表示资深研究员,RA 表示研究助理,STAT 表示统计员等等。这种标记可以使那些查询项目档案的人员更为有效地将注意力集中在这些特定项目最有可能出现的位置上。

② 参阅:https://en.wikipedia.org/wiki/Data_Documentation_Initiative。

③ 参阅:http://www.nesstar.com/help/4.0/webview/getting-started/getting-to-know-nesstar-webview.html。

2.2.3 实物资料

虽然大多数有待保存的资料都是数字化的,但智库仍然需要保存实物资料,以备将来参考或展示。通过项目或基于对项目研究而产生的书籍副本就是一个例子;而具有特定项目封面的报告可能是另一种;当然还包括会议文件,如无法准确数字化的会议讲义。如果一个项目在研究过程中涉及原始数据收集和纸质问卷调查这些环节,那么即使这些信息已经数字化,项目发起人还是可能会要求智库长时间保留原始表格。至于保留期限,不同的智库有不同的选择和政策。

当然,还必须分配专人负责将这些资料集中到传播小组,以便于在参与组织活动和编写出版物的过程中加以利用。与结项的研究材料不同,为了避免遗失,这些实物资料应该在开发阶段就开始收集,一旦等到为期多年的项目结束之后才开始收集,很容易发生资料缺漏的现象。同时,仍需与资料收集小组的组长实施结项审查。审查应包括有关需要保留的实物记录这些明确的问题。

这些实物资料(除了完成的调查表和类似的项目)最好保存至少两份副本,以便在日常工作中,满足工作人员在图书馆或类似场所的查阅需求,而真正的实物资料则应存储在一个安全的空间里。

2.3 项目档案的存储和访问

2.3.1 数字档案

采取任何一种形式归档文件的基本目的都是维护档案完整性。这对于那些可以轻松删除或改写的数字文件来说极富挑战性——可以考虑通过填补缺失值来更新数据集。为了保持完整性,必须对文件夹设置访问权限,即使在授予访问权限的情况下,也必须对文件处理的类型施加限制。例如,标准规则中规定,当没有增设新文件以及现存文件的替代文件时,不需要 IT 部门逐项给予操作权限,可直接将文件保存到项目的归档文件夹中。

档案应该保存在智库服务器内一个单独的、设有访问权限的驱动器上,或者是类似智库云账户的一个空间。其中,所有的文件都可设置为"只读"。但无论是查看文件还是下载文件都会受到访问限制,只有在IT部门允许的情况下,才可以访问那些由高层管理人员清除的文件。添加文件或修改文件的情况也必须由高层管理人员和项目主持人亲自操作,以证明文件更改的合理性。

这些实施程序对于小型智库或新兴企业来说,难免过于烦琐。在这种情况下,可以将档案放在指定的计算机或者类似的云存储中,仅限于获得高层管理人员许可的工作人员才能够访问特定的项目档案。

所有档案都应定期备份,既要确保新增内容的安全性,还要与档案原件保持一致。

2.3.2 实物档案

实物档案必须保存在安全的场所,注意库房的封闭性。归档的实物资料可以放在标准的档案盒里,并存放在装有搁架的标准档案柜中(可上锁的)。通常一个中等大小的档案柜就能容纳数量可观的项目档案。而这些档案最终都需要异地存储,存放环境必须保证无虫害,并且要严格控制好温度。

如果该组织设有资料员,在传播小组把这些文件交给资料员之后,可让他(她)负责文件的维护,并要注意不能把归档的资料与馆藏内的其他资料混合在一起。当借阅者需要查看某一项目档案时,资料员要能根据借阅需求找到相应资料,并让借阅者签署一个确切的短期借阅证明。一般情况下,借阅者从档案架或档案盒拿出已经归档保存的书、报告或其他资料,如若未按期归还,往往是借阅人自身的过失或者疏忽所致,此时,资料员要与其不断跟进档案下落。如果没有资料员一职,可以由行政人员兼职,确保相关工作有条不紊地开展。

2.4 档案维护

档案维护的主要任务是删除某些档案,并妥善保管留存的项目档案。就数据集而言,某些合同规定对于数据集的保留不能超过规定期限,通常是三年,而其他合同对此规定的保留时间也可能更长一些。在数据集归档时,所需记录的删除日期应保存在IT部门的数字日志中,并把"删除日期"标识在日历上。其他数据集可以无限期地保存：即使是大型的数字化数据集也不会花费太多的存储成本。另一方面，实物档案的容量也可随之建立起来。

为了营造适宜的存储环境，要注意好温度的控制，防止虫害以确保安全性。随着时间推移，文件数量不断增大，档案维护成本也随之增加。像专业印刷的年度报告和基于智库研究出版的图书等资料不应该受到审查，因此应该针对性地为智库内不同类型的文件制定相应的规则。此外，为了方便审查，还需将定期审查的文件在文件清单中标明。

3 政策和程序声明

智库在为研究项目的归档工作制定基本政策和程序声明的过程中，必须涵盖上述议题。一旦缺乏明确的指导，有关项目归档行为的负责人将难以执行好这些任务。尤为重要的是，政策和程序声明都是由首席研究员、IT 部门、传播小组和资料员（负责组织文件并管理实际档案）共同研究形成的。因此，获得他们对机构归档系统实际运作的认同是必不可少的。在接受采访的 4 家智库中，有 1 家智库现在正严格按照这个过程来升级归档程序。当然，还可以考虑在年度绩效评估中单独列出一项内容，即考察关于各档案负责人一年内的执行情况。

其实，归档过程中一个重要的任务就是设立专职人员负责检查归档系统，确保系统的正常运转。当对项目文件进行归档的时候，合同管理部门应该及时通知这些有检查任务的员工，以便他们可以在几天后了解任务进度，明确归档工作是已经完成还是仍处于进行中。这种"质量控制监督员"大多在年度业绩审查时由评级主管进行考评。

4 归档价值

读者可能会说智库研究项目的归档工作任务繁重。的确是这样。但如果各归档人员能在各阶段及时完成相应的任务，那么工作负担就不会那么大了。可一旦归档工作不受重视,再进行弥补,任务就比较烦琐。因此,归档人员构建新的档案系统是有意义的,他们可以在档案资源得以利用之前,暂时或推迟为旧项目实施新的归档程序。

笔者认为,许多读者应有过类似的经历,比如项目档案的缺失或对归档工作重视程度不高,就像本文开头提出的例子那样。而这也将促使我们在档案系统缺失的情况下,考虑开发一个运作良好的档案系统。

(作者:雷蒙德·J.斯特鲁伊克,丁怡、李刚翻译。本文发表于《图书馆论坛》2018年第4期。)

11. 面向内部利用的智库文件管控框架研究

引 言

经过近五年"智库潮"的推动,我国智库内部发展渐趋分化,习近平总书记提出以"提高研究质量、推动内容创新"[1]作为智库建设的重点,对知识的管理与利用则是推动智库研究和创新的真正动力。智库不同于传统的学术研究机构,它不仅产生大量的知识,也需借助现代运营技术对知识及其自身进行传播与推广,这些活动的实现通常依附于各类智库文件,它们既包括智库在从事各项业务活动中直接产生的各种形式的信息记录,也包括智库通过一定渠道接收的外部信息材料,在本质上具备知识和管理属性。智库的文件管控是指对有效的智库文件信息从形成到最终处理全过程管理活动的计划、组织和协调,并追踪和监控这一过程,纠正实际管理中存在的偏差。依据文件双重价值理论,智库文件同样具有原始价值和从属价值,原始价值关注的是文件对其形成机构的利用价值,它决定了智库文件是服务于智库内部的利用需求,本文正是立足于这一视角研究智库的文件管控问题。一方面,文件管控不仅是对智库文件实体的管理和控制,也是智库知识管理的重要组成,对智库文件的开发和利用有助于推动和加速智库的知识积累过程,为智库开展决策研究与咨询建立基础;另一方面,智库文件通过生产、流转、运行和使用,推动内部信息的沟通与传递,指导和控制智库的日常管理,加强文件管控也是完善智库管理的内在需求,为智库运营赋能。文件管控的欠缺不仅会损害智库文件价值、导致智库知识的流失,也会降低智库管理效率。

但目前,我国对智库的文件管控问题缺乏系统的研究,文件管控也尚未在智库建设中引起重视,智库甚至疏于对自身文件的管理。因此,本文以智库内部利用需求为导向,对我国 47 位智库一线工作者关于智库文件利用管理情况开展调查访谈,从中提炼出智库目前对文件管理利用特点,其中调研范围覆盖北京、上海、江苏、陕西、山东等 14 个省市 20 余家不同类型的智库,被访者来自研究、行政及传播等不同岗位。基于调研中实际存在的问题,同时结合智库自身特性,本文试图构建面向内部利用的智库文件管控框架,并立足于我国智库建设背景,提出这种框架应用的关键路径,以期推动我国智库的完善与发展。

1 相关研究综述

1.1 组织机构文件管控的基本问题

文件管控,实际上是围绕文件管理活动的管理。研究者对组织机构文件管控问题的研究已经开展了诸多探索,美国著名档案学家谢伦伯格是最早对现代组织机构的文件管理进行系统性研究的学者,他的《现代档案——原则与技术》作为现代文件管理的奠基之作,其中前端控制和全程管理的文件管控思想也一直延续至今,并广泛应用于现代组织机构的文件管理工作。随着现代组织机构办公环境的变化,21 世纪以来国内外对机构文件管理的研究多以电子文件管理活动导向,且大多围绕某一专门领域或行业的文件管理实践展开,其中既有政府[2]、高校[3]、医院[4]、银行[5]、企业[6]等不同组织,也有电力[7]和道桥[8]等工程建设行业的机构。但无论是哪一类型的组织机构,他们在文件管控活动中关注的内容大多集中于这几个基本问题:文件管理的流程与系统、文件管理制度、文件管理人员、文件管控技术以及文件安全管理。

首先,文件管理流程是组织机构文件管控的核心,且通常需要依赖于相应的系统得以实施,流程和系统在组织机构的文件管控工作中是密不可分的。Mpho Ngoepe[9]等构建了嵌入审计全流程的文件管理模型,围绕审计前期准备、审计计划、审计执行、报告四个阶段具体设计每个模型中每一环节的内容。Paul[10]等对中国台湾 1 600 多个政府机构的电子文件管理系统进行评估,系统主要为政府机构电子文件的产生、归档、处理、传输、共享等业务流程开展提供了支持。其次,文件管理制度是文件管控的保障,这种制度上至国家法律,如美国为加强企业文件管控出台的《萨班斯法案》[11],下至机构内部具体的文件管理政策和程序,其中管理政策需将不同的责任具体分配给不同层级人员,明确权责分工[12]。同时,管理人员也是组织机构文件管理中不可或缺的因素,并且受技术、用户及机构对文件工作的期望等因素驱使,文件管理者的角色已由文件和信息管理向知识工作者转变[13],这不仅包括提供知识利用,Elizabeth Yakel[14]还认为文件管理者更重要的是与组织内其他部门人员协作,推动组织学习的氛围,帮助组织不断发现自己的知识需求。再者,由于电子文件的复杂性特征,文件安全受到了更多重视,对机构内电子文件管理风险的评估是识别风险、减少安全隐患的关键,William Saffady[15]对此提出要同时进行定性和定量评估。为保障文件信息安全,技术的改进也提供了必要支持,Muhammad[16]等通过引进一套新的编码方案,对文件的数字水印技术进行优化,保证文件内容和形式不被改变的同时隐藏添加水印的信息。

1.2 智库的文件管控与知识库研究

尽管国内外其他组织机构已经对文件管控展开了广泛研究,但智库领域却少有关注。黄丽雯[17]曾在硕士学位论文中对智库非公开性文件的管理进行研究,其中建立了以收集、鉴定、整理、保管和利用为主要环节的内部资料实体管理过程。Raymond 等[18]通过多年智库工作实践和实际调研访谈,具体阐述了智库研究项目文件的归档必要性,提出了明确归档时间、归档内容、归档程序等一些具体建议。除此之外并没有专门围绕智库文件管理问题的其他研究文献。但如前文所述,现今组织机构内部的文件管理不仅是为满足法律、制度和行政管理的需求,还帮助机构通过文件管理产生新知识[19],为解决机构知识存储和利用服务的需求,建立机构知识库(IR)是在学术研究机构较为流行的方式。IR 是对机构数字化知识资源的整合[20],Michael Robinson[21]认为机构知识库存储的资源不仅包含正式的文件,还应包含报纸文章、演讲、乐谱等"非传统"形式的资料,更加完整反映机构工作情况；Kathleen Shearer[22]则认为机构一切数字形式的内容产出都应该存储在知识库中,包括数据集、视频记录、图片、虚拟艺术作品等。

在此基础上,也有部分研究者将 IR 研究引入智库领域,许鑫等[23]建立了包括资源收集、组织和服务在内的面向智库业务的知识库构建流程,并提出智库知识库联盟的建议。同时还有一些围绕某一特定领域智库知识库建设问题的研究,其中包括创新创业[24]、反恐[25]、南海问题[26]等领域智库。除理论研究外,国外一些著名智库已从实践上尝试建立了自己的知识库,如兰德公司的知识库不仅收藏了常见的图书、报告、期刊、数据库等结构化文件,还包一些特殊形式的文件和缩微品,并利用先进技术手段提高这些资源共享的深度[27]；瑞典斯德哥尔摩和平研究所建立了以研究项目为导向的知识库[28],日本国际问题研究所则主要围绕国际安全和区域问题研究两个领域构建了专题知识库[29]。

综上所述,尽管已有研究成果尚未形成对智库文件管控问题的系统性研究,但已有的相关研究可以为本文提供一定的理论基础和研究指导。智库文件管控的目标不仅要服务于智库日常运营管理需求,还要面向内部知识管理需求。因此,从运营管理角度看,在对其他组织机构文件管控研究中讨论的问题也是智库在文件管控过程必须思考和解决的,智库可以借鉴其中已经发展较为成熟的理论研究；另一方面,从知识管理角度看,对机构知识库尤其是智库知识库的研究及其实践经验也有助于在研究智库文件管理内容过程提供一些必要的启发。

2 智库文件管控框架的构建动机

2.1 智库急需完善对知识资产的保管和利用

知识通常分为显性知识和隐性知识,智库的显性知识基本都是依托于智库文件,不仅如此,一些隐性知识也可通过文件物化为显性知识。根据早前对 20 多家智库 47 位工作人员的调研情况,这些智库拥有的可利用的文件类型多样,其中咨询报告和各项活动类文件是最广泛的利用对象,57.45%的被访者都分别选择了这两项作为他们常用的文件;其次是关于智库的新闻报道(媒体发布的与本机构相关的新闻),有55.32%的被访者非常重视这类文件。另外还有一半以上的被访者对智库出版图书和发表论文这类文件的利用也较为频繁(见图1)。

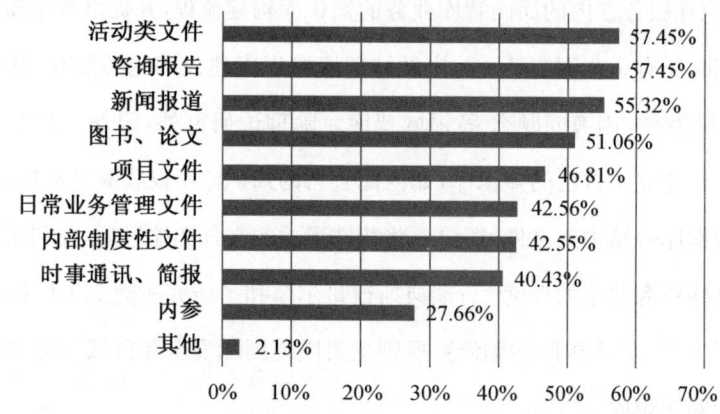

图1 对智库各类文件利用的人员比例统计图

智库拥有的大量成果类文件实际上是对智库核心知识的记录,对这类知识的管理和利用是提升智库竞争力的重要资源。但结合日常对智库文件的利用经历,61.7%的被访者在利用智库文件时主要是为了日常业务管理活动,仅21.28%的被访者用于开展研究。这说明智库成员调阅智库文件的主要目的是服务于日常业务管理而非核心研究咨询,这同时也反映出大量的智库成果类文件没有充分发挥其应有的知识价值,文件知识的开发和利用程度不够。加之智库人员流动较为频繁,人员调动也会导致该员工在智库工作期间产生知识的流失,流失部分的知识则无法再次利用。为减少智库知识的流失并优化智库知识成果的利用,建立智库的知识库至关重要,完善的文件管理则是构建智库知识库的基础,这就有赖于智库利用文件管控框架重新规划文件管理内容,提升智库知识管理的能力。

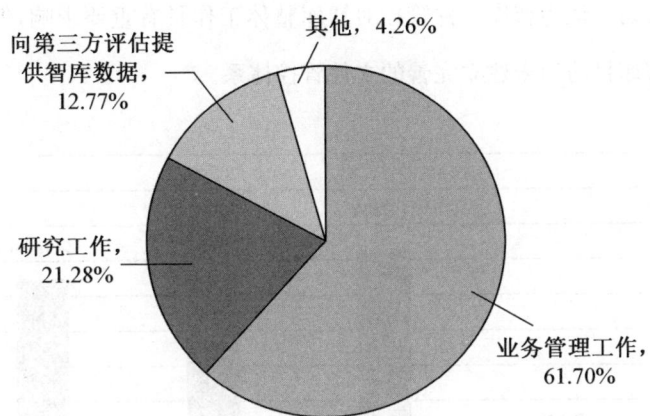

图 2 智库人员利用文件主要目的分布统计图

另一方面,由于智库与党和政府的决策关系密切,部分智库文件中也会携带大量与决策相关的重要信息,具有一定的内部保密性,智库文件在对内部提供利用的同时也要注重保护信息安全。尤其是当电子文件占据了智库文件的大多数,这种形式的文件具有更多不可控制的因素,意味着文件管理过程存在更多风险问题,加强对文件的风险管控势在必行。为保证智库重要文件的信息安全,智库需要制定一套规范化、专业化的文件管控方案,充分考虑智库文件及其管理活动中的各种风险隐患,避免由文件不当处置造成的智库声誉或党和政府的利益受损。

2.2 有序的文件管理是提升智库效率的保障

根据调研结果,有 65% 以上的被访者表示在日常工作中较常(38.3%)或经常(27.66%)利用智库文件,而个别选择"从不利用智库文件"(2.13%)的被访者也给出了具体原因,主要是对智库文件内容及获取渠道缺乏了解,说明智库整体对文件利用需求还是较为强烈的,文件成为智库业务活动过程不可或缺的东西。而在利用各种通信工具传输接收文件时,仅有 25.53% 的被访者未曾遇到查找困难,其余 74.47% 的被访者均遇到过查找文件困难的情况,且近 20% 的被访者经常难以找到自己所需的文件。此外,在对电子文件进行协作时,四分之三的被访者都遇到过这样的经历:共同编辑一份文件时却不清楚哪一份是最新版本,从而影响工作进度。尽管在调研中九成以上被访者认为智库文件管控对智库整体工作具有重要影响,但上述这些问题却反映出智库目前尚未建立完善的文件管控体系。

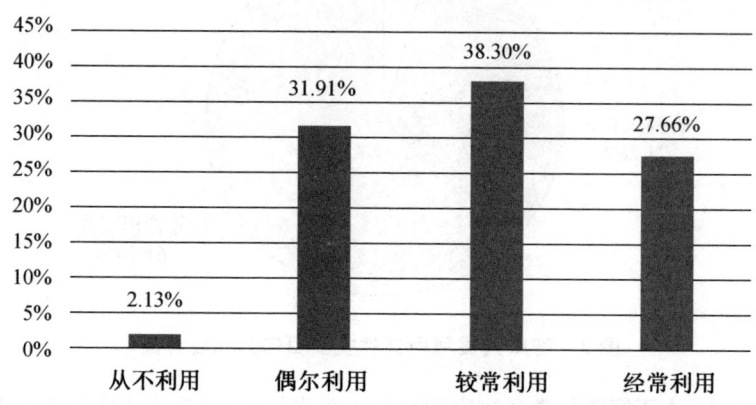

图3　智库人员文件利用频率分布统计图

智库是一个注重效率和效益的现代组织,缺乏文件管控所造成的不仅是文件和知识上的损失,有时甚至也会影响到智库日常运营。智库业务的扩张和发展必然会造成文件数量的激增,智库注定要面对和经受大量文件信息洪流的挑战与考验,为避免智库因文件工作的无序而降低效率或造成工作失误,及时应对智库内部的信息需求,建立完善的文件管控框架、加强文件管理是必经之路。但对任何文件的管理都是需要耗费资源的,智库所拥有的资源毕竟有限,不可能对所有文件都妥善保管并投入相同的管理资源。因此文件管控框架的应用有利于形成对文件的数量进行有效控制,避免智库文件的过量繁殖,加强对重要文件的重点管理,节省智库管理成本。

2.3　智库开发文件管理信息系统的强烈需求

根据对调研中文件存取行为的相关分析,在文件保存上,68.09%的被访者个人都会保存日常工作中产生的有价值的文件,但其中仅有19.12%的被访者在进行个人保存的同时,也会将这些文件移交给机构专门负责文件管理的人员,12.77%的被访者还会统一交给相关项目负责人保管。而在文件获取上,68.09%的被访者在找寻所需文件时首先依赖于个人保存的文件来源渠道,其中32%的被访者在查找个人文件夹的同时也会通过其他渠道查询文件信息，如通过求助机构文件管理人员或查询文件清单，还有43%的被访者习惯于向其他成员询问文件存储位置以获取文件。可见，智库文件目前呈分散式保管，文件获取来源以个人保存文件为主且呈多渠道模式。缺乏能够有效运转的文件管理系统以及相应管控措施是造成智库文件分散管理的主要缘由，因此当询问被访者对智库目前文件管理工作的优化建议时，78.72%的被访者都表达了自己对智库建立文件管理或相关信息管理系统的强烈需求。

随着智库的加速发展和大数据的深化应用，加之现代办公环境和高效传播需求产生的电子文件要远远大于纸质文件，单纯依靠人力无法有效管理日益膨胀的智库文件，从自身管理角度看，智库迫切需要开发自己的文件管理信息系统，以适应信息化和数字化的背景环境，辅助智库完善管理。同时，从我国智库整体建设角度看，建立规范化的文件信息管理系统能够减少资源浪费，避免不同智库重复开发同一类系统，而且标准化信息系统设计有利于统一其中相关的数据字段，便于智库管理部门对各智库信息的管理，实现标准化的数据统计。因此，为了开发这类信息系统，前提是首先要明确对智库文件管理的需求和业务流程，文件管控框架研究正是为此做准备，从智库顶层设计角度规划文件管理工作，从而为建设智库文件管理类及相关信息系统提供给指导。

3 面向内部利用的智库文件管控框架

本文通过参考对其他组织机构文件管理的研究与实践，并结合智库文件管理利用现状构建了应用于智库机构的文件管控框架，该框架主要是应对智库内部利用需求，在保护智库文件资产的安全、有序管理的同时，为智库内部知识管理和日常运营管理提供及时、有效的服务（外部利用并不在本文讨论的范围内）。为保证框架的灵活性，该框架整体上由两部分组成，中间主体部分是对智库文件管理的基本流程，也是智库文件管控的基础模块，外部四围则是对智库文件管理的主要控制手段，是智库文件管控的保障（见图4）。

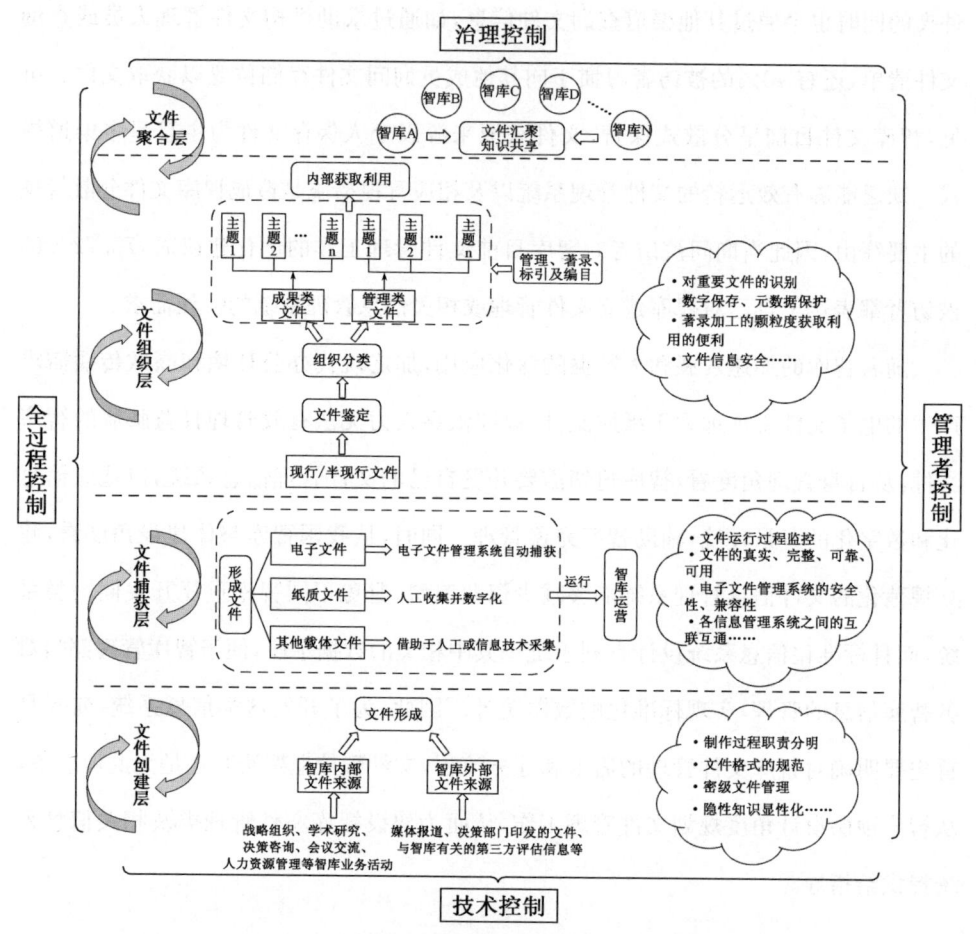

图 4　面向智库内部利用的文件管控框架图

3.1 智库文件管理的基本流程

　　智库文件从形成到最终处理的过程遵循文件运动的普遍规律,以阿普沃德为代表建立的"文件连续体"理论能够有效揭示从个人层面到社会层面的文件运动规律[30],已被应用于不同类型组织机构文件管理工作。本文正是在"文件连续体"理论模型的指导下,建立了包含文件创建层、文件捕获层、文件组织层及文件聚合层四个层级的智库文件管理流程,这一流程并不是单一的线性运动过程:自下而上看,不同层级管理环节上可能会同时存在或跳跃向上发展;自上而下看,由智库文件聚合触发的文件活动也可能螺旋式向内回溯[31]到文件组织、捕获和创建。

(1) 文件创建层

文件创建层是智库文件形成和产生的过程,文件源通常来自智库内部和外部两种渠道。如图 5 所示,内部来源主要是智库在各项业务活动中自己制作并形成的文件,分为机构监管类、规章制度类、机构宣传类、业务标准类、成果产出类、行政事务类、凭证记录类。同时,由于智库是一个需要频繁与决策者、公众、媒体等外部组织建立沟通的机构,除自身形成的文件外,通常也会通过各种外部渠道获取文件信息,从外部文件源获取的文件也是智库文件的组成部分,如政府的相关政策文件、媒体新闻报道、第三方评估报告等(见表 1)。

表 1 智库主要文件源列表

文件来源	文件类别	类别说明	文件示例
智库内部来源	机构监管类	分管智库部门或监管部门对智库监管所形成或需提供的文件	智库登记注册文件、营业执照、机构变更文件、业务审批文件等
	规章制度类	智库内部治理和运营过程中涉及的规范性文件	章程、智库发展规划、决定决议文件、财务管理制度、人事管理制度(招聘、考核、激励、薪酬等)、项目管理制度、研究管理制度、决策咨询制度、会议管理制度、文件管理制度、传播管理制度、活动(非会议类)管理制度、信息公开公示制度等
	机构宣传类	对智库自身进行宣传和展示的文件	智库宣传册、宣传片、机构简介等
	业务标准类	智库在各项业务执行过程中具体的程序和流程规范类文件	报告撰写程序、内参提交程序、项目组织流程、职责分工文件等
	知识成果类	智库在学术研究、决策咨询、会议、交流考察等核心业务活动中产生的相关成果	学术论文、内参、研究报告、咨询报告、图书、期刊、数据集、博客文章、新媒体发布等

(续表)

文件来源	文件类别	类别说明	文件示例
	行政事务类	智库行政管理活动制作形成的文件	智库财务报表、人员考勤表、年度工作总结、大事年表等
	凭证记录类	智库在日常业务活动中产生的具有凭证性的信息记录	报告审核记录、系统维修记录、差旅报销发票等
智库外部来源	决策部门文件	智库在参与咨政过程从决策者获取的与其相关的文件，或自行获取的公开政策文件	政府工作报告、决策部门内部会议文件、政策发布等
	其他组织机构文件	智库获取或收集的其他组织机构产生的文件	其他智库发布的宣传册、研究报告等
	媒体报道类	智库从外部媒体获取或收集的与智库有关的报道	报纸评论、智库访谈、智库专家采访等
	其他	从外部其他渠道获取的文件	第三方评估报告

文件创建层是智库文件管理活动的开端，将直接影响后续管理过程中文件的运行及质量，需要同时加强对文件形成者和文件两方面的管控。一方面，智库要明确不同人员、团队乃至部门在内部文件制作过程中的权责分工，使文件形成者在文件管控框架下各司其职；而对外部来源的文件虽无法控制其形成过程，但要对其来源渠道进行严格审核。另一方面，要事先制定文件格式的相关规范要求，包括文件的命名规则、文件编号等，实现标准化、序列化管理；还要及时识别密级文件，根据不同密级施加不同的控制手段和控制程度，保证有保密性质的智库文件的信息安全。此外，文件创建层也是知识形成的过程，由于智库人员流动较为频繁，特别是智库的兼职人员往往多于全职，人员流动极易造成知识的流失，智库可以借助于文件对机构内隐性知识进行挖掘，将隐性知识尽可能地显性化，包括专家的人脉资源、咨政研究经验等，以文件形式进行记录和存储，减少相同知识的重复产生，便于智库的长期利用。

(2) 文件捕获层

文件捕获层在于及时识别所形成或产生的智库文件,将有效的文件信息进行收集以备利用、保存或共享。对智库文件的捕获方式取决于文件的载体形式。对依托办公自动化系统制作或通信网络传输形成的各类电子文件,可利用电子文件管理系统直接捕获;纸质文件或其他载体形式的文件则更依赖于人工捕获,智库需要有专人及时对新产生的相关文件进行收集和监管,也可借助一定的技术工具,推动文件数字化工程以供内部更广范围的传递和共享。捕获层贯穿于智库文件运行的整个过程,是对所捕获文件的流转运行展开全程监控,追踪其中出现的任何操作、修改等行为,保证运行文件版本的唯一性和及时更新,并保证文件的真实、完整、可靠、可用。因此,除人为管理因素外,信息技术及各类信息系统在文件捕获环节承担了重要作用,尤其是电子文件管理系统的安全性、兼容性等性能直接影响电子文件捕获的效率和质量。同时引入其他相关的信息系统,如纸质文件管理系统、内容管理系统、媒体信息管理系统等,并对这些信息管理系统进行整合,实现各类系统间及系统与智库业务之间的互联互通,将有助于更完整地收集智库文件信息,避免智库重复产生同样的文件,推动智库运营与文件管理之间建立更紧密、更顺畅的衔接。

(3) 文件组织层

文件组织层是对智库文件进行存储、分类及对内提供利用服务。"文件鉴定"是该层的关键,它通过区分智库文件的价值和重要程度,决定哪些文件需要被保存、保存期限及保存形式等。这一过程也是对重要文件的识别过程,智库不可能采取一刀切的模式,对所有文件都投入相同的管理精力和资源,高效的智库往往会把更多的资源投入在重要的事物上,对有保存价值的文件则需要给予更多关注妥善保管。分类是在鉴定的基础上开展的,智库需要将有保存价值的那部分文件依据一定标准,分别以知识管理和运营管理需求为导向,对所保存文件进行分类,并对分类后的文件信息进行著录和标引,便于智库成员在后续利用中能够快速、准确地进行定位。在组织层管理活动中,存储和利用是文件管理的核心,面对智库越来越多的电子文件,数字保存技术和元数据存储是必要的技术手段，也为智库知识库建设提供强有力的支持。存储也是利用的前提，激活智库文件利用则是存储的目标，智库成员对文件的利用不仅由其需求所决定，还与智库文件存储及管理情况密不可分。因此，要重视对文件管理的深度，尤其是对文件著录和标引的深度，深入挖掘文件、文件知识之间的联系，促使文件知识能够不断循环利用并产生新知识。此外，要特别注意对一些涉密文件利用加以保护，通过设置访问权限或对文件进行加密，防止重要信息在存储和传输过程发生泄露。

（4）文件聚合层

基于前三个层面的文件管理活动，文件聚合层主要涉及多个智库文件信息的汇聚和共享，依赖于多个智库之间的协作，这可能已经超出本文讨论的内部利用范畴，本不应多加赘述。但实际上，文件聚合层也有利于推动智库对自身文件的整合和管理，提升对内部文件管理的意识。尤其是随着智库联盟的推进，联盟智库共同举办活动或承担项目时，文件聚合的优势就越发凸显。它通过将同一活动或项目中分散在不同智库的文件进行汇聚，建立彼此之间的联结和共享，使智库收集到更全面的文件信息，充实各参与智库的文件资源。通过这种方式也能够推动专题数据库的建立，专题数据库是智库在开展研究过程中重要的数据来源，有利于提升智库决策咨询研究的质量。简而言之，文件汇聚层不仅有利于节省智库文件管理成本，更重要的是通过资源共享的方式实现不同智库在知识利用上的共同受益。

3.2 对智库文件管理的控制要素

如图 5 所示，文件管理流程周围还有四大控制要素，顺时针依次是治理控制、管理者控制、技术控制及全过程控制。其中全过程控制是对文件从创建到聚合进行文件管理全流程的管控，需要治理、管理者和技术的共同支持，这三方面控制也相辅相成，共同融入全过程控制中。

首先治理要素是文件管控的总纲领，它从战略角度对文件管理过程设计文件管控整体，统领并指导文件管理的全局，使文件管理在一定控制范围内规范运转。治理控制的实现主要是依托各项政策，它是规划智库文件管控活动的制度、方针、程序、标准和指南等规范的总和，是保障智库文件管控有序进行的依据和前提，完善的政策能够为文件管控产生不同层级和范围的指导作用。例如，方针性规范主要从智库战略规划上制定机构文件管理的总体计划，决定投入其中的资源和基础设施，并与智库其他战略相协调；程序性政策则可规范智库文件管控框架下的具体权责分工，明确管控工作的具体流程及关键节点等相关事宜，保障智库文档管控业务活动组织和管理的规范化、制度化；业务指南则聚焦于微观层面的管理活动，主要用来指导文件管控工作中具体的操作实践。

其次，管理者要素既是文件管理的主体，也是推动文件管控框架实施的主导者。管理者自身的文件管理意识、专业知识和技能，以及对智库的业务管理等相关能力都会影响智库的文件管理进程。因此，管理者不仅要具备文件管理的基本技能，能够有效地对文件和信息进行捕获、组织与著录、保存与保护、提供利用和服务等，还要有能力应对智库电子文件管理过程存在的各种问题，甚至可以掌握一定的信息系统分析与设计技能。同时，除专业文件管理技能外，管理者要充分熟悉智库各项业务活动，具备业务管理能力、人际沟通能力及组织能力等。深入智库实践工作有助于管理者更加了解智库的文件利用需求，以此切实提升文件服务的效率。对智库而言，文件管理人员的任务并非仅是管理各类文件，他们更重要的是要承担智库内部沟通的桥梁和信息枢纽，他们的工作包含更广泛的信息管理、知识管理甚至传播职责，并且智库还要在各项目或各部门安排相应的对接人员，进一步打通智库内部信息通道。

此外，在上述政策和管理者控制因素的基础上引入技术控制，不仅适应智库信息化建设的背景，也有利于提升政策和管理者控制的效率和影响。技术平台本身就是政策的反映，政策通过技术物化成实际的信息管理系统，反之技术也推动相关政策的建设，促使管理更加规范和完善；而管理者也必须借助一定技术手段，才能保证智库文件管理相关环节的开展，如数字签名技术、数字存储云技术和通信保密技术等。但在各项技术手段中，与智库文件管控联系最为紧密还是基础的数据库技术，并以此开发和建设以电子文件管理系统为核心的信息系统,充分考虑系统的性能和安全性,有效结合各种相关的信息技术,使其能够在遵循管理政策的前提下,对智库电子文档、电子邮件、数据集、网络文件等各类电子文件进行管理[32]。

4 智库文件管控框架应用的关键路径

综上可知,智库文件管控框架的生效需要多方面因素共同作用,因此结合我国智库建设的现状分析,智库要着重从以下四个途径采取相应的改善措施加强文件管控,以此推动该框架的具体应用和实施。

(1) 增强文件管理意识。智库文件的形成具有分散性,智库的文件管控有赖于智库内部成员协同参与,个人的文件管理意识尤为必要。而在本次调研中,尽管大多数被访者都默认了文件管控对智库整体工作的重要性,但仍有少数被访者表示并无影响。智库要充分重视培养成员在日常工作中的文件资产、信息保密、知识产权保护等相关意识,帮助他们建立对文件更加明确的利用需求,同时积极开展相关专业知识和业务的培训,引导成员学习如何有效地管理智库文件、预防或减少业务活动中存在的文件安全风险。

(2) 重视智库文件管控的顶层设计。文件管控贯穿于智库各项业务管理活动,需要智库从战略规划上完善相关的顶层设计。"顶层设计"的主要目的在于智库能够从整体性和全局性的角度出发,明确智库文件管控的核心目标,解决文件管控中关于"who""what""how"等基本问题,为智库的文件管控流程提供系统性的规划、组织、协调和指导。顶层设计的过程需要结合智库实际将这些问题纳入不同层级的管理政策中,以规范化的制度为智库文件管控工作提供有力支持。

(3) 推动智库信息管理系统的建设。智库作为信息和知识密集型组织,加强智库信息化建设已经成为推动智库创新变革和现代化发展的必然要求,但我国智库目前尚在发展初期,信息化、数字化技术的应用既不广泛也不成熟。对此,智库可以联合专业的系统开发商,结合机构内部的业务流程开发专业的文件管理信息系统,提升智库文件管理的效率和管理质量。并且从长远角度考虑,智库应加快搭建集成性的信息管理系统,以技术创新推动管理思维的变革,促进智库整体管理效率的提升。

(4) 创新智库管理的体制机制。智库的体制机制为智库发展提供"游戏规则"[33],塑造智库运作的顶层设计,决定智库内部管理可使用的资源数量和资源配置的灵活度。非独立性智库缺乏自主管理权,会限制文件管控工作。但目前在我国智库体系中,有95%的智库为母体机构下属的非法人实体智库或挂靠性质智库[34],并不具有独立性。因此破除智库体制机制障碍,尽可能获得自主运营的权利,强化智库内部的运营管理,才能真正实现文件管控框架的应用。同时,智库自身也要突破传统的学术机构或事业单位的管理模式,加快实现由实体建设向制度和文化建设的发展,推动形成规范化、制度化的业务管理活动,为智库文件管控流的运转提供支撑。

5 结 语

随着智库的建设持续深入的推进,加强智库内部文件管控不仅是维护和管理智库信息和知识资产的重要途径,也是完善智库管理的内在要求,应该受到更多的重视和关注。本文构建的文件管控框架基于实际调研中智库文件管理利用的现状和需求,建立面向智库内部利用的一般框架,通过借助文件管理基本流程和四大控制要素,以此加强智库的文件管理。为有效地保证该框架的实施,我国智库目前需要增强文件管控意识、重视智库文件管控的顶层设计、推动智库信息管理系统的建设及创新智库管理的体制机制,着重从这四方面破除文件管控工作中现存的主要障碍。然而,需要指出的是,本文建立的文件管控流程框架可能存在一定的局限性,还需要进一步地接受实践检验。在未来研究中可以选取一些智库作为实验对象对该框架进行更详细的测试,并扩大调研对象的范围,通过进一步的实践调研对现有的文件管控框架进行优化,提升智库文件管控框架的适用性和实用性。

参考文献

[1] 习近平:在哲学社会科学工作座谈会上的讲话(全文)[EB/OL]. [2019 - 05 - 08].

http://www.npopss-cn.gov.cn/n1/2016/0519/c219468-28361739-8.html.

[2] Esther Ndenje-Sichalwe, Patrick Ngulube, Christine Stilwell. Managing records as a strategic resource in the government ministries of Tanzania[J]. *Information Development*, 2011, 27(4): pp. 264-279.

[3] Lynne Bowker, César Villamizar. Embedding a records manager as a strategy for helping to positively influence an organization's records management culture[J]. *Records Management Journal*, 2017, 27(1): pp. 1-12.

[4] Ngoako S. Marutha, Mpho Ngoepe. Medical records management framework to support public healthcare services in Limpopo province of South Africa[J]. *Records Management Journal*, 2018, 28(2): pp. 187-203.

[5] Cleophas Ambira, Henry Kemoni. Record management and risk management at Kenya Commercial Bank Limited, Nairobi[J]. SA *Journal of Information Management*, 2011, 13(1): pp. 1-11.

[6] BM Webster, CE Hare, J McLeod. Records management practices in small and medium-sized enterprises: a study in North-East England[J]. *Journal of Information Science*, 1999, 25(4): pp. 283-294.

[7] Pedro Solana, Daniel Perez. Security model applied to electronic records management: experiences and results in the nuclear sector[J]. *International Journal of Technology Management*, 2011, 54(2): pp. 204-228.

[8] 樊女丽. 公路建设项目文件全过程管控的实践分析[J]. 浙江档案, 2017(06): 66.

[9] Mpho Ngoepe, Patrick Ngulub. A framework to embed records management into the auditing process in the public sector in South Africa[J]. *Information Development*, 2016, 32(4): pp. 890-903.

[10] Paul Jen-Hwa Hu, Fang-Ming Hsu, Han-fen Hu, Hsunchun Chen. Agency satisfaction with electronic record management systems: A large-scale survey[J]. *Journal of the American Society for Information Science and Technology*, 2010, 61

(12): pp. 2559 – 2574.

[11] John R. Kuhn. Electronic Records Management and Sarbanes-Oxley Compliance: A Case Study of the COBIT Approach[J]. *ICFAI Journal of Audit Practice*, 2007(4): pp. 25 – 39.

[12] Patricia Daum. Evolving the Records Management Culture: From Ad Hoc to Adherence[J]. *Information Management Journal*, 2007, 41(3): pp. 43 – 46, pp. 48 – 49.

[13] Pauline Joseph, Shelda Debowski Peter Goldschmidt. Paradigm shifts in recordkeeping responsibilities: implications for ISO 15489's implementation [J]. *Records Management Journal*, 2012, 22(1): pp. 57 – 75.

[14] Elizabeth Yakel. KNOWLEDGE MANAGEMENT: The Archivist's and Records Manager's Perspective[J]. *The Information Management Journal*, 2000, 34(3): pp. 24 – 30.

[15] William Saffady. *Managing electronic records* [M]. New York, London: Neal-Schuman Publishers, 2009: pp. 174 – 177.

[16] Muhammad A. Q., Ishtiaq Ahmad. Digital text watermarking: secure content delivery and data hiding in digital documents[J]. *Aerospace and Electronic Systems Magazine*, *IEEE*, 2006, 21(11): pp. 18 – 21.

[17] 黄丽雯. 档案学视角下的内部资料管理探析[D]. 南京大学, 2017.

[18] Raymond J. Struyk, 丁怡, 李刚. 智库研究项目文件与数据的归档问题[J]. 图书馆论坛, 2018, 38(04): pp. 20 – 24.

[19] Ceri Hughes. Blurred lines: Records management in the knowledge management arena [J]. *Records Management Journal*, 2003, 13(1): pp. 5 – 8.

[20] Raym Crow. The Case for Institutional Repositories: A SPARC Position Paper[EB/OL]. [2019 – 05 – 08]. http://www.sparc.arl.org/sites/default/files/media_files/instrepo.pdf.

[21] Michael Robinson. Promoting the Visibility of Educational Research through an Institutional Repository[J]. *Serials Review*, 2009, 35(3): pp. 133-137.

[22] Kathleen Shearer. Institutional repositories: Towards the identification of critical success factors[J]. *Canadian Journal of Information and Library Science*, 2002, 27(3).

[23][27][28] 许鑫,吴珊燕. 智库知识库的构建研究[J]. 情报理论与实践,2014,37(3):68-72.

[24] 乔利利,许鑫,赵星. 面向创新创业的智库知识库构建研究[J]. 智库理论与实践,2018,3(01):78-85.

[25] 黄一洲,师喆. 面向反恐的智库知识库构建研究[J]. 情报杂志,2017,36(07):16-21.

[26] 丁晟春,史金晶. 面向南海问题的智库知识库构建研究[J]. 智库理论与实践,2016,1(02):63-69.

[29] 安楠,祝忠明. 国外智库数据搜集策略及其在大数据环境下的挑战[J]. 图书与情报,2017(03):134-140.

[30] McKemmish, Sue. Recordkeeping in the Continuum: An Australian Tradition[A]. Gilliland, Anne, Mckemmish, Sue & Lau, Andrew J. *Research in the Archival Multiverse*[C]. Clayton: Monash University Press, 2016: p. 138.

[31] 连志英. 一种新范式:文件连续体理论的发展及应用[J]. 档案学研究,2018(01):14-21.

[32] Aliza Ismail, Adnan Jamaludin. Towards establishing a framework for managing trusted records in the electronic environment[J]. *Records Management Journal*, 2009, 19(2): pp. 134-145.

[33] 李清刚. 论高校教育智库的治理重建[J]. 高教探索,2017(09):23-28.

[34] 李刚. 破解我国智库体制的"三明治陷阱"[J]. 科学与管理,2018,38(06):43-44.

(作者:邹婧雅,李刚,关琳。本文发表于《图书与情报》2019年第3期。)

12. 监控研究项目成本——智库高管面临的挑战

引 言

大型项目成本所带来的财务灾难常常出现在许多智库中,智库发生的财务困境已经十分常见。财务困境通常会导致智库无法为新项目划拨充足资金,包括招聘重要的工作人员;为保证智库短时间内财务稳定,智库的领导人和资深研究员不得不艰难地寻找新项目、新任务;一旦员工对工作稳定性产生怀疑将导致机构士气低落、工作效率低下。

本文聚焦于智库应如何更好地管理,以避免项目成本超支的情况频繁发生。事实上,要做好这项工作并不容易,但可以从五个关键因素入手。下文所述内容完全来自笔者对智库有关成本控制方面的采访,莫斯科的城市经济研究所、华盛顿的发展绩效研究所和城市研究所是笔者认为在这方面管理较为成功的代表。[①] 下文会经常提及这些受访智库。笔者还将与其他智库合作交流的经验分享在文中。

五个关键因素如下:

(1) 所有项目都应有详尽的成本预算,包括外部资助和机构内部资助。

(2) 设立监控所有项目成本的工具。

(3) 项目主管要定期接收项目支出报告,在必要情况下对成本做出及时调整。

(4) 为高层管理者设立项目支出审查和适时干预机制。

[①] 笔者非常感谢塔提亚娜·波利迪(Tatyana Polidi)、加利娜·戈兰科娃(Galina Golenkova)、寇特妮图米(Courtney Tolmie)和玛格丽特·特纳(Margery A. Turner)提供了关于他们所在机构的工作信息。在掌握这些信息之后,笔者才有想法写下此文。

(5) 给予项目主管适当激励,促使他们将项目预算控制在协议范围。

上文提到的三家智库在这五方面都处理得十分到位。接下来,笔者将依次对他们进行详细探讨。

1　详尽的成本预算

对智库而言,为每一项研究活动认真准备预算都十分重要。详尽的预算体现出项目执行计划的科学性,同时也为监控项目整体支出设置了目标。

此处使用的"全额成本"预算应该包括直接成本、间接成本和基本费用。直接成本是指专门用于某项研究项目的费用,这一点十分清楚。例如,为研究低收入家庭而展开的数据收集调查。这项调查很明显与某一研究项目相关。

相较而言,一项研究项目的间接成本无法轻易识别。但把握间接成本对于研究项目的运作,或者更广泛地来看,对实施项目的组织来说是必要的。当成本满足以下其中一个或同时满足两个条件时,它就可以被归为间接成本:

(1) 成本会使整个机构受益,也对机构实施的所有项目有益;

(2) 成本由某一项目产生,但是追踪这些成本并将其分摊到单个项目的行政成本超过了这样做所带来的好处。

第一种情况的典型案例是智库人力资源部门所产生的成本,包括处理招聘事务、完善和执行人事规章以及确保机构遵守雇佣法。这些必要服务在整体上使机构受益。第二种情况的例子是本地电话服务的成本。它很难被归为某一个项目所产生的费用,因为该项成本通常与通话次数无关,或者说电话公司提供的发票并没有分项列出哪些职员拨出了多少次电话。假设智库要分摊本地通话费用,就需要详细记录电话号码和通话时长,然后据此将成本分摊到每个项目。但因为本地通话费用成本与智库运作的整体成本相比数额实在太小,而为其详细记录的代价又太高,因此将所有项目的本地通话费用都归为间接成本才是明智之举。①

正如上文所述,在看待成本的性质时,智库有很大的自由度将其归为直接或间接成本。换言之,通常情况下研究项目的基本费用都会是一大笔支出,而且基本与劳动力成本持平。因此,项目主管在预估研究项目的成本预算时,一定要将这些成本考虑进去。

2 追踪成本的有效工具

智库必须追踪和准确评估项目层面的支出,这部分支出可分为三类:(a)劳动力成本,包括项目所需的直接劳动力成本和有利于所有项目的部分员工支出;(b)非劳动力项目专项支出,如重大事件;(c)非劳动力基本费用,如保险、董事会相关活动支出。

唯一能够准确追踪项目层面劳动力支出的方法是借助时间管理系统或工作时间记录表系统。为建立标准化工作系统,智库还需要培训员工每天准确地填写工作时间记录表。笔者通过对多家智库调研发现,目前,这一系统并没有被智库广泛使用。

- 2011 年,笔者参加了由埃及政府内阁信息决策支持中心(Information and Decision Support Center of the Cabinet of the Government of Egypt)组织的智库管理开罗工作组。笔者访问了来自 40 个组织机构的 71 名参与者,他们大部分来自海湾国家。笔者的问题是他们所在的组织是否为监控项目和管理工作的劳动力设置了工作时间记录系统,结果只有两家机构给出了肯定答案。
- 2010 年,在全球发展网络培训项目中,笔者用同样的问题采访过 15 家智库,也只有 2 家智库建立了相应的监控系统。

---

① 关于间接成本的完整描述见雷蒙德·J. 斯特鲁伊克所著《完善智库管理》(*Improving Think Tank Management*)第 11 章。

- 几年前，当笔者采访俄罗斯的一家知名智库时，笔者询问他们是否设立了工作时间记录系统，回答是"没有"。因为笔者知道该机构受到了美国国际开发署的大力支持，所以笔者继续追问他们如何满足美国国际开发署的要求，即提交完整的时间表和备份发票，以证明发票金额的合理性。他们的回答是"如果有需要，我们再去做这些"。

因此，这些证据都表明大多数智库无法准确地追踪项目级成本。在缺少时间管理系统的情况下，一家拥有几个大型项目的机构只有将所有人分成几个团队执行项目才能准确追踪成本。① 虽然很少有智库能准确追踪项目级成本，但是本文一开始提到的三家智库已建立了运作良好的时间管理系统，确保员工的时间恰当地用于项目、培训和其他活动中。

另一方面，智库可以十分轻松地追踪项目"其他直接成本"（other direct costs，以下简称 ODRs）和基本费用中的非员工劳动力支出，这对于他们来说并非难事。

3 项目主管需及时接收项目支出报告

一般而言，大多数智库的做法是让项目主管每两周或每月接收一份成本报告。如上所述，研究项目的费用支出情况各不相同。本文表1是城市经济研究所项目主管每月接收报表中的一小部分。此综合报告总结了项目的人工成本、ODRs 支出和管理费用。此外，表2还提供了 2013 年 8 月，城市经济研究所两名员工在一个项目上花费了多少小时来完成几个不同的任务，包括到目前为止在该项目上花费的总小

---

① 一些智库使用另一种方法来控制成本。研究人员每月领取智库发放的少量工资，他们的报酬主要来自研究项目所带来的定价合同。相较于项目预算，定价合同使研究人员承担了更多的风险。这种方法会带来三个问题。首先，它给予了研究人员强大的激励，鞭策他们在尽可能短的时间内完成任务，从而最大限度地提高其时薪，研究人员需要在同一时间内完成其他项目，承受极大的压力。第二个问题是，这种激励措施会阻碍研究人员进行深入思考和创造性研究，例如尝试不同的统计方法或开发和测试替代假设。这种探索性工作往往会产生最有趣的发现。第三，它限制了项目主管在项目执行期间在研究人员之间转移资源的能力：很少有研究人员愿意放弃合同中的部分资金来帮助同事。如果这样做，他们将面临来自机构内外部的质疑。

时数,以及当月花费的小时数。在智库根据员工工作时长计算其报酬之后,该报告会公之于众。

这些数据向项目主管全面报告了项目的财务状况、每位工作人员的工作时长,以及关于几项ODCs类别的汇总信息(关于这些数据的附加数据可供项目主管使用)。

4 建立高级主管审查和干预机制

受访智库的典型做法是,会计部门主要负责人和机构的三名最高层管理者接收项目级综合费用报告。在评估项目开支和员工时薪时,智库会采用标准的计算方法以迅速了解情况:(a)项目最近一个月的支出/项目平均每月支出,以及(b)项目累计支出/项目迄今按比例分配的支出。

其中一家受访智库解释道,如果项目支出明显高于预期,相关调查就会持续进行。该智库的四位研究小组负责人、总会计师和三位最高级管理者会定期举行两周一次的会议。研究小组负责人报告项目重大进展,包括正在制定的提案、正在进行的人员招聘等。如果会议为项目确定了一个初期的费用支出议题,那么这个议题很可能由研究小组负责听证。通常,他们会专门再开一次会议来讨论这一议题。总会计师负责为该会议准备项目背景资料,帮助与会人员进一步考虑是否需要对项目的计划支出进行必要调整,这样可以避免在项目全面执行期间发生预算超支的情况。

另一家受访智库采用了不同的成本监控方案。项目成本报告每月分发一次(尽管可以访问实时支出数据),在分发后的几天内,项目主管与团队负责人/智库主管以及财务办公室的两三个人进行会面以审查支出。如果发现了问题,他们将讨论解决问题的计划,项目主管需要在几天内制定一个计划供小组讨论。

第三家智库采用了另一种方法,即与高级管理者会面。在这种情况下,项目主管和团队负责人/智库主管每季度召开一次会议,与两名智库最高级管理者、财务部门的工作人员以及其他相关部门的人员讨论一系列问题,例如人力资源部门的职员。智库的研究项目成本控制问题十分受关注,如果成本控制出现问题,高级主管应积极思考问题出现的原因并寻求解决问题的办法。

5 为项目主管提供强有力的激励措施以避免成本超支

笔者认为对于项目主管而言,谨慎管理项目成本的最重要目的是要避免在刚刚描述的例行会议上遭受质疑,这些质疑将带给他们极大程度的焦虑。三家受访智库的项目主管都表示,公开质询会给他们带来极大的不适,即便会议形式较为轻松,那也将会是一段不愉快的经历。

在许多智库中,有三项内容基本主导了研究项目主管的年度评估:他们的筹资能力如何;他们在这一年内被机构推荐的出版物数量和参加的政策宣传活动次数;他们在项目管理工作中的表现如何,如是否能在预算内完成研究项目并按时提交报告。确实,除了评估出版物之外,一些智库并没有在项目主管评估中列出以上内容,但它们一定是考察项目主管工作表现的重要内容。

毫无疑问,在智库薪酬审查委员会的审议工作和一般员工的评估工作中,费用超支问题受到广泛关注。许多因素会影响智库对员工加薪所做出的决定,项目成本超支对其产生的影响也无法确定。即使员工的年薪没有受到项目成本超支的影响,团队负责人也可以通过员工评估了解到该职员的表现如何。

6 总 结

智库监控研究项目成本的过程十分重要。只有当智库准备好成本追踪工具、管理好项目监控流程并设置高级主管审查和干预机制之后,研究项目才能良好地运转。通过调研三家受访智库发现,项目成本严重超支的情况在其机构极少发生,这证明智库审慎管理研究项目成本十分必要。

然而,当项目实际支出的某些信息较为模糊或缺失时,例如,在没有时间管理系统情况下得出的劳动力成本,即使管理人员有意识避免项目成本超支,但这一情况依旧极有可能发生。换言之,当项目的关键成本信息缺失时,智库将难以掌握项目的实际超支情况。

表1 项目成本状况报告模板 （单位：美元）

项目进度报告摘要

月份：2013年8月

项目	6718	合同金额费用	$5 000
项目名称	抵押融资	合同金额成本	$700 000
客户	AHML	合同价值总额	$705 000
合同编号	VN 7444	资助价值总金额	$250 000
项目主管	S. Sivaev		

账户	支出			实际签订日期
	前几年实际支出	本月实际支出	实际年份支出	
内部正式员工				
外部正式员工				
临时职工				
总体劳动力成本				
顾问				
差旅相关费用				
远程/网络				
复制				
邮费与运输				
子合同				
其他直接成本				
不可计时/无法避免的成本				
总体非劳动力成本				

(续表)

账户	支出			实际签订日期
	前几年实际支出	本月实际支出	实际年份支出	
额外正式员工				
额外临时工作人员				
内部开销				
外部开销				
总体间接成本				
总费用				

表2 员工时间成本控制表　项目编号10468　2013年8月

员工	项目	总耗时	上月总小时数	预算小时数	余额
Khakhalin, Andrei	10468-501-00	48	0	86	38
	10468-503-00	176	28	346	170	170
	10468-505-01	732	40	950	218	218
	10468-703-04	40	8	69	29	29
	10468-802-04	64	32	69	5	5
	10468-807-04	223	16	864	641	641
合计		1 556	168	2 656	1 100	1 100
Kutakova, Tatiana	10468-300-00	242	22	259	17
	10468-300-01	1304	96	1382	78	78
	10468-704-04	48	24	173	125	125
合计		1 774	168	2 010	236	236

来源：城市经济研究所

（作者：雷蒙德·J.斯特鲁伊克，甘琳翻译。本文于2018年7月16日发表在On Think Tank网站，网址为 https://onthinktanks.org/articles/monitoringcosts-on-research-projects-often-a-challenge-for-senior-managers/。）

13. 赞助者向智库提供资助的最佳做法
——参考实际间接费率[①]

简单地说,研究项目总成本应包含智库非项目特定成本的一部分,这部分成本是维持机构可持续发展的必需开销。了解研究项目的总成本有利于帮助(在智库内)设定项目财务分析的基线,这为项目成本核算奠定了基础。

智库运营成本与研究项目总成本关系密切,但两者并不完全相同。当智库支出的费用与员工福利有关时,人们通常将其称之为"附带支出",如医疗保险[②]或者"杂项开支",后者包括设备、管理、商务发展和筹资的成本。以上所有成本加在一起统称为"间接成本"。间接成本的投入对于组织的长远稳定发展至关重要。如果不做好间接成本的预算与决算工作,以下问题将随之出现:

- 如果智库不能提供具有竞争性的津贴和福利,那它将很难留住和激励员工。
- 在没有充足的办公设施和设备的情况下,员工将无法高效地开展研究工作。
- 如果没有职业发展的培训项目和机会,员工将无法提升专业技术知识并保持竞争力。
- 如果没有资金支持业务发展和筹资活动,智库将无法继续获得新的项目,也无法继续支持自身的运作和研究人员的工作。

---

① 译者注:原文中赞助者译为"donors",该词与中文"赞助者"的意义有所不同,它往往是指专门支持智库开展某一具体项目的捐赠者,他们希望资金可以用于项目的直接开支,而非用于间接开支。本文也将他们称为智库的客户。

② 对于直接从事项目的工作人员来说,这些费用一般被视为直接费用。

尽管间接成本对于智库的稳定可持续发展起着决定性作用，但客户常常不愿意将这部分费用纳入项目费用，不愿意为其间接成本买单。

假设某一项目的赞助者所提供的资金有限，那么他自然而然地希望将捐款用于研究项目所产生的直接成本。赞助者一定只想有限的投资，就能创造出最具有价值的成果。因此，他们希望确保研究项目的间接成本可以控制在合理范围内，即智库继续生存和发展所必需的成本范围内。

作为资金提供者，客户显然占据上风，他们应对项目间接成本的方法之一就是对其施加控制。[①] 但是，间接成本的构成难以明确，它取决于机构本身、机构开展的活动和各项目分摊成本的管理难易程度。使用何种方法确定项目间接成本使这一问题更加复杂。基本上，管理项目间接成本的方法会基于项目不同的直接成本基础，公平地分配项目间接成本（通常间接成本表示为直接成本基础的百分比）。因此，任何试图将项目间接成本费率控制在30%以下的限制条件都有可能在无意中使智库处于不利地位，因为其成本结构与该限制并不匹配。

许多客户既不想花费太多时间去评估资助项目间接成本的合理性，又希望钱能用在他们所感兴趣的话题上。他们采用的解决方案是设定一个在其支付意愿范围内且价格较低的间接费率。当这种解决方案运用地愈加普遍时，许多智库越来越明显地发现他们没有资金支持机构日常管理活动和未来活动的开展。对此，智库也无可奈何，因为不会有客户愿意支付其日常营运费用。

这一问题往往由于严格的规则而变得更加复杂，这些规则禁止智库在项目生命周期内在预算项目之间转移开支（例如，研究人员的时间投入比计划所用时间要少）。未经赞助机构财务主管的明确许可，智库员工禁止轮换工时。据说，这些财务主管有时为明确表示他们不希望这种情况出现，会要求受赠者提供非常具体的预算。这看

[①] 许多赞助者并未将这些指导方针应用于与同一智库签订的合同中。合同是赞助者购买特定产品的一种工具，而赠款则为受赠者提供了更大的资金使用自由，赞助者认为受赠者将高度重视这些资金的使用。

似对双方都有意义,实则未必。

提供核心支持(可用于智库发展和研究项目的无限制资助)的客户会意识到,他们的资助有一部分将被用于支付智库的日常开支,这部分开支与通讯传播、计算机维护和其他没有资金支持的需求紧密相关。提供核心资金支持的开放社会基金会智库资助项目(Open Society Foundation's Think Tank Fund)主管戈兰·布迪奥斯基(Goran Buldioski)直接说道:"给予项目资金支持的其他赞助者一直在我们所提供的支持下'搭便车'。"(Buldioski,2013)

本文首先探讨了间接成本费率、赞助者对间接成本费率的限制,以及这些限制促使智库采取的措施(这些措施存在很大争议)。然后,本文提出赞助机构应组成联盟与智库展开合作,通过标准模板计算智库的有效间接费率。之后,联盟中的其他赞助者也可利用该费率对智库预算进行评估。当然,赞助者仍然能够以花费太高为由拒绝一项提案。据此,智库可以决定是否需要完全削减掉一个项目的资源需求以满足客户的要求。这样做的好处是,双方一同参与的"金融欺诈游戏"将会结束,智库将详细记录其实际支出。

1 间接成本

智库的所有成本可以被划分为两种不同类型:直接成本和间接成本。直接成本可以明确地归入某一研究项目。比如,为收集低收入家庭数据而开展一项调查的成本,人们可以清楚辨别这项成本与某一特定项目相关。

间接成本不太容易与某一特定研究项目挂钩,但如上文所述,它对研究项目的运作甚至是智库的日常管理而言都必不可少。在一些案例中,这些成本被分摊到每个项目上,也分摊到机构各项职能活动(直接研究、行政管理、业务发展和/筹资活动)中。通常,若某项成本满足以下任一条件或同时满足两个条件,那它就可以被归为间接成本:(1)该项成本有益于智库整体及其开展的所有项目;(2)该项成本由某些特定项目产生,但是追踪单个项目和分摊成本的管理费用过于高昂且不必要。

第一种情况的典型案例是，负责人力资源的主管在招聘、完善和执行人力资源政策并保证机构工作遵循劳工法时，都需要花费成本。这些必要的服务有益于整个组织。再举一个案例说明第二种情况——智库员工使用本地通信服务所产生的费用很难分摊到单个项目上，因为该项成本与员工打电话的次数无关，而且无法在通信公司提供的发票中查找到具体信息。若按项目分摊这笔费用就需要智库管理人员详细记录通话时长和通话次数，然后据此向各项目收取费用。与总成本相比，本地通讯服务费的金额微不足道，但为其详细记录所产生的成本却很高。因此，将其作为所有项目共同产生的间接成本才是明智的解决方法。

关于直接费用和间接费用的划分业界已达成共识，但赞助者对此持有不同看法。[1] 由于计算项目间接成本费率的方法各不相同，因此没有一个标准供智库和赞助者对此费率进行评估。因此，当面对那些不愿支付项目间接成本的客户时，智库往往会将成本相对较高的份额划分为直接成本。

一些成本可能属于间接成本，但（如认为可取）也可归为直接成本，主要包括以下内容：

- 信息处理成本。这些成本包括计算机本身以及相关服务器和其他硬件（适当摊销）、常用软件（包括 Microsoft Office 套件）、基本统计程序（如 SPSS），以及技术人员处理相关用户问题的时间、系统编程和维护。因为基本上所有智库员工都经常使用计算机，所以工作时间的总成本可直接按小时计算。这一成本的计算不包括少数工作人员（如司机和送餐员），他们的工作几乎不需要使用计算机。间接成本的小时费率按照机构年度成本除以员工工作总时数计算。不过，还需要注意一点，使用计算机并产生间接成本的员工必须将这一费率分配给其他员工，这样才能确保成本分配在所有员工之间的一致性。

---

[1] 《完善智库管理》（参见该书的附件 11.1）提供了美国两家国家政府机构在拨款方面存在差异的一个例子，说明这两类机构在分配项目成本方面不存在被广泛接受的硬性规定。

- 一定的通信费用。项目预算很少明确包含与特定项目相关的社交媒体活动和网站发帖的成本。这些费用(几乎全部与员工薪金和相关管理费用挂钩)很容易计算,并可作为直接成本包含在内。(这项成本的计算方法是,将智库员工为网站制定项目公告、发布报告、准备和发送社交媒体消息的每项工作所花费的时间加起来,乘以每项工作的计划数量,有时还需要计算跟踪和报告"点击量"以及相关任务的成本。)

- 审阅报告的时间成本。一些智库将产品的质量控制视为重要责任,并从管理费用(而非具体的项目费用)中划拨一部分为这项工作提供支持。智库可选择的另一种做法是,在项目预算方案的研究人员名单中加入评审人员。

- 租金。与项目有关的租金份额可以合理准确地计算出来,并归为项目的直接成本。它通常是与项目直接相关且占比最重的非劳动力成本。

综上所述,智库在直接成本和间接成本的分配上具有一定的自由裁量权。

一旦智库确定了其间接成本的具体内容,下一步就是设计一种方法为其各项活动分配成本(因为这些间接成本有益于机构的所有活动)。虽然已有几种分配间接成本的方法,但本文关注的是最常见的方法——根据智库的活动或项目按比例确定间接成本费率。(另一种有效的方法是个案分析方法。但总体而言,这一方法的缺点大于优点,尤其是对于较大的机构而言)。

为计算间接成本费率,智库首先要将其成本划分为直接成本和间接成本,然后将间接成本汇总到资金池中。智库可通过资金池划拨部分资金作为项目成本,通常是按智库间接成本(比例中的分子)与直接成本(直接成本总额或直接成本总额的组成部分,如直接劳动力成本)的年度比例计算确定。① 这就是间接成本费率。

2 赞助者对间接费率的限制及其后果

赞助者为最大限度地确保项目成本只用于其感兴趣的工作(而不是智库广泛的业务工作),他们通常会对资助预算中的成本施加两种类型的限制。首先,他们会为间接成本费率设定一个上限,比如20%或30%。可想而知,这一限制将促使智库将所有可能产生的成本从间接成本转移到直接成本中。第二种限制是针对可计入间接成本的项目进行限制。

正如引言所述,如果智库真的无法获得客户对其间接成本的支持,他们的运营质量将会出现严重问题。通常,智库会通过增加预算中的成本来应对这一问题。较为常见的做法是,增加项目工作人员的日常费用和工作人员计划在该项目上花费的天数,以弥补差额。

当然,这种欺骗行为将给智库管理带来严重的负面影响。如何采取合理措施解决这一问题呢?首先,智库要了解其运营的实际成本,以及掌握它们在单个项目和总体项目收入中所占的比例,这是非常重要的。如果对这些内容的预估产生较大的偏差,那就意味着智库各项活动的分项支出与实际成本不符。因此,智库需要制定一份资产负债表,恰当地将资金池中的各笔款项分配到不同类别的支出中,否则项目主管将无法控制和管理项目支出。由于每家赞助机构的规定不同,智库为不同类别支出

---

① 尽管大多数智库使用直接劳动力成本或总直接成本作为基础,但这一基础可以通过不同方式设置(例如,项目工作人员花费的小时数、项目工作人员或为项目服务的人数、每个项目所用设施的规模,或具有与项目和活动性质相关的其他方法)。事实上,不存在一种单一的、完全"正确"的方法来计算间接成本费率,也无法确定哪些成本应被归为间接成本,或划拨多少费用为间接成本是"公平的"。根据美国联邦政府的指导方针,机构的间接成本费率可以从3%到70%不等,各机构情况各不相同。

许多资助机构似乎都认为,智库的管理费用率越低越好。但事实并非如此,管理费用率低并不意味着智库效率更高。例如,假设一个智库承担了多个研究项目,每个项目都配备了会计人员、购买了办公用品和必要设备。以这种方式运行的智库将完全不会产生间接成本,但相比于统一管理研究项目的智库而言,他的管理效率显然较低。

划拨的款项也不同,因此智库的资产负债表需要根据实际情况进行调整。但根据笔者的调查,很少有智库准备好了这些文件。这导致智库高层管理者无法准确地掌握研究总体支出的构成。简而言之,虚假预算的"游戏"给智库造成了巨大的管理障碍。智库的预算构成受到了客户任意设定最高间接成本费率的限制。

2014年,在对来自5个国家的12个南亚智库的执行董事(EDs)的采访中,笔者询问了受访者对智库赞助商的管理费用政策经验(Struyk,2015)。我发现,几乎没有客户愿意对智库提出的预算成本构成(包括直接成本、间接成本、每项成本的合理性和总体成本构成)进行全面分析。在国际基金会赞助的项目中,智库执行董事们认为,有部分项目(大约40%)的预算成本没有讨价还价的余地,有部分项目(大约50%)的预算成本可通过双方协商进行调整。(相比于智库,多边和双边援助机构给出的数字分别在55%和40%之间以及20%和80%之间)。

最后需要说明的是,由于项目预算经过了修改,所以智库往往能够成功地利用捐款支付间接成本,而客户则很少意识到这一点,或者他们认为预算中的大部分资金都用在了项目的直接成本中。面对这一情况,客户应该采取什么措施呢?

3 赞助者管理项目成本的最佳做法

首先,有一点需要澄清,如果某家智库提出的间接费率在总体上和单个项目上都比较合理,那么一些客户会愿意支付这笔费用。比如,美国国际开发署愿意支付项目承包商合理的间接成本费用。同时,他们还会委托在各地工作的主要承包商,协助他们评估当地项目分包商的间接成本费率。[①](主承包商通常在与分包商达成双方都满意的费率过程中做了大量工作。)2011年,美国国会规定,美国国际开发署应提高支付给各地项目承包商的费用。因此,美国一些地区研究机构的资金池正在稳步增

---

① 笔者不清楚在这一领域,主要承包商的实践在多大程度上受到了政府签订合同的官员或检察长的实际控制。

长。此外,有些非官方证据表明,一些赞助者的态度正在转变。目前,许多赞助机构正在就这一问题进行讨论。

为推广这一良好实践,转型期国家和发展中国家智库的主要赞助者可以仿效以上案例。当然,这项工作的主要障碍是审查候选受赠人提议的间接成本费率。如果基金会和双边援助机构①一同赞助研究项目,那么他们就可以较为轻松地分摊这笔费用。

在该联盟汇集了足够多的成员之后,可以开展以下两项工作。第一项工作是设立评估间接成本费率的标准。这主要意味着,联盟可以利用一种或几种模板计算智库提交的间接成本费率。计算需要参考的关键信息是智库以往的"成本累计数据",即实际支出数据。如果没有此类数据可供参考,联盟可以根据受赠人对实际支出的最佳估计,计算其第一年的临时间接费率,并在之后利用实际数据计算受赠人今后几年的实际费率。

联盟成员不仅需要确定一系列项目累计支出数据的定义,还需要确定一系列累计间接成本的计算模板。观察一些大型赞助机构(无论是公共机构还是私人机构)已经使用的模板是一个较好的选择。

第二项工作是,要求联盟成员在其招标书中使用规定的预算模板,然后对候选受赠者提交的预算进行彻底审查。一旦智库拥有了"经认证的间接费率",那么所有联盟成员在特定时期内(可能是智库自认证之日起后三年)都必须接受该费率。

笔者猜想,许多赞助者面对此方法产生的第一反应是拒绝,因为这将给他们的合同管理带来许多负担,他们将不得不审查拟议的间接费率。实际上,让每家赞助机构聘请有经验的专家,单独审查项目间接费率十分低效。一个更好的方法是为此聘请一个承包商,该承包商在审查和批准转型期国家和发展中国家智库的费率方面应具有丰富经验。根据笔者的经验,芝加哥大学美国民意调查中心的国际项目小组在这

---

① 双边援助机构的参与可能受到国家相关法律规定的阻碍。

方面能力出众且拥有丰富经验。当然还有其他智库在这方面表现出色。

在这种模式下,启动费用将由最初参与联盟的一批赞助者分担。一旦项目开始运作,赞助者将向承包商支付一笔费用,用于准备与新的智库展开合作。除此之外,赞助者联盟还能发挥其他作用,解决更多问题。其实,对于一个联盟而言,实施间接费率认证计划并不困难,关键是要有一两个主要赞助者带头。

撇开管理细节不谈,这项工作的重点一是帮助赞助者更好地管理智库对其捐款的使用情况,二是提高智库内部成本管理的透明度和公正性。

参考文献

[1] Buldioski, Goran. 2013. "Supporting Think Tank Series: From Core and Institutional Support to Organizational Development Grants." Posting on *On Think Tanks*, June 3. https://onthinktanks.org/articles/supporting-think-tanks-series-from-core-and-institutional-support-to-organizational-development-grants/

[2] Struyk, R. 2015. *Improving Think Tank Management*. Washington, DC: Results for Development Institute.

[3] Struyk, R. and J. Telgarsky. 2015. "Accountability and Sustainability," Chapter 11 in R. Struyk, *Improving Think Tank Management*. Washington, DC: Results for Development Institute.

(作者:雷蒙德·J.斯特鲁伊克,甘琳翻译。本文于 2017 年 10 月 31 日发表在 On Think Tank 网站上,网址为 https://onthinktanks.org/wp-content/uploads/2017/10/OTT_NewResource_RayStruyk_OverheadRates-1.pdf。)

14. 智库研究项目顾问的管理实践

基本上，所有智库都会为研究项目聘请顾问，以填补其内部研究人员的专业局限。通常，智库会为一个研究项目配备一些内部研究人员，并根据研究需要聘请一位具备某一领域专业知识的顾问。即使智库在其研究领域拥有强大的研究能力，他们还是会从外部为项目聘请顾问，进一步保证项目完成的质量。

受聘于智库、为某一具体项目提供专业知识（如拟运用于项目的经济计量方法）的顾问，应与机构内部工作人员密切合作，根据具体问题为其提供及时指导。或者，智库可以聘请一名顾问来完成项目中几乎需要其独立完成的部分，并要求顾问提交工作进展报告。

在任何情况下，智库想要保证顾问工作成果的高质量，就必须严格执行以下五项任务：（1）为顾问准备一份具有法律效力的合同和一份全面的职权范围说明；（2）慎重选择顾问；（3）详细估算并与顾问协商其报酬；（4）积极监督顾问的工作进展，特别是在任务量大或持续时间长的情况下；（5）对顾问提供的报告草案实行严格的质量控制。

本文重点关注的是智库应如何管理研究项目的顾问（个人）而不是咨询公司。研究项目顾问主要是指独立地完成项目主要任务、开展分析工作、撰写项目主报告的唯一署名作者。为进一步说明其含义，笔者使用了一个具体案例：智库为一个大型研究项目聘请了一名顾问，要求她为项目撰写一份独立报告；为此，她花费了将近四个月的时间全身心投入这项工作。

下文不仅阐述了智库应如何为具体研究项目挑选合适的顾问，还探讨了上文所列出智库管理研究项目顾问的具体任务。

智库聘请顾问需要承担较高的风险。如果顾问提供的产品质量低劣,智库将面临一些重大问题,必须再次投入大量的时间和精力与顾问合作对产品进行重大修正或重新设计。最糟糕的情况是,所有工作需要从头来过。即智库需要再次投入一笔昂贵的费用,为项目重新招聘和培训顾问,对研究成果进行修正或替换。这意味着,智库要承受一大笔管理损失和财务损失。不仅如此,这还有可能导致智库错过产品的最终交付日期,从而给智库造成声誉损失。

虽然很多智库已经积累了许多招聘和管理顾问的经验,但还是应该谨慎行事,边学边做。比如,如果智库准备聘请高校研究人员作为项目顾问,那么智库需要考虑到他们可能不具备撰写项目任务大纲的能力,也不清楚如何为智库内部研究人员提供咨询,与其共同承担项目任务。

笔者在谷歌学术和其他网站上对"管理项目研究顾问"的相关文章和书籍进行了大范围检索,却几乎找不到与该主题相关的文献。①

因此,笔者根据两方面的实践经验来源,为智库管理研究项目顾问提供了有效的方案。首先,笔者详细咨询了多名经验丰富的研究项目主管,他们来自四家经营良好的智库。通过与他们的交流,笔者了解到在研究主管心目中顾问应承担的最重要的工作内容。城市研究所、发展绩效研究所和城市经济研究所的研究主管为笔者提供了多份其机构与顾问签订的合同副本。前两家智库位于美国,规模较大(按照员工规模判断,其员工总数从150人到1 000多人不等)。最后一家位于俄罗斯,员工约有30人,不过该机构成立之初的员工总数约为100人。② 下文将他们统称为受访智库。

---

① 有一部分文献侧重于管理公共机构聘用的顾问。在这种情况下,"顾问"通常是公司,而不是个人(Dobes, 2016)。另一部分文献讨论了不同类型的企业雇用了不同类型的顾问(B. Tether & A. Tajar, 2008)。笔者专门在 On Think Tank 网站上对"如何管理顾问"和"如何发挥顾问的价值"进行了检索。第一次检索显示了26条文献,第二次搜索显示了64条文献,但没有一条文献涉及本文所讨论的主题。

② 笔者衷心感谢玛格丽特·特纳、寇特妮·图米和亚历山大·普扎诺夫(Alexander Puzanov),他们为本文的撰写提供了大量有用信息。

第二种实践经验来源于笔者的工作经验总结。笔者曾在美国与十几个转型期国家和发展中国家招聘和管理项目顾问,积累了许多成功的经验和失败的教训。

1 建立研究项目顾问管理框架

在智库与顾问签订合同并对其进行管理的过程中,制定相关政策和程序(Policy and Procedures,以下简称 P/P)声明是最重要的一步。通过制定 P/P,智库可以详细说明关键术语的定义和工作人员之间的责任分配,并概述顾问管理程序。之后,顾问的报告编写工作、智库对顾问的核查工作和顾问的任务执行都将在该管理框架下展开。[1]

1.1 关键术语定义

以下四个术语对管理研究项目顾问而言十分重要,需要在 P/P 中详细说明。

顾问(Consultant)是指提供专业服务的个人。他们不具备智库内部员工享有的法律地位。

- 顾问在开始任何工作之前,都需要根据他们与智库签订的书面协议和工作说明开展工作。

- 顾问通常具有以下特征:他们独立开展工作,没有上级直接监督其工作表现;拥有多方客户,不负责监督智库员工的工作;他们通过提交发票报销费用,不履行智库日常运营职责,只对自己的利益负责。

- 顾问通过提供专业水平服务,产生可交付成果。成果包括但不限于研究论文、书籍章节、评论或评审、调查设计和咨询服务。

- 政府官员通常不承担顾问工作。

如上所述,智库必须明确区分顾问和雇员的属性。如果不这样做,可能会导致顾问要求获得与雇员同等的待遇和福利。

---

[1] 本节大量引用了俄罗斯城市研究所的相关政策和程序说明。

智库应禁止研究团队雇佣政府人员,这是为了避免政府工作人员可能面临的任何利益冲突。

顾问协议(Consultant Agreement)由智库和顾问一同签订,主要规定了智库要求顾问提交的产品或提供的咨询服务。

- 根据标准的管理控制和政策规定,在各方签署并执行顾问协议之前,顾问协议中的任何工作均不得开展。
- 顾问协议期限一般不超过一年,如有需要,双方可通过签订新协定予以延长。
- 团队负责人/智库主管负责与顾问协商协议中的详细条款和应支付的费用,人力资源总监或其指定人负责与顾问签署协议,并监督其执行。

顾问协议期限设定为一年的目的是为了提醒智库,是否应审查顾问的谈判费率,以及智库是否希望继续与其保持咨询关系。可以想象,当顾问工作质量较低时,智库将考虑停止双方的合作关系并寻找新的顾问,同时,他们不愿意顾问利用其合作关系去别处寻找工作。一年期限也意味着,智库在更新下一年度工作方案之后,顾问才能执行其新任务。

职权范围(Terms of Reference,以下简称 TOR)是顾问协议中的一部分,TOR 详细说明了顾问要提供的具体服务、应交付成果、工作时间表和截止日期。

- TOR 应该明确描述顾问要执行的任务、应交付成果和交付日期,以及智库支付顾问费用的方式。
- 如果顾问不需要最终交付任何文件和产品,那么他应提供一份简要的活动报告,描述其提供的服务。

顾问费(Consultant rate)是智库与顾问协商后确定要支付的费用。该项费用可按小时数或天数计算,也可以通过固定费率计算。

- 顾问费不应高于顾问开展类似工作向其他客户收取的最低费用。
- 顾问协议中必须附有支持任何补偿决定的文件。
- 为保证费用支付无误,顾问应填写、签署并向机构证明所提供资料的准确性。

- 智库支付给顾问的费用可根据以前支付的费率计算。通常，这一费率极具有参考价值。

- 智库若没有以往的顾问费率参考，则可将顾问的薪资提议作为参考基础。通常，智库员工的时薪的计算方式是年薪除以 2 080 个小时（每年 260 个工作日）。根据具体情况，智库可将顾问的时薪提高 10%。

- 所有顾问费用的支付均需智库人力资源总监批准。

1.2 管理研究项目顾问的责任

众所周知，在一个团队中，领队发挥着核心作用，肩负着重要责任。虽然智库指派项目首席研究员或项目团队的技术督导与顾问合作，并对其进行管理，但最终管理的顾问责任应由项目主管承担，尤其是在处理下列问题时：

（1）拟招聘的顾问应以顾问身份受聘，而不是以雇员身份受聘；

（2）应详细、准确、完整地记录顾问的职权范围和报酬标准；

（3）在签署/执行顾问协议之前，不得开展任何工作。

智库的人力资源总监或其指定人员负责审核并签署所有顾问协议。

1.3 管理研究项目顾问的程序

本节概述了智库聘请顾问所涉及人员的一系列职责和相应的管理文件，以及智库应如何根据顾问提交的发票支付其费用。

根据上文所列出的具体信息，项目主管可以清楚地了解到这项管理工作所涉及的具体任务及其负责人。一份内容完备的 P/P 将简洁地描述培训和管理研究项目顾问的明确任务。另外，P/P 还应包含管理过程的支持性文件。

2 准备好详细的顾问协议和全面的 TOR 说明

智库与顾问签订的协议规制着双方之间的关系。该协议中应包含两个部分：顾问 TOR 说明和有关顾问与智库关系的合同条款。合同条款通常是附件，但仍然是协议的重要组成部分。顾问协议的详细内容如下。

1. 项目目标和背景
2. 顾问的作用和服务范围
3. 项目交付：

    ——产品清单

    ——交付时间表

    ——产品审核流程，包括审核顾问向智库提交的相关陈述

    ——报告格式

4. 顾问费付款方式和付款时间
5. 顾问与智库关系的合同条款

TOR 部分所含内容的详细说明：

• 智库应提供研究项目的完整信息，以便顾问了解其工作与项目中其他工作的关系；或者，智库可以文件或会议的方式，向顾问说明其项目的行动方案。

• 智库应告知顾问与其工作相关的人员信息和激励措施。如果有调整，项目主管应与顾问展开协商。

• 智库从一开始就应告知顾问其工作的具体目标、分析的数据类型、将使用的数据集，以及其他具有参考价值的信息，包括与项目相关的采访计划和其他数据集。

• 智库应编制项目报告说明，包括报告的预期篇幅、证据类型、应遵循的格式等，通过这种方式，避免让智库员工花费时间重新编排顾问提交的报告。

• 智库应概述顾问提交成果的评审过程，包括是否要求顾问就某些成果向项目团队做陈述、评审员由谁担任、评审意见采取何种形式，以及评审意见提出后应在多长时间内收到顾问的反馈。

顾问所承担任务的多样性导致智库很难对 TOR 做出更加详细的说明，只有起草 TOR 的人才能详细地解释顾问的多方面任务。

顾问协议应设置的条约/条款。协议中的具体条款用于规定智库和顾问之间的

关系，以及顾问应履行的义务，涵盖范围从保密要求到顾问提交产品的所有权。笔者认为，下面几项内容尤为重要。当然，智库可根据需要增加一些内容，以符合其所在国家的惯例和法律。

顾问应进行高质量的原创性工作。顾问要保证其工作将以全面和专业的方式进行，其所提供的任何工作产品均为原创作品（不包括引自其他已清楚标明并附有适当引文的作品。）顾问将勤勉并及时履行协议规定的所有职责和义务。

一些智库提出，顾问工作应以符合其伦理政策的方式进行。那么，智库就应该将相关伦理政策的副本作为附件放置在顾问协议中。如果不这样做，一旦智库确认顾问的工作违反了其伦理标准，那么顾问也许会辩解说自己对此毫不知晓。

此外，顾问协议最好还包含一份简短声明，用以解释如果顾问在工作中出现了任何不道德行为，智库有权利拒绝支付双方商定的顾问费用；在某些情况下，智库可以寻求法律帮助，要求顾问进行赔偿。比如，顾问侵犯了智库产品的使用权，或不当使用其他智库材料（如出版物、内部材料和数据集等）。

顾问应履行保密义务。顾问应对通过问卷、申请表、访谈、测试、公共机构或其他渠道获得的申请人，项目参与者，任何问卷或调查的应试者及其家属的所有信息履行保密义务。只有在顾问协议签订主管或官员书面授权的情况下，相关信息才能披露。

未经智库书面同意，顾问不得就协议的任何部分、工作的任何阶段性进展、任何成果或工作内容本身发表任何新闻稿或出版物。

顾问提交材料和产品的权利转让。顾问应及时向智库提交其产生的所有书面产品（论文、手稿、笔记）、数据或任何其他资料及材料（例如照片、图表说明、手册或日志、工作或处理说明）的副本，这些资料或材料是由顾问在完成工作时编制、制作或产生的。在提交材料和产品的同时，顾问应将产品、数据或任何其他信息的所有权和利益转让给机构。

根据智库所在国家的法律和顾问协议，顾问在受雇于智库开展工作期间产生的手稿也应提交给智库。智库对手稿的使用享有不受限制的权利，并可以以智库名义进行版权登记。当然，智库可选择将产品的出版权转让给顾问，但此类转让必须以书面形式授权，并由智库相关主管或官员签字。若顾问获得授权并准备发布，则应按照指示向智库提供信任凭证。

终止智库与顾问的合作关系。任何一方可在向另一方发出书面通知后30天内随时终止顾问协议。终止后，顾问应将在协议终止前完成的工作，或在截止日期前完成的成果提交给智库，并按协议向智库收取相应费用。

顾问的费用报销。如有必要，顾问可要求协议规定其工作的相关差旅费。智库可按照其内部员工报销标准支付给顾问相应的费用。顾问需要在出差前提交报销的书面申请，且申请费用要在批准限额内。若实际花费（除差旅费之外）超出申请费用，顾问可要求智库进行补偿。为确保报销合理，顾问因其工作产生的所有费用都需要提前获得智库的书面批准。

顾问费用的流转规定。如果顾问所进行的某项工作是根据政府机构或其他赞助与智库签订合同授予的，那么该合同也应该包含在顾问协议中，这样才能保证(a) 顾问会遵守合同条款完成工作；(b) 智库会履行合同中规定的权利和义务。智库可将与客户签订合同的适当内容提供给顾问，供其参考。

顾问工作的分派。在未经一方给出明确书面同意的情况下，另一方不得转让本协议规定的任何权利或委派任何责任。

顾问可能面临的赔偿问题。因顾问的任何疏忽给智库带来损失时，顾问必须对智库及其员工等进行赔偿。同时，顾问有义务为智库进行辩护，使其免受索赔、诉讼和其他方面的支出，并承担相应费用，包括罚款和律师费。毫无疑问，智库和顾问都十分重视赔偿问题。但根据笔者的经验，很少有智库在管理研究项目顾问的过程中，根据所在国家的法律对赔偿问题做出了详细规定。这可能会给智库带来巨大损失。

3 估算支付给顾问的费用

智库全额支付给顾问的费用分为两部分：服务费和报销费用。预估服务费的计算方式是顾问的工作天数乘以日薪。

因为固定价格合同的管理十分简单,所以它常常是估算顾问费的首选。但智库也经常按工作时间和提交的材料支付顾问费,特别是当顾问执行任务的困难程度存在极大不确定性时。

确定顾问日薪的标准做法是:项目团队负责人或其指定人员根据顾问提供的信息,了解她最近(可能是三年)承担类似任务的日薪费率。大多数智库都会让顾问填写一份表格,表中显示了顾问曾完成任务(通常是两周或两周以上)的日薪费率。如果顾问的咨询工作经历有限,智库可以参考顾问过去三年的职位信息及其薪资。在不考虑顾问的前雇主为其提供医疗保险或退休金等福利的情况下,顾问工资的时薪费率为年薪总额除以全职职位应完成的标准时数。例如,在美国,全职员工工作一年的标准时数是2 080小时。实际上,智库支付给顾问的时薪费率往往高于这一标准。

智库指派与顾问就其费用进行谈判的人员,后者通常对不同专业、不同资质的顾问收费情况较为了解。一些智库会为此创建一个电子表格,列出过去支付给顾问的费用,这些费用可以根据顾问的资历、教育水平和专业领域进行分类。这份表格为确定顾问费用提供了良好的参考。

如果智库对顾问所提出的日薪费率有任何存疑,智库可以随时要求顾问提供相关证明文件。通常,这一证明材料就是顾问提交产品转让合同的副本。本文采访的智库都表示,他们不会向顾问的前雇主打听其薪资多少,因为许多公司有政策明令禁止与其他机构共享这类信息。不过,智库的项目主管仍然可以联系其他公司的同事,了解他们认为对具有特定资格的人来说合理的日薪费率应是多少。

顾问完成计划任务所需的努力程度或天数是智库与其协商的第二个内容。智库必须确保所有要完成的任务都涵盖在合同中。除任务所涉及的数据收集、分析和报告编写工作外,双方还要检查是否需要完成其他工作。智库可以要求顾问参加员工会议、向项目主管汇报工作进展,或者与团队进行互动,并向外部受众(例如在相关会议上)进行演示等。

经验丰富的研究人员，包括项目主管和顾问，可以根据经验对任务所需要的工作天数进行简单估计。然而，在大多数情况下，任务完成天数的确切估计只有在确定顾问要完成的每项工作后才能知道。① 为顾问准确分派任务需要借助项目主管的大量经验，确定每项任务所涉及的步骤，并为每个步骤分配合理的工作天数数。

在任务非常简单的情况下，例如委托顾问在智库组织的会议上准备和发表报告，可以采用较为简易的合同。这类情况通常只需要使用书面协议。②

顾问的日薪费率与其投入水平的乘积就是智库应支付给顾问的咨询费。项目主管有责任确保其中每一个计算因素都准确无误。通常，智库都为每一个研究项目设定了明确的、硬性的预算约束，若没有约束，智库管理将被视为存在重大缺陷。另一方面，如果项目主管与顾问就其定价进行过于严格的谈判，可能会导致顾问没有足够的带薪天数来出色地完成一项工作，并很可能导致产品在某些方面存在缺陷，从而将智库（甚至是智库的客户）置于风险之中。

报销费用是顾问在为智库提供服务过程中产生的合理成本。有关这一问题，受访智库提出了两个关键要点。第一，顾问报销的每一笔费用都必须事先获得授权；第二，报销申请必须附有收据。对于大多数顾问而言，报销其在本国或他国出差所产生的费用通常占所有报销费用的比例最大。据调查，本文所有受访智库都有详细的差旅费管理 P/P，员工和顾问都必须遵守这些 P/P。对于顾问的预期差旅任务，智库应将差旅费管理 P/P 作为顾问协议的附件。

4 监督项目顾问的工作表现

智库对顾问的监督范围和形式取决于，其工作在整体项目中的重要性、与项目其

---

① 例如，TOR 可能会要求顾问对某一领域的专家开展 10 次精英访谈。项目主管要估计这项工作的所需时间，就要了解：受访者的名单（受访者的确定可能需要一些专业建议）；每位受访者与顾问会面的平均时间；顾问的采访时间，包括出差；报告撰写时间。

② 信函协议是一种特殊类型的协议，用于演讲、会议、研讨会或类似活动中，这些活动仅需要支付差旅费和/或酬金或象征性的一次性费用（一般不超过 2 000 美元）。酬金是支付给专业人士的服务费用，而这些服务传统上是不需要收费的。例如，客座发言人、参与研讨会和会议的嘉宾等。

他部分之间的关系,以及顾问与研究团体之间的合作关系。项目其他组成部分的设计和执行与顾问所负责工作的相关性越大,顾问与项目团队合作的经验越少,智库对其工作表现进行监督和报告的工作量就越大。

顾问对其工作进展的报告方式和参与项目团队的形式通常完全由项目的技术主管决定,这些内容要在顾问协议中详细说明。若项目各部分之间需要相互协调,那就有必要让顾问参加项目团队会议,或至少是参加那些专注于项目执行的会议。

如果团队成员之间的协调不是必须通过开会才能解决,那么一旦项目启动,他们只需要借助电子邮件展开交流即可。顾问可以依据协议中的工作进度表,按时向技术主管提交工作进度报告;技术主管则应及时将项目的整体发展情况告知顾问,让其了解到新情况可能对分析产生的影响。

5　质量控制

本文的受访智库表示,其对顾问的审查过程都大致相似。首先。项目技术主管负责对顾问提交的成果进行初步审查。通常,只有当技术主管认为产品质量过硬时,智库才会组织对产品的全面审查。如果技术主管不认可产品,那么在进行下一步审查之前,技术主管可要求顾问对产品进行修改。其中一家受访智库表示,如果技术主管对产品完全满意,他们将不再对产品进行全面审查。若智库想要确保产品质量无误,再进行两项额外检查也合情理。

当顾问遇到困难,工作陷入瓶颈时,他应及时将情况反映给项目主管和其他工作人员。

对顾问提交产品进行评审的人员(除项目技术主管之外)至少有一人要来自项目团队以外,他们可以是智库内部工作人员,也可以是外部专家。当智库内没有合适的专家有能力对产品进行评审时,雇佣外部专家是一个不错的选择。大多数评审人员都来自智库的研究团队。

每位评审人都需要针对产品,以列表的形式,在稿件上插入评论框进行评论并提出修改意见(修改意见采纳与否需要谨慎考虑)。技术主管与顾问一同查看这些修改意见。技术主管应与顾问合作,一同决定是否采纳意见,形成最终产品。本文的所有受访者都认为,没有经过审查就提交的产品是无法保证其质量的。尽管在某些情况下,审查过程十分具有挑战性。

6 成功管理研究项目顾问的关键

在与三家受访智库技术主管的交谈中,笔者希望了解到他们认为管理项目顾问的关键之处,即如何能确保顾问提交的产品过硬并高效率地完成任务。他们给出的回答很有趣,体现出管理者某些观点的高度一致性。

首先,技术主管们强调为项目顾问设置 TOR 十分重要。TOR 要清楚、全面地说明任务背景、项目具体目标、任务分析、可用技术、数据源、最终报告的目标和受众。

其次,技术主管们都强调了管理顾问过程中前端控制的重要性。顾问工作一开始,主管就应与其保持密切联系,无论形式是否正式、线上还是线下。主管要仔细审查 TOR,要让顾问全面了解项目、了解其工作与项目其他部分的关系。顾问应及时通知主管其工作进展情况,主管则负责审查顾问的分析和相关报告。虽然这些内容在上文中已详细介绍,但必须再次强调,因为这是管理者们的宝贵经验。

在项目启动的最初几个月(至少是一个月),项目主管要与顾问要保持密切联系,以确保其工作按照协议正常进行。主管要详细审查顾问的工作方法,并在项目早期阶段与其一同讨论报告大纲,以确保真正了解顾问的实际工作。之后,主管需要尽早审阅顾问提交的报告草稿。

在项目的整个生命周期中,主管可通过电子邮件或电话定期联系顾问,对其工作进行监督,确保项目的顺利进行。

显然,管理项目顾问需要主管投入大量的时间和精力。本文的受访主管们都认为这项工作非常重要,只有管理好项目顾问,才能确保其提交产品(即使是经过审核修改的产品)的高质量。

参考文献

[1] Dobes, L. 2016. Managing Consultants: A Practical Guide for Busy Public Sector Managers. Acton, Australia: Australian University Press, 2nd ed.

[2] Tether, B. and A. Tajar. 2008. "Beyond Industry-University Links: Sourcing Knowledge for Innovation from Consultants, Private Research Organizations and Public Science-Base." Research Policy, vol. 37, No. 6-7, pp. 1079-1095.

（作者：雷蒙德·J. 斯特鲁伊克，甘琳翻译。本文于2018年4月6日发表在On Think Tank 网站上，网址为 https://onthinktanks. org/wpcontent/uploads/2018/04/OTT_NewResource_RStruyk_ManagingConsultants_FINAL. pdf。）

15. 智库员工外部培训管理框架

为提高智库新入职员工和老员工们的素质，培训必不可少。大多数智库都经历过员工流动率增长的情况，特别是初级研究员和较低级别行政人员的流动率可能在某一时期会有所增长。随着机构的扩张，在某些情况下，员工会选择离开或被更换。因此，智库不得不投入大量时间为新员工提供在职培训。在培训中，老员工将向新员工解释机构各方面的业务流程与处理方法，包括文件撰写的统一格式、统计数据归档、与客户间的合作以及 IT 系统等。

众所周知，对于任何机构而言，不断提升技能对于提高生产力、提升员工满意度和留住人才是必不可少的。事实也的确如此，在智库中工作的人员有很多机会提升其技能。许多新晋研究人员刚开始工作时，在政策分析、项目监测和评估方面并没有很扎实的基础，例如，他们几乎不会使用常用的统计分析软件包——SAS 和 SPSS。而这些技能对于大多数在智库工作的人而言是十分必要的。当然，研究人员和行政人员有可能通过同事的指导逐步提升其能力，但仅依靠同事可能效率比较低下。因为，同事们也有自己的工作要完成，他们不愿意花费太多的时间去指导新人如何开展工作和解决问题，另一方面，他们往往会根据自己的经验直接给出答案，而不做出过多的解释。为避免浪费资源或给老员工们增添太多的负担，智库管理层必须仔细考虑如何开展机构的内外部培训，使两者组合发挥最佳效用。

几乎所有智库都要支出一笔费用为员工提供外部培训。智库外部提供的培训包括让员工参加与其研究领域相关的专业会议，或参加由专业外包公司（例如人力资源管理外包商）提供的短期技能提升课程。有些培训课程非常基础，比如帮助员工提升使用基础办公软件的技能；有些培训课程非常专业，比如一个为期数天，专门分析房价趋势和房价在不同地区变化情况的研讨课程。

若智库希望其员工的能力不断登上一个新的台阶，那么除了为其提供培训之外，还应该为其提供深造机会。大多数智库会支持员工参加一些学术机构举办的培训课程，特别是与员工职责或可能与智库未来发展直接相关的课程。还有一些智库会在资金充裕的情况下，支持员工攻读更高层次的学位。

智库高层管理人员需要认清这样一个事实，即智库行政后勤办公室的员工（包括IT、通讯、人力资源和会计部门）的职业道路、培训需求和期望与其他员工类似。外包公司提供的深入阐述政府合同规定和要求的研讨会，非常有利于新员工们的职业发展。同样，负责维护机构计算机系统和网络系统的IT人员也希望通过学习短期课程获得更多的知识和专业认证，为进一步获得高级职称做准备。

本文主要针对外包公司和学术机构为智库员工提供的外部培训，提出了许多值得效仿的实践，实践经验的主要来源是芝加哥大学美国民意调查中心、城市研究所、发展绩效研究所和城市经济研究所。前三家智库都位于美国，规模较大（其员工总数从150人到1000多人不等）。最后一家智库位于俄罗斯，其员工约50人。笔者通过调研这些智库的培训政策、采访培训管理人员和收集其他相关资料，总结了智库制定员工培训政策和流程的重要经验。

虽然许多文献提出，智库可以开展各种形式的培训，以提高员工的生产力和满意度，但几乎没有文献讨论过智库制定员工培训政策和流程的要点。2017年10月13日，笔者浏览了On Think Tanks网站中题名为"员工培训"的109篇文献，却没有一篇文献与本文主题相似。因此，本文的另一重要价值是填补了这一研究领域的空白。

1 智库员工外部培训概述

通常，智库会为员工制定年度培训计划。当然，计划的细节方面可能差别较大。员工年度培训计划一般是在员工年度评估完成后不久制定的。利用这一时机制定计划是因为智库管理者将与所有员工就其未来发展进行讨论，包括员工所需要的外部培训，无论是职业发展课程还是学术课程。① 这有助于管理者掌握员工的培训模式需求，这些需求将反映到培训计划中。虽然人力资源部门会利用员工的绩效评估抽样为部门负责人提供员工培训建议，但通常负责人会直接向制定培训计划的管理委员会提出自己的看法。

委员会在确定培训总预算和不同类型培训之间的资金分配时需要平衡几个因素。这些因素包括：(a) 预估明年机构收入以及可用于培训的全部资金；(b) 明确机构实施培训的主要目标，如更换使用另一种统计软件包，或为所有研究人员举办一次学术伦理研讨会（包括剽窃和伪造统计结果等问题）；(c) 掌握过去几年员工绩效评估所反映的员工参加学术课程的人数变化；(d) 了解机构员工参加外部培训的意愿，以及参与培训的实际情况。本文调研的四家受访智库在其机构级预算中都为培训项目划拨了一笔费用。

当智库确定了总体培训预算之后，就可以开始为正式的现场培训、职业发展和学术课程分配资金。培训资金的分配方式受多种因素影响，其中职业发展和学术课程是重点，两种培训的管理方式也有所不同。

文中一家受访智库会邀请外部讲师到机构内开设培训课程，但不会为员工的职业发展（Professional Development，简称 PD）和学术课程补助金（Tuition Assitance，简称 TA）项目提供援助。因此，下文内容主要基于其他三家受访智库的实践经验和笔者在其他智库工作多年的经验积累展开。

2 职业发展经费

员工的职业发展预算资金由智库的研究中心主任和行政后勤办公室主任负责管

---

① 其中一家受访智库的培训计划管理委员会承担了更多工作，他们处理了下一年大部分员工参与学术课程补助金的申请。员工需要提前一年提交申请，但由于智库培训资金有限，所以并非所有申请都将被批准。

理。这些智库的中层主任负责合理、公平地为员工分配培训经费。让智库中层部门负责人承担这项工作是因为他们对下属员工情况非常了解,通过每年的年度考核他们熟悉每位下属的长处、短板和每个人的"职业生涯规划"。部门负责人亦可以将培训安排和培训经费作为人员激励措施,鼓励员工提升工作质量、提高生产率。职业发展基金可用于支持员工参加会议(包括地区会议、国内会议和国际会议);可用于支付高级研究员的指导报酬(往往在资深研究员指导下普通研究人员才能写出正式发表的期刊论文和著作);还可用于购买各种短期课程,比如帮助员工更加熟练使用办公软件等的技能性在线课程。① 通常,员工对这些促进其职业发展的活动都非常重视并会积极参与。

　　智库应如何在研究中心和行政后勤办公室之间分配培训经费是一个值得斟酌的问题。一种比较好的做法是,通过计算每个办公室的工资分配占所有办公室工资总额的百分比来确定。这一做法背后的逻辑是职业发展活动需要工作人员花费一定的时间。的确,员工的参与成本(例如会议费用或旅费)往往高于职业发展活动的时间成本。为拥有更多高级研究员的研究中心提供较多职业发展经费,将有利于保证研究中心的研究员享有数量大致相当的"培训时间"。

　　当然,有些智库只会简单地按员工数量平均分配培训资金,还有些智库为研究中心和行政后勤系统分别设立数额不同的培训经费分配标准,有时这种标准差距甚大。

　　当部门负责人通过简便备忘录向财务部门申请了某个员工培训经费后,财务部门就会在该研究中心总账户下设立一个该员工培训项目经费编号,然后该员工就在这个经费编号下支付职业发展活动费用和工时补助。② 部门负责人每月将收到财务部门传来的所有员工培训项目的经费支出报告以及所有的账户记录。这样一来,项

---

① 有关智库激励员工的具体措施,请参见《完善智库管理》的第三章。
② 若智库已建立了时间管理系统,那么职员可以利用该系统详细记录其处理各种任务的工作时间;若智库尚未建立类似的管理系统,那么培训资金的分配可能难以考虑到员工的时间成本。

目监管工作将变得较为轻松。

智库各部门负责人应尽量公平地分配职业培训的机会,并考虑到每年员工流动、工作岗位调整和其他因素的变化导致的培训需求差异。例如,在一些国家,智库的赞助者会免费为智库员工提供外部培训课程,从而减轻了智库为员工培训支出费用的压力。

智库高层管理人员要积极履行监督责任,防止智库部门负责人过分偏袒某些员工。在接受采访的三家智库中,只有一家智库报告了对研究部门员工职业发展资金分配的核查情况,可见大多数智库高层负责人并不是非常关心职业发展经费分配的合理性和公平性。在城市经济研究所这样的小型智库,高层管理人员将非常容易察觉部门负责人是否偏袒了某些员工。但在拥有数百名员工的大型智库中,这类问题可能难以察觉。众所周知,员工遭受的不公平待遇对团队士气会产生严重的负面影响。如有必要,上文提及的职业发展资金核查报告应该成为部门负责人和高层管理人员季度审查会议的主题之一。

3　学术课程补助金

三家受访智库提供给员工的学术课程补助金都由人力资源部门集中管理。笔者认为,这是由于补助金政策及其相关程序比职业发展活动更为复杂,且每项活动的资金投入往往更多。

人力资源部门必须与其他各部门负责人进行协调,否则,前者可能会在不了解的情况下,支持员工参加在其部门负责人看来不是特别重要的学术课程,造成资源的浪费。值得注意的是,在三家受访智库中,有一家没有要求员工在申请补助金时必须获得其部门负责人的批准,他只需要向人力资源部门提交一份申请即可。但在多数情况下,人力资源部门需要询问申请人所在的部门负责人,将申请提交给负责人复核,表示认同该课程有助于改善申请人的工作表现。

完善的学术课程补助金政策一定会设置这样一项重要规定:允许员工对其部门

负责人的不公平决定提出上诉。因此,有一家受访智库成立了教育补助审查委员会(Education Assistance Review Committee),该委员会由智库高级副总裁、财务总监和人力资源总监组成,他们为完善补助金政策提供了更多建议。

三家受访智库针对补助金管理都设置了详尽的政策和程序声明,用以解释该项目,并指导申请人按规定完成申请过程。员工的申请在被批准后,人力资源部门负责直接向员工将要深造的学院或大学支付相关费用。

以下内容说明了补助金的主要用途和涵盖范围、员工申请补助金的获批条件,以及当员工未利用补助金完成深造,智库将采取的措施。

补助金支持的课程应满足以下条件:

1. 该课程与员工目前的工作直接相关,或者该课程符合与员工当前工作相关的学位要求,或者该课程将帮助员工获得机构的其他职位。

2. 该课程必须由经过专业认可的机构提供。(员工所在部门负责人有权决定是否用职业发展基金支持员工参加未得到认可的院校提供的课程。)

3. 经专业认可机构提供的线上课程必须符合申请要求。芝加哥大学美国民意调查中心有大量员工在学习这类课程。

补助金的涵盖范围。不同智库为员工提供的补助金涵盖范围有所差异。基本上,所有智库提供的补助金都一定涵盖学费、课程所涉及的实验费用和书本费。其他类型的费用往往不被包含在补助金范围内,如日常生活用品费、医疗费、毕业费、申请费、学生中心服务费等类似费用。

员工申请补助金获批还应满足以下条件:

1. 申请人必须在智库工作满3—6个月,并在近期表现良好。

2. 课程进展不得干扰员工的日常本职工作。若参与课程会对员工正常工作产生干扰,员工必须事先与其主管协调,重新安排工作或课程。

3. 员工必须圆满完成课程。对此,不同智库设定的标准有所差异:许多智库要求员工的最低成绩必须至少是"C",有些机构坚持要求员工的成绩至少是"B"。对于不评分或评级的课程,员工必须提交一封来自官方机构的正式信件,以确认员工已上完所有课程。

4. 员工必须向人力资源部门提交正式的分数报告。

5. 在某些课程费用特别高的情况下,人力资源部门可以要求员工在参与课程之前签署一份声明,保证他们在完成课程后会继续留在智库工作一段时间(比如至少是三年)。

大型智库在员工未能完成某一课程或特殊情况下所采取的措施。通常,以下几个原因可能会导致员工无法完成课程:一是员工分数太低,无法达到课程要求;二是员工在课程结束前选择离开。自愿离职的员工或在课程进行期间因故离职的员工不符合补助金的资助条件,需在离开之后将补助金返还给智库;因智库裁员而离职的员工,即失业人员,若获得了补助金并正在进修某一课程,那他可以继续学习,在课程结束之后不用将补助金返还给智库。

员工的补助金偿还工作主要由智库的财务部门负责处理。如继续留在智库工作的员工需偿还补助金,那么财务部门通常会在6—12个月内从该员工的薪金中分期扣款偿还;如离职员工需偿还补助金,那么财务部门将直接从其结算工资中扣除相应费用。需要注意的是,有些国家的劳动法规定雇主不能据此扣除离职员工的最终薪资。

俄罗斯的城市经济研究所偶尔会派遣其员工前往其他国家学习一些高度专业化课程。例如,该机构的一名员工曾在美国宾夕法尼亚大学进修一门为期三周的课程,教学内容是次级抵押贷款市场。因为他们为员工支付了一笔数额不小的培训费用,包括往来机票、住宿费和课程费,所以要求员工在进修课程之前签署一份协议,保证他们将继续在城市经济研究所工作至少三年。如果员工自愿提前离开,那他需要向机构偿还培训费用。笔者了解到,在本文撰写之前,该机构只出现过一个这样的案例。

4 结 论

智库为员工提供职业发展培训和补助金项目的内容其实很简单。要想让员工培训发挥最大的作用，智库管理人员需谨记一点：细节决定成败。

在员工的职业发展活动中，智库的各部门负责人负有主要责任。通常，他们在员工的补助金分配方面有很大的自由权。若他们采用一种相当被动和机械的方式来分配资金，将大大增加智库负担的机会成本。职业发展活动的目标是鼓励和促进员工发展。具体而言，该活动将帮助智库的研究人员和行政后勤人员进一步提升其技能，鼓励他们开展创造性工作，提高生产效率。智库高层管理人员有责任指导新上任的部门负责人开展工作，并监督他们对培训资金的分配情况。

补助金项目看似很简单，但所涉及的问题繁多，包括资助课程的内容和质量、在资金有限的情况下应优先资助的课程、补助金的涵盖范围、员工申请补助金的具体流程、机构支付补助金的具体流程、机构规定员工完成课程的要求，以及当员工未达到课程要求或中途离职时应履行的补助金偿还规定等。考虑到诸多影响因素，智库必须精心起草一份全面的补助金政策和程序声明，以明确指导申请人、部门负责人和项目主管完成相应工作。

人们常常因为工作的细节问题而感到困扰，但一想到智库为员工提供的职业发展补助和学术课程补助金将对员工的生产力、工作满意度和流转率产生强大的激励作用，那么为此付出的努力就十分有价值。最后，对于智库研究人员和行政后勤人员而言，提升其专业能力是一种重要的激励措施，员工只有获得激励才能茁壮成长。

参考文献

[1] Struyk, R. 2015. Improving Think Tank Management. Washington, DC: Results for Development Institute.

（作者：雷蒙德·J.斯特鲁伊克，甘琳翻译。本文于 2018 年 1 月 22 日发表在 On Think Tank 网站上，网址为 https://ontinktanks.org/wpcontent/uploads/2018/01/OTT_NewResource_RayStruyk_OffsiteTrainings_FINAL.pdf。）

16. 确保智库雇用了合格的研究人员
——防止简历造假

据调查,智库研究人员简历填充是一个重大问题,包括他们的研究生学历造假。虽然缺乏可靠的统计数据,但一些被记录在案的简历造假案例说明了该问题确实广泛存在。

- 猎头公司(CareerBuilder.com)开展的一项调查发现,在其招聘的2 200名经理中,近60%的人曾被发现简历中存在部分内容造假。
- 2015年,《纽约时报》称,每年有超过5万个博士学位由"学位作坊"授予(详见下文)。
- 2013年,一名记者报道了一项实验的结果。在该实验中,一篇虚构的、存在缺陷的研究论文被提交给了304家开放获取期刊,其中157家予以接受;而接受与否取决于作者支付的费用(Bohannon, 2013)。
- 据估计,截至2016年,美国掠夺性开放存取期刊(定义见下文)的数量约为1万种。如果每本期刊每年只发表100篇文章,那么就会有100万篇质量可疑的文章被发表(Pisanski, 2017)。

本文通过回顾和学习四家著名智库(美国的芝加哥大学全国民意调查中心、城市研究所、发展绩效研究所和俄罗斯城市经济研究所)在防止学历造假方面的实践,提炼和总结了他们的经验材料,详细描述了他们在防止员工简历造假方面采用的措施和方法。

下文将讨论职位候选人简历中最重要的四项凭证的核查问题:

- 审查候选人在大学获得的最高学位及其所在院系
- 审查候选人在简历中列明的出版物——确认出版物真实存在,确认候选人在已出版书籍和期刊文章中的过往职位;鉴定出版物是否发表在"掠夺性期刊"上,即解决期刊是否是开放存取、非同行评审和付费出版等问题。
- 审查候选人提供的灰色文献[①]——确认论文是否存在,以及候选人在报告和其他出版物中所承担的工作。
- 审查候选人过往的职位,曾经工作过的组织和离职时的职位。

尽管候选人在研究基金筹集、期刊编辑委员会成员资格和教学奖项等其他简历部分也可能存在问题[②],但上文所列出的四方面似乎对智库最为重要。

通过调研笔者发现,许多智库投入了大量资源用于检查候选人的学位、出版物和过往工作经历,但回报率却不高。在一些情况下,智库对候选人的简历调查非常粗略,甚至不做审查。

审查研究人员的简历真的重要吗?为什么一家智库应考虑投入更多的精力,至少对一些研究职位的候选人进行核实呢?笔者能立即提出三个理由:(a)歪曲事实代表着职位候选人故意违反了其提供真实简历的明确承诺,对于这样不诚实的候选人,智库应取消其候选资格;(b)夸大资历的候选人一旦获得职位,很可能无法达到智库对其工作表现的预期,并将相关成本强加给智库,导致其他人必须花费更多的精力补偿这些同事的低生产率;此外,(c)候选人在职位申请中的不诚实表现可能表明,候选人倾向于在其他方面偷工减料,例如,"调整"统计结果以支持某种假设,或夸大支出费用,等等。若雇用了太多具有以上不诚实特质的人,智库的生产率和声誉可

---

① 灰色文献(gray literature)是一种新型信息源,一般指非公开出版的文献。灰色文献品种繁多,包括非公开出版的政府文献、学位论文;不公开发行的会议文献、科技报告、技术档案;不对外发行的企业文件、企业产品资料、贸易文件(包括产品说明书、相关机构印发的动态信息资料)和工作文件;未刊登稿件以及内部刊物、交换资料、赠阅资料等。灰色文献流通渠道特殊,制作份数少,容易绝版。虽然有的灰色文献的信息资料并不成熟,但所涉及的信息广泛、内容新颖、见解独到,具有特殊的参考价值。

② 有关学术职位的主要填充类型,请参阅 Cleary,Walter,Jackson(2013)。

能会遭受极大的打击。

但事实上,对于智库的人力资源部门和研究部门主管而言,审查候选人的简历并非易事,获取相关信息十分困难。那么,智库有可能在合理成本范围内完成这项工作吗？这需要考虑各个国家的实际情况和传统。例如,某些国家的法律规定了求职者的前雇主可以向第三方提供信息。本文提供的大多数案例主要适用于美国和俄罗斯的智库,智库管理者可能需要根据本国实际情况调整做法。

另外,许多国家的智库都会邀请第三方机构专门检查候选人所提供的简历信息,这项工作已经十分普遍。下文探讨的主要是智库审查候选人简历应采取的步骤和方案。

就智库应重点审查候选人简历中的四方面而言,笔者首先针对简历的审查过程提供了几点建议,然后提出了智库应如何有效分配审查资源。

1 审查候选人的学历信息

候选人对其文凭的虚假陈述非常容易引起误解。[①] 通常,对文凭的虚假陈述主要分为两种:一种是候选人声称自己获得了一个从未获得过的学位,或是获得了"学位作坊"授予的学位,其实就是花钱买文凭;另一种是候选人所列出的主修课程与学位不符,例如他主修社会学课程,但获得的学位却是经济学。因此,智库应首先识别候选人的学位是否合法,若合法,则需要进一步确认获得该学位的其他相关信息。

如果智库对候选人的毕业院校并不熟悉,那就有必要去深入了解该院校,确认其是否是学位作坊。许多人力资源部门的工作人员对国外知名大学都不熟悉,就更不要说普通院校了。一般认为,对类似学位作坊式大学授予的学位和不熟悉的海外大学颁发的学位是学历审查的重点。

---

① 目前,关于简历中虚假陈述的研究并不多见。相关研究可参见 Attewell & Domina(2011), Brown (2006)。

通常，学位作坊都设置了看似十分正规的官方网站，在网站上列出了能够提供证明的学位，并讲述了许多毕业生的成功故事。学位作坊不仅遍布全球，还开展了国际业务。学位作坊提供的学位证明文件会使用多种语言，格式看上去也毫无问题。这给候选人文凭的审查工作带来了不小的困扰。因此，人力资源部门必须仔细辨认候选人毕业院校的真实性，主要包括以下内容：[1]

- 该院校是否不需要学生学习就可以获得学位。
- 该院校授予学生学位是否主要或完全基于其过往的工作或生活经历。
- 该院校收取的费用是否仅根据学生所需要的文凭数量来分摊。
- 学生获得学位是否只需要几周甚至几天的时间。
- 该院校授予的文凭是否无法证明学生获得了正式荣誉学位。

若智库发现候选人的毕业院校存在以上任何疑点，都应进一步询问和审查候选人。

在许多国家，智库都有权限访问学院和大学的数据库，数据库中的信息是经过彻底调查并获权威认证的。比如，美国的高等教育机构数据库、项目数据库，以及经高等教育委员会认证的数据库。

若智库能确认候选人的毕业院校并非学位作坊，那么接下来就需要确保候选人确实毕业于这所院校。许多国家都建立了学生信息交换中心，该机构可以提供毕业生的毕业年份、学习领域、学习年限，甚至是成绩单信息。例如，美国的国家学生信息交换中心（https://nsverifications.org）每年为大约90%的学位授予提供收费服务。

俄罗斯的联邦教育局和科学管理局网站提供了高等院校认证信息和自2010年

---

[1] 名单来自美国联邦贸易委员会（U.S. Federal Trade Commission）发布的大学学位欺诈情况，见 https://www.consumer.ftc.gov/articles/0206-college-degree-scams。

以来授予的学位(学士学位、硕士学位等)信息。① 人们在第二个网站上可以查找到自 2011 年以来个人获得的学位(如博士、科学博士)和学术头衔(教授、副教授等)。②

通常情况下,当智库或其他机构发邮件向候选人毕业院校询问相关信息时,院校会帮助确认该候选人是否是从该学校毕业,并通过邮件或电子邮件予以回复,告知该候选人的毕业年限和学位信息。一些院校在网上公开发布了按年份排列的毕业生名单,供毕业生的雇主们浏览和查询。当然,有时信息的查找十分困难,因为有些毕业生信息仅显示在毕业程序中。另外,毕业程序所显示的信息也可能不完整——只统计了自春季以来的毕业生信息,尚未统计秋季和冬季的毕业生。因此,为确认候选人的学历信息无误,智库必须找到其毕业项目,并检查毕业程序中的学位授予信息。③ 在一些国家,雇主只能依赖于求职者在签订雇佣合同之前向人力资源部门出示的文凭原件来审查其学历信息。(副本为篡改文凭提供了更多的可能性,其真实性将变得更加困难。)④ 由于大学文凭的格式各不相同,所以人力资源部门将很难确认候选人文凭的真实性。如果候选人来自少数几所大学,人力资源部门的工作人员才有可能迅速辨别出假文凭。通常工作人员会复印文凭原件并存档,方便日后比较来自同一所院校的候选人所提供的文凭是否真实。本文采访的两位智库管理人员表示,他们对研究人员的文凭真假十分担忧,因为在网上购买假文凭的代价实在

---

① http://isga.obrnadzor.gov.ru/accredreestr/可以查到获得认可的大学名单;http://frdocheck.obrnadzor.gov.ru/可以查到大学文凭数据库。
直到最近,俄罗斯才在学位授予方面进行了改革,学位只由教育部[即国家学位和头衔委员会(Visshaya Attestacionnaya Komissya)]而不是大学授予。改革已经开始实施(2017 年 5 月 11 日,总理签署了《大学授予学位标准》)。目前约有 60 所大学的学生直接由教育部授予学位。
② 此外,在俄罗斯联邦签发并适用于批准个人教育(资格)文件的认证(http://apostille.obrnadzor.gov.ru/)提供了 2011 年后该国教育领域的所有文件和学位授予信息。
③ 斯特鲁伊克通过这一方法查找到波利迪在 8 月获得了最高学位,但在次年 6 月才参加毕业程序。
④ 拜伦(Byram,2011)对文凭和相关欺骗行为可能引发的变化进行了深入讨论。

太低。①

有时，没有真实文凭的候选人会故意拖延，声称要花很长时间才能拿到文凭原件（如果他们的学历信息是捏造的，那么这种情况将很有可能发生）。但根据笔者所知，拿到学历证明文件并不困难（尤其是在美国）。② 但在其他国家可能确实存在这一问题，比如，在那些政治动荡的国家。

2　审查候选人所列的出版物

通常，候选人会采用几种做法来填充简历中的出版物，或夸大自己对出版物所做的贡献，让其看上去成果丰硕。最令人震惊的是，他可能会列出一些根本不存在的出版物，或者声称自己编辑过某本文集。但实际上，这一文集中只有一篇论文属于他。一种比较常见的做法是，候选人声称自己是出版物的第一作者或唯一作者，但事实并非如此。另一种做法是候选人声称论文已被期刊采用并"即将发表"，但他可能根本没得到期刊的任何回应。（在此，笔者没有提到剽窃，也没有提到资深学者未授予较低水平研究人员合著权的情况，因为对这些情况的考证和记录十分困难。）

下文为智库提供了一些实用方法，来审查候选人简历中出版物引用的准确性。首先，最简单的方法是确定候选人发表出版物的期刊主页，然后根据发表时间查找期刊目录；若发现出版物不存在，智库工作人员可以在期刊网站上对候选人的名字进行检索以再次确认。若依旧未找到候选人所声称的出版物，那么其简历很可能就是伪造的；若能找到对应的出版物，智库就需要进一步检查候选人在出版物中的作者排序是否与简历中的作者排顺一致。

---

①　一家智库（不是前文所说的四家受访智库）在采访中谈到，将应聘者的学位证书邮寄给大学的学位认证办公室（包括收到回信所需要的时间、预付邮费）是一个非常耗时的过程。

②　20世纪90年代早期，斯特鲁伊克定居在俄罗斯，城市研究所希望他能负责俄罗斯的商务活动。担任该部门主管的要求之一是提供其所拥有最高学位的证书原件。而他早就将这份证书跟家里的杂物一起放在了仓库。这导致三四周之后，城市研究所招聘了一位拥有路易斯安那州华盛顿大学所颁发学位的人来承担这项工作。

对于候选人的简历中"即将发表"的文章，智库可以要求候选人联系期刊编辑，请求提供文章获用的证明材料。若提供采用证明的编辑在期刊主页的编辑委员会名单中，则可信度较高；若候选人无法提供文章的期刊采用证明，智库就有理由对候选人简历的真实性表示质疑。如需再次确认，智库可直接与期刊编辑联系。

在审查候选人出版物时，智库面对的第二个主要问题是，确认论文是否发表在所谓的"掠夺性期刊"上。请注意，很多出版物都是开放存取的，但并非所有的开放存取期刊都具有掠夺性。①

掠夺性期刊与传统的、声誉良好的期刊在多个方面存在差异。人们通过浏览期刊网站，尤其出版流程和收费部分，就能辨别哪些期刊是掠夺性期刊②。更具体地说，如果一份期刊符合以下条件，那它很有可能就是一份掠夺性期刊：文章从提交到出版的时间极快，例如四周；文章发表缺乏同行评审程序；期刊"编辑"或"排版"的费用极为高昂；期刊只能在线出版；期刊没有被收录在主流期刊目录中。虽然掠夺性期刊中的文章看上去似乎与合法期刊中的文章非常相似，但二者的质量完全不同。

智库在审查期刊质量如何时，可以查找主流期刊目录，比如 Scopus、期刊引用报告（CPR）和开放获取期刊目录（DOAJ）。Scopus 拥有最大的期刊覆盖范围，包含 5 000 家出版商的 22 000 多种刊物（其中 20 000 种有同行评审）。所有期刊目录对于期刊的收录都设置了一定的质量标准。智库工作人员需要审查期刊在目录中评价如何，而不仅仅查看它是否被包含在目录中。

例如，俄罗斯建立了国家学术引文系统（俄罗斯科学引文索引，Russian Science Citation Index）③，涵盖了 6 000 多种俄罗斯期刊的 1 200 多万份出版物（学术论文和

---

① 声誉良好的主流期刊出版商开始出版参考性开放获取期刊。SAGE 期刊就是一个例子。参见 http://journals.sagepub.com/page/sgo/about-us。
② 皮桑斯基（Pisanski）描述了这类期刊的工作原理，同上。
③ 网站地址为 https://elibrary.ru。

书籍）。此外，俄罗斯教育部还审批了最具权威性的期刊名单。①

审查图书出版物的程序与上文大致相同，总体上并不复杂，有时利用谷歌学术（Google-Scholar）就可以检索到。简历审查人员可以根据图书的作者排序，检查候选人简历的准确性和真实性。根据作者及其在候选人简历中出现的位置，可以检查引文的准确性。当然，审查人员也可以在出版商网站上查找图书；如果该书与某家智库紧密相关，那么在该智库网站上也很有可能检索到该书。

另外，浏览出版商网站，还有利于确认该出版商是否只要作者付费就可以为其出版图书。智库审查人员需要区分出版商和印刷商，出版商（包括智库）通常与印刷商签订合同，让后者负责实际印刷事务，甚至有时还包括营销工作。审查人员应重点关注出版物的评议者和赞助者，而不是印刷者。

相比于图书，文集的审查工作难度更大。审查人员不仅需要确认文集的存在，还需要确认候选人对该文集的贡献与其简历所描述的一致。审查人员通过在谷歌学术中检索，应该可以在多处查找到候选人发表的文章，但检索结果可能无法显现文章与候选人所声称文集之间的关系。通常，智库网站所刊登的文集不会完整列出所有作者的详细信息或说明其具体贡献，尤其是时间更为久远的文集。相较而言，出版商更有可能在其网站上提供更为完整的信息。例如，《全球城市化经验》（Global Urbanisation Experiences）一书。该书的出版商学术基金会在其网站上详细写明了本书所收录文章的标题和作者信息，其中一篇由斯特鲁伊克撰写的文章还标明了编辑信息[由新德里观察家研究基金会（Observer Research Foundation）的鲁米·艾贾兹（Rumi Aijaz）编辑]。然而，赞助该书出版的基金会网站上却没有发布任何相关信息。

---

① 这些期刊是博士生应该选择发表的刊物，当然还包括在 Scopus 和 Web of Science 上注册的期刊。

3 审查候选人的灰色文献

这类文献通常包括(a)研究人员为客户(范围从国际援助机构到国家各部委和地方政府)编写的报告；(b)研究人员针对更加广泛的受众，公开发表的文章，这些文章可能以客户报告为基础。第二类文献通常拥有定制封面，并展示在智库网站上。

为确认候选人简历中这些灰色文献真实存在，以及候选人为撰写灰色文献所做出的贡献，智库审查人员可以要求候选人提供这些文献的网站链接。许多公共组织，尤其是提供赞助的组织，经常在网站上发表其顾问撰写的报告。虽然这些报告通常只注明标题和报告提供机构，而不写明真正的撰写者。

如果候选人提供的灰色文献链接很少，仅列出了一些他为客户撰写的报告，那么审查人员可以浏览其客户的网站，尤其是政府机构或赞助商的网站。如果确实没有找到相关报告，审查人员可以向候选人索要一份报告副本，以确保其真实性和准确性。

智库审查人员需要考虑的另一个问题是，针对不同的候选人出版物审查数量是否应有所变化。对于这一问题，并不存在一个标准答案。如果候选人的出版物不超过 10 份，审查人员就只需要检查候选人发表在主流期刊和不知名期刊中的两三份出版物即可；若有灰色文献，可适当增加检查其中的三四份。对于出版物数量较大的候选人而言，审查人员可以从候选人职业生涯早期发表的文献中抽取 10 篇(甚至更多)进行检查。对于一个拥有大量出版物，且职业生涯超过 15 年时间的候选人来说，存在问题的出版物可能出现在职业生涯早期和中期。(虽然审查人员可能对其最近出版的文献更加感兴趣。)当然，以上经验法则并非无可指摘，它们只是根据笔者和受访智库管理人员的经验提出的。

在任何情况下，如果审查人员发现了一份看似虚构的出版物，应立即要求候选人对此进行澄清和解释。此时，候选人可能会设法编造一些复杂的故事，企图蒙混过关，比如文章为什么会在发表后从期刊目录中删除，或者简历信息为什么和期刊网站信息之间存在差异。

5　审查候选人的工作经历

首先,智库审查人员需要对推荐信和雇佣证明进行区分。虽然两者相关,但实际上发挥的作用有所不同。通常,智库会要求候选人提供 4—5 份推荐信,推荐人包括其前主管和其他人,如同事或导师。这些人对候选人十分了解,他们将在推荐信中写明候选人的优点、缺点和潜力,以及候选人为什么离职等内容。

雇佣证明的作用是为了确认候选人曾任职的机构、任职年限以及离职时的职位。(在美国,根据相关法律,雇主可以从候选人前雇主的人力资源部门获得所有相关信息。)针对候选人工作经历的审查,不同智库承担的工作量各不相同。有些智库认为,候选人的工作年份越久,对其工作经历的审查工作量越重,例如,他们会对候选人前七年的工作经历进行核查;另一些智库则认为,候选人的职位越高,对其工作经历的审查工作量越重,例如,他们会对候选人最近担任的三项全职工作进行核查。

在许多国家,候选人前雇主的人力资源部门愿意简单地跟新雇主确认,此人是否曾在其机构工作,但不会提供更为详细的信息。包括德国在内的一些国家,当职员或学生离开公司或从大学毕业时,他/她会收到一封推荐信,向雇主证明其工作能力。这些推荐信不仅包含了雇佣证明中的基本信息,还提供了一些员工的绩效表现。但在全球范围内,有这种传统的国家毕竟是少数。

对于那些工作生涯超过 15 年、担任过多个职位的候选人来说,智库首先要判断对候选人就职过的哪些机构进行调查。调查内容包括候选人曾担任过的职位,以及该职位被赋予的权责,这些公开信息很容易查找到。候选人夸大其担任过的职位,或者夸大其职权范围是一个常见问题。

最后,审查人员需要询问候选人工作经历出现间断期的原因。通常,候选人会回答,因为孩子在这段时期出生,所以需要休假,或者需要陪同伴侣出国等。如果候选人的工作间断期出现在好几年前,那么审查人员最好向间断期出现之前的雇主核实推荐信。

6 简历审查工作管理

本节主要阐述两个主题：(a) 智库人力资源部门和招聘新员工的研究团队如何进行良好分工？(b) 如何确保机构负责人或其他负责编写待签署合同的高层管理人员对候选人进行了尽职调查？

因为智库对上述两个主题的验证过程可能代价昂贵，所以这项工作基本是在候选人被雇佣之后才进行的。雇佣与否取决于智库对候选人申请的各项检查。这项检查工作不仅适用于初入职场的新人，也适用于那些长年在智库工作的人。如果两年后，智库发现员工提交的求职简历存在虚假信息，雇佣合同将无效作废。

6.1 审查研究人员简历工作的分工

通常，智库的人力资源部门负责核实候选人所获学位的真实性。(本文所采访的两家智库没有对面试候选人所声称的学位进行核实。)

有时，人力资源部门在核实学位的工作中可能会面临无法及时获取相关信息的问题，尤其是当候选人在另一个国家获得学位，且相关可信信息无法在线获取时。如前文所述，审查人员可以要求候选人提供文凭原件。如果候选人没有文凭原件，那么他需要几周时间来处理这一问题，但招聘者可能不会等待太久。另一种选择是，审查人员可以要求候选人在上任之后的特定时间段内提供缺失信息，并检查这些信息与其先前提供的信息是否一致。但如果候选人没有及时提供遗漏文件，而人力资源部部门已经在对其进行培训，并且不愿意让其离开，那么日后出现问题将不可避免。

智库招聘新员工的研究团队则负责审核候选人简历中的出版物。但这项工作究竟应由谁来承担呢？有人认为，团队中负责信息检索的工作人员可以同时承担这项工作。但笔者对此不敢苟同。本文提供的建议是，当审核研究人员简历中的出版物成为一项常规工作时，研究助理可以承担这项工作。如果研究团队中的高级研究员没有承担过于繁重的工作任务，也许会更愿意参加到审核工作中。他们所确定的出版物检查目标将更加准确，其自身也更有能力确定出版物的质量。

智库人力资源部门负责核实候选人提供的推荐信和工作经历。若候选人的背景调查出现了严重问题，招聘主管可能会继续跟进。实际上，人力资源部门很难从推荐信或工作经历中了解到有关候选人的负面信息。原因很简单，提供推荐信的人害怕候选人知道了自己对其做出的负面陈述，并给自己惹上不必要的麻烦。

最后，值得注意的是，几所美国大学的招聘政策都清楚地写明，除了以上讨论的内容外，他们对候选人还将进行一些额外检查，包括候选人的犯罪记录、信用记录和其他社交媒体活动等。大学的人力资源部门将承担这些工作，智库也是如此。

6.2 确保研究人员尽职的调查

显然，智库在对研究人员的简历进行审查之前，需要经过深思熟虑建立一套研究人员雇佣政策和程序（hiring policy for researchers and corresponding procedures，以下简称 P&Ps）。如果 P&Ps 涵盖范围不够广或不够有力，那么智库必须对其进一步修订。在 P&Ps 编制过程中，智库管理层需要与研究团队负责人密切协商，团队负责人通常具有丰富的员工招聘经验，对 P&Ps 的实施过程和效果至关重要。另外，人力资源部门在 P&Ps 中也扮演着重要角色。

在智库与候选人签订雇佣合同之前，审查人员需要根据实际情况撰写候选人审查报告，并将报告提交给智库授权签署合同的人（通常是该机构的负责人）。报告应主要包括以下内容：

- 候选人的学位是否获得了确认；
- 候选人的工作经历是否与其描述相一致；
- 候选人发表的出版物及其作者排序是否与其简历描述一致；
- 候选人所声称的灰色文献是否符合事实。

针对最后两项，审查人员只需要在简历相关部分附上已检查的批注即可。若审查工作出现任何问题，审查人员应在报告予以说明，并阐述问题最终的解决办法。

本文所采访的四家智库中，没有一家智库谈到其招聘办公室会提交给人力资源部门一份详细的候选人出版物调查，虽然这是人力资源部门决定是否雇佣候选人的重要依据。因此，人力资源部门选择雇佣候选人都是基于这样一种假设，即候选人的简历已经过了严格审查。因为有些研究人员确实拥有着良好的声誉和令人惊叹的出版物数量。与此同时，研究助理会继续对候选人的早期出版物进行审查，检查结果也将在雇佣合同签署之前提交给机构负责人。

7 让研究人员的审查工作物超所值

斯特鲁伊克采访了多家智库的负责人，根据他们多年的工作经验，研究职位候选人的简历中很少出现出版物虚假填充的情况。大多数研究人员的招聘都是相对初级的职位，一方面是因为现代研究生产需要大量的研究助理和助理研究员，另一方面是因为他们的流动率很高，许多人在几年之后就离开去接受更多的教育。这部分人的简历很容易审查，因为通常他们没有或只有少量出版物，且教育层次有限，弄虚作假的空间也十分有限。

在工作资历较久的候选人简历中，虚假出版物出现的可能性更大。假设候选人声称自己在 10 年前获得了某一学位，而经调查发现，其所获学位存在虚假问题，审查人员则应立即上报这一情况。虽然候选者所获学位在一定程度上能代表其具有较高的智力和良好的工作能力，但并不会让智库对其新工作的表现产生不切实际的期望。招聘研究人员的团队负责人更加看重候选人的真正实力。

同样地，审查人员可能会发现，候选人在其简历中列出了几篇多年前在掠夺性期刊上发表的文章。但团队负责人对此可能依旧不会过于关注，一是因为他们更关注候选人将如何帮助研究团队完成项目；二是因为这些出版物确实为候选人的简历增添了一些"分量"。

通常情况下，候选者应聘职位的专业化程度越低，审查人员对其学位和出版物的检查强度就越低。换言之，候选者应聘职位的专业化程度会直接影响到其简历的审查强度。因为研究领域越狭窄，该领域的研究人员共同体就越小，相互之间更加了解，获取候选人的非正式信息将更加容易。审查人员只需要询问候选人的同行就能掌握许多可靠信息。

下文介绍的一些情况会导致候选人简历中极有可能出现虚假信息，并成功蒙混过关。

1. 智库对候选人简历的审查极为困难且代价较高。智库所在国家几乎没有第三方对候选人开展调查，或者第三方的调查工作要价过高，小型智库无法负担这笔费用。同时，智库受到传统或法律的限制，也无法从候选人毕业的院校和前雇主那里获得有用信息。

2. 智库对候选人简历的审查工作不重视、不专业。一些小型智库不重视人力资源部门管理的专业化，只指派了一到两名未经专业培训的职员到该部门负责不同的业务。这导致候选人简历的审查工作未受到充分重视，未设置 P&Ps 等类似工具。

3. 智库对候选人简历的审查工作量大、过程复杂。由于候选人工作时间较长、曾任职机构较多、工作地点较广，审查人员可能需要很长时间，经历多番周折才能确定候选人的简历是否真实无误。比如，候选人是在国外获得了研究生学位，或候选人曾用印尼语或乌尔都语等罕见外语发表了大量出版物。

4. 智库发现候选人简历造假一般不会让其付出高昂代价。通常，一般研究职位的候选人简历造假被发现只会让他失去一次被录用的机会，之后他还可以抱着侥幸心理去其他智库应聘。若中高层管理职位的候选人简历造假被发现，他们付出的代价可能会高一些，因为招聘人员极有可能将此事告知同行，这将影响他们未来的职业发展。

为提高候选人审查工作的有效性和效率，小型智库需要借助专业力量，比如，聘请具有人力资源工作经验的顾问。一般来说，审查的重点对象主要包括在其他国家获得学位的候选人、研究领域较为狭窄的高级研究员候选人、工作经历较丰富的候选人。审查人员不应过分依赖对候选人近期活动的检查。正如前文所述，智库应鼓励招聘新员工的研究团队负责人审查候选人的简历信息，不要仅仅关注与应聘职位相关的部分内容。在智库负责人与候选人签订雇佣合同之前，审查人员应为其提供一份详细的检查报告。

参考文献

[1] ＿＿＿＿ 2015. "A Rising Tide of Bogus Degrees," *New York Times*, May 20.

[2] Attewell, P. and T. Domina. 2011. "Educational Imposters and Fake Degrees," *Research in Social Stratification and Mobility*, Vol. 29, pp. 57-69.

[3] Bohannon, J. 2013. "Who's Afraid of Peer Review?" *Science*, no. 342, pp. 60-65.

[4] Brown, G. M. 2006. "Degrees of Doubt: Legitimate, Real and Fake Qualifications in a Global Market," *Journal of Higher Education Policy and Management*, vol. 28, no. 1, pp. 71-9.

[5] Byram, S. 2011. "Detecting Fraudulent Academic Credentials," paper presented at the NAFSA Regional III Conference in Oklahoma City, Oklahoma, October 25. https://www.nafsa.org/uploadedFiles/NAFSA_Home/NAFSA_Regions/Region_III/Conference/SusanByram%20Dete.

[6] Cleary C., G. Walter, and D. Jackson. 2013. "Editorial:'Is that for Real?': Curriculum Vitae Padding." *Journal of Clinical Nursing*, vol. 22, pp. 2363-2365.

[7] National Student Clearinghouse n. d., *Your Organization's Reputation on the Line: The Real Cost of Academic Fraud*. https://nscverifications.org/wp-content/uploads/2016/06/CostOfAcademicFraud.pdf.

[8] Pisanski K., 2017. "Predatory Journals Recruit Fake Editors," *Nature*, vol. 543, March 23.

（作者：雷蒙德·J.斯特鲁伊克、塔蒂阿娜·波利迪，甘琳翻译。波利迪博士是莫斯科城市经济研究所的执行主任，领导着该研究所的房地产市场研究部门，她的管理职责之一是监督人力资源部门的工作。本文于2017年8月28日发表在On Think Tank网站上，网址为https://onthinktanks.org/resources/ensuring-you-are-hiring-qualified-research-staff-guarding-against-cv-padding/。）

17. 充分发挥研究人员专业发展奖励组合的激励作用

显然,智库工作人员是其最宝贵的资源。员工高流动率和低生产率是员工积极性不足的明显迹象。事实上,员工厌倦工作的迹象借助高流动率的形式出现,这似乎相当普遍。通过调研59家转型期国家和发展中国家智库的相关数据我们发现,27%的智库员工年流动率在21%—40%之间,另有13%的智库员工年流动率超过41%(Struyk,2015)。人员流动给这些智库在招聘新员工、新员工入职和培训替代人员方面带来了非常高昂的成本。每家智库都应该思考如何提高研究人员的积极性和满意度。

关于员工激励的理论可以分为两类:一类是严重依赖外部奖励的激励结构(外在的或金钱的),另一类是依赖于机构内部因素的激励结构(内在的或非金钱的),如表1所示。内在激励不仅是对员工优秀表现的奖励,也有利于提高研究人员的自我满足感和自我价值。当然,物质奖励也与绩效挂钩,但在某种程度上,它与员工的工作本身无关。①

为进一步说明这一点,营利性和非营利性组织的人力资源管理专家普遍认为,充裕的基本工资对于留住员工和维持基本激励至关重要。但是其他类型的奖励更能激励员工取得更多的成就。例如,莱茨和他的同事(Letts, Ryan & Szostak, 1999)指出,高薪"与其说是对员工长期激励的来源,不如说是对其不满的保护"。"报酬不能

---

① 智库提供的培训机会也是一种激励措施。本文没有详细讨论这一措施是因为培训不同于奖励,每位员工基本都拥有培训机会,培训计划由智库的人力资源部门负责制定。换言之,对于团队领导/智库主管来说,如何搭配使用培训措施和奖励措施是一个值得思考的问题。

代替产出结果的满足感"。波士顿金融舰队(Fleet Boston Financial)实施的一项减少员工流动项目的案例研究记录了合理加薪对非物质奖励的巨大影响(Nalbantian & Szostak，2004)。① 同样，在对学生和工人的调查中，分别有 72% 和 53% 的人表示，"我能产生影响的工作"对他们的幸福感非常重要或必不可少(Net Impact，2012)。当然，并不是所有的职业和工作类型都有发挥影响力的空间。

本文主要分两个部分对内在奖励和收益进行研究。第一部分探讨了这些奖励的范围。下文将这些奖励称为专业发展奖励组合(Professional Development Grants，以下简称 PDG)。员工能利用 PDG 实现他们各自的目标。第二部分概述了管理 PDGs 的实用结构。在撰写这篇文章时，笔者咨询了三家运营良好的智库，了解了他们目前的做法和改进计划。这些智库包括：华盛顿的城市研究所，一个大型的(450 名工作人员)、拥有 50 多年历史的智库；发展绩效研究所，一个中等规模(125 名工作人员)且拥有 10 年发展历史的智库，但它只在转型期国家和发展中国家工作；以及城市经济研究所，一个小型的(40 名工作人员)、发展了 20 年的莫斯科组织。下文将这些智库统称为受访智库。②

1　专业发展奖励组合

与物质奖励相比，大多数智库从来没有真正地系统考虑过内在奖励，即战略奖励。这是非常糟糕的。因为政策研究的本质表明，推动满意度提升的因素就在于工作本身。

政策研究者/分析师要想获得成功，需要出色地完成以下三项任务：成为强大的研究者；如果要晋升到研究助理级别以上，就要成为优秀的研究管理者；并成为政策

---

① 卡萨尔和迈耶最近的一篇文章(Cassar & Meier，2018)改进了劳动力标准经济模型，他们发现员工在谈及工作满意度和基本工资时会考虑非物质回报。

② 笔者非常感谢玛格丽·A. 特纳、塔蒂亚娜·波利迪和寇特妮·图米。通过对她们的采访，笔者才有灵感撰写此文。

建议的良好推动者,这些政策建议来自他们的研究,多以书面形式和亲自陈述的方式提出,或采用至少同样重要的方式。大多数智库研究人员从高质量的政策相关研究中获得了最大的个人回报,这些研究得到了认可,并帮助他们成功地与政策制定者进一步接触。这样一来,他们的工作改善了公共政策,改善了受政策影响的人们的生活。因此,对智库管理者来说,一个重要的问题就变成了:该机构如何才能最好地促进研究人员展开高质量的工作,并强化研究人员对工作的认可程度,从而提升他们对工作的满意度,保持高生产力并继续留在机构?

对此,笔者认为智库应最大限度地利用内在奖励。如表 1 所示,这些奖励有多种形式。下文将详细讨论不同的激励措施,而这些激励措施可能尚未得到智库管理者的重视,甚至他们从未想起。

表 1 智库对大多数研究人员的激励措施[a]

金钱的(外部的)	非金钱的(内部的)
	常用
薪资	工作条件;支持
奖金	署名政策
额外福利	**个人奖励**
——医疗保险	晋升(需要按照职业发展)
——养老金	面向董事会作报告
——公假	出席会议
	职业发展的机会
	参与政策会议
	有撰写出版物的时间

[a] 不包括培训活动

署名。撰写有分量的研究报告、期刊文章和书籍对研究人员在政策研究领域取得进展至关重要。这一竞争十分激烈,许多年轻研究人员(通常经验较少)不太清楚如何组织他们的文章,以便最有效地向外界传达他们的分析和政策评估。

确定报告或文章的署名及其顺序十分具有争议性和风险性。毫无疑问，已发表文献的署名，尤其是发表在国际同行评审期刊上的文章，对研究人员的声誉及其在市场上的价值至关重要。关于署名的"规则"在很多地方都有说明。以下陈述（摘自其中一个受访智库的政策）能很好地解释如何解决这一问题：

> 一般而言，一本书、一篇报告、一篇论文或一篇文章的作者应该是那些对研究做出重大智力贡献的研究者，这些贡献包括但不限于制定研究设计或概念、分析和解释数据、书写或重写初稿的实质部分。署名的另一个条件是投稿人必须能够解释和回答有关研究的问题。根据经验，决定署名的是智力贡献的质量和重要性，而不是花在项目上的时间……考虑到每个项目成员的兴趣和能力，以及他们与手头上研究任务的匹配程度，我们鼓励主要项目负责人为小组成员提供机会，让他们为项目做出重大的智力贡献。

正如这份政策声明最后一句话明确指出的那样，智库应鼓励研究团队负责人在确定署名时慷慨大方。"署名"是智库对作者辛勤工作和创造性工作的奖励。对于其他工作人员，智库可以为他们颁发证书。这不仅丰富了员工个人档案，也提升了机构的形象。显然，年轻研究人员都非常重视这一点。

另外，高级研究员为年轻研究人员提供帮助也是一种奖励。例如，在年轻研究人员提交论文之前，他们为其提供审阅和指导。一般而言，这种指导是作者的同龄人无法提供的，对年轻研究人员的未来发展十分有利。

在这种情况下，相比于只有项目资金的支持，智库可利用PDGs支持年轻研究人员的工作，鼓励他们做出更大的贡献。此外，智库负责人还可以为高级研究员预留充足的时间，以便帮助年轻研究员审阅论文草稿。

撰写出版物的时间。 通常，一份高质量的客户报告可以通过几天的努力转化为一篇期刊文章，但研究人员可能真的无法抽身完成这项工作。在这种情况下，智库可以为研究人员划拨几天时间（通常至多五天）来撰写文章草稿。对于研究人员而言，这种支持意味着：机构看到了你的巨大潜力，并愿意主动帮助你前进。上文提到的高级研究人员指导是对文章撰写时间不足的有力补充。

有时，研究人员可能会对一项新研究持有不同想法，其研究结果有可能发表在期刊文章或书籍章节中。这一过程可能需要花费三到四周的时间。在这一情况下，研究人员可以向智库申请 PDGs 来完成这项工作，将该请求提交给研究部门负责人或机构的资助决策负责人。

面向董事会作报告。智库董事会几乎都由杰出人士组成，他们在很大程度上能够代表智库的形象。（"如果约翰·琼斯是董事会成员，那么这个机构一定有很好的声誉……"）因此，机构研究人员很希望有机会让董事会成员认识他们。

董事会会议通常会邀请一至两名高级研究人员就特别令人关注或重要的政策项目作介绍。被选中做这样的演讲通常被视为一种特殊荣誉。大多数智库会邀请发言人与董事一起参与董事会会议，会议的晚宴、午宴或其他社交活动。在活动中，发言人与董事会成员的座位应该安排在一起。这让员工有机会与这些杰出人士交谈，并提出一两个政策观点，尤其是当被问到相互契合的问题时。

当笔者在城市研究所工作时，很幸运有机会作过这样的报告，并在会议前一天晚上参加了会议晚宴。根据经验，这样的活动对发言者如何看待其自身在组织中的地位一定会产生积极影响。

筹备和参加这些会议的经费往往来自董事会的专项费用。当然，智库相关部门的负责人也可以用 PDGs 来支付这笔花销。

参加会议。对于智库员工而言，参加会议是一个掌握其所在领域最新知识，并与同行（对会议主题感兴趣的其他分析人员和政策制定者）建立人际网络的重要机会。这些是帮助员工成长的重要手段。

当会议邀请智库员工在会上发言或作报告时，只要受邀者的报告内容符合要求，智库通常都会表示支持。如果智库对受邀者的能力存疑，那么智库负责人可以与受邀者一同为会议报告做准备，负责人应听取受邀者的报告演示并做出中肯评论。总的来说，这是智库对受邀者的一项重大投资，受邀者也极有可能对此做出高度评价。智库在为受邀者提供支持时，应详细说明各方面的支持条件，以免受邀者在准备最终演示时出现混淆。

当会议不是在智库所在地举行时，智库需要考虑员工参加会议的必要性、会议的规模和影响力，最终确定是否支持员工参加会议。因为员工飞往另一地参加会议势必会产生一定的开销并占用一定的工作时间，这些成本都需要智库承担。

当员工仅参加会议并不发言时，智库决定是否支持员工参加的过程将更为复杂。会议主题与员工的日常工作或当时正在进行的工作主题越直接相关，员工就越有理由出席会议。考虑到员工承担其他工作的机会成本，对于参加许多会议的员工所发挥的效用而言，部门负责人们秉持的观点大相径庭。因此，仅作为参与者参加会议往往被视为智库对员工优秀表现的奖励。PDGs 可用于支持员工参加会议。

参与政策会议。这一奖励是为了鼓励和指导刚刚达到高级政策分析师级别的员工。通常这些员工具有很强的技术能力，参与政策会议是为了帮助他们学习如何将分析结果应用到政策讨论中。

在大多数情况下，为营销政策研究结果，智库的资深政策分析师会与一位政府高级官员、一位活跃在这一特定领域的立法者或首席问题解决官（Chief Solution Officer，简称 CSO）会面。

为了智库的长远发展，资深分析师可以选择带着新晋的高级分析师参加政策会议，并向与会人员详细介绍这些"新人"的工作。同时，这些"新人"也将对会议运作过程、会议讨论的技术方案以及会后有可能采取的行动加深了解。

如果新晋的高级分析师能持续按照上述方案不断参与政策会议，那么他们将了解政策会议讨论的问题类型。比如，与关注支出和效率的财政部官员相比，什么问题更有可能引起其他政府部门的兴趣。同时，他们将学会如何为这些会议做准备。

在此过程中，高级分析师有责任清楚地了解其他工作人员为会议所做的筹备工作及其主要职责。

可以想象,当新晋的高级分析师在获得良好指导之后,他们将与同行分享这一消息,告诉他们自己一直保持着与某些官员的联系。研究人员通过工作产生的良好自我感觉是其继续保持高生产率、留在机构和给予他人帮助的主要动机。

2 专业发展奖励组合的管理

上文列出的奖励措施和其他类似性质的奖励措施有两个特点。首先,对于智库而言,它们的成本通常较低。事实上,有些可能很便宜。例如,准备和参加政策会议通常只需要占用员工几个小时。第二,智库在使用奖励措施时需要对员工定位准确,才能达到提升其工作满意度、促进其职业发展的目的。

本节将着重阐述如何管理 PDGs 为研究人员提供支持,即表 1 右栏下部列出的内容。

针对 PDGs,智库高层管理人员必须解决以下问题:(1) 确定机构 PDGs 可使用的总资源,以及(2) 如何在竞争机会中分配这些资源。在智库运营成本中,PDGs 属于间接成本的一部分。智库通过对间接费用进行年度审查、对明年的业务量和相关间接费用进行预测,便可以确定 PDGs 可用的总资源。

有趣的是,一家受访智库的负责人告诉笔者,其机构在编制年度预算时,没有专门设立 PDGs,也没有为其预留资源。相反,所有的奖励活动都由外部项目资助。受访者表示,机构已经预留了足够的经费用以支持数名员工出席会议、参与政策会议和表 1 所列的其他活动,甚至在编制国际旅费预算上预留了两个员工名额,便于他们前往当地举行政策会议,与项目合作伙伴展开更加充分的政策讨论。资历尚浅的研究人员也可以参加这些政策讨论会议,从中获得更多有价值的经验和所需要的培训。

值得注意的是,这家智库拥有的大部分资金由基金会提供。因此,其提供奖励的来源也非常单一,员工很少通过与双边或多边机构竞争从而获得奖励。下文将介绍其他两家受访智库管理 PDGs 的情况。

两家受访智库都采用了一个简单而公平的分配方法:团队负责人/智库负责人根据其团队的年度员工工资占研究人员总工资的比例进行分配。(按工资比例计算比按员工数量比例计算要好,因为大多数PDGs主要按员工工时计算,如员工参加国际会议的所有费用通常根据其薪酬决定。)

一旦智库确定了PDGs预算,接着要解决的问题就是由谁管理PDGs。受访智库给出的经验是尽可能将PDGs决策权力下放给团队负责人。这在一方面是因为他们比智库高层管理人员或人力资源部门更了解自己的团队成员,而且他们了解何种奖励在何时可能特别奏效。更重要的是,团队负责人与其成员之间保持着密切联系,特别是通过年度员工评估,他们更加清楚每位员工的优缺点,以及某些奖励在哪些方面最富有成效。在团队规模较大,比如团队成员超过10—15名时,智库负责人发现将员工的PDGs请求分配给团队中的小组领导,委托他们进行评审会更加有效。

最后一个员工激励问题是团队负责人/智库负责人如何分配智库授权给他们的奖励资金。他们必须保证分配具有:(1)公平性(执行类似任务的工作人员获得类似的福利,但不一定是为了相同的目的)和(2)有效性,即提高员工的工作效率。

通常,智库研究人员花在PDGs支持活动上的时间大致相同。一家受访智库的高级主管根据其经验告诉笔者:相比于规模较小的智库,规模较大的智库能更加公平地在员工之间分配资源,因为后者在规范员工薪酬分配方面有更加详细的书面指导方针。但事实上,笔者只在一家受访智库中找到了类似的指导方针,它规定了PDGs的分配和使用方案。

在维护员工间的公平方面,一些部门负责人发现,编制一份员工列在上方、激励因素列在左侧的矩阵十分有用。矩阵中有三列分别对应着每位员工前两年和今年的工作绩效,这样一来,部门负责人很容易追踪他/她在一段时间内为每位员工做了什么。矩阵中还可以写明奖励员工的目的和奖励成本。当智库高层想要了解部门负责人在过去一两年中如何使用其部门的拨款时,这一矩阵也派上了用场。

当然,部门负责人总会面临员工控诉其分配行为存在偏袒或歧视的风险。如果员工认为分配过程不公平，奖励制度的积极影响可能会很快消失。因此，笔者强烈建议，智库执行董事应要求部门负责人及时更新上述矩阵日志，并在一年中对日志进行多次检查，以查明部门负责人对个别员工的明显偏袒或歧视情况。当负责人知道员工奖励日志将面临审查时，他们就会仔细斟酌如何在员工中更加公平地分配 PDGs。

智库员工可以向部门负责人主动申请使用 PDGs；当部门负责人发现员工有需要时，也可以主动为其提供 PDGs。通常只要用途合理，部门负责人一般都会批准员工的请求。虽然这一过程是非正式的，但员工也需要编制一份预算。

智库设置 PDGs 的重要目的是为了帮助其员工实现职业发展目标，这一目标是对员工进行年度评估的重要指标。根据员工的年度评估结果，如果该员工在发表出版物方面有所欠缺，那么部门负责人可能会拒绝该员工参加会议的请求，但还是会分配给他部分资金，帮助他将报告转换为期刊文章。这种资金分配方式才能保证与员工评估结果所要达成的目标相一致，帮助该员工在其研究领域成为一名重要的分析人员。

最后，本文将简要介绍一下如何通过 PDGs 追踪员工的工作情况。两家使用 PDGs 的受访智库都建立了时间管理系统，便于记录员工从事各种活动的时间，同时记录员工在 PDGs 支持活动中投入的时间。据笔者所知，通常智库会为 PDGs 的时间管理系统建立一个项目账户。项目账户是为使用 PDG 基金批准的每项活动而设立的。然后，智库负责人使用每两周或每月的支出报告来追踪每笔补助金的支出情况，包括劳动力支出和其他直接费用。当然，如果没有时间管理系统，智库就必须使用类似的方法来管理。

3 结　论

创建和管理员工激励机制是智库的一项主要任务（至少在开发阶段），需要人力资源总监、高层管理人员和团队负责人花费大量时间配合完成。他们对不同的员工团体采取何种奖励措施最有效秉持着自己的看法。因此，让他们花时间进行充分的讨论是非常必要的，这样才能充分考虑到如何提供不同类型的奖励，以降低员工流动率并提高员工生产力。

智库管理 PDGs 的指导思想应该是团队负责人/智库负责人可以使用不同类型的 PDGs 来激励员工，即使员工以往提出的需求没有出现过。管理人员应积极进行创新思考，并准备好解释为什么某种类型的奖励适用于个别员工的发展。如果 PDGs 的运用在提高员工工作满意度和工作效率方面表现良好，那么部门负责人应该与其他管理人员共享他们的成功经验。

参考文献

[1] Cassar, L. and S. Meier. 2018. "Nonmonetary Incentive and the Implications of Work as a Source of Meaning," Journal of Economic Perspectives, vol. 32, no. 3, pp. 215 - 238.

[2] Letts, C. W., W. P. Ryan, and A. Grossman. 1999. High Performance Nonprofit Organizations: Managing Upstream for Greater Impact. New York: John Wiley & Sons.

[3] Nalbantian, H. R., and A. Szostak. 2004. "How Fleet Bank Fought Employee Flight." Harvard Business Review, April: pp. 116 - 125.

[4] Net Impact. 2012. Talent Report. What Workers Want. Net Impact.

[5] Struyk, R. 2015. Improving Think Tank Management. Washington, DC: The Results for Development Institute.

（作者：雷蒙德·J.斯特鲁伊克，甘琳翻译。本文于 2018 年 8 月 8 发表在 On Think Tank 网站上，网址为 https://onthinktanks.org/wpcontent/uploads/2018/08/OTT_NewResource_RStruyk_ProfessionalDevelopmentGrants.pdf/。）

18. 员工绩效评估模式的主要进展：哪一种最适合智库？

引 言

在商业世界，特别是高科技公司、大型咨询公司和国际知名律师事务所，正在进行一场相对平静的变革，这将改变其传统的员工绩效评估体系及其年度目标设定方法。员工酝酿已久的不满情绪始于2011—2012年，并且他们逐渐推动了一场改革运动。这场改革运动从2017年开始，随着员工评估新流程采用者的激增，改革势头也渐渐增强。这一新模式仍处于试验阶段，目前正在向更多的企业和智库推广。

新评估模式的关键特征之一是频繁反馈员工绩效（在某些机构中，理想情况是保持"持续反馈"）。频繁反馈有利于员工加快职业化发展，也有利于机构为员工负责的任务制定更具针对性的措施。另外，人们认为更加频繁的主管—员工互动会巩固上下级工作关系，为员工提供更好的指导。新的员工绩效评估模式将重点放在员工的未来工作上，而不是回顾其过去的工作。

该模式的另一关键特征是机构领导者更加重视其员工的敏捷性，即员工根据技术变化、监管和财政环境发生的变化以及市场发展而改变工作流程和产品的能力。[1]

笔者的一位老友在一家大型太阳能发电公司市场部工作了15年。他告诉笔者，在公司的产品开发和生产过程中，技术迭代是引发价格变动的持续因素。此外，联邦

---

[1] 以下文章对这些问题进行了阐述。Peter Cappelli, Anna Tavis, The Performance Management Revolution, *Harvard Business Review*, vol. 94, No 10, 2016; Sloan, N., D. Agarwala, *Performance Management*, 2017; D. Sloan, D. Agarwal, S. S. Garr, K. Pastakia, *2017 Deloitte Human Capital Trends*, Deloitte University Press, pp. 64 – 74; *HBR Guide to Performance Management*, Harvard Business Review Press, 2017.

和各州经常降低税率和采用其他激励措施鼓励消费者和公司采用太阳能作为他们的动力来源。这些外部优惠条件是公司业绩增长的主要原因,在这种情况下公司对员工年度业绩指标的考核没有多大实质意义。

显然,相比于上文中的太阳能发电公司,智库是在一个完全不同的、更加稳定的环境中运作的。但有些智库正面临着员工频繁的升职诉求和职场抱怨。这种需求似乎最常出现在千禧一代(出生于1983年1月至1994年12月之间)和稍年轻的一代中。他们关注的重点是,为什么其他员工在自己的领导下不能在机构内迅速地取得成功,或者为什么其工作进展没有得到机构的认可。一些调查数据表明,这是一个普遍存在的问题。①

许多智库的发展历程已经超过十五年,而且越来越多的智库采用了复杂的员工年度绩效评估模式。这就避免了一些营利性机构对员工进行绩效评估的限制。智库所采用的员工评估体系通常包含以下优点:

- 询问工作人员对他/她过去一年所取得业绩的意见。
- 询问工作人员对其上一年所制定的发展目标是否实现的看法。如果没有实现,需要询问未实现的原因,以及其部门负责人没有提供曾承诺给员工各方面支持的原因。
- 通过部门负责人与员工进行沟通来确定员工下一年的目标。
- 不将评估结果简化为单一数字,或作为确定员工晋升、解聘、嘉奖或加薪的基础,不利用评估结果对工作人员进行相对机械的排名。②

实际上,许多智库的员工评估似乎都缺乏"持续反馈"。通常,员工反馈应该在项目完成后进行,如果项目周期较长,则可以在项目不同阶段进行员工反馈。笔者猜想

---

① 经济学家巴特尔比,"对未来的悲观看法:年轻人对经济、商业和自身进步持悲观态度",2019年5月23日。这项观察所依据的数据来自一项对42个国家13 416名千禧一代的调查,每个国家的样本量在200—500之间。调查显示,导致受访者抱怨的首要原因是低薪,其次是缺乏晋升机会。

② 笔者在《完善智库管理》第三章提出了一些强有力的员工评估方案要素。

有两个原因导致智库没有持续接收员工反馈：一是因为反馈越少，暴露的问题越少，这样一来，员工工作就看似处于最佳状态；二是因为机构管理者与员工的对话并不平等，通过员工反馈管理者会更加关注员工的缺陷。当然，有些管理者是天生的导师，善于引导和帮助员工更好地开展工作、培养他们的工作能力，但根据笔者多年的经验，天生适合做他人导师的人毕竟是少数。

本文探讨了智库根据员工绩效评估的新进展做出的实际调整。笔者采访了四家运营良好的智库，并收集了许多相关信息，这些智库慷慨地充当了本文对智库管理主题探讨的主要对象。他们是美国芝加哥大学全国民意调查中心、城市研究所、发展绩效研究所①和莫斯科城市经济研究所②。

其中两家智库正在对其员工管理制度进行重大修订，与上文所提及的员工评估变动较为一致。两者都处于变革引入阶段，这一过程是渐进式的且将持续多年。修订员工管理制度已经过机构内部广泛讨论，并开始寻求一些外部指导。两家机构都拥有足够的经验，可以与那些正在考虑遵循"新范式"的变革推动者分享这些经验。

本文不会提到与特定实践活动相关的具体机构。笔者将以上两家机构简称为"改编者（adaptor）1"和"改编者2"而不是"采用者（adopter）"的原因是，这两家机构并没有直接使用现有的企业员工绩效评估模式。

另外两家未对员工管理制度进行重大修订的机构被称为"传统主义者（traditionalist）1"和"传统主义者2"。近年来，虽然两者在不断完善其员工管理制度，并朝着员工评估新模式这个方向做出了适度调整，但他们并没有做出更彻底、更持续的改变。显而易见，虽然这四家智库并不构成任何意义上的"代表性样本"，但对他们进行分析确实能积累一些有价值的经验，使我们有机会探讨采用员工绩效评估新模

---

① 需要注意一点，发展绩效研究所现在将自身定位为"一个国际非政府组织：与全球的变革推动者合作，创造自我维持系统，用以支持健康且高素质的人才。"

② 我非常感谢米西·纳赫巴尔、塔蒂安娜·波利迪、玛格丽·特纳、吉娜·拉格玛西诺和娜塔莎·罗伯茨向我介绍了其研究所展开的活动，并在条件允许的情况下与我分享了机构内部文件。

式的优点,即使这一模式尚未得到普遍认可。①

以下讨论围绕五个主题进行。第一,研究样本机构采用员工绩效评估新模式的刺激因素;第二,智库应如何进行"更频繁的员工反馈";第三,智库应为员工职业发展搭建更多阶梯;第四,强化员工评估新模式的基础。最后一部分进行了总结。

1 采用员工绩效评估新模式的刺激因素

在与四家智库的员工交流时,笔者希望了解到他们面对的种种工作压力,就如上文所提及的一样。事实证明,这一想法是错的。相反,机构改编者1、改编者2和传统主义者2认为员工绩效评估缺乏精确性,部门负责人审查员工的指导和提示也缺乏精确性。因此,他们就这两方面进行了改进。其中最显著的改变是对评估员工能力的标准进行了完整陈述,取代了原有的评估提示语。员工能力标准成为部门负责人(或审查人)为员工提供相应职位的重要依据。同时,改编者2和传统主义者1还专门说明了每种职位所需的能力标准。绩效方面的要求随着研究人员和行政人员职业阶梯的不同水平或步骤而稳步增加。第四节将进一步讨论员工的能力。

机构改编者1、改编者2和传统主义者2都认为,原有的员工评估系统过度简化了审查提示,导致员工评分结果不精确。因为不同的部门负责人会根据评估提示建立自己的一套评估标准,用于指导员工工作。这将直接造成评估公平性无法保证。为解决这一问题,评估系统可采用员工能力描述这一措施。因此,这些机构都对这一改进措施都十分感兴趣。

机构改编者1清楚地表明,年轻员工(实际上往往是比千禧一代更年轻的员工)所带来的压力是机构重新调整其员工绩效管理的重要刺激因素。这些年轻员工对评估表所列的简单标准表示不满,并经常辩称,他们的主管常常在年度审查表中只给出了非常宽泛和简短的标准,这将导致主管无法正确判断员工们的工作质量。他们还

---

① 例如,参见经济学家熊彼特的《被夸大的绩效考核终结报告》,《经济学人》,2016年2月20日。

对数字评分表（通常满分是 4 分或 5 分）及其计分方式提出了批评。针对这些问题，改编者 1 在相应方面做出了改进。此外，年轻员工还希望得到更多反馈，这将在下文深入讨论。

机构改编者 2 承受着更多压力。因为其员工要求，有关机构内部员工流动性的标准要更加明确，并允许员工通过不同方式（除了获得高级学位之外）提高自身能力。

机构传统主义者 1 没有对其员工评估方案做出任何改变。原因很简单，因为该机构没有受到任何员工或部门主管的质疑。在员工方面，部分原因是对于那些受过良好训练、对公共政策有浓厚兴趣的人来说，当地的就业市场很疲软。由于需求方面的疲软，在过去 10 年里，相关研究人员的就业机会大幅减少，但受过良好培训的人才供应依然强劲；在部门负责人方面，他们对现有的员工绩效评估系统很满意，并且手头上还有许多其他工作需要完成，所以他们根本无暇顾及员工评估框架的调整。换言之，在没有压力的情况下，该机构已将管理资源调拨到其他方面。

2 更频繁的员工反馈

建立和实施一个正式的员工持续反馈系统往往被机构视为一项重大任务，需要耗费相当大的时间和精力。目前，机构改编者 1 和改编者 2 正在按部就班地完成这一项目（改编者 2 正对此进行深入讨论，改编者 1 正在试行这一新系统）。两家传统主义机构都没有开展这项工作。事实上，机构传统主义者 2 有一项明确的、执行状况良好的政策，该政策鼓励员工和部门负责人积极主动地征求对方的反馈和咨询意见（至少每季度一次）。但他们并未详细记录意见反馈的交流频次，所以笔者对此无法深入了解。为帮助部门负责人更好地与员工展开沟通反馈，该机构为部门负责人提供了专业培训（包括内部培训和外部培训）。

下文介绍了机构改编者 1 正在实施的员工反馈系统。首先，新系统保留了机构上一年度的员工年终（12 月份）绩效评估，该评估结果决定了下一年员工的加薪和晋升。在第二年的6月份,机构开展了更为宽松的审查,这有助于获得更多相对深入的员工反馈和绩效讨论。这样一来,员工可以在某些情况下获得年中晋升机会。例如,一名员工在上一年12月份已经快要满足晋升条件,那么在接下来的半年他将会更加努力,达到年中晋升的目标。

去年,机构改编者1开发了一个应用程序,旨在简化、跟踪、存储和促进员工与其部门主管之间的交流。为鼓励使用这一程序,机构为其员工和管理人员提供了相关的技术培训。

该应用程序有实时反馈、目标管理、签到和绩效评估等模块。应用程序可以简化的任务包括:

- 荣誉(给予员工正面反馈,并提供奖励分配的选择);
- 目标设定;
- 签到;
- "一对一"反馈记录(员工和部门负责人间的对话内容和结果);
- 征求反馈(员工征求部门负责人的反馈);
- 年度和年中审查;
- 工作改进建议;
- 记录个别员工的情况。

在过去几个月里,机构改编者1的所有员工都习惯了使用该系统。该机构鼓励员工与其部门负责人就项目绩效和目标实现进度展开互动,并每月登记互动内容和结果。这是一个"部门负责人驱动的过程",部门负责人主动与员工交流,员工需要对负责人提出的问题做出回应。(该应用程序为部门负责人提供了一组可选择的主题提示,帮助他们登记与员工之间的互动,从而激发他们对具体事件的回忆。)然而,机构并没有强制员工利用该系统进行登记,也没有跟踪反馈记录,主要是因为机构内人员流动依然频繁。考虑到员工要求获得更多的反馈,部门负责人与员工间的互动肯定会增加。而登记的互动信息会对之后的员工评估产生直接影响。

例如，专家强调，当员工出色地完成任务或主动推进项目时，部门负责人要给予积极回应。四家受访智库中有三家为管理人员提供了有关这方面工作的培训。

一方面，智库员工由其所属的部门负责人管理；另一方面，员工需要同时处理多个项目，所以他们还要对多个项目主管负责。因此，机构对员工进行评估和反馈将变得十分复杂。在进行项目研究的过程中，员工可以向其他人寻求指导和建议，但应将此事告知项目主管。另外，在项目主管做出工作安排之前，若员工需要寻求额外指导，应向项目主管解释原因和具体的指导内容，这对两者都有益处。在准备年中考核时，部门负责人应就员工表现向项目主管询问意见。他们之间的所有互动记录摘要都需要输入线上应用程序。

机构改编者1的部门负责人和项目主管都接受了有关绩效评估的机构内外部培训。在这方面，人力资源专家一致认为，管理人员需要接受培训，了解如何与员工开展不同类型的讨论，包括绩效评估。员工沟通能力差所导致的问题有可能非常严重，甚至会阻碍机构的发展。① 例如，专家们强调，当员工很好地执行任务或主动推进一个项目时，管理人员要给予积极的回应。四家受访智库中有三家为管理人员提供了关于这一主题和相关主题的培训。

另外，四家受访智库都继续进行了员工年度绩效评估。

3 为员工职业发展搭建更多阶梯

在过去五六年中，四家受访智库中有三家在研究员/分析师的职业发展道路上增加了一到两个台阶，偶尔也会为行政人员的职业发展增加一个台阶。对此，只有传统主义者1没有做出任何调整。但这也许并不奇怪，因为该机构的员工数量在这段时

---

① Marcus Buckingham & Ashely Goodall, The Feedback Fallacy, *Harvard Business Review*, 2019, March-April, pp. 92 - 101; Jena McGregor 提供了其问答要点版本，见 *Everything You Know about Giving Feedback Would be Wrong*；另参见 Marshall Goldsmith, Leadership：Development：Try Feedforward Instead of Feedback, *Journal of Excellence*, 2003, vol. 8, pp. 15 - 19.

间内有所下降。虽然三家为员工职业发展搭建了更多阶梯的机构没有说明采取这一措施的原因,但可想而知他们这样做是为了应对员工期望升职的压力。

4 强化基础

修订员工能力标准是审查员工评估制度的主要内容。对受访智库而言,这意味着他们需要修改员工年度审查制度,更严格、更清晰地描述员工关键绩效标准(包括员工的判断力、问题解决能力、创新力和主动性)。机构的管理人员和员工都应参与这一过程,一同积极地对新的实施标准进行讨论。由于员工能力在评估中占据中心地位,本节将充分利用机构传统主义者 2 所采用的实践进行深入阐述。

在新的员工绩效评估系统中,评估内容被分为四个方面:工作绩效、互动、认知与创新以及管理。每个方面都附有一个简短的介绍说明。每一方面都由几个特定属性进行定义,并在每个属性下列出了管理人员在评估员工绩效时应考虑的因素。

例如,评估员工"认知与创新"能力的特定属性是:具有良好的逻辑思维能力,能够做出合理、准确、有力的决策,并能在决策过程中引入合适的人员。

项目主管将参考以下提示考察员工的创新能力:

1. 具有独创性思维和创造力,能提出改进工作的建议,在工作中表现得足智多谋。

2. 积极为机构做出贡献,主动思考和/或实施新思想或方法。

3. 机智地应对挑战。

4. 能适应传统方法或构想出新举措、新理念方案、新模型、新设计、新流程、新技术和/或新系统。

5. 敢于表达新观点和/或提出新颖的工作方法。

很明显,这些提示为项目主管提供了考察员工创新能力的各种角度。相比于旧有评估模式中的几句简单指导,新的员工绩效评估系统做出了非常大的改进。

在传统主义者 2 提供的评估框架中,机构管理人员会根据员工担任某职位的年资在心里默默地斟酌，以调整现有的评估提示。而机构改编者 1 和改编者 2 则为员工的每一步职业发展阶梯做出了明确提示。

通过鼓励大量员工和管理人员共同参与，一同开发评估提示的开放过程，评估将更具有现实性和准确性。受访智库的成员强调了这一过程所涉及的工作广泛性，以及员工绩效评估系统改进后带来的重要回报。

5 结 语

从与受访智库的交流中得知，这些智库正在思考如何对员工绩效评估过程进行改进。改进的重要目标是为了解决多年来机构所使用的员工绩效评估体系存在的缺陷。换言之，智库不会完全照搬咨询公司、IT 公司和某些其他类型公司所采用的员工绩效评估方案。

改善员工评估系统是一个长期的持续性过程，而大多数智库正处于这一过程的初期阶段。通过详细记录反馈信息以提升员工反馈频率、丰富员工反馈内容是这一阶段的主要内容。另一方面，在很长一段时间内，员工年度绩效评估流程将持续改进。

（作者：雷蒙德·J.斯特鲁伊克，甘琳翻译。）

19. 新型智库传播现状与优化策略研究
——基于 CTTI 来源智库媒体影响力的实证分析[*]

摘　要：媒体技术的发展,改变了社会的传播格局,智库传播是影响智库发展的重要因素,也是新型智库建设的重要内容。文章分析了智库传播对于新型智库建设的重要意义,讨论了新型智库建设背景中智库传播的建设方向,并以 CTTI 来源智库为例,分析目前新型智库的传播现状,总结了目前新型智库传播存在着传播意识薄弱、传播渠道单一、传播内容单调以及缺乏完善的传播策略等问题,最后提出新型智库应该树立深刻自觉的传播意识,打造多元化的传播渠道,开发优质的传播内容,拓展国际传播能力,注重传播的灵活性。

关键词：新型智库；智库传播；智库建设；传播行为；国际传播力

引　言

网络技术的发展推动了媒体平台的普及,大数据、云计算、物联网等一系列新技术的应用促使媒体技术和媒体平台不断转型升级。从传统媒体到网络媒体,各类新媒体、自媒体平台纷纷出现,社会逐渐进入融媒体、泛媒体时代。著名媒介理论家马歇尔·麦克卢汉曾提出"传媒是自我的延伸,任何媒介都在于它改变了人类生活的范围、节奏和模式[1]。"媒体技术与平台的更新换代促使了媒体的泛在化与融合化,极大

---

[*] 本文系教育部哲学社会科学研究重大课题攻关项目"推动智库建设健康发展研究"(17JZD009)阶段性成果。

改变了社会的传播格局。新的媒介生态既为智库提供了更快捷、更方便、更生动、更广阔的渠道与方式,也提出了新的挑战[2]。自2013年习近平总书记提出建设"中国特色新型智库"的倡议以来,我国新型智库建设在党和国家的支持下取得了瞩目的成绩,智库在促进决策民主化科学化、促进国家治理体系和治理能力现代化上发挥了重要作用。智库传播和智库成果是智库发展的双引擎[3]。在全新的媒体环境下,智库能否认识到传播的重要性、是否擅长利用媒体,不仅关系到智库自身职能的发挥、智库影响力的形成,更关系到"新型智库"建设目标的圆满完成。本文以智库传播在新型智库建设中的重要意义为切入点,利用CTTI来源智库媒体影响力的相关数据来分析智库传播的现状,了解目前存在的问题并提出优化策略,以期为新型智库的建设发展提供一定参考。

1 增强传播能力是新型智库建设的重要内容

1.1 智库传播的重要意义

媒体技术的发展扩大了智库的传播属性和传播需求,同时增强了智库对媒体的依赖程度,智库作为政策研究与咨询机构,需要借助媒体传播思想,来达到引导舆论、启迪民智、影响决策以及树立智库品牌的目的。美国学者Thomas Medvetz提出了智库是由政治、学术、经济和媒体等领域形成的混合空间[4]。我国学者刘鸿武提出了"以学科建设为本体、以智库服务为功用、以媒体传播为手段并使三者融会贯通"的国内学科和智库建设方案[5]。在智库评价中,媒体工具已经成为智库影响力排名所使用的指标之一[6]。这都表明了媒体传播对于智库建设发展的重要意义。对中国特色新型智库而言,与媒体互动不仅是智库的建设基础[7]、立身之本,也是使命使然。中共中央办公厅〔2014〕65号文件《关于加强中国特色新型智库建设的意见》(以下简称《意见》)中明确提出要"充分发挥中国特色新型智库咨政建言、理论创新、舆论引导、社会服务、公共外交等重要功能"[8]。外宣工作成为新型智库建设的重要使命。智库要承担起国家对外传播软实力策源地的重要角色,发挥对外传播中思想发动机的功能[9]。智库与媒体不同,是具有学术积淀的政策研究咨询机构。智库所传递的信息是在研究基础上,经过严密的科学论证得出,具有较高的专业性和学理性。国际智库同行期待听到智库传递的"中国声音",以此来预测中国政策的走向[11]。因此,在把握正确导向的前提下,智库需要以平等对话、理性交流、破立并举的方式主动回应国际社会的关切;把握对外传播的时机与场合,在重大外交事件前后,积极影响国际舆论;在充分发挥自身研究长处的基础上,积极参与国际学术理论探讨与学术话语权构建,参与国际议题的探讨。

1.2 智库传播亟待突破

智库传播无论是对智库自身的发展,还是对新型智库的建设使命而言,都具有非凡的意义。因此,新型智库建设不仅要在体制、职能、运作方式、方法手段和智库文化等方面有所创新[12],智库传播也必然有所革新。根据美国传播学家拉斯韦尔提出传播五要素"传播者、传播内容、受传者、传播渠道和传播效果[13]",结合新的媒体环境特点与新型智库的建设目标,智库传播应该在以下几个层面有所突破:

(1) 传播意识层面。智库的传播意识是智库采取传播行动的前提。在传统媒体时代,由于技术与社会发展的限制,我国媒体对于政策的出台主要起宣传作用,较少参与公共政策议程的制定[14]。而在新的媒体环境下,媒体本身是重要的舆论机构,也是舆论传播、沟通、扩散的渠道和平台,对公共政策具有较大的舆论影响力[15]。新型智库唯有认识到传播的重要意义,才能实现自身的发展,胜任对外阐释与宣介的工作。

(2) 传播渠道层面。在互联网技术出现之前,大众舆论的话语权被传统媒体掌控,智库研究成果的传播以接受媒体采访、媒体援引等形式出现[16]。智库传播渠道选择空间较小。网络技术的不断发展变革催生了传统媒体与新媒体的融合趋势。媒体技术与媒体平台的发展弥补了智库长于谋略而弱于传播的劣势,扭转了过去智库囿于传播技术、传播平台限制而传播能力较为薄弱的局面。在此背景下,智库传播渠道的建设必须充分借助各类媒体平台的传播优势。

（3）传播内容层面。智库的传播内容承载着智库观点。因此，智库的传播内容应该体现自身的学术研究特长，表现出较高的学理性、专业性和可信度。在对外传播中，除了对政策立场的深刻阐述，智库还应增强智库政策意见的外输，积极参与国际学术话语权的构建。

（4）传播策略层面。"怎样传"是传播的重要方面，直接关系到传播者是否可以达到自己的目的，取得良好的传播效果等问题[17]。从智库媒体传播活动的前期策划，传播过程中传播渠道、内容、方式的确定，到传播效果的反馈等，智库需在整个传播流程中制定成熟完善的媒体传播策略，灵活运用传播技巧。

2　新型智库的传播现状分析——以 CTTI 来源智库为例

CTTI（中国智库索引）是南京大学和光明日报社联合开发和推广的集智库垂直搜索、智库数据管理和智库在线测评系统于一体的智库信息管理系统。截至 2018 年 12 月 31 日，CTTI 共收录 706 家来源智库机构。其中，媒体影响力字段是 CTTI 七大数据模块之一，由智库主动填写的媒体报道组成，下分报纸新闻、电视新闻、网络新闻三个子字段。本文利用 CTTI 数据库，共导出 4 837 条智库媒体报道，经过数据清洗，删除重复无效数据，共得到数据 4 300 条。数据获取日期为 2019 年 1 月 14 日。

2.1　智库相关数据分析

（1）智库类型分析。所收集的 4 300 条数据共由 137 家智库填写录入，填写数据的智库数量仅占 CTTI 来源智库总量的 19.41%。4 300 条媒体报道与 CTTI 收录的 18 105 场智库活动和 116 015 份智库成果相比，数据量相对较少。根据中国特色新型智库体系的圈层结构特点将智库分为四类：党政军智库、科研院所智库、高校智库和社会智库[18]。填报媒体报道的智库类型以高校智库为主，占总数的 77%；科研院所智库占 11%；社会智库占 7%；党政军智库仅占 5%。高校智库在总量上占据优势,高校智库的媒体报道数量遥遥领先不足为奇。党政军智库在CTTI来源智库中虽然数量占据第二梯队,但是填报的媒体报道数量较少。

(2) 智库所在地域分析。137家智库共填写4 300篇智库报道,平均每家智库填写约31条报道,分布于全国23个省级行政区,地区差异较大。总体来看,填写媒体报道较为积极,且数据量较大的主要集中在沿海地区或是经济文化发达省市。填写媒体报道数量最多的区域是湖北省,共846篇;媒体报道涉及智库数量最多的是北京市,共22家智库。通过对媒体报道数量、所涉及智库数量、智库所在区域分析发现,大部分地区内平均每家智库填报的报道数量低于平均值31条(如图1所示)。值得注意的是,河南省的智库媒体报道全由同一家智库填写,共180篇。这意味着除去区域因素,智库自身的传播意识也十分重要。从上文分析可以看出不同地区、不同智库机构对媒体报道的认识程度有较大区别,相较于媒体报道,大部分智库更注重智库成果、智库活动。

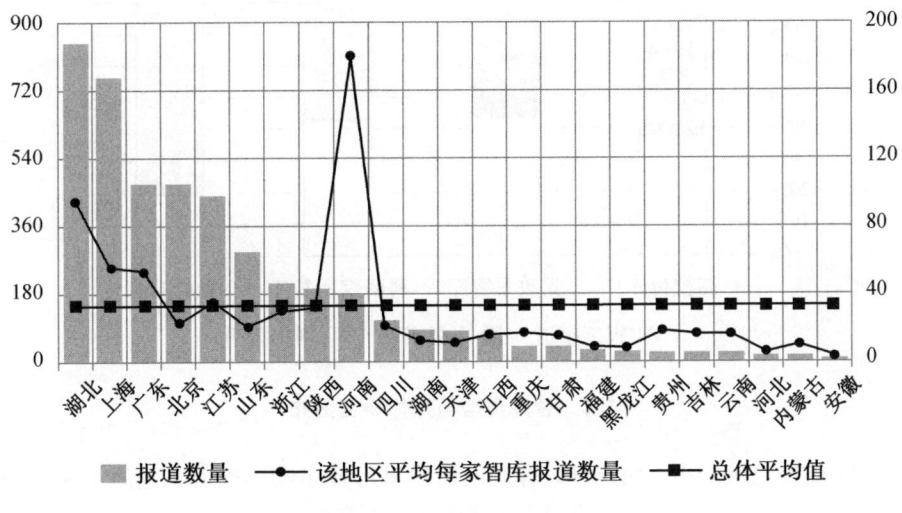

图1 媒体报道数量与所在地区关系图

2.2 媒体平台数据分析

(1) 媒体类型分析。在 4 300 条数据中,网络报道占 58%,成为智库媒体报道的主要呈现形式,报纸报道占 37%,电视报道数量最少,仅占 5%。值得注意的是,虽然智库传播主要依靠网络平台,但主要是利用新闻门户型网站,对其他网络平台利用较少。不同类型的智库机构对于媒体平台的选择有一定的倾向性,但都遵循网络报道占比最高,报纸报道次之,电视报道占比最少的规律(如图 2 所示)。党政军智库、科研院所智库的报纸报道占其媒体报道总量的 40% 以上;高校智库、科研院所智库、社科院智库中网络报道则占其媒体报道总量的 50% 以上;电视报道由于受其总量限制,因此在各类智库的媒体报道中占比都较低,其中最高的是党政军智库;在四类智库中党政军智库是唯——类报纸和电视报道占据一半以上的智库。

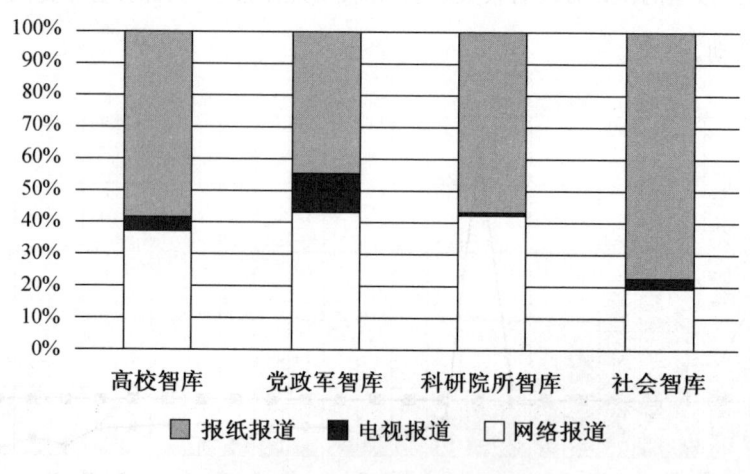

图 2 智库类型与媒体平台分布

(2) 媒体地域分析。由国外媒体刊发的报道占智库媒体报道总量的 1.95%,由港澳台媒体刊发的报道占 3.31%,由国内媒体海外版(国际版)刊发的报道占 2.22%。可见不仅境外媒体对我国智库关注度较低,国内媒体向国际上输送国内智库动态的能力也较弱。

(3) 新型智库传播中的媒体级别分析。智库在选择传播渠道时具有平台导向性，智库在利用媒体传播的过程中看重媒体平台的级别、规格，倾向于在主流媒体上刊登智库报道。智库媒体报道由中央媒体刊发的占19.81%，由省部级媒体刊发的占17.23%，二者共占37.04%，高级别媒体主要以主流报刊平台为主，如《人民日报》《光明日报》《经济日报》《求是》等。

2.3 媒体报道类型分析

根据数据实际情况，将媒体报道类型分为新闻通稿类、专访类、时事评论类、理论文章类、调查报告类、科普类六种。理论文章和调查报告类主要是指智库的研究成果，占报道总量7.7%；科普类主要是指智库针对某一事物或现象向社会公众开展的科普教育，占报道总量0.6%；时事评论主要是智库专家针对某一现象或事件对评论阐述，占报道总量24.2%；专访（电视访谈）主要是媒体对智库、智库活动或是智库专家进行访谈，占报道总量0.7%。这五类报道类型是智库发挥舆论引导、启迪民智的重要方式，也是对智库思想的直观展现。新闻通稿类主要侧重展示智库会议、活动等相关消息，增加了智库的媒体曝光度，占报道总量66.7%。如图3所示，智库媒体报道的报道方式主要以通稿化报道为主。

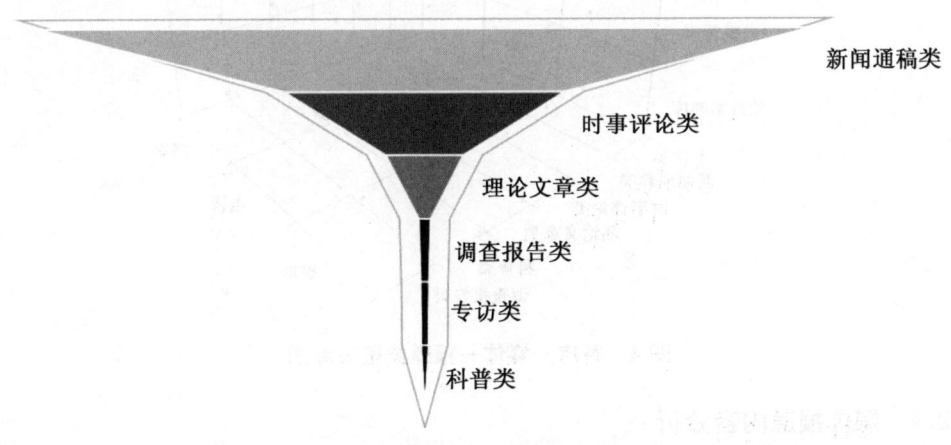

图3　媒体报道的类型分布

具体分析媒体报道类型、智库类型、媒体平台三者关系可以发现，数量排名前三的分别是"高校智库—网络媒体—新闻通稿(1 722条)""高校智库—报纸—新闻通稿(544条)""高校智库—报纸—新闻评论(521条)"(见图4)。属性为"党政军智库—报纸—专访"和"科研院所智库—电视—时事评论"的媒体报道数量最少，都仅有1条。高校智库在网络媒体和报纸上发表的新闻通稿占据了所有媒体报道的半壁江山。从三类媒体平台上来看，在以报纸为平台的媒体报道中，主要是以高校智库产生的新闻通稿类、时事评论类和理论文章类为主；在以电视为平台的媒体报道中主要以时事评论为主；在以网络为平台的报道中，绝大部分是新闻通稿，其他报道类型数量较少。值得注意的是，在所有网络报道中中仅有59条新闻是视频报道，其他为平面报道形式。

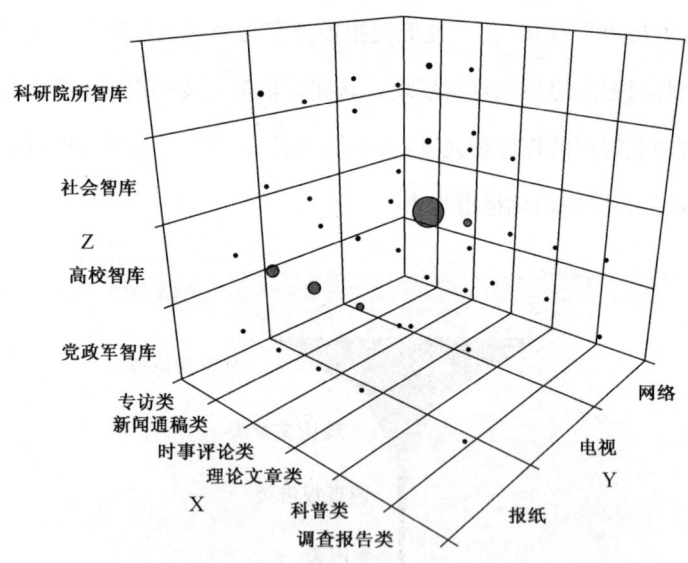

图4　智库—媒体—报道类型三维图

2.4　媒体报道内容分析

根据媒体报道内容，将媒体报道分为法律与公共安全、文化与教育、产业与金融、社会治理与公共事业、区域研究与国际关系、党建与国家治理、三农、一带一路、环境能源与基础设施、信息与科技、宏观经济与国际贸易等 11 个领域。法律与公共安全等前 5 个报道领域占据新报道总数的 79.4%（见图 5）。

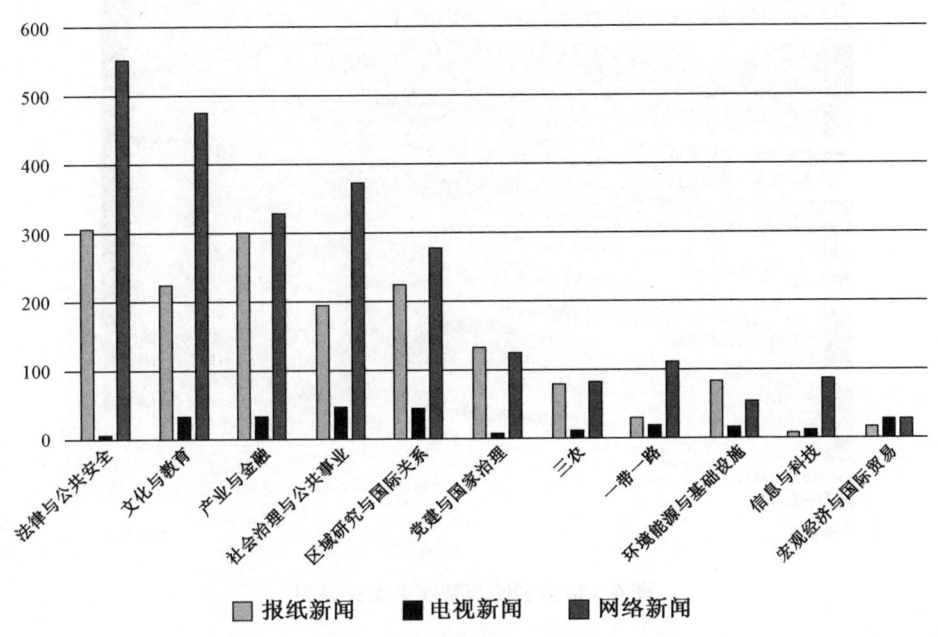

图 5　媒体报道领域分布

具体分析媒体报道领域与智库类型的关系发现，高校智库在所有领域均有涉及，其中涉及较多的是法律与公共安全领域、文化与教育领域；科研院所智库主要涉及文化与教育、产业与金融等 10 个领域；社会智库主要涉及区域研究与国际关系、社会治理与公共事业等 9 个领域；党政军智库主要涉及产业与金融领域、党建与国家治理领域等 6 个领域（见图 6）。不同智库有不同的领域选择偏好。例如，产业与金融、区域研究与国际关系、文化与教育、法律与公共安全、社会治理与公共事业等领域集中了全类型的智库；而信息与科技领域则只有高校智库，其他智库显然参与度有待提高。

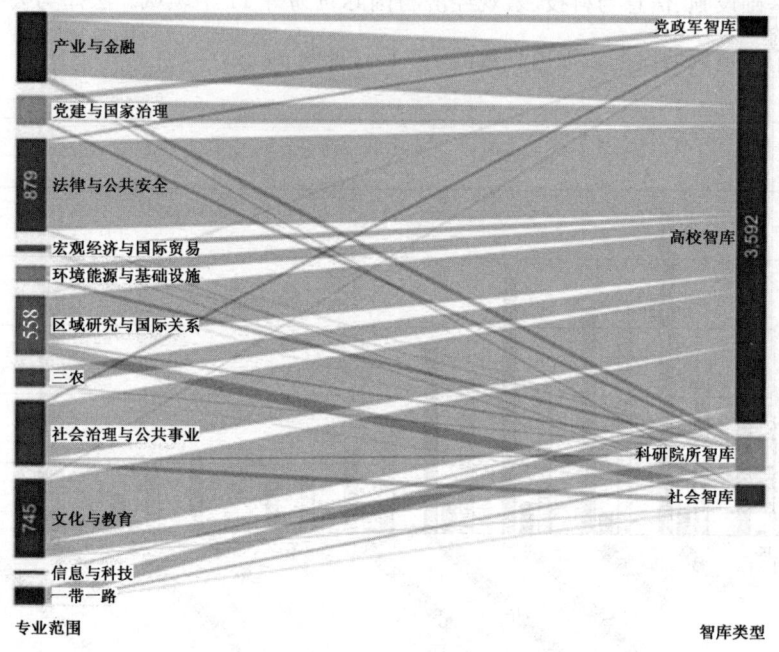

图 6　报道领域与智库类型关系图

报道标题词频数量排名前十的分别为"发展（673）、中国（650）、论坛（602）、研究（531）、举行（372）、经济（316）、大学（313）、法治（310）、社会（299）、研讨会（289）"（见图 7）。结合图 5、图 7 可以发现如下特点：① 以会议论坛等召开为重点报道对象，如在词频分析中，"会议""研讨会""研究会""论坛""召开""举办""发布"这类词出现频率较高，数量较大，这从侧面证明媒体报道以会议论坛的召开通告为主。② 以高校智库为主要智库类型，如高频词"大学""研究院""学院"。③ 紧跟国家战略方针。如"一带一路""经济带""改革""创新"等高频词都与国家战略相关。国内智库的研究方向紧跟国家的战略方针，虽可以为国家战略的贯彻落实提供强大的智力支撑，但并不是所有智库都适合做国家战略研究。智库传播内容仅仅聚焦于国家战略，容易忽视社会公众的信息需求，也无法体现智库的专业与特色。

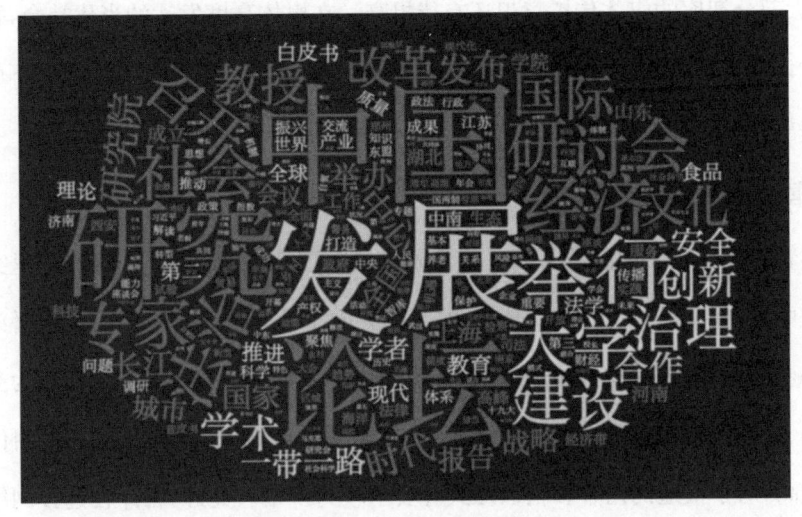

图 7　媒体报道标题高频词词云

3　新型智库传播存在的问题

3.1　智库传播意识较为薄弱

智库在 CTTI 系统中录入智库媒体报道的热情明显低于录入智库论文、调研报告、内参等其他智库成果形式，可以看出大部分智库未对智库传播的重要性产生深刻认识。究其原因，一方面可能与智库性质相关。高校智库对于社会热点与媒体技术较为敏感，在各类智库中媒体报道数量最多，传播意识相对较高。党政军智库和科研院所智库靠近决策中心，经费较为充足，但由于部分研究成果以内参、专报等形式呈现，容易受到部分智库成果涉密限制，因此相应媒体报道数量较少。这也在一定程度上造成这两类智库重内参报送，而忽视大众传播的局面。社会智库与其他智库类型相比，数量最少，但利用媒体较为自由灵活。另一方面可能与智库所在地域有关。在经济发达的沿海地区，上级部门更注重对新型智库建设的投入，智库建设发展拥有良好的外部环境。智库传播意识相对较高，利用媒体的频率更加频繁、方式更加灵活多样、形式内容更加丰富，对于网络媒体利用的程度明显高于其他地区。智库媒体报道数量的区别在一定程度上反映了不同类型、不同地区的智库传播意识的差异。总体来看,大部分智库的媒体传播意识还有待提高。在媒体高度发达的当代社会,智库的传播意识直接影响智库传播效率,关系到智库的生存发展,智库的传播意识不应由于智库类型、地域的不同而有高低之分。

3.2 智库传播渠道较为单一

尽管媒体技术发展给予了智库较大的传播渠道选择空间,但在新型智库实际传播过程中,传播渠道的选择依旧比较单一:(1) 传播渠道类型较为单一。传播渠道以网络平台为主,电视报道数量最少,各平台媒体报道数量悬殊。这主要是因为受到传播成本、传播能力、智库性质等方面影响。如电视报道在三类媒体报道中,制作成本要求最高,对于报道的内容、时长、形式等要求较为严格。此外,智库在选择网络传播渠道时主要选择新闻门户型网站,也可看出智库自媒体建设力度较弱。(2) 传播渠道级别较为单一。智库倾向选择主流媒体作为传播渠道,主要是因为主流媒体增强了智库的影响力,以及高级别媒体发文数量与智库成果认定、考核激励挂钩。如南京大学把被《新华文摘》全文转载(非观点摘编)的论文,视为等同于发表于校定一流期刊[19]。从以高级别平台为导向的传播渠道选择方式可以看出,目前智库传播以影响政治精英为主要目标,不重视对普通社会公众的信息传递。这种渠道选择方式容易造成智库在普通媒体渠道的缺位,从而影响智库的社会化、大众化传播。传播渠道选择多样性与实际利用单一性的矛盾,反映了智库缺乏灵活综合运用各类媒体平台的能力,而无论是对第三方平台的利用能力,还是对智库自媒体的建设能力都有待提高。

3.3 智库传播内容单调乏味

智库传播内容较为单调乏味,主要表现在:(1) 传播内容重合度高,缺乏专业化、特色化素材。从报道涉及的领域看,智库媒体报道存在着大量智库集中在少量领域的特点。此外,在部分领域中缺乏多样化的智库声音,同样容易导致传播内容的同质化。(2) 传播内容表现形式单调。在所有网络报道中,平面报道占据绝大部分。在融媒体时代，智库传播面临的媒体技术难题已大大减小，从文字、图像到声频、视频，智库可以利用各个媒体平台的优势，以观众喜闻乐见的形式传播智库信息。但事实上智库并未完全发挥网络平台的多媒体优势。(3) 报道类型单一，以通稿化报道为主。不同的媒体报道类型有不同的传播侧重点，反映出智库在传播中发挥的作用，同时揭示了智库信息的不同深度。新闻通稿一般由智库审定，统一发送给多家媒体平台，由于制作成本较低、生产效率高而受到智库欢迎。但新闻通稿容易出现内容单一、不同平台内容同质化的问题，且新闻通稿只能作为智库信息、动态的简单展示，无法传播专业化、学理化的智库思想。传播内容单调乏味从侧面反映了智库生产优质传播内容的能力较弱。

3.4 缺乏完善的传播策略

(1) 只重国内传播而不重国际传播。在分析中发现，新型智库传播渠道的地域局限性明显。无论是国外媒体，如 Facebook、Twitter、YouTube、Instagram 等，还是我国港澳台媒体，抑或是国内媒体海外版，如《中国日报》(*China Daily*) 和《环球时报》(*Global Times*) 等媒体平台都罕见中国智库身影。可以看出智库的国际传播能力较弱，这与智库承担对外宣传中国理念、促进交流合作的"外交"职能是相悖的。

(2) 智库传播方式固化，缺乏灵活性。不同的智库类型，获得经费的额度和渠道不一样，人事管理机制不一样，则传播资源差异性也很大[20]。高校智库在我国智库体系中数量最多，利用媒体平台的方式较为灵活频繁，其媒体报道涵盖三类媒体平台，六类报道类型，十一类主题领域。党政军智库的官方背景更加浓厚，经费相对充足，对于媒体的利用相对较为谨慎，主要选择官方媒体，其媒体报道以在网络和报纸平台刊发的新闻通稿为主，且电视报道数量最高。社会智库与其他智库类型相比，主要利用网络平台和自建媒体平台，刊发新闻通稿与时事评论。由此可以看出不同类型的智库有各自擅长的传播方式，不同智库对于传播渠道、媒体报道类型有各自的选择倾向。这种"扬长避短"式的传播方式虽然可以发挥智库的传播特长，但容易使智库陷入传播方式固化的窘境，无法满足社会对智库信息多样化的需求。

4 新型智库传播的优化策略

综上分析,目前智库传播中仍然存在着与新型智库建设使命不相适应之处。在智库与媒体水乳交融的当代社会,智库如果不能改变旧思维,充分适应全新的媒体环境,提高自身传播能力,智库的职能和作为将大打折扣,也将无法圆满完成新型智库的建设目标。因此,根据智库传播现状中存在的问题与新型智库建设要求,提出以下新型智库传播的优化策略:

4.1 树立深刻自觉的传播意识

对于部分传播意识薄弱的智库而言,树立深刻自觉的传播意识是新型智库开展一切传播活动的前提,可以将传播活动纳入智库的发展规划,从顶层设计层面去推动智库的传播活动。欧美智库高度重视接触媒体,许多智库研究员会非常频繁地出现在新闻媒体上,针对时事政策、重大事件公开发表评论[21]。此外,欧美智库常设智库总监,负责总体协调智库传播事宜,并投入大量资源来改善智库的公众形象,增加媒体曝光频率。例如布鲁金斯学会拥有一支经验丰富的智库传播团队,该团队花费大量时间精力更新网站上的智库信息,并实时监控网站数据流量,确保学会在知名媒体上的高曝光率[22]。除了树立深刻自觉的传播意识,智库还应与媒体建立制度化常态化的智媒合作关系。随着国内光明智库、瞭望智库、南方传媒智库等一批媒体型智库相继成立,智库与媒体的合作发展、融合发展成为一种趋势。智库有必要将事件性、临时性、个人性的智库与媒体合作制度化[23]。例如英国查塔姆学会专设外联部门,建立"媒体每日报送"制度(dairy everyday),将政策见解第一时间发给媒体,被授权的媒体能在网页看到学会定期更新的研究动态和活动信息[24]。

4.2 打造多元化的传播渠道

媒体技术的发展模糊了三大传统媒体的边界,改变了智库的外部媒体环境,催生了融合化、多样化的媒体平台,这对智库传播而言是一个契机。新型智库建设需要准确把握媒体技术发展的机遇,以媒体平台优势弥补自身的传播技术缺陷,打造多元化的传播渠道。一方面，可借助种类繁多的第三方平台。网络技术发展促使信息传播突破了时空限制，传播效率更高，传播范围更广，传播成本更低。自媒体、社交媒体的广泛应用，促使社会进入"人人即媒体"的泛媒体时代，同时也为智库与受众提供了互动平台。目前各类音频视频社交网络平台异常火爆，智库可借此传播智库信息并与用户进行互动交流。如布鲁金斯学会在 YouTube、Podcast 等社交媒体上设置官方频道，提供专题合集与受众分享，用户在关注后可观看智库动态、专家观点音视频，在留言区与智库互动[25]。另一方面，积极打造智库的自媒体平台。如盘古智库不仅建立专门的智库网站，开通了微信公众号、新浪微博，且微博粉丝数量近 70 万，还研发了盘古智库 App 供用户下载。此外，智库在追求主流媒体曝光的同时，也应该注重在普通大众媒体上传递智库动态。美国的布鲁金斯学会、兰德公司，英国的海外发展研究所等智库，都经历了从政策圈、学术圈向大众圈发展的过程[26]。智库需要以更亲民的方式和渠道传播智库思想，从而达到影响社会公众的目的。

4.3 开发优质的传播内容

各类商业媒体和大量自媒体的出现在极大程度上丰富了社会舆论场上的声音，个人或组织都可以利用自媒体平台向社会传递不同的声音。网络技术与传播技术的发展造成信息数量激增，也造成了信息失序。在此背景下，智库作为理性的声音，应该为社会带来专业、科学、真实、客观、多样的思想观点。但目前智库的传播存在着内容重合度高、表现形式单调以及报道类型单一等问题，难以满足受众多样化、深层次的信息需求。因此，智库的传播内容需从社会环境与受众需求出发，打造"深（科学理性）、准（个性化）、精（品质化）、丰（形式丰富）、新（时效性）"的优质传播内容。智库传播与智库研究相似，需要"顶天立地"。这决定了智库传播既要影响决策者和精英群体，也要兼顾社会大众。智库既要走进来、走上来，也要走出去、走下去[27]，搭建政府与公众沟通的桥梁。如美国传统基金会的研究员被要求撰写和传播与当下政策问题相关的简报，并提供不同类型的出版物，以满足不同类型的目标受众的需要[28]。大量智库应把主要精力放到政策教育、政策评估和政策反馈上[29]，利用合适的媒体平台，充分开发传播内容的深度与广度，可以适当选用专家访谈、专家评论、专家科普等方式，将传播内容以最合适的方式表现出来。如借鉴《人民日报》的实践经验，通过图解新闻、漫画新闻、短片新闻等通俗易懂的传播形式，对一些深度的智库研究报告进行解读，使其成为"广而告之"的思想产品[30]。此外，还应该注重传播内容的时效性，选择合适时机。如新华社世界问题研究中心专家在领导人出访或发生重大国际事件时，通过发表文章、接受媒体采访等形式展示中国主张、影响国际舆论。

4.4　拓展国际传播能力，注重传播的灵活性

《意见》中明确提出要"加强中国特色新型智库对外传播能力和话语体系建设"。智库传播能力国际化，既是智库自身发展所需，也是智库的使命使然。提升智库的国际传播能力，需要传播渠道与内容作为支撑，也需要成熟完善的传播策略作为保障。一方面，智库可以借助国内媒体作为支撑，积极向国际社会传递中国声音。另一方面，智库可以借助国外著名新闻媒体，或是全球社交媒体与全球公众进行对话和沟通。美国的《华盛顿邮报》《纽约时报》、彭博通讯社、美联社、路透社等媒体都有大量对不同智库专家的采访，并利用电视台和网络在全国甚至全球范围内传播。借助著名媒体的影响力，可以扩大智库所传递的"中国声音"。如上海交通大学国家海洋战略与权益研究基地有关南海仲裁与海洋权利的智库观点先后受到了日本放送协会（NHK）、英国广播公司（BBC）、美国之音（VOA）等三家国外媒体的报道，引起了广泛关注。

在智库传播过程中，面对不同的传播对象，选择合适的传播方式与传播技巧，注重传播的灵活性。一方面，不同的媒体平台、不同的报道类型有各自的受众群体和优劣势。在各类媒体平台高度发达的社会中，智库更该采取的是"扬长补短"的传播方式。另一方面，新型智库的传播需要内外有别。智库传播在国际社会的意义在于传播中国声音，传递中国思想，争取国际话语权。因此，新型智库的对外传播不仅要注意传播内容的学理性和说服力，还要注意传播的方法姿态与形式方式。

5 结 语

重视智库传播是新型智库建设的题中之义。智库所承担的咨政启民、引导舆论、凝聚社会共识以及公共外交等重任,都需要借助智库思想、成果的传播活动来完成。在全新的媒体环境中,在新型智库建设目标下,智库依然沿用传统的传播思维与方式,智库的传播意识、传播渠道、传播内容、传播策略等未及时跟上社会形势的变化,就会造成智库传播现状与新型智库建设目标不相适应的状况。为圆满完成新型智库的建设目标,智库应成为一个能适应融媒体、泛媒体时代的传播者,拥有高度自觉的传播意识,可以制定成熟的传播策略,能够利用多元化的传播渠道传播优质智库信息,并能及时收取反馈,了解传播效果。需要指出的是,本文的研究存在一定局限性,由于智库媒体影响力数据由智库自主填报,可能存在部分数据遗漏。因此在未来研究中,可扩大数据范围,增加能反映传播效果的相关数据类型,进一步充实研究结论。

参考文献

[1] 马歇尔·麦克卢汉.何道宽,译.理解媒介[M].商务印书馆,2000:92-97.

[2] 李琴,吴飞.融媒体时代政府传播困境及策略研究[J].传媒,2019,(05):90-93.

[3] 王敏.智库传播,新媒体先行[J].新闻研究导刊,2015,6(20):197-198.

[4] Medvetz T. Think Tanks in America[M]. Chicago:The University of Chicago Press,2012:33-41.

[5] 中国社会科学网.建构学科、智库、传媒三位一体发展格局[EB/OL].[2019-03-01]. http://m.cssn.cn/zx/zx_bwyc/201712/t20171224_3790615.htm?from=singlemessage.

[6] 唐纳德·E.埃布尔森,斯蒂芬·布鲁克斯.严志军,周诗珂,译.智库,外交和地缘政治:实现影响力的路径[M].南京大学出版社,2018:68.

[7] 卜雪梅.智库与媒体的融合与发展[J].新闻战线,2018,(18):35-36.

[8] 中央政府门户网站.中共中央办公厅、国务院办公厅印发《关于加强中国特色新型智库建设的意见》[EB/OL].[2019-03-01]. http://www.gov.cn/xinwen/2015-01/20/

content.htm.

[9] 王莉丽.中国对外传播智库的角色定位[J].对外传播,2014,(05):9-10.

[10] 胡键.中国智库的对外传播研究[J].现代传播(中国传媒大学学报),2018,40(05):21-26.

[11] 人民网.国务院发展研究中心隆国强谈"建设中国特色新型智库"[EB/OL].[2019-03-01]. http://theory.people.com.cn/n/2015/0205/c148980-26515489-2.html.

[12] (美)哈罗德·拉斯韦尔.展江,何道宽,译.社会传播的结构与功能[M].中国传媒大学出版社,2013:35-36.

[13] 何志武.大众媒介与公共政策—对武汉市"禁麻"政策的个案研究[M].武汉大学出版社,2008:1-19.

[14] 王莉丽.论美国智库舆论影响力的形成机制[J].国外社会科学,2004,(03):51-55.

[15] 张君瑶.地缘政治视角:印度智库与媒体的互动关系[D].暨南大学,2015:21-22.

[16] 杭孝平,徐梅香.经济类新闻报道的策略[J].新闻爱好者,2012,(14):86-87.

[17] 上海社会科学院智库研究中心.2015年中国智库报告——影响力排名与政策建议[Z].上海社会科学院,2016:5.

[18] 南京大学社会科学处.文科一流期刊目录(31种,2017年修订)[EB/OL].[2019-03-01]. http://skch.nju.edu.cn/regulation/1979473540.

[19] 丁炫凯,李刚.新型智库传播力评价及其实证研究[J].南京社会科学,2018,(10):29-36.

[20] 唐纳德·E.埃布尔森.智库能发生作用吗[M].上海社会科学院出版社,2010:20.

[21] Cheng Li. The Power of ideas: The Rising Influence of Thinkers and Think Tanks in China[M]. New Jersey: World Scientific. 2017:250-253.

[22] 里昕.中国媒体智库的发展特色及发展建议[J].智库理论与实践,2017,(05):42-49.

[23] 王佩亨,李国强.海外智库:世界主要国家智库考察报告[M].中国财政经济出版社,2014:50.

[24] 王晰巍,王楠阿雪,李师萌,等.新媒体环境下新型智库信息传播影响力案例研究[J].

图书馆学研究,2017,(18):45-50.

[25] 施蕾蕾.传播学视域下媒体型智库的产生和发展解析[J].传媒观察,2018,(05):39-44.

[26] 赵恒煜.政府智库成果的社会化传播:现状、问题与对策[J].社会科学文摘,2018,(10):116-118.

[27] 李刚.创新机制、重心下移、嵌入决策过程:中国特色新型智库建设的"下半场"[J].图书馆论坛,2019,39(03),29-34,41.

[28] 蒋李.媒体的智库化及其实现路径[J].中国报业,2018,(17):23-25.

[29] 相德宝,张文正.新媒体时代全球智库社交网络影响力探析[J].社会科学文摘,2018,(04):118-120.

[30] 刘丽群,刘倩,吴非.美国智库与媒体的互动——以CNAS(新美国安全中心),SIS(国际关系战略学会),Brookings(布鲁金斯学会)为例[J].湖北社会科学,2014,(10):190-193.

(作者:冯雅、李刚。本文发表于《图书与情报》2019年第3期。)

20. 中国智库应避免"标准包"的沟通方法

通过观察,笔者发现许多中国智库倾向于采用一套标准的活动方案,向政府机构和公众传达政策研究成果。智库在项目完成后通常会执行一套标准方案,他们会在微信和机构网站上发布研究成果,并向各种媒体发送新闻稿。有时,为了使活动方案尽善尽美,智库还会举行会议(一般需要半天时间)对原有的标准方案进行补充。但是,笔者认为智库采用这种"标准包"方法较为低效。下文将详细解释"标准包"低效背后的原因,同时,也会为智库提供一个更适合、更有效的选择。

本文(英文原文)有意使用了"沟通(communication)"一词,而不是"传播(dissemination)"。因为"传播"是指产品开发完成后的传播过程,而"沟通"则是指另一过程——启动研究项目、确定研究成果的政策客户、限定产品价值以满足不同受众(已确定)的需求,并根据研究项目的发展修改原定策略。

本文第一部分明确了在沟通过程中区分受众的必要性,并根据项目要解决的问题确定了沟通方法;第二部分提出,反对智库在所有或几乎所有研究项目中普遍使用"标准包"方法;第三部分阐述了机构在研究项目伊始就制定沟通策略的价值,并简要地总结了全文。

1. 沟通原则

一方面,从根本上说,研究项目的背景政策直接影响着研究成果对政策制定者的效用——如果研究问题是一个"热门"话题,那么这项研究可能会对政策制定者产生影响,即使它看似平平。另一方面,如果智库所解决的问题不处于政策议程的优先地位,甚至无人问津,那么即使研究成果具有重要意义也很有可能被忽视。

政治学家将政策变化称为"机会之窗(windows of opportunity)"。人们通常认为新政府成立初期是一个充满机遇的时刻。在政策过程中,研究成果也有可以被高效利用的机会窗口,即当一个问题在国家议程上占据重要位置并被积极讨论时,它就迎来了"机会之窗"。事实上,研究成果的机会可以分为多种类型和程度。表1列出了一些国家级政策问题,并对研究成果的"机会"进行了划分,区分依据是:

- 问题的突出性和重要性;
- 问题的及时性(即该问题是否正被政策制定者积极讨论,或政策制定者是否将在晚些时候,或在一年内讨论该问题?)。

表1 从沟通角度区分政策问题的类型

机会	目标受众
当前讨论的突出政策问题	政府主要官员及其工作人员;有影响力的中间机构(或中间人)
未来有可能变得突出并需要在年中解决的政策问题	行政部门、立法部门职员和中间机构(或中间人)
二级政策事项,如正在积极讨论中、待解决的改进项目管理的问题	主要项目管理员、利益团体和中间机构(或中间人)
年中可能会受到关注的二级政策事项	主要项目管理员、利益团体和中间机构(或中间人)
一个可能变得突出的新政策问题	该地区行政和立法部门的高级官员、相关倡议型非政府组织、中间机构(或中间人)和公众

处理最突出的公共政策议题是政府高级官员及其工作人员的主要工作。某些中间机构在这一过程中可能也发挥着重要作用。根据不同问题,相关中间机构(或中间人)可能是在该问题领域工作的重要企业、行业协会、智库和咨询公司,以及个别专家和游说人。

美国传统基金会曾开展的活动能非常好地说明西方智库所提出的"及时政策

(just-in-time policy)建议"。1980年11月,罗纳德·里根当选总统,上任后便立即开始组阁,考虑新政府的主要政策方向。在选举后的几周内,传统基金会向政府递交了一份长达数百页、内容全面、论据充分的政策蓝图,重点放在新政府应采取的早期行动上。基金会根据他们几个月前所做的研究,提交了这份对新政府具有重要影响的报告。这一行动也引起了政策界的联想,并重新定义了"及时性"对美国政策界的重要价值。之后,整个智库行业在及时性和明确政策建议方面都付出了更多的努力。

通常,直接接受政府委托的咨询课题能产生较大的政策影响力。案例1阐述了一家俄罗斯智库如何取得重大成功。在此,笔者需要说明该智库获得成功的前提是,当他们接受政府委托工作时受众已确定,因此其沟通任务在很大程度得到了简化。另外,还需要注意一点,当研究机构与政府高级决策者密切合作时,在决策者做出决策之前,甚至更长时间内,机构都无法与其他人分享相关项目的研究成果。

案例 1

智库对国家优先级问题开展"及时研究"——俄罗斯退役军官住房项目

1997年10月初,俄罗斯政府最高官员决定必须解决退役军官住房短缺问题。当时,俄罗斯已经有大约15万名退役军官,他们绝大部分和朋友、家人住在一起,或者被政府安排了临时住宿。另外,该国有5万名军官即将面临退役。由于政府一开始对这一问题的忽视,一个新的、保守主义的,并以军事为导向的政党应运而生,这个政党在全国范围内引起广泛关注。大众尤其是退役军人对现有政策的不满激发了该党的吸引力,他们在下一届选举中对该国的自由改革构成了真正威胁。

俄罗斯第一副总理鲍里斯·涅姆斯托夫(Boris Nemstov)召集当地智库城市经济研究所(Institute for Urban Economics,简称IUE)在15天内起草了一个计划。涅姆斯托夫在担任下诺夫哥德州州长期间曾与IUE合作,测试了为退役军官提供的消费补贴计划。他和IUE一致认为,可以将消费补贴计划作为新计划的基础。IUE按时交付了新的计划草案。根据该计划,退役军官将获得补贴,补贴金额为购买其居住地某一房产价格的80%,补贴由银行作为政府代理机构直接支付给该房产的卖方。十天后,IUE提出了用最少的公共资金资助该项目的计划。到1997年10月底,叶利钦总统已批准该计划。随后,该计划通过政府决议正式创建并实施。

资料来源:Struyk(1999)

二级政策议题由政府下级部门处理,但解决议题的最终方案可能需要政府领导小组的批准,许多项目评估结果的实施亦是如此。案例2"俄罗斯四个城市对社会援助项目管理质量的评估"就体现了政府下级部门对二级议题的有效研究。在俄罗斯,这些项目几乎都由地方政府办公室管理,有些项目会涉及国家部委的明确规定,但这一情况很少发生。通过调研俄罗斯四个城市的九个办事处,笔者发现在社会援助领域,其工作人员的培训和监督、发放的社会援助资格和提供福利的质量控制、管理报告的编写和评估方案的执行等方面缺乏明确规定。笔者将这项调研分析结果提交给了俄罗斯劳动和社会福利部的高级工作人员,促使他们进一步思考如何改善地方办事处的工作并提升其效率(Richman & Struyk,2002)。

就利用二级政策议题的研究成果而言,专业协会等网络在向政策群体通报情况、修订政策和达成共识的过程中发挥着重要作用。值得强调的是,这里所指的政策群体通常定义明确,是一个相对较小并负有直接行政责任的群体。

加纳民主发展中心(Center for Democratic Development,简称CDD)针对教师缺勤问题所开展的工作,就是一个针对二级政策议题进行有效研究和沟通的典型案例。在这一案例中,CDD认为引发公众舆论并直接与政府官员和其他主要利益相关方对话是最好的沟通方法。

CDD对教师缺勤的分析提供了令人信服的证据,证明了有多种因素会导致教师缺勤,并提出了一些相对简单的补救措施。2008年7月,CDD发布了一份报告,并精心策划了宣传活动以吸引公众和媒体的注意。它组织了一系列媒体见面会,与会者来自国家议会、教育部和加纳教育事务社(负责雇佣和考评教师)、财政和经济规划部、联合国儿童基金会、加纳教师协会、加纳全国研究生教师协会,以及其他从事教育工作的社会组织。CDD研究人员还参加了与基础教育主管以及加纳国家教育运动联盟官员的现场讨论广播节目。(由于加纳大部分地区还是农村,所以其电视收看率较低,广播对其而言是重要媒介。)

事实证明,这一策略十分奏效。媒体对这一报告反响热烈,6家报媒发表了具有影响力的报道。在2008年12月加纳总统选举和议会选举之前,CDD为新闻工作者制定了一份媒体指南,让他们就这些议题与政治家和决策者进行接触。(Kosack, Tolmie & Griffin,2010)

最后是第三类政策议题——新确定的议题。在美国,一个极为著名的案例是迈克尔·哈灵顿(Michael Harrington)在20世纪60年代宣传国内严重贫困的著作。哈灵顿在美国各地发表了令人信服的演说,使"减少贫困率"成为国家政策议程上的优先议题。已列入议程的政策议题的受众,和新政策议题的受众有所不同。新议题要想获得关注,可能首先需要被公开讨论,说明该议题与公众和政府的利益密切相关。

智库除了要关注新议题的突出性之外,还要审视议题在政策议程所处的位置——这一议题是否在政策议程上,是否正在被审议,是否会在明年之前被审议。换句话说,议题的"机遇窗口"在何时。如果新议题是一个热门话题,那么智库应该围绕该议题产出高质量研究成果,并努力将成果传达给最高级的决策者及其顾问。

即使新政策议题尚未获得积极讨论,向相关受众传达议题分析结果仍然很重要,原因有二。第一,对一个议题进行强有力的分析,可以为今后的政治辩论设定条件。政府内外某一领域的专家很可能会利用议题早期分析中的描述来继续思考该议题。在这方面,安德鲁·里奇(Rich,2001)对美国智库影响的分析很有见地。虽然"保守主义"智库在美国政策进程中的日常活动要比"自由主义"智库活跃得多,但富人并不认为保守主义机构的影响力必然更大。原因在于,"自由主义"智库提供了更多基本分析和数字运算,而"保守主义"智库提供的论证更多、新信息较少。事实上,"自由主义"智库在确定议题的思考方式上更为成功——这一点帮助他们在政策辩论中获得了极大优势。

第二,将特定主题的分析结果传达给主要中间机构(或中间人)至关重要。这些中间机构(或中间人)包括行业协会、企业管理者、高级官员的工作人员、智库,或相关领域的咨询专家。巴达克(Bardach,1984)将这些组织和个人称为"信息银行(information banks)"或"存储柜(storage cabinets)",他们是关键决策者在议题成熟后获得咨询建议的重要资源。中间机构(或中间人)的日常工作就是要随时知晓相关信息。通常,他们会将某一主题的高质量信息进行编目和存储,以便当该问题上升到政策议程时随时利用。①

2. 智库使用"标准包"沟通措施的消极后果

大多数智库没有按照表1所示的思路区分政策议题。相反,他们的沟通策略基本上没有差别,倾向于使用相同的工具来对外传播其研究成果,而不关心问题的政策重要性和及时性之间的差别。然而,过往的相关文献和哈灵顿案例都在传达这样一个重要信息:为一个项目制定沟通策略的第一步是理解其所分析议题的政策重要性和及时性。

实际上,"标准包"的沟通方式可能会对智库影响力产生不小的损害。例如,当智库研究了一个"热门"政策议题,并形成了一份具有高度相关性及时性的研究结果时,最简单的办法是直接或通过其工作人员向相关政府官员提交政策简报(这一过程不应引起机构内外的广泛关注)。另外,智库还可以举行会议邀请政府官员参加,为

---

① 他的表述与"知识效用学派"一致,后者认为知识是累积而来的。长期积累的研究结果改变了决策者对问题产生原因和替代性政策干预效用的看法。

其提供更多信息和建议。但是,智库通过在微信上发布关键信息和建议可能会严重削弱其研究成果的价值。现在智库对这一问题似乎已司空见惯,并没有认识到其危害性。中国的"内参"制度在一定程度上解决了这个问题,该制度成为政策分析师和高级官员之间一条非常安静的沟通渠道。当然,并非所有智库都有资格提交这些内参。此外,智库应注意内参提交对象是否合适,即上报的内参是否能满足官员的需求,如果在某些情况下两者不匹配,那么智库应重新为内参寻找合适的提交对象。

3. 在项目伊始制定沟通策略

在项目伊始制定有效的沟通策略会带来许多好处。第一,智库分析人员可以有计划地准备产品,他们知道如何将这些产品用于宣传活动中。例如,如果政府需要一份政策简报,那么分析人员可以在编写主报告的执行摘要时考虑到这一需求,并重新调整报告用途;第二,在项目开展期间,分析人员可以与对实现改革将产生重要作用的政策成员接触,以建立融洽关系或加深关系。团队分析负责人可以与其他支持政策改革的人合作,让决策者了解情况。在项目接近尾声时,团队负责人可以重新审视沟通策略,考虑是否需要调整原计划。

关于目前中国智库所采取的沟通策略,没有太多资料可供参考。一些参考数据来自 2011 年笔者所带领团队对转型期国家和发展中国家 20 家智库的调查,这些智库参加了一个旨在提高其研究能力和沟通质量的项目。结果显示,只有 40% 的研究人员在项目伊始起草了沟通策略;45% 的人说他们总是使用一个标准的沟通策略或有几个"标准包"可供选择;50% 的人说他们为每个项目准备一套新策略,而不总是使用一套"标准包"(Struyk & Haddaway,2011)。

4. 结论

运用常识和逻辑论证可知,当不考虑其他特殊情况时(如研究机构向政府提交其所需内参),上述办法比其他办法更为有效。在项目开展伊始制定一项沟通策略,有助于智库合理分配项目资源,并明确研究产品和沟通活动的目标。

参考文献

[1] Bardach, E. 1984. "The Dissemination of Policy Research to Policymakers." Knowledge: Creation, Diffusion, and Utilization 6(2): pp. 125-144.

[2] Kosack, S., C. Tolmie, C. Griffin. 2010. From the Ground Up: Improving Government Performance with Independent Monitoring Organizations. Washington, DC: Brookings Institution.

[3] Rich, A. 2001. "U.S. Think Tanks and the Intersection of Ideology, Advocacy, and Influence." NIRA Review 8(1): 54-59.

[4] Richman, B., and R. Struyk. 2002. "Local Administration of Social Assistance Programs in Russia." International Journal of Public Administration. 25(6): 773-804.

[5] Struyk, R. 1999. Reconstructive Critics: Think Tanks in Post-Soviet Bloc Democracies. Washington, DC: Urban Institute Press.

[6] Struyk, R., and S. Haddaway. 2011. "Evaluation of the Transparency and Accountability Project-2: Final Report." Washington, DC: Report Submitted by NORC to Results for Development Institute.

(作者:李刚、雷蒙德·J.斯特鲁伊克,甘琳翻译。)

21. 项目后"参与"带来政策增值影响力

智库存在的主要价值就是提高各级政府的决策质量,绝大多数智库都很在意自身作为政策影响者的形象,都着力强调自己对政府政策制定和项目规划的影响力。因此,智库投入了相当多的资源用于记录和证明自己的政策影响力。政策共同体和智库用户都非常重视智库的自我评估和可信赖的外部评估。

实际上,许多智库在政策领域所获得的成功可能比它们原本所能取得的要少。因为一些智库不太重视跟踪研究项目完成后的政策发展增值机会,其实如果能抓住这些机会就可能获得更多的数据,开展持续的政策跟踪分析,所以他们的影响力发挥有限。

如果智库想要出色地完成某一政策研究项目,通常他们所要做的会超出政府合同或其他外部用户合同规定范围,甚至远远超出用户对达到合同所提出目标的期望。最重要的政策影响需要很长时间(通常是几年的时间)才能实现,远远超过政策研究项目的交付日期。一般情况下,项目研究在真正的"政策营销"开始之前就已经结束。研究合同的甲方希望智库所提供的产品可用于制定和推销新政策,或根据产品中的有效性证据改革/加强现有政策。在政府内部,专业行政机构之间很少合作推动拟议的政策变革。在用户看来,推动拟议的政策变革是他们的任务,设计、委托和监督政策研究项目可以为他们带来回报。[①] 当然,智库针对政策研究项目开展的宣传活动

---

① 根据笔者的经验,有一个例外,即用户支持研究成果出版的营销活动,为相关书籍的撰写设立了奖项。

对政策团体而言起到了积极作用，这会提醒政策团体关注、理解和强调某一政策议题——对于政策变化而言，这是非常重要的初始步骤。智库还可能向用户提供其研究工作的详细简报，这项工作也十分重要。

众所周知，大多数国家的政策制定议程都离不开深入讨论。设想一下，利用政府资助的研究项目来推进拟议的政策修订或变革，并通过立法部门批准，这一整个过程可以分为哪几个步骤。笔者认为至少需要以下步骤：受委托智库在完成拟议的政策变更研究后，将研究成果提交给项目管理部门的项目对接负责人；该负责人将成果提交给该部门的办公室主任、副部长和部长；然后经由财政部评估/批准项目；最后经由总统办公室（可能有几个级别）评估/批准项目。

如果政府的下一年预算中包含了拟议的政策变更，那么相关研究成果还将被提交给议会，并通过两院委员会的审议和修改，最后提交给全体议员以采取进一步的行动。如果决定颁布政策，其发起部门需要制定项目条例以允许实施。提出政策倡议的部长通常需要提供额外的解释和有价值的信息，这意味着提案经常会退回给部长进行修改（为回应政府以外利益相关者提出的反对意见，部长经常被要求进行此类修改）。因此，从一项拟议的政策变更到相关改进方案的提出，这一过程确实十分漫长，至少要花上好几年的时间。

若智库想要扩大影响力，那么就必须在最终报告发布、推广会议召开、社交媒体闪电战打响之后继续参与政策进程。如果智库的活动止于提交研究成果，其影响力很可能被外界严重低估。因为不继续参与政策进程，智库就无法深入了解其产品所发挥的政策影响或带来的政策改变究竟如何。除此之外，智库还可能错过两个非常重要的机会。首先，如果不开展持续跟踪，那么智库负责人/研究团队负责人和项目主持人（Principal Investigators，以下简称 PIs）可能无法抓住为政府或用户提供额外信息并开展进一步解释说明的重要机会，这些信息对于推进改革必不可少——毕竟，他们比任何人都更了解数据的细节、分析以及建议背后的内容。其次，智库无法抓住机会积累丰富的项目后"参与"经验，这些经验是智库可以与其他机构分享的重要财富。

当然，跟踪政策发展需要智库投入大量资源，并及时、准确地识别任何领域存在的机会。此时，几乎所有智库都将面临资源的限制，无论是在人力资源方面还是在财政收入方面。通常，智库 PIs 主要负责管理具体项目或执行年度工作计划所列出的其他任务。如果智库年度预算为"应急政策工作"预留的资金太少，将会妨碍其自身在面对政策机会时做出及时反应。海沃德（Hayward）认为，中国境内的智库学者往往局限于对研究结果给出复杂解释或提出新策略。

由于智库在传播研究课题及其分析结果时会受到诸多限制，中国智库的项目后"参与"环境相对不利。具体而言，在中国，大多数智库仅限于研究由政府机构编制的"委托课题"清单。由此产生的调查结果和建议未经许可不得公开发表。在这种相对封闭的环境下，许多中国智库扮演的角色主要是"知识生产者"，而不是"政策倡导者"。这一现状与韩国官方智库（由政府提供资助）所面对的情况一样。

导致中国智库项目后"参与"政策过程复杂化的另一原因在于传统的"内部参考"系统。即政府高级官员通常就一个问题征询意见，智库负责提供意见、提交研究结果和建议。①请注意，智库提交给官员的内参信息不能与其他人共享。

另一方面，中国政府预计到 2022 年将建设 50—100 家国家新型高端智库，这些智库将得到党中央的特别认可。2015 年中国政府至少已批准建设了 25 家国家高端智库。通过有关部门，智库提交的报告将被直接转交给高层决策者。这种"直接交付"对智库而言当然十分有利，但智库仍然无法及时采取后续行动向咨询成果接收者提供更为具体的数据和分析。

简言之，智库通常必须评估哪些政策项目或计划值得投入资源开展后续跟踪，并在适当情况下争取深入参与政策过程。这是智库计划开展项目后参与的第一步；第二步是确定由谁负责项目后参与这项工作，并制定可能开展的任何后续行动计划；第

---

① 据我所知，中国有五所大学的高校智库可以直接向政府提供内参，但相比于中国智库机构总量（至少 800 家智库）而言，它们只是很小的一部分。

三步是明确智库高层管理者在项目后参与过程中发挥着何种作用；第四步是必须明确支持开展项目后参与的可用资源。

显然，智库持续参与政策进程对于实现政策的有效转化非常重要，但这一点似乎在西方研究智库的文献中少有提及。如一些专门指导智库如何开展沟通工作的指南并没有讨论这一话题。①

本文将讨论智库如何确定哪些政策领域已经成为重大政策项目的主题。在未来，这些政策主题应当作为更深入的政策参与目标而受到智库的积极跟踪。同时，本文还将阐述智库应如何开展跟踪工作，并从跟踪和干预活动及其结果中吸取经验和教训。

笔者在撰写这篇文章时，咨询了三家营运状况良好的智库高层管理人员：城市研究所、发展绩效研究所和城市经济研究所。② 下文统称他们为受访智库。

以下讨论分为五个部分。第一部分是智库应选择哪些已完成的项目进行跟踪以及何时跟踪；第二部分描述了第一部分的工作如何开展；第三部分讨论了智库高层管理者在组织资源和为"政策企业家"提供建议方面必须发挥的重要作用，这些企业家实际上与不同的利益相关者合作，以实现新政策的效用；第四部分概述了受访智库目前在跟踪和应对机会方面所采取的措施；最后一部分是本文的结论。

乍一看，"跟踪参与"所涉及的活动可能令人望而生畏。实际上，人们只需要记住其中几个要点，便可以使跟踪参与工作变得轻松。其中一家受访智库已经建立了一个系统，与本文所建议的系统十分相似。该智库并不认为这是一项繁重的任务。他们在实施"项目后跟踪系统"的过程中，使用了逐项处理流程（an element-by-element process）。该处理流程并非一开始就会将所有任务考虑在内，智库下设的研究中心

---

① 发展绩效研究所在 2014 年为智库提供了非常好的沟通指南。该指南与其他文章类似，只包括监测和评估项目完成后的传播活动，并没有讨论项目后可能采取的实质性后续行动以及沟通团队在其中可能发挥的作用。

② 笔者衷心感谢玛格丽特·特纳、寇特妮·图米和塔提亚娜·波利迪，她们不仅与笔者展开了广泛合作，还慷慨地描述了其所在机构的实践，与笔者探讨了本文所提出的关键建议。

也只有一到两家发挥着带头作用,通过"边学边做"的方式吸取经验教训,并与其他研究中心分享,帮助同行少走弯路。下文描述了智库"跟踪参与"所需开展的具体任务,这些任务相互关联,其所需要的实际资源比看上去的要少。

下文的介绍可能带有一些教学色彩,也可能过于简单。但本文能帮助智库清楚地了解项目后参与所要完成的基本任务。能帮助智库达成这一目标的方法有很多,不同的智库将采用不同的方法。

1. 确定跟踪的项目

如上所述,智库需要根据资源多少,特别是首席专家的时间来选择政策领域。通常,智库做出的跟踪决策取决于(a)跟踪成本和计划为政策或项目的改进提供的额外投入,以及(b)从正在实施的新项目或改革项目中获得的预期社会收益。

从概念上讲,收益的期望值是:

$E(G)$ = 批准和实施政策变更的概率 * 新项目或项目改进后产生变化的程度

举个例子,若政府需要改善一个为穷人提供食物券或粮票的项目,那么在该领域工作的政策分析师可以给出他们认为政府部门和立法部门批准和实施建议的概率估计。在这种情况下,"新项目或项目改进后产生变化的程度"是指新项目或改进项目节省的管理费用和增加的受益人数。研究表明,由于该项目的申请筛选工作得到了改进,其管理费用进一步减少,因此,该项目可以向更多的受益人提供服务,让更多人拥有了申请资格。

跟踪事态发展的成本因具体政策变革与智库工作项目的契合程度而异,至少可以分为以下三种情况。第一种情况是,智库建议改进的项目是其所在政策领域中正在进行的大型项目的一部分。这意味着政府高层和智库高层管理人员以及其他参与人员之间将会有频繁接触。这样一来,他们询问任何具体项目进展情况的边际成本都将很低。

第二种情况是,政府机构会定期通知智库,其研究的项目发生了某些变化。一个典型案例是美国税收政策中心(Tax Policy Center)所开展的工作。该中心由城市研究所和布鲁金斯学会联合成立,其任务是分析有关全国个人所得税和企业所得税提议的变化。相关政府机构会通知税收政策中心拟议的改变,以便利用税收政策中心为此制定的具体模型来分析这些改变将带来的影响。因此,税收政策中心对提案的变化了如指掌,并与相关政府机构保持着良好的工作联系。这样一来,其政策跟踪成本将大幅度降低。受访智库表示,这是他们最希望得到的跟踪机会,但此类项目相当罕见。

第三种情况是智库在不经常工作地区开展的一次性项目。这种情况需要智库付出更高的跟踪成本。因为智库工作人员首先需要与不同参与机构中经验丰富的专家接触(这将在下一节中讨论)。这使得智库的项目后参与成本相对昂贵。

其他因素也会影响智库是否开展项目后跟踪工作,例如,项目所涉及的政策领域是不是智库希望提高其知名度的领域,提升知名度即树立智库声誉,以便在未来的政策咨询市场中获得更大的竞争力。如果智库想要在一个新领域树立声誉,那就有必要付出高额的代价。

通过调研发现,实际上,很少有智库会设置一个明确流程来决定应该对哪些项目开展后续跟踪。是否开展跟踪工作通常由智库研究团队负责人或高级分析师决定,他们对某一政策领域有着浓厚的兴趣,掌握了政府决策流程的运作模式,并积累了许多政府机构的人脉资源,方便他们以私人方式收集关键信息。就目前而言,这一跟踪模式运行良好。但没人能保证这种项目完成后的"自发"反馈具有足够的广度,或能保证这种反馈涵盖了对智库整体来说更为重要的问题。

2. 项目后跟踪的具体工作

项目后跟踪是"局内人"的任务,即那些活跃于政府行政部门、立法部门及其他部门,希望推进各种政策想法的行动者,他们之间存在着极强的工作联系和专业联系。重要的是,智库必须通过这些联系获得正在讨论中且仍在变化的或非正式发布的信息，以便根据新情况提供及时分析。

在智库提交项目改进建议或新项目的最终报告之后，最初等待的三到四个月，通常是判断这些建议是否能被政府部门接受的关键时期。如果建议接收者表现出了兴趣，那么智库的研究团队负责人和管理人员就应该马上讨论是否应积极跟踪该建议的进展情况，以便在适当之时再次提供建议。

当然，常见情况是，在项目研究中起主导作用的人会主动跟踪研究进展，这项工作通常较为低调。只有当发现重大进展时，他才会向上级汇报。简而言之，政策企业家通常会利用多年积累的人脉进行项目后跟踪。

这一方法看似有效，但问题仍然存在——这样的政策企业家只占智库高级研究人员的一小部分。（一家大型智库的高级副总裁曾经告诉笔者，他认为，机构中只有5%的高级研究员是真正的政策企业家。之后受访的其他高级管理者也赞同这一观点。）若智库仅依靠此类行动者来系统性跟踪和利用政策机遇，那么不堪重负的行动者可能会另谋高就。

本文从美国国家层面的实践中得出的案例，将有助于阐明政策企业家是如何保持信息灵通的。政策制订过程中有四个主要角色：

• 政府部门和机构负责制定新政策和新项目，或改进现有政策和项目；通常每个项目的相关领域都由一名助理部长监督；助理部长负责相关政策的制定和组织开展相关研究。

• 国会必须通过新项目或修订项目的实施法并为项目运作拨付资金；国会工作人员数量庞大，其中包括为国会成员委员会工作的技术专家，这些委员会负责处理各种政策领域的情况。

• 总统办公室要承担两个角色。第一，管理和预算办公室（Office of Management and Budget，以下简称OMB）负责监督年度预算的制定，包括就各部委正在制定的新项目和通过修订条例改进的现有项目向总统提出建议；① OMB 在严格审查提案时要遵循循证决策流程。第二，为总统提供咨询的各个办公室就项目做出政治决议。

- 公共利益团体(Public interest groups，以下简称 PIGs)通常是非政府组织，致力于获得政府对其成员的支持。例如，在住房领域，有一些 PIGs 致力于改善和扩大为低收入家庭提供的充足的、可负担的住房项目，其他一些 PIGs 支持有利于建筑商的法律修订等等。

以上机构设置在其他国家也十分常见。但有一个区别是，大多数国家财政部所承担的工作，在美国将由 OMB 承担。

政策企业家从与这些团体的联系中获益，以便跟踪拟议项目的进展。这项工作主要在非正式的、随意的场合下完成：电话、午餐、会议间隙的谈话，还包括电子邮件。显然，这种网络的建立需要花费多年时间，而且往往高度个人化。人们经常在享有特权的基础上交换信息。

简而言之，项目后跟踪是主动的，而不是被动的。即使没有项目需要跟踪，研究人员（包括政策企业家）也会保持与政府人员的联系频率。当政府正在审议重大立法或正在起草一项对企业家的政策利益将产生重要影响的规章时，双方的联系将变得更为频繁。如果研究人员有重要的新发现或新想法，政策企业家可能被要求在国会委员会作证或会见相关部门的高级官员。这些政策对话（两个消息灵通的人交换信息）非常具有实质性。但需要注意，智库研究员提供的是技术建议，而不是政治建议。

如果一方在多次互动中没有向另一方提供实质性信息，双方互动的强度可能会下降。

3. 智库高层的任务

以上对政策企业家的描述表明，他们是有进取心且经验丰富的研究人员，对混乱

---

① 通常情况下，修订后的法规对预算的改动很小。但情况也并非一成不变。想想美国大幅加强食品检查的监管改革吧！这可能意味着智库要雇佣大量调查员，这将大大增加机构预算。

无序的政策制定过程具有强烈的责任感。笔者认为,许多智库政策企业家的工作完全独立于高层管理者。管理层的态度是,只要他们能很好地代表智库,那么他们的活动就应当折算为工作时间并获得一定的支持(包括物质和非物质支持)。当然,对智库而言,给这些"明星"提供足够的空间和支持是有意义的。

智库高层管理人员在很大程度上是在幕后参与了政策企业家的工作。笔者还没有找到一家智库对这些政策企业家如何与高管互动给出过明确的声明或指导方针。

针对政策企业家和智库高管的互动指导对双方都是有益的,因为他们的共同目标是能够始终如一地提供有分量的政策建议,并增强对国家某些政策的积极影响。"高层管理人员"通常是机构的主席和研究主管,但也可以包括其他人,如传播部门总监。有时,政策企业家和高层管理人员经常是同一个人;但有时,许多智库的高级研究员并不想承担管理责任,即使他们是业界的"明星"。许多智库根本没有讨论项目后参与工作的一个原因是,每位政策企业家都有自己的业务,他们与业务相关人员之间的"轻触"互动在七个领域十分适用。下文将对它们依次讨论。

第一,与那些能够推动智库所在行业政策变化的人建立关系,尤其是相关的公共利益团体。在项目执行期间,政策企业家将和那些与智库持有共同策略观点的人密切合作。相比于大多数智库,在提交研究成果很久之后,公共利益团体还将继续推动变革。智库可以征求他们对研究问题和报告草稿的意见,并让他们参与项目结束后的活动。项目完成后,如果智库还想活跃在这一领域,与公共利益团体进行协调就显得十分重要。

第二,与每个项目领域的研究团队负责人和政策企业家(如果他们是不同的人)合作,以共商追求影响政策的机会。如上所述,智库对项目进行后期评估的好时机是在项目完成后的几个月。这给予了政策变革拥护者足够的时间在政府机构内部提出支持理由和采纳拟议变革,并得到更高级别的官员回应。

智库应讨论主动跟踪的可能收益和成本,并做出初步决定。如果智库决定跟踪事态发展,那就有必要研究下一步工作的现实政策目标。他们可以制定一项简单的、不需要严格遵守的广泛战略纲要,作为未来审议会议的提醒表。如果可能的话,智库还可以对相关决策的持续时间做一些粗略估计。

第三,当寻求影响政策的机会时,智库应定期审查投资金额(智库筹资的可能性将在下文中讨论)。审查内容包括智库所做出的贡献,即与主要行动者保持联系、提供新的分析和起草政策文件。同时,智库还需要审查有关政府部门和立法部门在未来 6—12 个月内针对项目开展工作的具体情况,预估所需资源。因此,研究团队负责人、政策企业家与智库高层领导需要一同讨论如何推进政策变化(这样的小组评审会议通常十分随意,需要所有人共同参与、各抒己见)。[1]

第四,在编制机构年度预算时,智库需要对正在积极寻求的每一个机会和下一年的展望投入资源。这项评估应该作为智库年度评估工作的重要部分,以便向机构内直接从事政策变革的研究人员和高层管理者提供这一关键信息。

第五,培育新的政策企业家。对于缺乏经验的研究人员来说,要想成为一名政策企业家,他们需要大量的时间和机会来获得人脉和知识。我认为,新政策企业家的进步往往发生在智库之外,一是因为常驻智库的政策企业家不急于与其他人建立联系,二是因为其他类型的机构能够更好地与政策变革的相关参与者进行日常接触。

笔者可以利用个人经验来说明"日常接触"所带来的好处。笔者在城市研究所担任了六年的高级研究员,在从事城市住房问题的研究工作之后,参加了六次由住房部官员主持的会议。当时,笔者无法完全知晓如何通过非正式的方式来推进政策立场。但在卡特总统执政初期,笔者担任了住房部的一个高级职位,领导住房部的研究和项目评估工作。[2] 因此,笔者的生活充斥着住房部召开的会议、国会和 OMB 工作人员以及来自公共利益团体的工作人员。公共利益团体希望通过笔者所带领的团队来获

---

[1] 这种类型的小组评审会议能够体现小团队的价值。受访智库中有三家智库都报告称,他们每月都会利用这种类型的会议作为控制项目成本超支的有效工具。

[2] 这是一项大工程。当时,笔者所在部门每年大概有 2 亿美元的预算,可委托外部机构和 125 名工作人员开展研究。

得有价值的信息，也希望从中了解住房部对各种问题所持有的看法。在离开住房部三年后，笔者仍然清楚这一过程的完整运作，并与曾经的许多工作伙伴保持着良好的联系。

如果研究人员想要与国会工作人员建立联系、保持沟通，这就意味着他们需要与国会主管部门（众议员或参议员）的工作人员、管理部门的相关人员、拥有独立观点和分析能力的智库，还有公共利益团体建立并巩固联系。经过多年努力，研究人员将建立起庞大的关系网络。当智库聘用这些有潜力的研究人员时，也意味着智库拥有研究人员的人脉资源，他们可以随时联系到各种机构。当研究人员服务于部委的项目办公室时，通常他们不会与其他政策领域的办公室产生密切互动，但通过参加多部委联合工作项目组和联席会议，不同机构的研究人员也一定会产生互动。

智库需要思考的重要问题在于，是否应更加积极主动地培养对某一政策领域具有浓厚兴趣的分析师，帮助他成为一名政策企业家。在两种重要情况下，高层管理者需要为这一目标采取行动：第一种情况是团队中没有真正的政策企业家或研究团队负责人；第二种情况是政策企业家或研究团队负责人正在办理退休或离职。

如果政策企业家正在办理离职，那么他很有可能不情愿与智库的新员工分享其智力资源和人脉资源。另一方面，在即将有人继任情况下，现任政策企业家可能更愿意参与到当前工作的有序交接中来。此时的工作交接必须经过精心设计，确保人员交替不会影响项目工作的正常开展。如果同一机构有多人负责针对同一问题建立人际关系网，即使第二个人的地位明显较低，工作协调问题也可能出现：项目联系人最不希望与来自同一机构的多个人交谈，他们认为这是在浪费其宝贵的时间。

如果一家智库缺少真正的政策企业家，那么在找到合适的人选之前，高层管理者就需要与研究团队负责人合作，让有天赋的人先承担这项工作并提供重要帮助。根据笔者的经验，研究团队负责人往往不是天生的政策企业家，让他们来承担这项工作通常会导致一些问题。

最近，一家受访智库重组了一个研究团队，以便寻找和雇佣更多政策企业家。该智库认识到，一个团队需要"技能组合"才能在充满政策变革的世界中高效运作，而其中的薄弱环节就是政策专家。这些专家在政策制定和实施方面具有相关的培训和实践经验，即项目设计、法规起草、监督新项目启动和项目评估。重组是为了让团队同时拥有技术分析专家和政策专家。政策专家将一直处于以政策领域为中心的分析团队中，如福利改革、住房、宏观经济，或者处于专门从事政策研究任务的新团队中，他们可以根据需要加入不同的政策分析团队，或者直接接受各级政府机构的咨询。灵活的团队配置便于项目执行，也有利于通过项目后期跟踪来确定下一步的工作。该智库为政策专家和分析师创造了一个可以相互照应的职业发展阶梯。

第六，智库高层管理人员需要定期接收项目相关新信息，以广泛跟踪项目完成后期发展的稳健性。笔者认为，每个项目的后续工作负责人（通常是研究团队负责人或政策企业家）需要每季度或每半年提交一份简短报告，以说明每个项目完成后相关政策制定的进展，这些政策制定被认为是持续的组织活动目标。若完成后的项目几乎不可能带来政策变革，那么负责人只需对其进行简短叙述（通常是一两段话甚至更少）就足够了。还有一种情况是，项目完成后不会立即引起政府部门的关注，经过长时间的等待，相关问题的关注度才会"升温"。这时，后续工作负责人需要提交一份内容更为详细的说明，在适当情况下，还应该写明建议机构采取的下一步行动方案。

从某种程度上说，如果几乎没有人对项目所提出的政策举措感兴趣，那么智库就应该完全停止跟踪活动。

第七，是寻找资金支持项目后参与工作（这项工作最为重要）。许多智库将这项工作视为一项非常艰巨的任务。首先，智库应列出一份清单，清楚掌握当前的可利用资源：

（1）捐赠基金。诚然，捐赠基金在智库中并不常见，但也并非不可能出现。三家受访智库中有两家拥有此类基金，并利用这一基金的部分利息收入来支持项目后的参与工作。

（2）无限制基金。该基金不专门用于特定活动，可按照机构意愿用于一般或特定领域的政策工作。位于华盛顿的全球发展中心就是一个典型案例,他们在筹集这类资金方面取得了巨大的成功。①

(3)筹集资金用于政策跟踪活动。可以想象,许多用户会认同智库提出的这种要求。智库利用这部分资金为用户支持的政策变革提供了支持。

(4)降低已签订项目合同的实际成本。即约定付款与执行项目实际成本之间的差额。

(5)项目原用户提供的补充资金。智库可以将这部分补充资金用于项目后参与工作,这些已完成项目的研究成果很有可能被政府部门和立法部门接受或采纳。对此,智库应如何向项目原用户提出补充资金的要求呢?一种方法是双方签订合同,将项目完成后政策制定阶段的工作和预算作为可选任务,并可以推迟到主项目完成后再执行。之后,如果用户有需要,可以让智库提供额外分析和循证支持。这项任务的具体内容和定价由用户和智库协商决定。这样一来,智库不仅为项目原用户提供了支持,还为其自身在某些政策领域继续开展工作打下了基础(包括建立各种形式的人际关系网络)。

如果智库已经通过以上不同来源获得了充足资金,下一步就需要思考如何获得更多资金或重新考虑问题解决的优先事项,即将资金从其他任务转移到项目后参与工作中来。

但是,在许多小型智库中,项目后"参与"过程通常比较简单。一般而言,小型智库的主要负责人和研究团队负责人既是政策企业家,又是首席分析师。他们将花费大量资源(尤其是时间),积极参与到这一过程中。

4. 受访智库的项目后"参与"活动

在三家受访智库中,有两家没有系统地跟踪已完成项目的政策发展机会。其中

---

① 捐赠基金可以是无限制基金的一种形式。

一家智库拥有丰富的资源（无限制资金）开展这项工作，而另一家则没有。没有资源的智库对其项目很少进行后续跟踪，一般也不参与已完成项目的相关政策进程。

另一方面，有两家智库正在进行更为复杂的跟踪活动，但两者的工作方式有所不同。相同的是，一旦发现机会，两者都有额外资金投入研究和政策参与。

三家智库中最活跃的智库是下文关注的重点。该智库下设三个研究中心，各研究中心的团队负责人和机构负责人，以及公关总监和财务总监每两周会面一次。因为项目后"参与"活动往往需要他们所领导的部门积极参与，而机构负责人则需要亲自指导某些研究项目。

在每两周一次的例会中，有一项常规议程是让项目负责人报告他们已完成项目的后续政策发展。当报告中出现重大政策进展时，他们就需要讨论智库可采取的行动、可采纳的备选方案，或下次会议所需更详细的资料。在任何情况下，如果与会人员一致认为有必要采取行动，那么智库将立即开展相关活动。另外，例会每年都将针对智库所提出的政策倡议发展状况进行两次更为系统的审查（审查时间分别是在智库制定下一年度预算的秋季和完成第一次审查之后的6个月）。如果项目负责人提出需要调整或维持项目后参与活动，那么与会人员将考虑是否予以采纳，以及继续开展活动的具体方案。

该智库的工作人员一致认为，他们很难在政策变革进程中提出基于研究项目的政策建议。工作人员发现，他们提出的建议只有少数得到了推进，得到推进的建议也很少为他们带来额外的好处。

这家智库认为，上文概述的项目后参与过程为其带来了很大帮助。邀请研究团队负责人和部门主管一同参与项目后活动的审查工作十分重要，因为他们的讨论有助于改善活动方案，并从不同角度为项目参与者提供有用的干预措施。

5. 结论

对于智库而言，认识到项目完成后的政策发展机遇并加以利用十分重要。智库高层管理者的任务是,对政策发展机遇保持长期关注,培养有天赋的员工为真正的政策企业家,利用机构资源支持他们开展项目完成后的工作,并设法留住这些精英人士。高层管理者可以选择上文所提及的"轻触"方法(或者其他方法),保持与政策企业家之间的互动。

智库应密切审查项目后跟踪工作的开展是否有效,以确定实现拟议政策变化所需的额外投入。审查的重点应该放在智库的跟踪项目上,而不是某政策领域的一次性项目。通过这一方式,智库可以确定额外的资源投入可能在哪些方面产生积极回报,并提高跟踪工作的效率。另外,智库开展的跟踪工作应从一两个重要项目开始,而不是要求所有研究团队同时发起跟踪和干预计划。通过"边做边学"的方式,先行开展跟踪工作的研究团队可以将其经验教训分享给其他研究团队。

另外,最重要的一点是,绝大部分的政策制定和推进工作都是在智库完成研究项目,并将研究结果提交给用户和政府部门之后才开始进行的。事实上,智库所提出的政策倡议或改善措施很少取得明显进展。但即便如此,智库也可以对其设定优先跟踪顺序,以保持项目后参与活动成本的合理性。

(作者:雷蒙德·J. 斯特鲁伊克,甘琳翻译。)

22. 政策简报：未得到充分利用的沟通工具

政策简报的标准定义为：政策简报是将研究项目或研究机构的调查结果和建议呈现给以政策为导向的受众的一份简短文件，通常为关注某一主题的独立陈述，不超过2—4页(1 500—1 800字)。

更具体地说，政策简报拥有四个属性，这四个属性使政策简报成为强大的政策沟通工具。

目标受众。直接或间接影响重大政策决策的高级政府官员、他们的主要顾问以及该主题政策群体的相关成员。这些人负有各项责任，需要阅读大量相关材料。简报内容简明、制作精良，不受阅读地点限制。读者可以在会议上参考简报内容，不引人注意，相当方便。

风格/组织。政策简报言简意赅，易于理解，术语使用有限。简报能够迅速确定问题背景，总结支持其建议的研究内容。简报的其余内容用于解释结论并陈述政策建议。

政策简报填补了当代政策沟通文件中的一个重大空白。博客文章和长篇报告的执行摘要通常篇幅很短。博客文章的黄金法则是500—800字。执行摘要的字数通常也在这个范围内，但是某些组织规定摘要不能超过一页。另一种极端情况就是呈现完整的分析报告，但几乎没有高级官员和立法人员有时间通读。重要的是，简报还对激发员工在阅读报告的兴趣方面起到推动作用，这些人有责任熟悉基础研究内容。

演示/长度。如前所述，简报因字数较少而易于理解。大多数简报以纸质版或电子版分发。传统的纸质版简报打印在四张A4纸上，也就是说一张可折叠的A2纸可以容纳全部简报内容,包括所有图表、图纸或照片。这份精心设计的文件用优质纸打印出来,便于人们即时阅读,并在会议中作为参考资料。

递送。创建政策简报就是为决策过程中或与决策相关的人员提供信息并产生影响,所以政策简报要用一些特殊办法吸引目标受众的注意力。一种选择是给目标群体发送有针对性的个性化电子邮件,并附上简短的介绍性总结。许多组织通过邮局向主要受众寄送简报,同样带有个性化的封面说明。在这个全时段数字化时代,一份充满吸引力的时事话题文件足以吸引眼球。请注意,简报封面应附上电邮地址。

政策简报通常是在分析调查数据、得出结论并与利益相关者进行初步磋商后进行撰写。在磋商之前初拟一份工作草案,并与采纳专家意见后的文件做鲜明对比,这样的做法较为明智。

上述评论虽有其用处,但可能还不够具体,不足以很好地说明这一概念。出于这一原因,本文引用了一份政策简报,该简报由华盛顿布鲁金斯学会的怀特赫斯特[①]撰写。一般而言,简报会在文章开头陈述建议,而不是按照传统把它们放在文章末尾。这样一来,读者能够迅速、明确地看到所有建议。简报原文打印在四张 A4 纸上。

政策简报

教育带来机会:两个建议

G. J. 怀特赫斯特

财政紧缩是地方、各州和联邦政府面临的新常态。尽管奥巴马总统在国情咨文和向国会提交的预算提案中支持教育发展,但资金紧张的地区和州——它们承担了美国儿童教育的大部分费用——可能不得不通过关闭学校和裁减教师来平衡预算。

---

① 格罗弗·J. 怀特赫斯特,《教育带来机会:两个建议》。布鲁金斯学会政策简报第 181 期,2011 年 3 月。

经济衰退暴露了公共支出与增加公共服务收入之间长期存在的结构性失衡。尤其是在教育方面，现实问题已经开始出现且势头强劲。

削减公共开支并不一定是一件坏事。但是，有些活动已从根本上转变为政府管理，对国家的未来也至关重要，以至于在严重削减预算期间需要特别注意。教育就是这样一个例子。

布鲁金斯布朗教育政策中心最近制定了提案，以确保联邦在教育方面的投入具有影响力。这些建议具有双重优势，一是由联邦政府实施成本较低，二是它对各州和地方政府会产生较大影响。本政策简报中介绍了其中的两个建议：增加数字教育和虚拟教育以及扩展有关高等教育的消费者信息。

> 建议个人获得发展机会的一条重要途径就是提高学历。美国经济的一个显著特点是受过教育的人与未受教育的人之间的经济差距越来越大。在财政紧缩时期，联邦政府投资教育的每一分钱都必须有所回报。
>
> 国会应当采取以下措施：
>
> • 增加数字教育和虚拟教育。重新授权《不让一个孩子落后法案》(No Child Left Behind Act，简称 NCLA)，规定有资格获得联邦资助的、经济条件较差的学生，其父母应能够管理这笔资金，用于为孩子支付其在虚拟课程或在学校学习的费用。
>
> • 扩展有关高等教育的消费者信息。修订《高等教育法》(Higher Education Act，简称 HEA)，要求接受联邦资金用于建设全州纵向数据系统的各州，必须提供学生所获学位或证书课程、课程完成率、就业水平和年收入等信息。这些信息可以在互联网上传播和共享。

教育投入：背景信息

大约90%的中小学生在公立学校接受教育。高校中约有75%的学生就读于公立学校，许多私立的中学后期教育机构有很大一部分营业收入来自公共资源，包括联邦学费补助和学生补贴贷款。

高教育水平会增加个人机会、提升国家竞争力，对教育进行大量的公共投资就是基于此信念。实际上，美国经济的近期变化显示，对应受教育水平的不同，个人经济收入之间存在较大差距，而且这一差距正在不断拉大。例如，完成高中学业的美国人与读完十年级就辍学的美国人相比，两者之间收入差距超过50%。这种收入差异贯穿于整个教育过程，获得高级学位（硕博士）的人与只获得四年制大学学历的人相比，他们之间的收入差距也相当明显。

我们不能通过牺牲公民获得更好教育的机会来摆脱经济困境，以上证据均支持这一观点。接受多年的学校教育可以让公民为从事高薪工作做好准备，反过来也有助于提高课税基础，减少预算方面的问题。由于教育行业中公共设施占据很大一部分，因此很难有基于市场的解决方案能够立即大幅削减公共投资。

显而易见，可行的道路只有一条：我们必须提高教育生产力。在当前的财政环境下，提高教育生产力可以达到事半功倍的效果。长期以来，教育的生产率曲线都走错了方向。也就是说，在K-12和中学后教育阶段，每位学生培养费用的增长速度比通货膨胀率快得多，而在提高学生成绩或学位获得方面的投资几乎没有增长。

增加数字教育和虚拟教育

传统学校教育的特征为劳动密集型，几乎形成不了规模经济。改变教育生产力游戏规则必须借助于技术。技术既可以降低劳动力成本，又可以引入竞争压力来提高教育质量。虚拟教育（通过互联网进行在线教育）提供了一种经济高效的方式，它能吸引更多的学生。

根据北美在线学习理事会（North American Council for Online Learning）2008年

的一份报告,参与虚拟教育的K-12①学生人数估计超过一百万,比2006年的人数增加了47%。虚拟教育学生的人均成本低于线下教育的人均成本。比如,佛罗里达虚拟学校(该国领先的虚拟学校之一)的人均运营成本比该州的传统公立学校低30%。

虚拟教育与传统教学相结合催生了一种新兴的教学模式。在一天的学习时间中,学生花费部分时间使用在线教学材料,而其他时间则由老师来补充和支持在线材料的内容。这种混合模式与传统课堂教学相比可以减少25%的教师配备数量。

未来教育肯定会容纳更多虚拟和数字学习,但地方和国家对虚拟学校的控制却阻碍了其发展。在当前K-12虚拟教育模式下,各州和/或当地学区能够确定虚拟教育计划是否符合其标准,以及是否有资格准予学生毕业。虚拟教育的引入可能会对官僚机构产生很大的影响,这些官僚机构开始逐渐处于守门人的位置。这些地方的自身利益很容易通过例行的政治程序在州一级表现出来。虚拟和数字教育的开发者面临着一个碎片化的、不确定的市场,他们只能在不友好的市场上销售产品,一次针对一个地区销售。

为打破这种僵局,联邦政府有一个简单、直接且可以保持预算中立的选择。重新授权《不让一个孩子落后法案》,规定有资格获得联邦第一条款资助的、经济条件较差的学生,其父母应能够管理这笔资金,用于为孩子支付其在虚拟课程或在学校学习的费用。虚拟教育的另一种延伸应用就是美国大学预修课程(Advance Placement,简称AP)激励计划。通过技术手段向条件较差的学校及其学生提供昂贵的大学预修课程,与传统授课方式相比,其成本将大大降低。

虚拟教育的质量控制可以借鉴中学后教育的认证过程来处理,还可以要求在线供应商公开学生进步和成绩的标准信息来确保质量。

---

① K-12教育是美国基础教育的统称。K12中的"K"代表kindergarten(幼儿园),"12"代表12年级(相当于我国的高三)。"K-12"是指以幼儿园到12年级的教育。因此也被国际上用作对基础教育所段的通称。

以前，许多父母别无选择，只能把孩子送去社区内办学质量一般的公立学校。但现在通过一些简单的立法举措就可以为这些父母提供更多的教育选择。为在线内容开发者提供更加稳定的市场环境，并对中小学教育法律重新授权，可以激发传统公立学校的创新精神，因为他们需要同新兴的数字教育供应商开展竞争，同时也需要适应这一趋势。

扩展有关高等教育的消费者信息

就每名学生而言，美国在中学后教育上的支出是发达国家平均水平的 2.5 倍。尽管我们的精英研究型大学仍然是创新的卓越引擎，是全世界羡慕的对象，但我们的中学后教育体系总体上正在衰退。美国过去在高等教育方面领先世界，但现在在发达国家中排名第 12 位。

越来越多的研究表明，政策制定者应该更多关注就业机会和人们的知识与技能之间的联系，而不是关注人们接受了多少年教育或是获得了何等学位这些没有实质用处的东西。例如，在国际范围的比较中，读写和数学认知技能测试的分数比受教育年限更能预测经济产出。在美国，有证据表明，对许多年轻人来说，获得竞争性行业的职业证书比获得文理科学士学位能带来更大的经济回报。

对中学后教育机构的办学信息应当做到更大程度的公开，这样学生们就可以基于这些信息做出更明智的选择。目前，即将入学的学生及其家长很难获取相关信息，他们不知道在某一机构开办的某一项目学习可以获取什么成果。国家也没有建立数据库，为这些学生提供项目之间的细节对比，也无法预估人们在完成课程之后的平均收入水平如何。获取二手车实价和性能方面的信息都比获取中学后学位或证书相关信息容易得多。

与特定机构的特定学位或证书相关的毕业率和就业情况应当透明公开。45 个州内应至少配备一个包含学生人口统计和中学后教育注册信息记录系统。其中，有 26 个州可以提供具体到个人的中学后教育信息和劳动力信息。在其余各州建立这些信息系统的技术要求不高，费用也不高。目前，在以上 26 个州中，只有一个州向公众提供了毕业率和就业率信息，可在其行政管理数据中查看。

修订《高等教育法》(Higher Education Act，简称 HEA)，要求接受联邦资金用于建设全州纵向数据系统的各州，必须提供学生所获学位或证书课程、课程完成率、就业水平和年收入等信息。这些信息可以在互联网上传播和共享。

为让各州遵守这一要求，《高等教育法》或其他相关法规应该加以修改，并要求：首先，任何接受联邦资助(包括佩尔助学金和联邦学生贷款)的学位授予机构，必须向各州提供其授予的学位和证书项目的注册信息和毕业率信息，且必须具体到每个学生。第二，国家劳动部门通过失业保险记录向国家提供关于个体劳动者就业和工资的信息。各州应当遵循指导并遵守已颁布的保护个人身份和隐私的要求，就本报告要求而言，这些个人的教育和就业记录是相互关联的。

美国高等教育系统具有多样性，有 6 000 多所机构为不同年龄和需求的学生服务。相比之下，大多数发达国家的高等教育系统均为集中管理且趋于同质。我们应该通过制定国家政策，鼓励各机构快速适应市场不断变化的学习需求，让多样性成为我们的优势。创造一个充满活力的高等教育市场，提供透明有效的办学信息，将是改革和创新的强大推动力。

(作者：雷蒙德·J. 斯特鲁伊克，张丹丹翻译。)

第三部分
智库国际合作

23. 中国智库索引项目的三份报告介绍

本文将介绍中国智库索引(CTTI)项目的三份新报告。该项目由李刚教授主持、南京大学中国智库研究与评价中心(China Think Tank Research and Evaluation Centre,以下简称 CTTREC)创办和管理。

这些报告为了解中国智库领域提供大量信息,对于研究该领域有巨大价值,或是直接价值,或是间接价值(例如通过共同参与中国发起的"一带一路"倡议)。当然,这些内容的潜在用途比乍看上去更多。中国智库共同体的大规模发展让诸多有思想的学者和政策分析家思考,这些新机构在为政策制定与执行构建智库运作结构时,如何拥有更强的探索精神,更加高效以及更具批判性。报告为这方面的改进提供了创新性建议。此外,中国以外的专家可以根据自己的经验和报告中的信息提出其他想法。

项目简介

该项目于 2016 年第一次对中国智库展开调查,此后每年进行一次。此处综述的报告是基于 2017 年与 2018 年调查的数据。2019 年的调查结果将在 2020 年下半年发布。

CTTREC 与大量合作对象协作,以扩大每年调查覆盖范围,这点非常重要。候选机构需要完成调查,调查内容会被仔细审查以判断其是否完整和准确,即确保候选机构符合智库运作的相关标准。

通过质量管理的机构会被纳入 CTTI 的来源智库数据库,并运用于此处回顾的研究。CTTI 项目每年对来源智库进行评级,包括一般评级与不同类型的评级。目前,中国各地每年都会以智库为主题举办各种会议,会议期间,不同类型评级最高的智库会获得正式认可。

最新三份报告包括:

2017"CTTI 智库最佳实践奖"评选活动报告

2018 CTTI 高校智库暨百强榜报告

2018 CTTI 来源智库发展年度报告

2018 CTTI 来源智库发展年度报告

对于第一次接触 CTTI 项目的研究人员,从这份报告开始了解会有所帮助。报告包含了重要的背景信息。开头部分概述了中央政府对"智库产业"发展的政策指导与支持,其中还包括智库在决策中逐渐成熟的迹象以及分析更加深入的迹象。

接着,报告全面介绍了 CTTI 及其运用的研究方法和创新之处。对于如何获取数据、如何组织和分析数据、智库评级考虑的因素以及每个因素具体怎样应用,报告都进行了详细分析。整个评级过程非常透明。

文中还讨论了 CTTI 来源智库筛选规定的调整,这些规定是用来评估提交申请(包括完成的问卷)的组织是否能作为来源智库的标准。

接下来,报告呈现了不同智库共同体的评估结果,与宾夕法尼亚大学年度全球智库排名报告使用的评级类似。

笔者认为,报告结尾部分提供的一系列建议,主要在两方面做出了大胆而极为重要的改变:(1)智库、政府部门以及智库与政府客户中间实体之间的复杂关系,如高校智库,这个中间实体通常就是大学行政部门;(2)智库内部管理与资源分配,如高级研究员与行政人员之间的分工。

2018 CTTI 高校智库暨百强榜报告

这份报告可能比你预料的更有趣。它不仅处理了从上篇报告中获取的高校智库数据，还更具有针对性地评估了中国的高校智库。此外，报告还提供了对高校智库共同体的深入看法。在中国，大部分大学拥有多个智库，因而"共同体"一词的运用十分合适。

高校智库需要人们予以额外关注，因为高校智库体量庞大，占总量62%，即706家来源智库中有441家是高校智库，并且去年新增的来源智库中，90%是高校智库。此外，在2018年一般评级中，高校智库表现优异。

高校智库正积极争取在决策中扮演更为重要的角色，这篇报告将说明为何它们有能力做出这样的贡献。其中一个原因是，政府相关部委自2015年以来为他们提供了重要支持。

报告有力地论证了2017年和2018年年度报告评估标准的调整。报告伊始就阐述了这项调查的动机是寻找一群非常优秀的高校智库，将其实践作为范例广泛传播。同时，报告也提出智库不应进行不加思考的模仿行为，强调了根据高校实际情况调整管理活动的必要性。

简单地说，评估标准的变化包括两个方面。第一，增加影响力的权重，减少高校拥有资源的权重：大量高校教职员工都与某个智库有关联，但真正参与其中的人很少，这让人数与相关数据变得具有误导性。第二，除了每家来源智库提交的数据，打分还将参考专家对智库表现的意见（专家意见不是一般规约的一部分）。

2017"CTTI智库最佳实践奖"评选活动报告

本篇报告是三篇报告中第二篇针对全行业实践活动进行调查的报告。它与其他两篇不同之处在于非CTTI来源智库也可以参加申报，并有机会提名甚至获奖。

报告开头简单介绍了何为"最佳实践"，为读者理解后续内容提供了重要帮助。接着，文章介绍对于智库而言最佳实践意味着什么。报告第二部分提到了"CTTI-BPA最佳实践案例"的评选过程，包括从材料征集与审核到评选过程回顾，再到评选内容分析的全面解读。

评估团队确定了适合为智库最佳实践案例颁奖的三个领域：智库研究团队撰写的研究报告、举办的活动以及管理活动的改进。

评选活动发布之后，针对前两个领域，智库可自行提名或提名其他智库。第三个领域由直属于中央政府的智库内部相关部门领导提名。

此后，报告详细介绍了智库最佳实践案例的获奖提名与选拔过程，公布了最终的获奖机构名单。每个领域最高奖仅有一名，一等奖与二等奖均有若干名。

该报告最后一部分除了总结陈述外，还简述了获奖智库的报告、活动或管理改进。有趣的是，该奖项的最高奖在2017年年度会议上颁发，而这个会议已经成为中国智库共同体相互沟通、搭建平台的重要场合。

（作者：雷蒙德·J. 斯特鲁伊克，贾梦娴翻译。本文于2020年2月5日发表在On Think Tank 网站上，网址为 https://onthinktanks.org/articles/three-new-reports-from-the-china-think-tank-index-programme/。）

24. 中西方智库国际化的模式与路径

摘　要：国际化是世界一流智库的重要特征，智库参与国际合作与交流是提升国家软实力和国际话语权的重要途径。文章结合中国特色新型智库国际交流与合作实践，在分析西方智库国际化经验的基础上，提出了新型智库国际化建设的模式与路径，为中国特色新型智库国际化建设指明了方向。

关键词：智库；国际化；模式；实践路径

引　言

智库日益成为国际交流与合作中的重要行为主体，国际化建设是世界一流智库建设的必由之路，也是推动国家软实力和国际话语权提升的重要组成部分。据不完全统计，2013年以来，习近平总书记对智库建设做出的论述、指示、批示等达50次以上，多次强调要加强智库国际交流工作。他把智库外交与政府、政党、议会等的交往并列，作为国家间人文交流合作的重要内容。他强调发挥智库在夯实国家间关系的友好民意和社会基础中的重要作用，倡议智库广泛参与到国际合作网络之中，打造智库国际交流合作网络[1]。在习近平总书记"智库观"的指引下，我国智库的国际合作工作取得了一定的成果，但与世界一流智库的国际化程度相比，还存在一定差距。本文以"中国智库索引"（CTTI）来源智库名录为基础，以智库网站为主要信息来源，通过收集并统计分析这些智库中聘任的外籍专家、设立的外国分支机构、国际交流、举办国际会议、外文研究成果以及创办外文期刊等方面情况，结合谷歌新闻检索结果，选取47家各项指标较为均衡的智库作为中国智库国际化的调研样本，结合函调所得的具体案例对中国智库国际化实践进行分析。

1. 中国智库国际化的模式

党的十八大以来,中国智库国际合作取得了一定的成绩,在开展国际合作交流和提升智库国际话语权与影响力方面积累了一定的经验,成为外交战线不可忽视的一股新生力量。

1.1 智库成为重大全球战略和外事活动的"耳目"和"尖兵"

在习近平总书记参加的多次双边、多边和国际组织等重大外交活动中,智库打前站,参与舆论引导、吹风会等热身活动成为元首外交的重要环节。

- 中国人民大学重阳金融研究院等智库为 G20 峰会提供了有力的支撑。2013 年 8 月 21 日至 22 日,中国人民大学主办、中国人民大学重阳金融研究院承办了"大金融、大合作、大治理"第一届 20 国智库研讨会,各国政要、驻华使节、国际组织代表、专家学者、中外企业家代表以及 20 国智库代表等 200 余人参会。8 月 22 日,论坛发表了《20 国智库共同声明》。《声明》将智库作用提升到一个新的高度,并着手组建 G20 智库年会机制。此后人大重阳连续四次召开 G20 智库峰会。2016 年 9 月 3 日—5 日,二十国集团(G20)领导人第十一次峰会及相关活动在杭州举行,中国人民大学重阳金融研究院作为官方指定的共同牵头智库参加了峰会期间的舆论引导、智库观察等各类活动。

- 清华-卡内基全球政策中心促成习奥非正式会晤。习近平主席上任后不久,卡内基的包道格(Douglas H. Paal)和韩磊(Paul Haenle)等研究员就曾撰文建议奥巴马总统和习近平主席在华盛顿和北京以外的地方会晤,建立私人友谊,自由畅谈。在这篇文章的影响下,白宫组织了"阳光之乡"峰会。2013 年 6 月,美国总统奥巴马和中国国家主席习近平在加州进行了非正式会晤。随后,中国高层领导对清华-卡内基在增进中美关系方面所发挥的积极和建设性作用给予了认可。

- 中国社会科学院国家全球战略智库等为"一带一路倡议"提供了有力的智力

支撑。2015年12月，中国社会科学院国家全球战略智库（以下简称全球智库）成立。该智库聚焦"一带一路"，通过开展联合研究、举办国际会议、扩大交流途径、聘用外方专家、密切中外智库合作机制、发出合作倡议等多项举措，致力于积极开展国际合作，在提升智库国际话语权与影响力建设进程中成为我智库国际合作的"排头兵"。目前全球智库与"一带一路"沿线65个国家和非沿线国家的82家单位建立联系。全球智库与"一带一路"沿线国家和美国、澳大利亚、巴西、南非等国家的知名智库、专家学者建立起广泛的联系网络群，聘请近200位外方学者作为智库特约研究人员研究员，同时聘请多名知名学者作为智库特约研究员。全球智库撰写了30余篇重要内部报告，为"一带一路"高峰论坛顺利召开起到了直接的推动作用。

1.2 智库成为中国公共外交的生力军

随着世界政治格局的不断变化以及全球化和信息技术的发展，"黑天鹅"事件频发，不确定性加剧，国家对全球事务的介入需要打更多"组合拳"，新公共外交应运而生。新公共外交的行动主体从政府拓展到以政府为主导，以智库、利益集团、媒体和普通公众等为辅的多元化的行动主体，它们共同构成了当今活跃在世界外交舞台的多轨公共外交体系。智库所从事的国际合作交流是介于官方外交"第一轨道"与纯民间交流"第三轨道"之间的一种特殊渠道，这一"第二轨道"外交的核心是信息和思想的跨国界流动，智库在其中以更为灵活、广泛的方式，凭借与官方决策的特殊关系以及专业政策研究者的身份，经常能发挥官方渠道难以起到的作用。智库成为国家软实力的重要载体，也越来越成为国际竞争力的重要因素，在对外交往中发挥着不可替代的作用。

（1）南京大学"南海协同创新中心"以民间身份积极参与南海问题国际对话

南海中心采取"走出去、请进来"的方式，将中国学者的研究成果、南海的历史事实向西方社会推介，并为西方学者提供观点表达平台，以影响其立场和行为。主要举措如下：第一，拓展国际交流渠道，加强双轨对话。中心进一步拓宽和加深国际交流合作渠道，与日本笹川和平财团、韩国东亚基金会、新加坡南洋理工大学拉惹勒南国际关系研究院、新加坡东南亚研究所、加拿大阿尔伯塔大学、南京大学中美文化研究中心等多家国内外研究机构和智库单位建立了合作关系,通过开展双轨对话、设立合作项目等方式,掌握南海研究的国际最新动态,为宣传中国的南海政策,及时了解和反映国际南海政策动态,做出了应有贡献。第二,举办国际会议,加强对话交流。国际会议能够使学者面对面交流,阐明观点立场。通过举办国际会议,中方学者可以澄清事实,发挥主场优势,引导西方学者立场。例如南海中心同东南亚的国际学术研究机构联合主办了"中新南海对话会""中日关系与亚太海洋安全秩序""中美青年论坛""第四届东亚海洋安全论坛""东亚海洋秩序与安全"等国际会议,为国家推进亚太地区的海上合作、建设地区安全合作机制献计献策。第三,设立境外研究机构,积极发挥桥梁作用。中心积极探索"走出去"的中国特色新型智库建设模式,通过设立境外分支机构,开辟争夺南海国际话语权的国外舆论战场。2014年9月,中心协助中国南海研究院在美国首都华盛顿创建"中美研究中心"。通过开展学术研究与学术活动,加强与美国政府机构、高校、科研机构、媒体、非政府组织等方面的对话与沟通,为中美两国增进了解与交流发挥桥梁作用,加强在国际舞台的发声能力与政策影响力。

(2)浙江师范大学非洲研究院成为中非公共外交的标杆

2007年成立的浙江师范大学非洲研究院秉承"全球视野、非洲情怀、中国特色"的办学理念,经过"三年创业、八年提升、十年而立",已发展成为有广泛影响力的中国非洲研究机构。2012年,研究院在埃塞俄比亚成功举办中非智库论坛第二届会议。2015年9月,研究院进入南非外交部国际会议中心,与南非外交部合作举办"中非智库论坛第四届会议"。2016年8月10日—12日,由浙江师范大学非洲研究院、中非发展基金、肯尼亚非洲经济研究所、肯尼亚公共政策与分析研究院、中华人民共和国驻肯尼亚共和国大使馆联合主办的"中非媒体智库研讨会"在肯尼亚蒙巴萨举行。2017年6月21—22日,由浙江师范大学和非盟领导力学院共同举办的"中非减贫发展高端对话会暨中非智库论坛第六届会议"在埃塞俄比亚非盟总部隆重举行。会议举行了习近平主席著作《摆脱贫困》首发式。《人民日报》和《光明日报》都对此次活动予以浓墨重彩的报道。浙江师范大学非洲研究院成为紧密配合外事部门积极开展公共外交的高校智库标杆。

2. 中国智库国际化建设的"短板"

虽然中国部分智库积累了国际化经验，具备了国际化视野，初现国际化特征，但能在众多国际论坛和峰会中设置议程的智库实属凤毛麟角。中国大多数智库在对外交流方面还存在以下不足。（1）缺乏构建全球对话平台的必要实力。当下全球最著名的智库论坛，如达沃斯论坛、香格里拉论坛、全球财富论坛等，背后都是欧美一流智库和相关机构在主导。（2）尚未形成干预全球的话语塑造力，无法主动影响国际主流舆论与设置重大国际议程，也无法创造出令各国争相讨论的重大战略名词或学术理念。（3）省级重点智库基本没有形成国际合作的能力。除京沪外，各省市新设立的重点智库都缺乏国际合作的渠道，也缺乏国际合作的基本能力。这些不足的主要原因可以归纳为三点。

2.1 智库公共外交职能认识不到位

中办、国办印发的《关于加强中国特色新型智库建设的意见》中早已明确指出，新型智库应当具备"开展国际合作交流的良好条件"，要求"深化国际交流合作机制改革"。但大部分智库并未真正认识到国际合作的重要性。

（1）现行智库考核指标无法体现智库国际合作的重要性

目前各省市智库的考核指标对智库公共外交、对外交流职能基本没有考虑。以政策影响力为中心的智库评价机制使大部分智库重视决策咨询工作，而认为智库国际合作情况及影响力是软指标，无从考核。对于大部分面向基层治理的智库而言，重视决策咨询工作无疑是对的，但是对于智库的国家队和外交政策智库来说，积极开展国际交流合作以建设全球传播能力是基础工作和核心工作。

（2）缺乏专门负责对外交流的人员、部门

"中国智库索引（CTTI）"的数据分析结果显示，中国大部分智库的专门研究员平均人数占到总人数的四分之三以上,行政人员仅占少数,只有极少数高端智库能够设置专门岗位处理国际事务。

2.2 机制僵化,人才派不出去、引不进来

智库开展国际交流合作,一方面要求本国智库研究人员多"走出去",与外国一流智库专家交流与沟通,另一方面也要让外国知识精英"引进来",寻求来自全球层面的智慧支持。在目前国内外智库论坛、项目合作越来越频繁的前景下,吸引外国知识精英,对丰富传统智库成果,发挥智库引导舆论、公共外交作用,进而提升我国软实力都有重大意义。但是,中国大部分智库都属于体制内智库,一般都附属于高校、科研院所,因此并无独立的人事权和财务权。这就导致新型智库无法建立用人和运行的新机制。

(1) 严重缺乏从事国际合作的人才

智库国际合作的根本是智库间高端人才的交流,打造一批能"走出去"的人才队伍。对此,习近平总书记指出,参与全球治理需要一大批熟悉党和国家方针政策,了解中国国情,具有全球视野,熟练运用外语,通晓国际规则,精通国际谈判的专业人才,要加强全球治理人才队伍建设,突破人才瓶颈,做好人才储备,为中国参与全球治理提供有力的人才支撑。但是体制内智库缺乏熟悉国际事务和多语种复合型人才。一些智库出国访问交流,即使到英美国家智库,也要带翻译,严重影响国际交流的效率。

(2) 一些不合理的人事条款成为智库引进外籍专家的壁垒

中国高校、中小学教育机构已越来越多地引进外教和外国专家。相比之下,国内智库几乎找不到全职外籍雇员。虽然一些智库也邀请了来自国外的访问学者,但那与需要下派工作任务、进行绩效考核的全职研究人员完全不是一回事。智库没有国际雇员,没有国际专家,在对外战略动态研判时就难免隔靴搔痒,出现误判。

(3) 智库专家出国交流缺乏便利的政策保障

体制内智库专家出访的组团方式、出访经费和出访时间都受到限制。鼓励协同

研究,智库邀请系统外专家、本地以外专家共同出国调研考察是协调研究所必需的,但是由于单位的属地化管理,跨系统、跨地区组团非常困难。宏观条件的不配套,阻碍了智库人员"走出去",延缓了新型智库扩大对外交流、拓展国际视野以提升我国软实力的进程。

3. 西方智库国际化的经验

长期以来,西方知名智库并不满足于对本国政府决策和舆论产生影响,更加重视国际传播和对外话语体系构建,并通过积极的国际交流合作谋求国际影响力和国际话语权。

3.1 旋转门机制实现"外交资源"全生命周期管理

"旋转门"机制是美国智库产业最核心的机制,这一机制既帮助政策制定者加深学术积累,又帮助智库研究者增加实践经验;既搭建知识与权力的桥梁,又构成人际传播网络;既提供了"人才流",又拓展了"信息流"渠道,它作为需求和供给方的一个有效通道,是消除信息不对称的非常重要的机制。

但是,人们往往忽视了"旋转门"机制与美国外交资源全生命周期利用之间的关系。吴建民指出:"狭义的'外交资源'即'搞外交的人',主要包括外交部在职人员与退休人员。"一方面我们很多机构办理国际事务缺乏有效指导,"另一方面我们的外交资源却在闲置。比如我们外交部的大使、参赞到 60 岁,一刀切全退下来了。这些人在国外有很多朋友,有很多知识,这些都没有用上。如果能想办法把他们沟通起来,有一个转换器,我想我们的国家会发展得更好。"我们认为吴建民同志的这些意见是值得重视的,是有国际经验作为基础的。美国外交界的领导和专家实现了全生命周期的利用。比如,基辛格、芮效俭等一批外交家 80 多岁以后还活跃在美国的智库界。

3.2 全球人才招募与吸纳机制实现人才多元化

西方智库,尤其是美国智库以开放的姿态不分种族、国籍在全球范围内广纳贤才，形成了全球人才招募与吸纳机制，利用国外知识精英为其智库效力。为了解西方智库有关人员考核与激励的具体做法，我们分别搜集了来自美国、英国 7 家智库的外籍员工雇佣信息。

表 1 西方智库人员情况统计表

智库名称	国家	人员构成	
		智库规模	外籍专家情况
兰德公司	美国	1 775 人	来自 49 个国家
彼得森国际经济研究所	美国	50 多人	来自 13 个国家
世界资源研究所	美国	850 多人	来自 62 个国家
卡内基国际和平基金会	美国	114 人	来自 10 个国家，共 27 人
伦敦国际战略研究所（IISS）	英国	15—35 人	理事会成员来自欧美、中东、东亚及大洋洲的 17 个国家，会员则来自 80 个国家，会员超过 2 200 人
查塔姆学会	英国	150—200 人	以本国人员为主，外籍人员超过 75 个国家。设有会员制，会员超过 3 400 人
海外发展研究所（ODI）	英国	230 人	外籍专家来自撒哈拉以南非洲、拉丁美洲和亚洲

这些智库外籍专家多半在母国接受了高等教育，对母国的语言运用、政治特点、人文风俗均有相当程度的了解，然后在研究生阶段留学美国，毕业后留在华盛顿、纽约等智库聚集区工作，参与到美国智库对其母国政策的咨询与研究工作。这使得西方知名智库对全球情况了如指掌，在保证前瞻性、深刻性研究的同时，也为智库国际合作交流储备了优质人才"集团军"。以美国智库中的华人为例，卡内基国际和平基金会、布鲁金斯学会、国际战略研究中心（CSIS）、兰德公司等一流智库都有大量优秀华人雇员。布鲁金斯学会中国中心主任李成教授是一个典型案例。他在中国接受了大学教育，在美博士毕业后留在美国工作。美国布鲁金斯学会约翰-桑顿中国中心在 2014 年 2 月聘任华裔研究员李成教授为中心主任，李成凭借对中国领导人的深入研

究，成为美国顶级中国问题研究团队的领头羊。他带领的团队成员包括曾任美国国家安全委员会亚洲事务主任的杰弗里·贝德、克林顿时期任国家安全事务总统特别助理的李侃如、布鲁金斯学会东北亚政策研究中心主任卜睿哲等，其中很多人是奥巴马政府高层的信息源。他对中国政治高层的数据库分析法，极大地推动了美国决策层对中国高层人事变动的了解，对美国对华政策的制定与中美互动发挥了重要作用。他也推动了中美两国年轻学者的交流，加强了布鲁金斯学会与中国的联系。

英美智库还招募名牌大学的在校外籍学生担任实习生，招募外籍访问学者担任兼职研究员。这一做法不仅为智库注入了多元化的"新鲜血液"，也用智库独特的组织文化影响被招募者的思想和品质。这些人回到母国后，往往自觉或不自觉地成了他们思想意识的"传声筒"和交流合作的桥梁。这种做法为智库谋求国际影响力和国际话语权创造了极大优势。

3.3 设立海外分支机构，通过本土化实现国际化

西方国家一系列举足轻重的智库通过与海外研究机构合作设立分支机构、办事处，在积累一手资料、吸收所在国优秀学者的同时，实施本土化策略，近距离影响该国媒体和公众，抢占国际问题影响力的"桥头堡"。从智库国际合作的软硬件基础来讲，这样就构建了一个全球智库网络，也为这些重量级智库在对象国开展活动提供了联络点一样的机构。西方知名智库，特别是美国高端的国际问题智库利用自己的品牌优势和区域优势将自己打造成为实体的国际会议中心，是国际上各种力量交汇的场所。作为第三方用来交换信息、交换意见的场所，他们的意见领袖、领军人才去对象国举办论坛、会议，比他国智库到美国开展活动要方便得多。

- 早在1993年，卡内基国际和平研究院（原称基金会）就成立了卡内基莫斯科中心，成员几乎全部都是俄罗斯人。
- 2006年，布鲁金斯学会与清华大学联合创办了其首个海外机构，清华-布鲁金斯公共政策研究中心。布鲁金斯学会约翰·桑顿中国中心主任李成说，布鲁金斯学会中国问题研究团队的很多人来自中国，这也体现了它的全球性，他们用美国人了解

的语言解释中国的变化,同时也用中国人了解的语言解释美国的考虑[2]。

- 2007 年,布鲁金斯学会成立了研究分支机构多哈中心。多哈中心将研究重点放在了与中东国家及不断崛起的亚洲国家的关系问题上,包括地缘政治和能源经济、区域的冲突研究、和平进程研究,以及海湾国家的教育、制度以及政府组织改革问题上。在积累了充足的一手资料和利用对象国优秀人才进行调研的基础上,多哈中心对年度美国—伊斯兰世界论坛构想和组织做出了重要贡献,为美国和伊斯兰世界政界、商界、学术界、媒体和市民社会的领袖齐聚一堂提供了平台,为双边进行必要的对话,加深彼此理解做出了重要贡献。

- 2010 年 4 月,卡内基国际和平研究院和清华大学合作成立清华-卡内基全球政策中心,由中国知名学者、清华大学当代国际关系研究院院长阎学通担任管理委员会主席,研究人员大部分为中国人。

除了这些可见的办事处、海外分支机构外,西方知名智库还依托在对象国当地的本国常驻机构作为其隐形的分支,与其保持紧密联系或直接向其派驻自己的研究人员。例如,美国在华的《纽约时报》北京记者站和大使馆都和智库保持紧密联系,甚至其旋转门制度使得智库研究人员拥有多重身份,既是智库研究人员,也是媒体记者或驻外使馆职员。从人际传播角度讲,这不仅有效推进了"一轨"和"二轨"的联系,还保持了与对象国学界的紧密联系。

3.4 与时俱进着力打造智库传播体系

识别目标受众,把研究成果精准送达目标受众手中,并产生影响力,这是智库传播的根本目标。

- 一流智库拥有一流智库刊物。在纸媒时代,美国智库就创办了具有全球影响力的国际关系方面的大牌期刊(见表 2)。许多领导人愿意在这些刊物上发表阐述自己政策纲领的文章,一流学者也选择这些期刊发表原创性理论。为了扩大影响,这些刊物中一部分是 OA 刊物(开放获取),任何人都可以免费下载。

表 2　部分美国智库名牌出版物一览表

智库	刊物
布鲁金斯学会	《布鲁金斯评论》(Brookings Review)
卡内基国际和平基金会	《外交政策》(Foreign Policy)
战略和国际研究中心	《华盛顿季刊》(The Washington Quarterly，TWQ)
兰德公司	《兰德评论》(Rand Review)
外交关系委员会	《外交事务》(Foreign Affairs)
威尔逊国际中心	《威尔逊季刊》(Wilson Quarterly)
和平研究所	《和平观察》(Peace Observer)
企业研究所	《美国企业》(The American Enterprise，TAE)
外交政策研究所	《奥比斯》(Orbis)
国家利益研究中心	《国家利益》(National Interest)

- 精心打造企业级官方网站。互联网时代，机构的官方网站是传播一切信息的主阵地，也是外界获取机构信息的主要渠道。美国一流智库的官方网站的设计、制作和运维水平已经不亚于任何一个大公司的官网水准，真正达到了企业级。

- 与时俱进布局新媒体。几乎每个有影响的智库都有新媒体传播平台，借助新媒体引导对国际问题的看法，及时反应并抢占话语权，引发公众关注，形成国际舆论，从而塑造全球品牌。

- 与主流媒体建立密切联系。每个大型智库都设立了专门的公关部，负责与全世界各大媒体的沟通和联络。相比媒体，智库长期跟踪研究某一领域，对该领域更有发言权。尤其是每当某一国际问题出现新变化或有新的热点事件发生时，那些长期跟踪研究相关问题的智库研究人员即成为媒体竞相采访的对象，他们的研究成果和观点通过大众媒体传播出去，转化为影响国际舆论的资源，能够产生巨大的影响力。这为智库国际合作交流创造了巨大的吸引力。

3.5　建立具有主导权的对话平台

目前闻名于全球的各类国际论坛，几乎都是由欧美智库或拥有智库功能的国际机构运营的。如每年年初在瑞士举行的达沃斯论坛,几乎能确定未来一年经济评价的总体脉络;每年夏季由英国智库承办的香格里拉论坛,则基本上主导了亚太地区甚至全球安全评估的总基调;还有每年下半年召开的 G20 会议、APEC 会议,其议程设置都有欧美智库的影子。设置议程能力体现了其对国际话语权和合作主导权的主导。

3.6 通过输出美国智库的经验,掌握话语指挥棒

美国学者最早意识到文化是国际政治斗争中的一种软权力。美国智库也凭借其第一智库大国的优势地位,坚持不懈地向别国开展智库经验输出活动,将其智库建设经验输出作为一种文化输出手段,对发展中国家造成影响,迫使他们接受自己的智库模式,从而掌握权威话语权,占领国际交流制高点。

美国智库经验输出主要有两种方式:

• 前端控制。例如,美国前住房部助理部长、美国著名智库"城市研究所"资深研究员雷蒙德·斯特鲁伊克(Raymond J. Struyk)在发展中国家及转型期国家的智库研究方面名声远播。2007—2012 年,斯特鲁伊克博士任职于美国芝加哥大学国家民意研究中心时,曾帮助匈牙利和俄罗斯建立智库,并参与了十几个关于管理、沟通和研究议题的具体工作[3]。

• 过程影响。麦甘在美国费城外交政策研究所国际关系项目资助下进行国际智库组织的调查,并在美国外交委员会支持下采用包括广告等多种方式发表《全球智库报告》,公布对各国智库排名结果,其影响力在迅速扩大。尽管少数学者不屑于排名类的研究,但不得不承认,获得广泛认可的"排名",背后蕴藏着对排名对象的评价权。目前最热衷于排名的,仍然是欧美国家的媒体或相关智库机构。每种排名的发布,都是对现实状况的一种价值认定。这背后蕴藏着欧美机构的话语权,代表着欧美国家的某种思想软实力[4]。同时这也是为美国收集世界各国智库情报、了解各国软实力进而掌握政策影响渠道的情报搜集机制。

4. 推进中国特色新型智库国际化的建议

西方高端智库的发展经验表明,公共外交是现代智库的基本职能之一。中国特色新型智库,尤其是智库"国家队"以及重点培育的省级国际关系、国际政治和国际经济类智库要把公共外交作为重要职能来建设,积极面向世界讲中国故事、为中国辩护、为全球治理伐谋,勇于开拓提升智库国际影响力的新途径。

(1) 为智库国际合作创造良好政策环境

体制机制是高端智库的保障。高端智库既要有国际视野,又要能够快速反应,所以应该探索一个与智库相适应的外事管理办法。第一,缩短智库国际合作审批时间,只要是国际合作需要,重大临时任务的出国手续一周内办结;第二,简化智库涉外会议审批手续;第三,允许智库灵活使用各种经费开展国际合作。

(2) 推荐退役外交官加盟国家重点和省市重点智库,指导智库国际合作

西方国家通过"旋转门"进入智库的离任官员,其重要作用之一是推动智库的"二轨外交"。美国原国务卿基辛格年过九旬还奔走于国际社会,70岁以上的约翰·桑顿、伯格斯滕等智库领军人物,都还活跃在公共外交的前沿。中国也需要在更加广泛、更加深入的国际交流中与其他国家加深相互理解。应促进前外交官员、前商务参赞等富有经验的国际化人才向智库流转,充分发挥这一群体具有全球视野、熟悉海外情况、了解外交工作的专业优势,并且利用其在驻外工作积累的人脉资源搭建与海外著名智库领军人物、智库专家之间的互信密切的非正式关系,以形成稳定成熟互信的 T2T(智库之间的正式联系)和 P2P(智库之间的专家之间非正式联系)的沟通渠道。

(3) 设立"中国研究与智库交流基金",鼓励智库国际交流

日本和韩国都设立了国际层面的国际交流基金,鼓励外国专家申请,到本国开展国际交流。建议中国也设立类似的基金,如"中国研究与智库交流基金",可以分为项目和个人资助两类,开放给"一带一路倡议"沿线国家、金砖国家、周边国家、欧美国家的中国研究中心及其专家来申请。这将大大促进中外国际合作。

（4）鼓励智库设立海外分中心，积极搭建智库国际网络

应在制度上鼓励有实力且政治可靠的体制内智库向海外布局，特别是那些有明显指向性、面向特定国家和地区的智库，在条件允许的情况下要鼓励其在目标地派驻人员，时机成熟时，尽可能设置分支机构。智库自己的人员和场所是对外研究、交流和提升智库国际影响力的前沿阵地。海外分支机构设置可以充分利用本土资源，和西方的大学、智库成立联合中心是一项重要策略。要发挥我们的体制内一盘棋的优势，合理分布海外分支机构，避免过度集中，实现资源优化配置、共享。

（5）构建以网站为中心的一流传播平台，加速国际新媒体布局

- 制作精良的外语网站是海外受众了解智库的最直接渠道。中国智库网站建设严重滞后于形势。据统计，在麦甘排行榜上中国排名前 50 的智库中，有 12 家智库迄今没有英文网站，有一些智库虽然有英文网站，但其徒有框架并无内容。在网站建设方面浙江师范大学非洲研究院堪称楷模，这家智库的网站同时支持 4 种语言，不仅包含英语、法语还包含非洲大陆最重要的三大语言中的两种——斯瓦希里语和豪萨语。

- 中国智库应加紧在国际新媒体布局。中国智库在 Facebook、Tweeter 和 YouTube 布局的很少。对于全球传播而言，这三个新媒体平台才是国际主流平台。因为经费、人员、国家网络制度限制等因素，大部分智库要在这三个平台布局还存在实际困难，但是对于智库国家队和外交政策智库来说，要建立自己的全球传播体系，这是无法回避的问题。对此，中国应在网络开放机制上，为智库研究人员开辟绿色通道。

（6）招募国际人才，服务中国智库研究和国际合作

欧美高端智库海外人才的广泛吸纳机制为其掌握全球治理话语权、促进国际交流合作发挥至关重要的作用。新型智库建设要充分利用全球人才红利，应本着"以我为主、为我所用"的原则，创造条件鼓励和支持政府机构、智库与国际组织间的人才流转；本着"不求所有，但求其才"的原则广泛邀请符合条件的海外华人华侨、归国留学人员和外国专业人士加入智库,推动海外精英参与中国智库研究交流工作。

(7)加强向国际组织和外国智库反向输出中国智库专家

• 可以通过交流、实习、挂职、专家顾问等方式加强向各类国际组织输送人才,在国际规则制定过程中发出更多中国声音,注入更多中国元素,拓展中国智库国际交流的新渠道。

• 鼓励中国智库青年学者和资深专家以各种形式到国际智库(包括亚非拉国家智库)做访问学者,或者担任顾问协助发展中国家建立智库。

(8)深耕细作,形成智库国际合作的著名品牌

样本智库自2013年以来已开展国际交流12 800次,主办承办国际会议922次,但很多都是一次性的交流和会议,缺乏连续性,非但未形成智库交流的品牌,反而使智库将大量精力投入其中,落入"只开花不结果"的陷阱。

• 智库要集中精力开发足以影响世界舆论的旗舰报告和指数产品,直击全球热点问题、敏感问题,发出中国声音。

• 创办连续性年度智库品牌论坛。在我国已有的品牌化国际论坛(如"博鳌论坛""一带一路"峰会)中增加相应智库交流环节。"一带一路"智库论坛作为"一带一路"峰会六个平行论坛之一就取得了很好的效果。

• 中国智库一定要办出自身类似于SSCI一流方阵的旗舰刊物,成为世界智库原创性思想的首发平台。这是维系智库深远的国际影响力、推动智库国际交流的制胜法宝。

(8)推动中国的智库评价走向世界

信息全球化时代,信息的真实性和解读的科学性在当今社会显得越来越重要,科学的评价体系是指挥棒,肩负引领智库发展的重任。我们国家的智库评价不仅不能被麦甘全球智库左右,我们还应涉及国际智库评价。应该鼓励中国社科院、上海社科院、南京大学和光明日报社等机构积极开展国际智库和国际组织的评价,在全球智库评价体系的构建中发出中国声音,抢占制高点,增强智库评价的国际话语权。

参考文献

[1] 李国强,徐蕴学.习近平"智库观",推动中国智库建设健康发展[J].智库理论与实践,2017(02):1-10.

[2] 李大经.中国思想库:现状及发展研究——基于政府决策咨询的视角[D].2011.

[3] 吕青,张冬荣.美国智库的性质和资政议政的能力——专访美国城市研究所雷蒙德·斯特鲁伊克博士[J].智库理论与实践,2016(01):102-104.

[4] 王文.追踪国际一流智库的风向标《全球智库报告2014》的启示[J].人民公仆,2015(05):72-73.

(作者:王传奇、邹婧雅、甘琳、董成颖、李刚。)

25. 中国智库日益增长的海外影响力
——如何同海外当地智库展开密切合作[①]

近年来,中国已不断提高在建设国际事务秩序方面的参与度,最显著的表现便是"一带一路"倡议。不仅如此,中国在环境问题及其他领域的领导力也日益增强。换言之,中国始终致力于在全球范围内投射其软实力。在这一背景下,中国智库也逐渐走向国际舞台,发挥的作用愈加重要。

多种迹象能说明中国智库在这方面的努力。2017年,在北京举行的"中国智库2017年全球影响力"会议上,专家们呼吁中国建设更强大的智库来促进世界范围内各国的互动与合作。会议发布了一份关于智库全球影响力的评估报告,并对表现最佳的几家智库授予奖项;2018年7月,在芝加哥举行的中国智库领导人与美国专家研讨会,即"首届中美智库研讨会暨国际研究之旅",更是充分展现了中国智库的外交功能。会议讨论了中国智库对其他国家的投射,还有许多与会者谈到了其所在智库在东南亚国家的活动,包括一些实质性的技术援助项目。

2018年初,中国政府宣布将成立一个全新的国际开发合作机构,这是中国智库发展进程中的重要一步。如果该机构遵循其他国家双边援助机构的普遍模式,那么中国智库将为其他国家提供专家人员,以短期任务的形式完成机构分派的任务,并通过技术援助项目和项目评估的方式来参与相关活动。简而言之,中国智库在海外发挥新作用的时机已经日趋成熟。本文就中国智库积极参与海外项目并发挥重要作用

---

① 本文是作者在中美智库交流协会主办的中国智库代表培训班的讲稿。

所能采取的行动提出了诚恳建议，也提供了一种促进其他国家政策发展的行之有效的方法。然而，智库从工作最初就必须认识到，在这些领域真正取得成功是非常困难的。

下文主要分为两大部分。第一部分讲述了中国智库在海外工作的主要目标：与海外智库团体共同协作并对当地政策产生积极影响。第二部分解答了一个问题：中国智库在执行其使命方面可能以何种方式为国家国际发展合作署（China International Development Cooperation Agency）所用。

本文提供的建议基于二十五年来笔者在发展中国家和转型期国家与当地机构合作，负责实施赞助机构支持项目的工作经验，目标在于改进地方政策以及这些政策的实施。这些年来的大部分时间，笔者都住在这些国家。虽然这项工作往往需要智库站在幕后发挥作用，但它能给智库工作者带来十足的成就感，也会增强其海外合作伙伴及当地政府的实力。

本文的主要目标是制定中国智库可以采取的具体行动策略。文章通过针对性的探讨提出有价值的建议，即明确给出一些行动措施，同时，也会给出这些主张的理由。这些建议都是从实践经验中提炼而来。

为提升海外影响力，中国智库发展的关键战略是要尽可能与海外智库展开合作。最终，选择一家或两家机构保持长期合作（首先考虑和一个规模较大的机构合作）。在合作过程中，中国智库要预计在建设海外智库能力方面所需要的投资，而更基本的任务是了解他们的政策观点。事实上，在其他国家独立工作的外国智库往往难以被当地的政策圈接受。

1. 基本方向

理解以下几个基本规则对中国智库在海外工作起步阶段大有帮助。

（1）挑选几个当地智库作为候选合作伙伴，与之交流并展开一定合作。首先要对每家智库进行仔细核查。

● 寻找目标机构，以及对中国或贵机构所在地区的研究有浓厚兴趣的其他机构。

● 浏览当地智库网站以了解其优势，包括其任务陈述、员工简介和研究报告。他们在国际权威期刊上发表的出版物和文章可以作为有效的能力证明。

● 利用"谷歌学术"或类似的本地搜索引擎，更广泛地了解该国哪些智库在贵机构感兴趣的主题领域发表了重要文章，留心这些智库名称和作者姓名。

（2）贵机构在海外工作初期阶段未能取得重大成功时务必循序渐进。所谓的成功是指当地智库开始主动与贵机构建立关系，并且该机构能力出众、声誉良好。

（3）互动质量至关重要：早期合作遗留的不利印象可能要数年才能消除。如果贵机构在初期远程沟通中因太过随意（拖沓、马虎）而名声不佳，可能会错失后期更重要的接触机会。

每一条信息，每一次沟通——不管是电子邮件、报刊评论还是准备会议的讨论，贵机构都必须展现出百分之百的专业性、全面性和及时性。

（4）其他机构不会一直等到贵机构在当地建立声誉之后才开始寻求合作，因此，必须采取行动提高知名度并证明自己的价值。与当地机构建立关系需要花费大量的时间和精力，这一过程很难加速完成。另外，因为机构日常事务繁杂，双方询问内容过多或者交流过于频繁都不利于达成协议并建立关系。

2. 建立国际联系的备选目标

显然，贵机构在海外工作的目标决定了与当地智库的接洽方式。笔者认为，中国智库在海外工作主要有以下三个备选目标：

第一个备选目标或许可以称为"自我学习目标"。其目的是让贵机构获得知名度并了解一些当地社会普遍关心的问题，包括了解一些解决一般性问题的政策。通过参加相关的当地或区域会议，并与当地著名的政策分析师建立关系网络，可以快速推进目标的实现。

第二个目标是获取相关知识，为中国政府机构和基金会提供建议，帮助他们寻找当地潜在的合作伙伴，并就与中国直接相关的事宜提供建议，如建立双边和地区协会以加强合作，提升中国在当地的形象。梅内加齐（Menegazzi，2018）指出，这一目标是智库一直承担的主要角色。她还提供了几个例证来说明该观点。承担这一角色的智库参加了为讨论政策制定和合作问题而举办的区域论坛以及区域学术政策研讨会。在这方面有着丰富经验的中国智库有机会与一些合作国家的地方智库进一步发展更深入的关系。

最后一个目标是与当地政府和当地智库直接合作，丰富少数国家国内政策的讨论过程。这与前两个目标截然不同。它将主要客户从中国智库本身（目标1）或中国政府（目标2）转变为地方或东道国的智库和政府合作伙伴。要实现这一目标，需要大量的资源配置、精心的项目设计，并全面参与到另一个国家的事务中。

本文讨论的重点放在实现最后一个备选目标。对专注于前两个目标的智库来说，本文所提供的大量材料也大有裨益，但第三个目标才是本文的主要讨论对象。

首先，中国智库需要考虑一个非常重要的问题："我们应该在哪个国家或哪些国家实现这一目标？"考虑到智库拥有的资源有限，比较可取的做法是集中关注一到三个国家，以下是一些建议。

（1）一些国家在地方发展问题上的政策追随者较少（其他国家希望与他们密切合作）。实际上，我们需要理解双边和多边援助机构工作的两个层面。第一个层面是各自提供的资金和相关技术援助项目。第二个是在项目开发和实施中与当地智库真正合作的情况，并通过他们与政府机构和其他组织合作。这种合作包括在当地智库需要的情况下提供指导，资助循证政策制定，以及向政策制定者严谨、有效地传达结果。

此处讨论的关键点是，很少有援助机构能出色完成的第二个层面，即真正与当地组织团体合作并取得良好成绩。这对于中国的智库便是一个机遇。

中国近期已经通过实施"一带一路"成为转型期国家和发展中国家中的主要角

色。"一带一路"主要通过贷款方式对受援助国家的基础设施建设提供大量的资金支持。因此,这些"带"和"路"的价值是显而易见的。"一带一路"也为援助机构第二层面的工作打开了大门。

在上述背景下,希望与一个或两个海外智库建立稳固合作关系的中国智库,可能会将重点放在那些受助者资助活动水平较低、智库共同体规模较小的国家。简而言之,尼泊尔或蒙古国可能比印度更适合作为初步调查并展开合作的对象。

(2) 在政府不够稳定的国家,外来组织与当地智库建立工作关系更加困难。以笔者所见,这样长期不稳定的体制不会接受外人帮助规划其国内政策。理想的政府形象应该是:政府官员消息灵通、考虑周到并能充分掌控各项事务。方框1中发生在阿塞拜疆的真实故事便说明了这一点。

> **方框1. 拒绝接受外部提供的政策建议**
>
> 几年前,笔者曾与阿塞拜疆一家知名智库的负责人进行了一次长谈,该智库已经在几项事务上成功与国家政府进行了合作,也就是说政府官员接受了其建议并付诸实践。
>
> 这位负责人说,他成为这个机构的领导者后,经常受邀出现在各大电视新闻访谈节目中,时不时以政治评论家的角色批评政府政策。因此,他所在的机构无法与政府官员合作——他们上交的报告无人问津,无法安排双方会面,政府官员抵制其召开的各项会议,等等。
>
> 大概一年后,这位负责人放弃了在节目中担任的独立专家的角色。他开始与有关部委的下级官员逐渐建立关系,并为之提供实用的分析。渐渐地,官员开始在部门内部与他会面,他的工作也沿着部门层级稳步提升。几年后,机构的建议得以被政府接受,有时政府甚至会主动向其寻求建议。
>
> 笔者在这个国家工作时,该机构作为一个强有力的决策输入点,出色地完成其研究项目并被政府接受。

（3）中国政府的投资活动，尤其是"一带一路"项目，有可能使国外政府和大众认识到了中国除基建项目之外的突出能力。这也许会为当地智库与中国智库的进一步合作创造有利环境。

3. 吸引注意力，提高知名度

中国智库在海外提升知名度并扩大影响力的过程分为以下两个步骤：

（1）采取行动引起当地政府和研究机构的注意，并建立良好的声誉。

（2）与有前景的个人及组织一同合作，让当地政策圈接纳自己并成为当地智库共同体的一部分。

这两个步骤包含九项措施，下面将按顺序对其进行讨论。这些措施看似要严格按照顺序实施，但事实上不需要如此。排序合乎逻辑，但不一定完全准确。各机构应该在发展中抓住机会。

3.1 获得关注，获得了解

措施1 建立一个良好的英文网站。若贵机构想要在其他国家立足，就需要围绕该国感兴趣的政策主题建立相关页面。

潜在的合作伙伴要获取贵机构的基本信息，一定会去浏览贵机构的官方网站。如果对方发现该网站只有中文版，他们可能会毫不犹豫地打消建立合作关系的想法，因为他们认为贵机构并不真正在意是否被中国以外的国家知道。

这个对外网站不应该是贵机构中文网站对应的英文版本。英文网站需要根据贵机构想在该国研究的政策主题去重新构建，要突出贵机构在海外国家所做的工作。或许应将它命名为"国际门户网站"。

英文网站主题页面中一定要展示机构员工曾在国际期刊上发表的文章，将它们作为重要的参考文献（最好直接引用整篇文章）。

切勿引用员工在所谓的"掠夺性期刊"上发表的文章。这些文章发表在付费出版的期刊上意味着它们并没有经过严格的审查,只要支付一定的费用就可以发表。有关该方面的更多信息可参阅本书中的"确保智库雇用了合格的研究人员:防止简历造假",该文对此有详细描述。笔者曾看到一些中国作者发表在此类刊物上研究智库的文章。①

列举出贵机构最近取得的一些成果,作为自身活跃在中国政策界的有力证明。有些成果必须重新编写,以便不完全熟悉中国政府结构和当下所讨论问题的读者也能够充分理解。同样,宣传贵机构主办的会议或员工作过重要发言的会议,并对发言内容进行阐释也非常重要。最后,网站上还要展示几位影响力极大的专家。若不能有效地完成网站建设,那么对于该网站的投资将不具备任何意义。

措施2 确保员工在国际知名期刊上发表的文章是贵机构想要与海外机构合作的主题,必须表现出专业的技术能力和客观的判断能力。

如果员工尚未在这些期刊上发表文章,贵机构应鼓励他们发表。在贵机构想要开展合作的国家,当地智库通常希望与比他们更强大的智库建立关系。不管是在机构官网上还是在别处,都要突出在国际期刊上发表的文章。

措施3 利用目标国家讨论相关政策主题最经常使用的博客发表文章和评论。

显而易见,以这种方式参与当地政策讨论的代价较高。首先,员工需要对当地智库发表的博客文章进行初步评估,并准确翻译全文。若发现机会,贵机构研究人员也可以对其发表具有说服力的评论。在熟悉该文之后,其他员工也可以根据他们在中国的工作经验在博客上发表文章。

措施4 鼓励研究人员向期刊文章及博客文章的作者发送电子邮件并附上对其工作的评论。大多数作者并不会收到很多有关他们发表文章的评论,所以收到中国研究人员对文章发表的评论也许会令他们印象深刻。

同样,该措施要求文章翻译准确且评论犀利。因此,贵机构必须在翻译和背景研

---

① 也可参见 K. Pisanski(2017)。

究方面花费大量的资金、时间和精力。

措施 5　随着时间的推移，建立具有高度针对性的邮件列表，并翻译贵机构的相关研究和博客文章。

严格锁定邮件寄送目标至关重要。众所周知，当你收到几封与你的工作无关的研究摘要或报告的电子邮件后，你会将这些信息归类为垃圾，永远不会看到那些可能有趣或重要的信息。因此，建立邮件列表的员工首先应限定一些主题类别，以便根据不同主题设置单独的邮件列表。

贵机构所有与该国工作相关的人员都必须提供信息以编制邮件列表。有些员工存在希望与某些人建立特殊关系而故意隐瞒信息的行为。

措施 6　员工要了解拟合作国家擅长领域的重要国际及区域协会，并建立即将举办活动的通讯组列表。有时候，研究人员或组织为了获得协会的通讯列表，需要加入协会并参与其中。

至少，机构的高级研究人员应该参加协会举办的一些活动（如果目前还没有做到的话），以便了解这些活动所提交论文的专业水平，与其他研究人员展开研究讨论并构建关系网络。

措施 7　工作人员应充分利用有关这些协会会议和其他有关会议的信息，并在其中一些会议上主动发表论文。发表论文的人通常在这一关系网中表现更为突出，因为他们通过自己的展示而"为人所知"。

智库选择员工进行展示报告时，需要对其质量进行把控。质量审查不仅是指对报告的质量进行审查，还需要对报告人的发言水平进行审查，如有必要，发言必须进行排练，以保证报告条理清楚、结构严密、无懈可击。

措施 8 和 9 发挥着桥梁作用，能将各种"初步措施"与发展更深层合作关系的措施及总体行动计划联系起来。

措施 8　通过实行上述措施，获得一定程度的认可后，贵机构研究人员可以到该国进行一些实地考察，同时出席一些会议并与之前联系过的作者会面，或者至少与一些员工非常熟悉的作者会面，从而建立或深化工作关系。

显然，这些会面都极其重要。员工要明确定义每次非正式会面或正式会议的目标。

通过会议来了解合作伙伴的最新研究兴趣，也许他们就这些兴趣进行合作的意愿十分强烈。这时，贵机构应尝试给他们带来一些新的理念：可以向对方展示贵机构在该领域取得的新研究成果，可以向他们介绍一个该领域的中国协会，这个协会可能是他们之前从未了解过的，也可以考虑邀请他共进午餐（晚餐可能有点不合时宜）。如有需要，应提前询问餐厅类型。

措施 9　根据双方会议进展情况，就某一特定问题展开一般性合作。回国之后重新考虑，以决定是否继续合作研究。

贵机构需要仔细考虑这项工作的资金问题。笔者建议，合作项目最初的工作应控制在一定限度内，如共同撰写一篇比较性研究论文，文章几乎不涉及新数据。在这种情况下，双方将各尽其力完成工作。但如果合作关系发展良好，那么继续为更大型项目提供一些支持也是十分有益的。无论如何，这一点必须经过机构内部的讨论和批准。

3.2　采取后续措施以深化关系、扩大影响

在实现目标 1 和目标 2 的过程中，贵机构可以遵循以下三个步骤来建立上述合作关系。

步骤 1　表明自己有兴趣参加由合作伙伴举办的某一特定研究领域的会议。这些会议对专业知识要求更为严格，也更本地化，与普遍举办的一般性多国会议有所不同。后者往往更倾向于建立关系网而非展开学术研究。这时，贵机构需要慎重考虑是否提议共同举办会议，考虑这样做是否会显得急于求成。

步骤 2　邀请一到两名合作伙伴国的重要人员来华，就两国共同关心的研究项目或重要政策议题进行研讨或磋商。

对许多研究人员来说，访问中国的机会十分珍贵。访问过程可以增加一些游览活动，但研究专业内容必须保证质量。另外，还可以请他们为在校大学生或贵机构的研究人员提供演讲，以考察其工作能力和对待演讲的态度如何。有一点必须保障：必须为双方对合作项目进行讨论预留充分的时间。

步骤3　双方的高级研究人员可以互换交流2—4个月。

相比上文提到的短期访问，这是双方进一步合作的体现。如果交换人员在某种程度上没有融入对方机构的生活，那么这次访问就不太可能成功。交换人员应被邀请参加机构内部研讨会及其对外活动（必要时会提供翻译），与同事和谐相处并参加一些旅游活动。交换人员融入机构的最佳方式是在合作项目中投入大量时间，并在访问结束后与对方机构保持定期联系。

4. 目标3的补充措施：获得足以影响地方政策的能力

要实现这一远大目标，中国智库必须获得当地政策界的认可。毫无疑问，这项工作十分具有挑战性。这意味着中国智库不仅要完成上文提出的各种措施，还要投入更多资源，参加更高层次的活动。

下文将继续介绍几项有用措施。笔者提出的建议主要参考了两个成功的项目。在城市研究所工作时，笔者作为驻地顾问对这两个项目进行了指导。这两个项目与美国国际发展署签订了合同，受其资助。其中一个项目在俄罗斯进行，笔者从1992年初就住在莫斯科，一直到1998年9月。另一个项目是在波斯尼亚-黑塞哥维那（波黑），时间从2003年到2007年。当时，笔者作为项目总监驻扎在德国的法兰克福，每个月会花1—2周的时间访问萨拉热窝。该项目的现场指导是一个美国人，名叫克里斯·米勒，其办公处只有两名员工。克里斯在波黑居住并工作了10年；他曾在联合国工作过一段时间，了解波斯尼亚的主要政策参与者并精通当地语言。由于在20世纪90年代中期（内战期间）他对该国做出过重要贡献，因此被授予了公民身份并获得了高度认可。

本文列举波斯尼亚项目作为典型案例进行讨论是因为,它包含了一个成功项目所具备的许多要素。方框2概述了该项目为增强地方新生智库能力、提高城市研究所在政策界的地位而采取的主要措施。特别值得关注的一点是,该研究所并没有直接提出有关政策的建议,而是与当地三家最有实力的智库以低调姿态展开密切合作,共同研究并设计了政策信息①。

> **方框 2. 波斯尼亚智库对外合作概况(2003—2007 年)**
>
> 总的来说,城市研究所的合作项目具备以下四个要素:
>
> 1. 通过混合班培训(政府官员和智库工作人员一同参加),以及国际监督员就项目资助研究为智库提供咨询意见,以提高分析工作的质量及对这些工作的理解。
>
> 2. 通过培训课程、内部诊断和管理指导,培养智库员工的管理能力、利益相关方的沟通能力,包括与非政府组织就特定问题建立联盟。
>
> 3. 让决策者决定,智库所提供的产品及其相关信息、高质量的数据分析和可访问的正确格式。
>
> 4. 通过正式会议(如圆桌会议)和一些非正式活动在政策分析师和决策者之间建立工作关系。
>
> 以上四要素中的第一点最为关键,即<u>改进分析工作</u>。在与当地智库举行一轮会议后,城市研究所宣布了一项由项目资助的研究计划,并掌握了当地每家智库的运作情况及工作能力。此后,研究所开设了一个为<u>期8天有关政策分析的全天课程</u>,将课程出勤率作为获得项目资助的考量因素之一,以此鼓励学员积极参与。政策分析培训填补了地方高校课程体系的空白。培训结束后,参与课程的几位政

---

① 从逻辑上讲,一家国际智库似乎可以通过地方伙伴智库在一些领域开展工作,关于其他问题可以选择直接与政府机构进行合作。然而,这可能会在政府机构、社会组织和其他机构之间造成一些混乱:既然项目是由美国政府支持的,那么在不同场合下国际智库到底是代表哪方发言的?

府官员与其他学员之间保持着联系。每节课教学环节结束后会进行测试,表现出色的学员将会获得含金量高的证书;其他学员可获得出席证明。①

举办此类课程表明,该项目研究人员具有充足的专业知识,态度严谨且乐于分享知识。观察不同智库学员的表现,深入了解他们的知识状况,考察其分析政策的流利程度——这些是发放研究资助的参考因素(见下文)。

支持项目资助的其他课程也同样具有价值,如有关数据分析和回归分析的课程。所有授课的内容都应根据当地现有知识水平及当地大学提供类似课程的情况来决定。

支持当地智库研究的竞争性资助项目也至关重要。在城市研究所提供的前两轮资助中,当地智库要获得项目资金,就必须通过竞争展现其能力。参与竞争的是那些被认为较为有实力的智库和潜在的合作伙伴。当地智库需自行选择要解决的政策问题,并按照标准格式提交项目计划书,城市研究所会对这些材料进行仔细评估。申请能否成功的关键因素是能否得到当地高级政府官员的支持,也就是说如果相关研究得到了资金支持且研究结果经核实具有可行性,政府是否会将其应用到实际政策改革中。这对于确保研究得到实际应用至关重要。若智库提供的政策分析对实际政策产生了影响,其声誉也将大大提升。

城市研究所的项目组在项目执行期间与受助智库的研究人员进行了密切合作,对项目的工作计划和中间产品提供了详细建议。关于政策和技术问题的非正式讨论也同样重要。受资助项目通常采用小组讨论的方式,将其产品传达给利益相关方。在对产品进行概述之后,政府官员会对智库所提供的政策分析及政策本身的意义发表评论。城市研究所的团队成员从未参加这种小组讨论,但会积极参

---

① 此处课程的课本可参见莫尔斯和雷蒙德·斯特鲁伊克(2006),有英文和俄文版。作者所拿到的是英文版的教师手册。

> 与这一活动前后的非正式讨论。①
>
> 通过几轮与受助者之间的合作,城市研究所将很容易做出选择,决定继续与哪些智库合作。
>
> 事实证明,将非正式活动与正式活动结合起来,对于建立智库成员与官员之间的关系非常有价值。该项目特别邀请了大量官员参加各种聚会。培训课程结束之际通常会举办晚宴庆祝:邀请许多官员和非政府组织负责人,与智库成员同坐一桌,共进晚餐。圆桌讨论和其他政策论坛也遵循类似模式,每次论坛过后都有会后讨论。官员及智库人员如果因为事务繁忙而无法参与论坛,则可以参加会后的讨论。长期的积累使得这些会面最终促成一个多样化的决策共同体,而这个共同体是前所未有的。

下面列出的一系列措施大致按时间顺序排列,但实际上有几项措施可以同时进行,尤其是在项目开始后最初的几个月。

措施1 确定成果目标。

此处要解决的关键问题是,贵机构是想成为地方政策过程中的积极参与者,还是想成为当地一两家智库的密切合作伙伴——双方员工共同展开工作并发表文章。研究报告也可以印上两家机构的标志。当然,资助方可以在报告中明确说明其机构为该项工作提供了资金支持,但笔者建议在合作中不要充当领导者的角色,并将对方智库放在重要位置。

贵机构在海外也可以独立开展工作,但接触到当地政府官员的机会将大大减少,政策建议也将不太容易被采纳,即使该建议与当地智库提供的建议是一样的。

措施2 组建小型办事处。

由于资源有限,这一步十分重要。笔者发现,以逐步递进的方法进行这项工作

---

① 在一个由中国智库成员作为展示者并参与讨论的项目中,合作关系也有着明确的定义,这时此规则也会发生变化。

比较容易获得成功。在海外，组建智库小型办事处的初期阶段可能需要设置以下职位：

- 办事处主任。一般是贵机构的高级政策分析师，并拥有国外工作经验。其早期职责是设立办公处、预留发展空间，并雇佣两三名当地员工。办事处主任必须对该国的历史、经济、社会和政策问题了如指掌。按资历来说，他应该是一名经验丰富、成就卓著的政策分析师。同时，此人在政策发展界应该是一位真正富有创造力的人。最后，办事处主任应善于社交，在公众面前形象良好，为人随和友善。

- 一名来自贵机构的行政人员。办事处主任可能需要在办事处设立后每月花费一周左右的时间进行现场办公，同时负责聘用当地的行政人员并帮助他投入工作。该行政人员在办公室起步阶段需要在现场进行全职工作。

- 一名当地的行政人员。此人应熟知当地公司或非政府组织注册程序、各项税收政策以及当地的劳动法规，能指导办事处按规定完成这些工作。他还负责协助办公地点的选址工作，并按需定期聘用翻译人员。这一职位发挥的作用十分重要。

- 一名当地的资深研究人员。此人至少在贵机构最感兴趣的主题领域有一些工作经验，并且对本国政策分析过程有十足把握。

根据贵机构在该国已建立的关系网和高级研究人员的建议，办事处主任可以开始进行一轮访问，先访问已经认识的人，然后再访问各种研究人员、非政府组织和社会服务组织的负责人，以及适当层级的政府人员。每次会面的主要目标是表达自己与该国开展合作的意向，收集对即将出台的重大政策相关问题的看法，以及考虑合适的合作伙伴。办事处的高级研究人员也应参与这些访问，向其他人展现办事处采用的项目团队方法。只有当高级研究人员对这些会面讨论的内容完全了解时，他们才能为办公室主任提供更多有用的建议。

当然，决策者在考虑是否采纳贵机构资助项目所提供的建议时，会向当地各组织的政策专家寻求帮助，以审视贵机构的研究能力和合作诚意。

只有当决策者认为贵机构真正关心其国家福利时,贵机构的研究才会产生政策影响。因此,办事处主任一开始就需要充分了解当地情况。办事处可以通过一些非正式会面来建立联系,比如邀请对方一起喝杯咖啡。

措施3　在办事处建立后的一两个月内聘请一名当地的公关总监来设计和管理贵机构与当地社区的外展服务。

聘用公关总监是为了大力宣传办事处的目标以及它与本部的关系,另外也可以宣传其可能举办的活动和感兴趣的领域。(如果贵机构不提供这些信息,其他人肯定会通过非正式手段获取信息以填补这方面的空白,但这些信息的准确性就无法保证了。)

随着时间的推移,网络上有关贵机构的描述会渐渐变得具体而深刻。聘请一位对当地政策界了如指掌的资深公关人员(此人也可能来自非政府组织),可以确保办事处的工作一开始就遵循当地的标准沟通惯例。也许这项工作之后会有所改进,但在开始时,将信息成功传达给主要目标受众最为关键。

公关工作的第一步是建立网站,用以展示贵机构在当地开展活动的一些基本信息。网站应着重突出贵机构在该国开展的工作;网站语言版本应是当地语言;要设置一个链接可以跳转到对应的英语门户网站,以便了解更多信息。当网站上的帖子涉及当地政策问题时,要引入多种备选方案,这样会提高机构的可信度。

办事处主任在准备一项新提案的过程中,要不断咨询高级研究人员和公关总监的意见。这样才构成一个基本的智库运营团队。绝不夸张地说,在前期提案准备阶段发生严重的错误,必定会大大阻碍该提案的发展进度。

措施4　与智库、非政府组织、社会组织负责人,以及一些贵机构已经接触过,或因某些原因要去接触的官员安排一系列会面的时机已经成熟。

在这几次会面中,贵机构可以介绍预期的研究资助计划(详见下一项),还要了解其他机构负责人或官员认为在其专业领域中出现的主要政策问题。

贵机构还可以宣传办事处即将开设的政策分析课程,这一点也非常重要(附件1

是一份俄罗斯面向市政官员和智库成员宣传的营销公告）。这些会面是邀请他们参与课程的最佳时机。俄罗斯、中亚各国、波斯尼亚等十几个国家已经开设这门课程。① 事实证明，政府官员和其他人一同参加的混合班教学是一个能帮助两个团体进一步沟通的好办法，两个团体能以更舒服的方式展开合作。共同使用一套分析概念和术语，也为双方的未来合作打开了一扇大门。

贵机构可以说明，当地智库工作人员的出勤率会作为他们申请资助时的考虑因素，因为这门课程在参与者之间建立了一种共同的政策分析语言，对合作项目的发展具有重要价值。

措施5 为广大潜在参与者提供政策分析课程。

当然，这一措施可自行选择，不过考虑到此项措施在其他国家实施后取得的积极影响，大多数情况下都值得一试。一般情况下，即使是在最好的大学，经济学和其他社会科学课程也不会设立专门的政策分析课程。因此，许多智库研究人员只能通过从反复失败中吸取经验（即试错法）来解决问题。即使是经验丰富的员工也会从主题明确、条理清晰的课程中获益。

由于该课程是为职业生涯中期的成年人设计，并注重基于参与者实际经验进行的课堂互动，所以可能需要限制每家机构的参与人数。要在收集完所有课程参与申请后对此做出定夺。

组织课程将会耗费大量的精力，包括翻译课程材料在内，但这些付出是值得的。如果当地已经有大学开设了政策分析课程，那么课程组织者应对其进行仔细研究，并考虑这一大学课程是否有值得借鉴之处。但通常，大学课程对于职业生涯中期培训用处并不是很大。培训课程的关键是要以一种学生互动参与的方式进行教授，以培养并保持学员对课堂的兴趣。如果参与机构和学员对现有教师有任何疑问，可以联

---

① 教材有英语版本和俄语版本，分别由莫尔斯，雷蒙德·斯特鲁伊克（2006）编写。教学手册是斯特鲁克编写的英文版。

系以前在本国教授过政策分析课程的人进行教学。

开设此课程为当地政策共同体提供了切实好处,这将有助于推动贵机构的项目计划"提上日程"。也就是说,开设这门课程是发展当地公共政策学术计划的一个必然选择。

措施6 提供1—2轮适度的研究资助,每轮资助2—3家当地智库,为智库共同体做出贡献。

这些资助计划必定会在当地的智库共同体中塑造良好的形象。如前所述,它在几个方面都将对贵机构的工作带来益处。因为通过这一措施,贵机构可以与每家智库举行与资助项目有关的会议,即使这些智库最初对贵机构没什么兴趣。

办事处的高级研究人员和公关总监应在会议前向主任详细介绍每家智库的情况,会议结束后应进行认真的汇报。会议内容要详细记录,以便贵机构的其他员工参考利用,他们在未来有可能与其中一些当地智库展开合作。

会议开始之前,需要仔细浏览当地智库的官方网站,然后就网站没有详细说明的部分进行提问。

这些问题包括:

• 他们现在最感兴趣的是什么政策和研究主题?

• 他们高级研究人员的背景如何,特别是拥有硕士和博士学历的研究人员的教育背景如何?他们是否学习过政策分析课程?他们是全职还是兼职?

• 在过去的2—3年中,他们的主要资金来源是什么?

• 在说明资助计划后,询问他们是否有兴趣提交提案?如果有的话,是关于什么主题的?

• 他们能否分享3—4份自认为是过去1—2年中最优秀的分析报告?

• 哪些政府官员、国会议员、非政府组织和社会组织负责人最有助于中国研究团队在当地开展工作,以便更好地了解哪些是可能出现的政策问题?

当地智库提交的报告需要仔细审查,以清楚了解其研究人员的技术实力及其分析的复杂程度。这些报告很可能在审查之前需要进行翻译，这笔花费必不可少。

在访问并审查当地智库之后，贵机构需要制定一个提案框架，并邀请最有潜力的4—5家智库递交他们提案。明确告知他们，只有2—3个提案会受到资助以及资助的金额。资助款项应足以支持一个重大项目的运行，如有必要，双方可进行几次面谈或小规模调查。

贵机构制定的提案框架应设置一个重要条件——提案需获得一名任职于其讨论的主题领域较高级别官员的承诺，如劳动部的一名部长助理或部门主管，此人负责改进某些失业人员培训计划的项目。该官员承诺会采纳智库提交的分析，努力推进研究所提出的改革或做出类似的承诺。在波斯尼亚项目中，这些承诺对于确保研究实际投入应用非常重要，同时也为项目树立了良好形象。

贵机构对应领域的专家负责对提案进行审查。审查人员可以要求与提案负责人会面以便更清楚地了解情况。之后，他们还需要对审查结果进行整理，并初步决定获得资助的机构名单。

审查提案通过后，贵机构可能想与最有望获得资助的提案者进行会面以讨论细节问题。如有必要，此时可进行第一次真正意义上的指导。若贵机构对提案满意，则应做出奖励，并明确提出双方对提案讨论过后的调整需落到实处，调整后的提案是受资助方应交付的第一个成果。

在项目执行过程中，贵机构若希望提供项目所需的指导，则需要从中国指派一名专门从事与研究主题相关并掌握必要技能的专家。笔者预计，该专家至少需要到达该国三次，与当地的研究团队展开密切合作。至关重要的一点是，这些专家在提供建议时要保持合理、积极和谦虚的态度。办事处主任也应参加这些会议，尤其是项目的早期会议，以确保专家采取适当的态度进行指导工作。

专家应仔细阅读报告草案，并提供详细具体的建设性意见。

当一份令人满意的最终报告即将完成时，办事处主任和公关总监必须详细了解受助机构围绕报告将要展开的宣传计划，注意中国和东道主在首选（也是更加成功的)传播方式上的差异。贵机构在传播活动中扮演着积极角色,同时也要保持谦逊的态度。为完成影响当地政策这一长期目标,贵机构必须学会低调行事,这样成功的概率才会更大。活动中每个人都将意识到贵机构所扮演的重要角色,这部分来自报告中的致谢声明,以及贵机构代表在讲台上的发言。

措施7 会见贵机构所感兴趣领域的政府官员、非政府组织及社会组织的负责人。随着资助计划的实施,有一些具体事项需要详细说明,这表明了贵机构对与当地智库合作做出的承诺。这种做法会给他们留下深刻的印象。

向各其他机构负责人阐述办事处可能实施的计划,向他们寻求必要的帮助并询问以下事宜:

- 他们的具体职责和政策关注点;
- 他们所负责的专业领域和感兴趣的领域中新出现的政策问题;
- 如果贵机构正考虑在当地举办一些技术研讨会,那应该向他们询问关于该国智库共同体应如何改进的想法。也许,他们对此考虑的并不多,如在波斯尼亚项目中,大多数官员对当地智库都没什么深刻印象。

在此过程中,一定要提及贵机构可能会开设一些政策分析课程,会邀请他们机构的一到两名员工免费参加。

措施8 在项目顺利推进之后,贵机构可以考虑举办联谊活动,把合作智库成员、政府官员,以及其他智库成员、非政府组织及社会组织的人员聚集在一起。

方框2中关于波斯尼亚项目的最后一段概述了此类活动,此处不再赘述。还有一点非常重要,当波斯尼亚项目开始运行之后,各家智库和政策进程中的其他参与者之间几乎没有非正式的互动。每个团体原本都待在各自的圈子里,但联谊活动却让来自不同团体的成员聚集在了一个较为轻松的环境中(即使他们有时不得不召开一小时左右的圆桌会议认真讨论一些问题)。随着联谊活动声望的提高,它将逐渐成为一个促进整个政策界交流的重要因素,它也有助于项目更好地融入当地社会。虽然这一措施不一定在任何地方都适用,但仍然值得一试。

措施 9　根据已掌握信息,判断哪些国外智库可能成为未来最佳的合作伙伴。

在选择资助对象的过程中,也许会有一家智库明显优于其他智库。但其他智库也可能在某一特定领域更为专业,如商业领域,这种专业性将帮助贵机构处理更广泛的问题。因此,针对不同的政策问题,贵机构可以选择与两家机构同时合作,但合作程度有所不同。无论选择与谁合作,都要为合作伙伴的相关工作制定明确合同,并在工作开始前提出详细期望。

最后,即使合作项目在不断发展壮大,其他国际援助机构提供了一定的帮助,也要将中国籍的常驻人员数量保持在较低水平。从本质上来说,贵机构所要展现的形象是当地项目因中国专家的领导和建议而受益良多。做到这一点并不困难。笔者曾领导过一个俄罗斯项目,七年来人员配备达到峰值时也只有三名常驻当地的美国人。项目工作人员中大约有七十名俄罗斯分析员,以及两名左右的短期全职美籍专家。这些数字与笔者在埃及领导的一个房地产开发项目相一致。

5. 中国国家国际发展合作署和中国智库

中国国家国际发展合作署的创立可能是帮助中国智库深入参与合作意向国政策制定的绝佳机会。当然,在早期阶段,没有人确切地知道机构需要做什么,但是观察其他国家双边援助机构正在进行的项目将会有所启发。

早期的新闻报道称,中国国家国际发展合作署将按照类似于其他双边实体(如美国国际发展署)的模式进行运作,其运营也可能受到亚洲基础设施投资银行(AIID)的影响。亚投行的运作模式就与世界银行和亚洲开发银行的运作模式相一致。笔者曾为美国国际开发署和世界银行做过大量工作,因此对他们的模式有着相当全面的了解。

6. 项目开发流程概述

项目开发周期。在国际金融机构和双边援助机构中,"项目"一词是一个标准术语,指的是由其中一方资助的、在受助方所在国家开展的活动。这些项目遵循着一个标准周期,从为一个国家或国际机构制定一个 5—10 年方案的总体框架开始。国家的特定优势和国家利益是最为重要的决定因素。有些机构专注于健康或教育领域;有些机构在金融领域具备出众的能力,即涵盖从创收到通过增加抵押贷款来促进购房贷款这些事务。

一般而言普遍的做法是,援助机构定期为其工作的每个国家制定一项为期 5—10 年的广泛援助计划。该计划为组织工作建立了一个框架。

通常,赞助者第一步要做的便是编写一份国家状况报告,对当地情况进行概述,并编写候选受助机构的基本情况信息。基于这些信息和对高级政府官员及其他人的深入访问,项目大纲便可以初步形成。

每个赞助机构/国家都必须就项目大纲的草案与其他赞助者(双边及多边组织,尤其是大型国际金融机构)进行协调沟通,以避免重复投资以及对某个国家的组织提供超出其需要范围的援助。为此,赞助方必须建立正式机制,广泛、持续地听取建议,并定期召开协调会议。

以上流程通常需要一两年的时间,以便完成大量的信息采集和分析工作。咨询专家、个人和公司,包括来自智库的员工一般都会参与这项工作。在未来,参与项目总体框架制定的研究人员往往会在定义项目方面做出贡献。这项工作的结果(如世界银行斯里兰卡国家战略)经常会在网络上公示。对于那些为资助项目编写提案的员工和顾问来说,这些都是重要的资源,可用来确定他们的技能是否符合项目要求。

获准项目。广义上说,有三类项目得到了援助机构的支持。这些项目是在经过上文概述的流程之后才确定下来的。

- 基础设施。道路、学校、水坝等等。
- 技术援助。制度建设的一种形式,通常表现为设计和实施试点项目或示范项目,或施行该国政府政策的具体新项目。方框 3 展示了此类项目中的一个实例。

- 将技术援助和基础设施投资结合起来的重大项目。广义上说,这些重大项目包括诸如学校和医院的建设。

- 针对以上三类项目的评估。如下文所述,此类评估主要针对政策实施(按照设计好的计划实施)和项目影响(预期的结果)。一些公司和智库专门从事这种评估工作,如美国芝加哥大学全国民意调查中心。

本节剩余部分将重点介绍技术援助项目,这也是智库或公司作为个体参与最多的项目。

方框 3. 房地产行业的一个示范项目

总部位于华盛顿特区的大型智库"城市研究所"成功取得了美国国际开发署的一份合同,与俄罗斯人合作,对基于国民所有制、房产分配制及国家负责房屋维修的苏联模式进行改革,将其转变为私有产权主导的市场住房体制。该研究所在俄罗斯的工作始于 1992 年,并以某种形式持续到 2012 年。

1991 年底,俄罗斯政府决定允许租户将其房屋私有化并且不收取任何费用。这自然提高了新业主对如何维护自己房产的兴趣。俄罗斯的建筑维护水平很低,因此城市研究所团队早期提出的一个建议是,通过竞争手段选出合格的私有企业来取代之前对建筑进行维护且效率低下的国有企业。虽然政府官员对此很感兴趣,但他们不相信这样的手段能在俄罗斯发挥作用。于是,城市研究所提出试行一个示范项目来对此建议进行检验,政府对此表示同意。

莫斯科分为 10 个行政区,每个区由一位区长领导。1993 年,其中一位区长分配给城市研究所约 7 000 个单元,用于私企提供维修服务的示范项目。城市研究所的团队必须确定具体公司并进行招募工作,通常参与竞争的公司都创立不久且规模较小,主要对一些办公室进行维护①。此次企业竞争进展顺利,并且城市研究

---

① 详情见 Struyk, R., K. Angelici and M. Tikhomirova(1995)。

> 所与每个住宅区的员工共同合作，以检查正在进行中的工作质量。
>
> 维修服务开始提供时及提供约一年后，城市研究所团队对租户满意度进行了随机基线调查，最终选取的样本为368名租户。从维修质量得到改善这一结果来说，总体反馈是积极的（并且从统计学角度来看非常显著）。研究所对可能影响结果的变量做了仔细分析，除了施工方从国有企业转移到私营公司这一变量外，未发现其他影响因素。
>
> 调查报告历经一个月完成，通过了低级别官员的审查，递交给了莫斯科市长，他下令将该市230万个单元的维修工作全面转接给私营企业。其他城市也开始效仿莫斯科的做法。
>
> 这一案例具有特殊性：由于城市研究所与国际开发署所签订合同的一般性质，城市研究所在与莫斯科就示范项目进行谈判时具有很高的自由度，在很大程度上他们不受国际开发署官员的限制。通常，比较典型的做法应该是，资助机构与提供服务的国家政府商讨，大致规划出示范项目的框架，然后聘请一个承包商来实施项目。

技术援助项目通常由援助机构工作人员与政府官员合作开展实质性设计，通过竞争的方式选择承包商来完成设计（由援助机构和政府官员审查）并实施项目。

一些项目被称为"机构强化"项目，在这些项目中，政府各部委（如教育部或卫生部）的办事处需要通过员工培训和工具更新（如计算机、交通工具）来进行升级。

还一些项目旨在提高地方智库的实力，进而改善政府决策质量。这类项目是本书第三部分的主题。

赢得合同。值得庆幸的是，大多数国家都有为援助机构开展项目而设立的公开竞争。智库通常有资格竞争各种合同，包括项目评估。双边项目一般只有受助方所在国家的公司才有资格完成。

对于缺乏参与此类竞争和独立执行项目经验的智库，可以考虑与有着更多经验的咨询公司合作。贵机构的员工也许可以为团队提供更专业的行业知识和其他技能，而这些是咨询公司所欠缺的。在特定国家，员工在某些领域的经验也许比咨询公司所拥有的还要多，如在复杂数据统计和各种类型的分析（如计量经济学）方面，贵机构可能更有发言权。

随着智库在越来越多的海外国家开展工作，或者越来越深入地参与到当地的政策制定中，对该国的了解程度将逐步加深。更重要的是，在信息和政策便利的条件下，贵机构可以通过与已建立稳固关系的国外智库合作来为该国政府提供的更多信息。

为中国国家国际开发合作署工作做准备：获得与国际金融组织共同完成短期任务的经验。国际金融组织是一系列大型多边援助机构，包括世界银行、亚洲开发银行、国际金融公司、亚洲基础设施开发银行等。以上所有机构都会为开发基础设施和技术援助项目以及上述提及的其他类型项目提供资金。这些机构雇用了大量的短期顾问协助项目实施。

如前所述，国际金融机构定义并实施项目的目的是完成国家战略。虽然国际金融机构的人员负责指导项目的开发和实施，但他们也需要帮助。部分原因是他们的员工无法掌握所有领域的专业知识来指导他们正在进行的多个项目。在某种程度上，另一原因是聘请外部专家工作可以尽量避免内部员工在相对不景气的时间就业不足的风险。最后一个原因是，向国际金融机构提供资金并对实施项目进行资助的赞助国会担心工作人员过剩。

因此，国际金融机构在以下三个项目阶段都会聘用短期顾问：

- 项目鉴定与评估
- 监督项目实施
- 项目过程中与项目完成后评估

这项工作经常需要派遣专家到国际金融机构称之为"任务国"的国家进行短期作业。这项工作需要专家进行2—4周的密集访问，他们必须谨慎地为项目做好准备，因为一旦项目落地，他们通常就会与政府官员及实施项目的人员进行多次会面。几次任务过后，该专家就会对"任务国"的某个产业相当了解；在获得了这些经验后，这位专家才真正配得上"任务国"某领域专家的称号。在执行任务的过程中，他们要会见许多当地的分析员并结识相当资深的政府官员。如果贵机构决定要在一个国家进行大量工作，那么这些人脉都将成为宝贵资源。

若智库有信心在别国出色完成工作，为其政策发展做出贡献的同时，还能拥有几个具有经验如此丰富的高级研究人员，那么之后在与其他智库竞争时就能展示出强有力的资质证明。

任职资格。当然，专家必须具备相应的资格才能被选中参加这些任务。国际金融机构对于在网络上公开发表项目报告已经得心应手。同样，他们会阅读相关领域的项目报告，判断该专家或其他员工是否做好了参与项目的准备。除了专业技能外，该专家的文献发表也必须经过仔细审查。因为在国际期刊上发表的相关文章或出版的相关图书都是专家专业能力的重要证明。最后一点也同样重要，即该专家的英语表达能力。即使是在美洲开发银行等主要服务于西班牙语国家的一些地区性国际金融机构，流利的英语表达也是必不可少的。

如果专家自认为具备这一资格，则可以申请这一职位，并努力联系在国际金融机构工作的人员，请求提供他们一些私人帮助（也许他们并不熟悉，只是在某次会议中打过照面而已）。

7. 结论

本文内容主要可以总结为以下四点：

（1）中国智库与国外智库密切合作，不仅对该国的政策发展非常有益，而且会为中国研究人员带来十足的成就感。

（2）中国智库在国外组织工作，并成功确立真正的合作伙伴关系，这一点将十分具有挑战性。

（3）许多中国员工会发现在其他国家工作的乐趣，他们的日常工作也将发生良好的转变。如前所述，与国外智库进行成功合作需要将中国常驻员工数量保持在较低水平，但他们将会有更多短期访问的机会。这些海外工作经验将有助于他们在中国境外完成为期更长的任务，还可能有助于延长相关人员在智库的任职期。

（4）与国外智库、转型期国家和发展中国家的政策界广泛建立积极关系，一直是美国软实力的重要组成部分。这种方法也同样适用于中国。

附件1

这份公告曾被用来向俄罗斯市政当局推销政策分析课程，授课目标群体包括政府官员，智库、非政府组织和大学的管理人员。

公共政策课程：为地方政府官员和倡议型非政府组织提供在职培训

参与者

来自两个社区的20—25名参加者，包括政府官员及智库、非政府组织的关键人员。在地方官员中，最理想的候选人是副市长和政府部门负责人，即负有重大决策责任的人；对于中央官员来说也是类似的。智库和非政府组织的首要人选是负责为政策过程准备分析材料的人，以及与官员共同解决政策问题的人。参与者必须能够参加每次研讨课。

参与者将获得什么

与会者将加强他们从政策角度分析地方政府问题的能力。他们将学习如何定义问题、确定政策解决方案并对其进行评估，如何考虑政策/规划的分配（哪方受益/受损），如何平衡政治和技术因素以及如何应对政策环境中的不确定性。他们还将参与制定有效的项目实施计划并监督项目的实践，以团队形式在有限时间内完成任务并向决策者传达政策建议。

本课程也包含一些理论,但更强调实例研究及相关案例研究。课程鼓励参加者积极参与并分享其专业经验,通过小组合作解决实际问题、制定政策建议。案例研究将采用各个地区的实例以解决国家和市政府经常遇到的问题。学员将展示自己对课堂教学实践及概念的了解并完成书面作业和/或测试。顺利完成课程的学员将获得证书。

课程总天数为八天,包括解决实际问题的时间、编写政策备忘录和互动讨论的时间。此课程包括四个为期两天的模块,如下所述,授课时间为两周。学员会拿到由克里斯汀·莫尔斯和雷蒙德·斯特鲁克所著的教科书——《有效发展:加强转型经济》(*Effective Development: Strengthening Transition Economies*)。①

师资队伍

该教师队伍由雷蒙德·斯特鲁克负责领导,他曾在俄罗斯、匈牙利、印度尼西亚和埃及执行过长期驻地任务,也有许多短期任务经验,目前是一名独立顾问。他在学术期刊上发表过许多文献,著有 30 本书,并举办政策分析课程,在三个国家授课。2011 年,他与别人共同为来自海湾国家的 70 名学员在开罗讲授了一门由埃及和沙特组织资助的关于智库管理的课程。

课程将从波斯尼亚和俄罗斯招收其他教师,具体情况取决于课程的安排。所有教师之前都讲授过这门课程,并能在课堂讨论中向学员展示自身丰富的经历。波斯尼亚首席讲师将会是迪诺·迪帕(Dino Dipa),他是当地最有实力的智库和调查机构(Prism Research)的负责人之一。

---

① 该书 2006 年由林恩·林纳(Lynne Rienner)出版社出版。俄语版见 K. Morse, A. Puzanov, and R. Struyk, Effektivnye resheniia v ekonomike perehodnogo perioda. Analiticheskie instrumenty razrabotki i realizacii socialno-ekonomicheskoi politiki (Effective Decisions in Transition Economies. Analytical Instruments of Development and Realization of Socio-Economic Policy). Moscow: Airis Press, 2007。

政策研究人员课程大纲

研讨课 1：关于公共计划和补贴的批判性思考

- 政策行动类型——侧重于目标和补贴
- 利益相关者分析——评估不同相关方的利益/影响
- 政策分析模型——分析决策的"六步"流程

研讨课 2：高效的公共计划

- 各级政府的作用和责任
- 执行政府职能的模式：直接供应、承包和剥离/私有化
- 具体市政服务的设计承包

研讨课 3：项目计划监控与评估

- 项目计划监控——跟进什么、为何跟进、如何跟进？
- 项目评估—实施过程和/或结果
- 有效使用数据

研讨课 4：制定政策建议

- 撰写并提出政策建议（这也将有机会复习到第一次研讨课中介绍过的政策分析模型，并允许学员在整个课程中进行练习并展示各自的技能和想法。）

参考文献

[1] _____, "Gateway to the Globe：We Unpick What Motives China's Vastly Ambitious Plan to Connect the World." The Economist, July 28th, 2018, U. S. Print Edition, pp. 13 - 16.

[2] Menegazzi, S. 2018. "Chinese Think Tanks and Economic Diplomacy," in Rethinking Think Tanks in Contemporary China. London, Palgrave Macmillan.

[3] Morse, K. and R. Struyk. 2006. Policy Analysis for Successful Development：

Strengthening Transition Economies. Boulder, Colorado: Lynne Rienner Publishers.

[4] Pisanski, K. 2017. "Predatory Journals Recruit Fake Editors," Nature, Vol. 543, March 23, pp. 481-483.

[5] Struyk, R., K. Angelici and M. Tikhomirova. 1995. "Private Maintenance for Moscow's Municipal Housing Stock: Does It Work?" (with), Journal of Housing Economics, vol. 4, 1995, pp. 50-70.

（作者：雷蒙德·J. 斯特鲁伊克，金旎翻译。）

26. 以国际智库为来源的开源情报评价框架研究

1 问题的提出

  随着互联网信息技术的深入发展，现今社会的"开放度"越来越高，形成了丰富的开放信息源，相应地也改变了情报工作的模式，从公开信息获取情报已经成为情报收集的主要对象，开源情报工作日渐兴起。开源情报（open source intelligence，简称 OSINT）最初是面向国家安全和国家战略的。对开源情报通常存在狭义和广义两种理解，前者限定为情报来源和情报内容的开源，后者在此基础上还强调情报工作本身的开源[1]。美国国会、中情局、北约等一些重要机构及相关专家也对开源情报做出了不同的解释，尽管未能形成统一的定义，但它们本质上存在相同之处，即认为开源情报是将那些可以公开并利用的信息作为情报来源，并在实际情报工作中使用这些信息解决情报需求。由此可知，情报来源在开源情报工作具有重要意义，相对于传统秘密情报工作，开源情报强调的"开源"主要是为突出情报来源的公开性。根据信息研究中的 DIKI 理论，信息链是由数据—信息—知识—情报（data-information-knowledge-intelligence）依次生成的，情报是对原始的数据经过一系列收集、处理、加工和分析形成的产品[2]。因此，开源数据是开源情报形成的开端和来源，一般是指可公开获取的原始的、未经加工的一手资料，如一篇文章、一个广播节目或一段口述等；这些数据单独来看可能没有任何意义或价值，但通过加工整合在一起，便可以形成有实质意义的信息，产生情报价值，同时借助一定的知识背景可以进一步转化为情报产品。海量的开源数据来源为开源情报提供了大量优势，使开源情报的形成过程普遍具有低成本、高收益等特点，开源情报在当代情报工作中的价值日益凸显。已有多项研究都揭示了开源情报在当代情报工作中占据重要比例,其中前美国中情局局长艾伦·杜勒斯提出的80%定律是最早关于开源情报的量化判断,认为开源情报占政府所需情报总量的80%[3],该数据之后被频繁引用。这种观点也渗透在多个行业领域,如R. W. Winks曾指出在获取的国外情报中90%来自公开信息源[4];企业信息管理的研究者同样认为,企业在获取竞争情报时有90%的信息可以通过公开数据获取[5]。但开源情报在整个情报体系中并非孤立存在,而是与地理空间情报、人力情报、信号情报、图像情报等其他类型的情报之间存在交集,甚至贯穿于其他类型的情报工作流程。并且,开源情报有利于其他类型情报的获取,尤其是为获取非公开情报来源提供入口。

开源情报在成为情报工作长期重要发展方向的同时,也面临着诸多挑战,尤其是对"开源"对象的分类界定,这也决定了开源情报工作的对象范围。现有的分类主要依据开源情报的来源渠道,其中影响较大的包括美国陆战部关于来源对象的分类,认为开源情报可分别来自学术机构、政府机构与非政府组织、图书馆和各类研究中心、商业性或公共性信息组织、个人和团体这几种渠道[6]。另外,著名的兰德公司则依据信息来源的内容形式将其分为四类:新闻媒体类来源(如报纸、期刊、电视、广播等)、灰色文献来源(非媒体机构发布的文献等)、长文本社交媒体来源(如博客)、短文本社交媒体来源(如推特、脸书等)[7]。面对多样化的情报来源,如何识别可靠的信息源,并获取更及时和有效的信息是开源情报的关键。具有开源属性的专业机构对此能够发挥重要作用。国际智库作为专业的决策咨询机构,不仅拥有专业的知识,蕴藏丰富的智力成果,并且拥有多样化出版物、网站、社交媒体等信息传播渠道,同时建立了广泛的社会传播网络,具有天然的公开信息源优势。根据2020年最新发布的全球智库报告,全球智库数量约8 248家[8],它们从事不同领域的公共政策研究工作,成为世界范围内的一种显著现象,充分利用庞大的智库群产生的公开信息也为开源情报工作提供了新思路。尤其是在当今大国博弈愈演愈烈的时代,国际智库机构或将成为获取国际社会情报的重要来源,为开源情报工作提供更可靠的信源支持。

对此，一些国家已经在实践领域采取了相应行动，如俄罗斯的情报工作早先为追求经济发展，曾将智库机构明确列入情报收集的重要来源[9]。而我国情报工作也逐渐重视从国际智库获取情报并分析，相关情报机构已组织专业人员收集、整理、汇编国外智库关于中国问题的研究信息，为国家战略、对外关系等政策制定提供情报支持。尤其在科技情报领域，针对不同主题和领域，一些情报研究团队形成了专门的针对国际智库成果的跟踪监测和收集机制。但由于理论研究落后于实际需求，国内研究者目前对国际智库的研究仍主要关注于经验的学习、借鉴和比较研究中，尚未对国际智库的开源情报价值予以关注，理论研究的缺失不仅无法为相关开源情报实践提供支持，可能还会限制实践的发展进程。

针对上述现象，本文着眼于开源情报的来源，重点解决两个问题：第一，国际智库为什么能够作为开源情报来源？第二，评价作为开源情报工作的基础，如何对从国际智库获取的开源情报进行评价？围绕这两个问题，本文结合国际智库的建设特点，利用演绎法对从国际智库获取开源情报的可行性进行论证。由于开源性是开源情报工作的前提，国际智库是否具有开源属性则是开源情报工作的基础。在此基础上，本文拟分析国际智库开源情报具有的价值特征，从而为开源情报评价提供依据，并通过构建国际智库开源情报评价的理论框架，对智库领域的开源情报研究做出有益的理论补充，同时为开源情报实践提供相应的参考。

2 相关研究现状

2.1 智库与情报研究现状

根据智库发展的历史可知，智库机构自产生以来就与情报有着深厚渊源。由于我国情报机构内涵的宽泛性，智库研究近年来成为我国情报学领域的学科增长点，关于智库和情报之间的研究也逐渐增多。但基本可以分为两种类型：第一种是比较研究，旨在分析智库和情报研究之间的逻辑关系。与国外智库工作和情报工作泾渭分明的局面相比，国内相关研究通常认为二者之间既存在区别也存在联系。就区别而言,情报研究的核心是数据采集、分析和量化处理,智库研究的核心是基于数据和事实的政策分析和咨询[10]。情报研究更偏向于"耳目"和"尖兵"作用的发挥,"参谋"职能较弱[11],但后者正是智库工作的核心,并且情报研究即使提供决策咨询业务,也不同于公共政策领域智库的决策咨询[12]。对比智库和情报之后发现,二者确实存在差异,但由于这种差异特征有时并不明显,所以两者之间的界限较为模糊,而对界限的划分主要取决于情报服务的层次。如陈峰认为情报服务的价值按照信息服务、情报服务、管理决策咨询服务、思想智慧服务四个层析依次递增[13]。栗琳将其划分为战术情报、战役情报和战略情报三个层级。因此从这一角度看,智库研究是情报研究的延伸,高层次的情报服务能够发挥智库功能[14]。

第二种类型是融合研究,即智库与情报工作相互交融、相辅相成。一方面,智库工作离不开情报服务[15],图书情报机构能够在这方面为智库提供更加专业的支持,因此图书情报领域研究者对此展开了大量讨论,包括图书情报机构参与智库服务的优势和不足[16]、路径[17]、创新服务机制[18]等多角度探索。随着研究的深入,研究者关注的焦点也从建立智库与情报机构之间的合作机制[19]转向推动情报机构与智库机构建设融合[20]及实现向智库转型[21][22]。另一方面,智库的产品生产过程实际也包含具体的情报分析工作。其中丁璐璐等通过访谈调研发现,结构化知识呈现、情报分析主体和客体、机构自省维度等都会影响智库的情报工作[23];同时另有一些研究则结合国际智库机构案例,如兰德公司、美国中国经济与安全评估委员[25]等,具体分析智库在研究中对情报的获取和利用[24]。此外,将情报分析技术应用于智库评价领域也备受推崇。从情报学研究者角度看,情报思维、方法和工具应该贯穿整个智库评价过程,并且要以情报价值引领评价导向[26]。从个体研究者到第三方研究机构,分别建立了综合能力、影响力、传播力、竞争力、媒介生态等不同视角下的智库评价指标体系,许多研究也已经对此进行过梳理,在此不赘。

由此可知,研究者基于智库与情报研究之间千丝万缕的联系,围绕各领域的专业知识,已经从多个方面探索了智库及智库研究与情报研究的相关问题。然而,尽管智库的情报功能已引起部分研究者的注意,但从智库情报功能发挥的方向上分析,现有研究主要聚焦于智库的情报输入方向,即智库在研究生产过程向外抓取情报或外界主动为智库提供情报;但对智库的情报输出方向上却鲜有关注,即智库向外提供情报或将产生情报价值。因此,后者便是本文研究的重点问题。

2.2 开源情报评价研究现状

由于开源情报的来源多样化,低门槛的获取条件在提供丰富信息的同时也带来了一些隐患,主要在于情报源的准确程度、可靠程度及其价值参差不齐,对开源情报的来源进行评价在开源情报整体工作中具有重要意义。相较于其他方面,可靠性是对公开情报源评价关注的焦点,赵小康等认为这种可靠性同时包含信息的真实性和专业性,并提出了针对信源评价的四项指标:形式特征、组织特征、链接特征、价值特征[27]。由于开源情报是情报源的一种特殊类型,在评价时既遵循一般情报源的普遍规律,也因具体领域的变化而有所差异。在科技前沿情报领域,曾文等人制定的开源数据价值的评价体系包含三个一级指标、八个二级指标,分别是:基本特性(权威性、影响力、关注度)、内容特性(领域相关度、完整性)、前沿特性(时效性、新颖性、领域交叉性)[28]。在文献情报源领域,王秀成利用模糊数学方法,制定了五项评价指标及相应评价流程,包含情报的新颖性、可靠性、完整性、传播及时性及叙述内容的简明性[29]。在对网站情报源分析领域,北约组织提出了准确性、可靠性和权威性、客观性、实效性和关联性五个方面的标准[30]。这些都是从更为宏观的角度对开源情报提出的一般性评价指标。

除了静态的指标评价方法,L. English 提出信息质量评估的焦点应从数据和信息本身转移到信息用户或信息的生成过程[31]。邹培针对开源数据,建立了包含数据过程、数据关联和情景分析、情报专业知识三个维度的评价框架[32]。在对开源情报评价指标关注基础上,研究者还从评价工具等其他方面做出了相关探索,如 D. Noble[33]提出并创建一种新型数据收集和信息管理工具的基础上,对以报告为主体的开源情报实施结构化处理,提取关键特征的信息框架,提升了这类开源情报评价的客观性。

综上，评价问题在开源情报研究领域占有重要地位，建立评价分析的通用性框架也是目前开源情报评价关注的主要问题，但具体的评价要素根据不同领域的专业知识特征呈多样性。随着社会分工体系的专业化，开源情报工作的主体逐渐由传统情报人员转向领域专业人员，情报评价也需要因地制宜，建立各领域、各行业内的开源情报评价对整体情报工作而言至关重要。而目前关于智库领域的开源情报研究尚未形成，对智库来源的开源情报分析缺乏相应的理论支持和评价分析。

3 开源性是国际智库的基本属性

3.1 国际智库在身份属性上具有开源性

从法律层面看，许多国际智库都是以非营利组织形式运营的，这意味着智库不以营利为目的，而以公共利益为优先。以美国智库为例，大多数美国智库都是根据税法501(c)(3)条款登记注册的。该条款规定，针对一些学术研究机构、基金会、慈善机构等非政府组织予以税收减免，这是智库运作的法律依据。非营利的法律属性要求智库必须遵循一定的法律标准，同时必须承担为政府提供决策咨询的法律义务。法律条件的规定为许多国际智库提供福利的同时，也在智库与其他有私人利益性质或营利性的机构之间划清了界限。这些智库按照法律要求不能以追求营利为目的，还要及时公开自己的研究成果和资金来源等信息，证明自身工作的客观性。除了法定身份，智库的使命和定位也为开源性提供了保障。国际智库从事的是公共政策研究的决策咨询，追求公共价值和公共目标的实现，脱离公共政策领域的就不属于智库范畴。公共政策在西方社会发展以来，就与公共利益密切相关，公共性是公共政策发展的逻辑起点，它要求智库的决策研究及相关工作开展不能脱离公共参与。国外学界通常把智库作为连接决策者和公民社会之间的桥梁[34]，向上与决策者建立沟通，向下与公民社会建立连接。这就意味着智库也是公民社会的一部分，并且作为一类特殊的公民社会团体，代表公民发声是智库应尽的责任。除了向上将公众声音反馈给决策者，同时也将决策相关信息向下传递给公众，引导公众舆论，并对公民社会的话语体系产生影响。从这一角度看，公共沟通与传播是国际智库不可分割的部分，也会相应地产生大量公开信息，成为公开情报来源。

3.2 国际智库对自身传播的重视提供了大量开源信息

国际智库所处的政策思想市场竞争激烈，必须要建立起强大的影响力才能在市场中存活。传播是国际智库建立影响力的重要一环，通过传播智库思想、观点、价值观和成果，获得更广泛的受众认同，从而建立起品牌形象和知名度，才能真正进入决策服务圈层。一般的学术科研机构，学术传播主要通过发表论文、著书立论、学术会议等方式实现，受众大多为同领域的专家学者；智库传播则不仅限于从事决策的政府官员、国会议员等内部圈层，还重视影响其他的利益相关者。在互联网和信息技术盛行时代，信息传播与信息获取比以往更为容易。为提升影响力，国际智库非常重视利用媒体，尤其是借助网络媒体宣传其理念和政策，让更广泛的群体受众了解智库的观点。因此，媒介性是智库不可或缺的属性，媒体化发展也是国际智库实现自身价值的内在要求[35]，有助于智库建立起全方位、多层次、广覆盖的信息传播网络。从开源情报的视角来看，智库利用各种传播渠道，极力让自身成为目标受众的信息源，这些实际上为开源情报的获取创造了极为有利的条件。

对于一些有影响力的国际智库而言，它们不仅重视传播渠道的建设，其在实际传播过程中发布的成果亦是层出不穷。以国际著名智库布鲁金斯学会为例，其网站会定期发布报告、出版图书、发表论文、出品视频，信息类型多种多样。笔者在统计后发现，布鲁金斯学会在2019年全年在Web of Science可查询的学术论文达109篇；根据2019年的年报，2018年7月至2019年6月间，布鲁金斯学会出版了32本图书；同时，布鲁金斯学会重视利用网络和新媒体传播平台，该年度其网站增加了15%的访问总时长，访问人数增加3%，Instagram关注者增加64%，在YouTube上分享了196条视频，同比增加37%；播客下载量超过1 000万，新增60 000名简报订阅用户[36]。通过对过程和结果双重控制，该智库在为自己赢得更强影响力的同时，也为外界提供了大量可获取的且有原创价值的信息。

3.3 国际智库是处于社会网络中的开放性机构

从社会网络结构看,智库并不是处于一个封闭的人际网络中,而是具有高度开放性的机构。这种开放性使智库拥有良好的跨界能力,能够实现跨越不同场域之间的交流。学术界、政界、媒体、商界等不同场域都拥有自己的内在运作逻辑和资源,但很少有机构能够对这些资源进行整合。而智库在社会网络中拥有独特的位置优势,既能作为各方交换意见、协调利益的集合地,同时也是信息交换和信息共享的枢纽。利用这一位置优势,智库通过吸收来自不同场域的不同资源,维持自己的运营。其中,人员的流动是形成这种跨界能力的关键。除了正式的交流渠道,智库拥有的信息大部分依赖于人际网络的非正式交流,并且后者所获取信息的价值往往更高。面向现实的决策咨询需求,国际智库通常会组建自己的专家网络,利用自己的跨界优势邀请来自不同领域的专家入驻机构或承担兼职工作。其中,以"旋转门"为代表的人员流动机制最为著名,它使智库专家可以游走于各个场域。智库通过这些专家可以与不同领域建立联系,也借由这些专家传递自己的观点。对国际智库而言,跨界能力不仅是指跨越不同场域,也体现在跨越不同国家和地区。为扩大自己的影响力,国际智库不仅立足本国(本地区),而且重视国际合作与交流,以各种成果或活动为载体向国际进行思想输出是最为常见的方式,并以此扩大自己的国际影响力。同时还有一些国际智库专门开发对外交流的项目并建立全球专家网络,如向发展中国家提供技术援助、承接国外官方组织或国际组织的研究项目、担任国际顾问等;一些智库甚至作为"二轨外交"的铺路者,主动与国外政府部门建立联系,为国际关系做好沟通。

4 国际智库开源情报的价值特征

由上述对国际智库开源属性的分析可知,国际智库可以作为开源情报的重要来源。从国际智库获取的情报既具有开源情报的一般性特征,又因为智库的特点而具备专业性、政策性、预警性、证据性、数据价值性。

4.1 专业性

国际智库作为专业从事决策咨询的研究机构,产生的信息和知识也相应地比较专业,并且专业性水平受机构属性、机构组成及机构产品等方面因素共同影响。首先,在机构属性上,国际智库通常是非营利性质的机构,旨在生产公共政策领域的专业知识,这要求智库必须基于客观的立场开展研究及相关工作,因此智库非常重视标榜自己的独立性,"独立性"标签也成为国际上衡量智库专业能力的常见标准。其次,在机构的组成上,智库的专业知识生产依赖于专业的人才队伍,尤其是具有专业背景的专家作为国际智库的主要组成部分,这些专家通常是来自相关政策研究领域的翘楚或具有资历的专业人士。除了专家,专业的研究团队也为智库提供专业的智力支持。由于现实的政策研究问题往往需要来自不同学科的知识,国际智库的研究团队通常招募受过某种专业学科训练的博士或硕士,同时寻求专业背景的多样化。在此基础上,智库不仅拥有专业知识,也以各项产品为载体,并根据不同产品的特点,利用不同的信息组织和加工方式,将这些专业知识呈现出来并进行传播。

4.2 政策性

在开源情报工作中,对情报源核心价值的判断有助于更有效率地捕捉所需情报。智库的核心功能在于决策咨询;与其他机构相比更加凸显资政研究的特征,会产生大量具有政策性功能的信息。政策性通常是和学术性相对的,研究者通常认为二者在研究的过程、方法和技术[37]、行业主体、工作内容[38]等方面存在诸多差异。虽然智库研究离不开学术研究作为基础性保障,但智库研究也不是单纯的学术性研究工作,学术性研究只是智库研究环节中的一部分。学术研究成果往往是遵照一系列科学流程完成的规范化文本,学科导向性和理论导向性更强。而智库研究成果则主要面向现实的政策问题,能够对决策问题形成预判,更加注重实用性和前瞻性价值,同时跨学科或多学科特征较为明显。并且,从情报收集角度看,国际智库的信息传播主要依附于智库成果,智库成果信息输出的主要价值也不在于学术性价值,而是为了传播自己的政策观点。此外,这种政策性还体现在智库工作的时效性上。国际智库常常处于一个快节奏的工作环境中,这正是由政策研究咨询的性质决定的。政策研究主要是以问题或议题驱动为主,并围绕热点问题和前沿政策议题开展工作,现实决策世界往往变化莫测,需要智库随时待命,及时对外部决策环境需求做出回应,未能及时发声或过长的成果产出周期都会影响智库研究的实际效用。

4.3 预警性

西方发达国家在制定一些重大政策、法规时都会经历一个漫长的政策辩论过程,智库正是通过政策辩论的方式积极地介入政策议程中。以美国为例,根据美国"三权分立"的政治体系,国会实际上拥有立法权,通常情况下在重大立法政策出台前,或就社会重要事件调查时,国会都会举办听证会来收集各方意见,这个过程其实就是政策辩论的过程,各方观点借由听证会在此针锋相对。其中,智库专家受邀出席听证会是较为常见的现象,智库意见在国会相关政策法规的制定过程中备受重视。同时,智库圈内部也会经常举办辩论赛,通常是以社会最为关注的公共政策问题为背景,不同立场的专家聚集并展开辩论。因此,许多实际的政策议题或还未发展成熟前,对相关议题的辩论可能早已在智库圈得到过激烈讨论。当某一问题已经成为智库辩论过程的关注点时,围绕相关问题形成的信息其实具有重要的情报价值,并且这类情报往往会释放出某些政策信号,具有一定的战略性和前瞻性功能,能够对未来决策现实提供预警。

4.4 证据性

公共政策的制定往往需要大量的事实和证据,随着循证决策的发展,证据对智库研究的重要意义日益凸显。由于"证据"一词本就源于法律术语,在法律中只有符合某个标准的才能被视为证据,尽管在循证决策领域的应用并不同于法律场景,但其中也有法律证据的影子[39]。对证据的需求强调智库产品并非拍脑袋、天马行空的主观臆想,而是建立在客观事实基础上的科学研判。智库研究者需要充分收集研究所需的各项信息、数据,利用科学有效的研究方法,通过严谨的研究和论证,最终得出研究结论。因此,国际智库大多非常强调以"基于证据"的智库研究范式,像兰德公司、布鲁金斯学会等国际知名智库还建立了专门的循证研究网络,加强证据建设。从这一角度看,智库的产品包含了对大量证据信息的收集,这些证据内容丰富,不仅局限于传统的科学研究领域,也有来自专家的隐性知识和多方面社会考量因素等,具有综合的证据价值。证据在一定程度上不仅提升了智库研究的可靠性,同时证据本身就可以转化为情报,甚至在决策情景中被视为情报,并且作为更可靠的情报信息。

4.5 数据价值性

智库作为知识密集型机构,其工作本质上就是对知识的加工处理。由于国际智库类型多种多样,不同类型智库工作的重点也有所不同,其中有一类就以从事社会调研和发布调研报告为主,如皮尤研究中心和芝加哥大学的 NORC 等,这类智库的研究成果往往需要大量的原始数据提供支撑,数据也是政策文本制作的必要组成部分。例如,皮尤研究中心作为这类智库的标杆,围绕不同主题领域,通过采用多种调研方式获取大量的数据样本,支持相关领域的政策研究。在此基础上,皮尤研究中心建立了"问题库""PPT 素材库""方法库""多媒体资料库"等多个数据库[40],以便实现对数据的管理。除了通过调研获得数据,像皮尤研究中心、布鲁盖尔研究所等智库还会开放一些数据集的使用,如根据具体的研究项目情况,在一定保密期限后将相关议题中产生的统计调研数据在网站上公开,实现数据的社会共享和二次研究利用[41]。推动数据的开放获取和利用也使一些智库的影响力超越公共政策领域,被教育、商业等其他领域作为相对可靠的数据来源频繁引用。

5 构建国际智库开源情报的评价框架

开源情报并不是成品情报,而是为情报分析提供的一种原始情报,对原始数据和信息的质量评估是关键,贯穿于开源情报工作始终。但本文对国际智库开源情报的评价主要面向情报收集过程,偏向于情报分析前端,由于智库政策研究领域多种多样,不同领域之间对情报的需求也存在差异,在此并不涉及具体政策研究领域内情报效用和内容价值的评价。对此,本文主要借鉴北约系统(Admiralty Code)的评价方法构建国际智库开源情报的评价框架,该系统主要用于评估情报收集项目,对信息的评估包含两个维度:信源可靠性(reliability)与信息内容的可信度(credibility)[42]。对前者的评价依赖于更多客观因素,对后者的评价则需要结合主观分析和判断。因此,在国际智库开源情报的评价框架(见图1)中,由于国际智库建设的专业化分工趋势明显,就评价主体而言,情报人员和专业领域人员应建立合作,将二者的专业特长相互融合,共同作为开源情报评价的主体,并结合主客观因素开展评价工作。而就评价客体而言,国际智库开源情报的评价应该由情报源和情报内容评价两部分组成。其中,对情报源可靠性的评价本身并不是目的,而主要是作为评价情报内容质量的手段[43]。

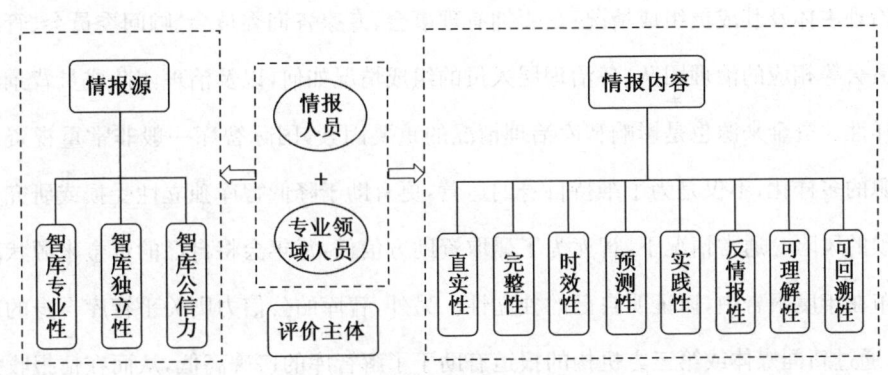

图1 国际智库开源情报评价框架

5.1 情报源评价

根据信息研究的相关理论,可靠性是对信源要求的最关键的特征。C. I. Hovland等基于社会心理学领域的研究提出,在任何情况下,信息源可靠性取决于专业性与可信度两方面因素[44],后续许多研究也都把这两方面作为评价信息源可靠性的因子。对公开情报源的评价其实就是对情报源进行筛选和分类,发掘出那些真正具有开源情报价值的国际智库。一方面,国际智库的专业性主要由智库运营的专业化程度和人才队伍的专业化水平决定,其中专业化的运营团队和规章制度是保障人才队伍建设的基础。而在人才队伍中,专家通常作为智库的核心智力资源,智库具有影响力的研究成果往往是由这些专家主导的,专家是否在相关政策领域具有资深的专业研究能力、是否具有一定的权威性和影响力,对智库来说非常关键。除了明星专家,智库研究团队的建立及其成员也从不同方面为智库产品输出做出了贡献。由于政策研究大多是跨学科、多学科导向的,不同专业背景成员组成更有助于提升研究的专业化水平。与此同时,专业化的智库成果也是智库专业化的产物,遵循数据驱动和基于证据的智库研究范式产出的成果往往拥有更高的专业度。

另一方面,就机构自身的可靠性而言,智库的独立性和公信力是评价的焦点。独立性能够保证智库产出的客观性,提供的信息更加可靠。由于大多数国际智库采用企业运营模式,治理架构的发展状况将直接影响智库的独立性。需要关注国际智库的治理主体及其成员组成情况:是否拥有理事会、专家咨询委员会、顾问委员会、管理委员会等相应的治理团队,各治理层人员的组成情况如何,以及治理团队成员背景的多样性。资金来源也是影响智库治理情况的重要因素,国际智库一般非常重视资金来源的多样化,不仅是为了维持自身的运营,更有助于降低智库独立性受损或研究受干预的风险。通常情况下,智库为了赢取资助方信任,每年会将自己的资金来源状况公布在年度报告中,以证明自己的独立性。另外,智库的公信力则关乎智库自身的声誉,通过新闻媒体或第三方机构的报道有助于了解智库的口碑高低,从而在情报收集过程着重关注那些声誉更高的国际智库,寻找优质信息源。

5.2 情报内容评价

情报内容是对国际智库开源情报评价的核心。由于智库机构产生的信息不是单一形式或单一维度的,而是复合型信息,因此以国际智库为来源的情报内容具有丰富性和多元性。对内容的评价主要涉及以下八个要素。

5.2.1 真实性

真实性是开源情报的首要考虑因素,要求情报内容能够客观准确地反映事实。

在收集国际智库开源情报的过程,要考察情报包含信息的内容是否足够客观、可信,信息表述和相关结论是否是经过科学严谨的论证,信息提供者的立场和态度是否存在偏颇,否则会造成人为的歪曲描述,干扰后续情报分析。除了对情报自身内容的考察,分析由其他渠道传播的信息也有助于证实情报的真实。通过查考相关背景信息来检验是否与智库信息之间存在出入或相互矛盾的地方,从而评价所获取的智库释放情报的真实度。

5.2.2 完整性

完整性包括情报形式特征的完整和情报内容的完整。在形式特征上,情报采集者在收集智库情报的过程中,需要明确情报的相关要素是否齐全,如信息发布者、撰稿者、发布时间、图片或视频的来源等。这些要素越齐全,收集情报的质量就越有保障,而且这些形式要素有时也能够为开源情报分析提供线索。在内容上,情报内容的完整性一方面主要依据具体的情报分析过程而定,另一方面在情报收集端要重视对碎片信息的整合,并建立信息之间的联系,后者是本文评价的重点。智库传播信息的渠道是多种多样的,要力求将智库中关于同类主题不同渠道来源的信息收集齐全。

5.2.3 时效性

由于现实的决策世界往往问题层出不穷,使得国际智库在工作节奏较快的同时,信息更新的频率也相应较快。"慢工出细活"的研究并不适合解决实际的决策咨询问题,生产周期短的智库成果更能及时和灵活地回应现实的政策需求,例如智库发布的即时性评论、电视采访、专家研讨会等,这些成果往往也更具有时效价值。尤其是在一些社会突发问题面前,快速地组织专家展开研讨是国际智库最常见的举措。因此在情报采集时,要重点关注智库信息的更新频率,并且可以通过对同一时间段的社会新闻和智库信息进行比对,观察智库是否能够及时发声。

5.2.4 预测性

由上文可知,预警性是国际智库的开源情报价值特性之一,预测性评价的重点就是关注情报是否具有预警功能和一定的前瞻性。国际智库作为战略前瞻观察和预测性研究机构[45],需要长期对政策议程进行监控和跟踪,及时了解决策变化,推动相关议题及时进入议程,但这同时受到内外两方面触发机制的影响。外部主要由现实的社会发展状况和决策需求决定,内部则主要由智库的政策辩论引起,这个时期许多问题还未形成成熟的决策成果,但可能会成为公共政策制定的前兆或苗头。在采集智库开源情报时要关注情报是否具有预测性功能,发掘那些能够对未来政策变化和发展有预见意义的情报。

5.2.5 实践性

国际智库的成果通常是信息量最丰富的情报来源,但不同于一般研究性机构的成果,对成果情报的评价更加注重实践性,而非学术情报价值。实践性强调成果是否能够作用于现实世界,为公共领域实际的决策需求提供对策建议,关注成果的应用价值。成果传播的受众类型也可作为重要的参考,因为面向不同受众的成果所发挥的作用有所区别,例如发表在同行评议期刊的专业文章面向的受众都是专业同行,侧重对学术理论的探讨,即使与政策或社会现实相关的研究也很难对决策者或一般公众产生影响。只有面向政策决策领域相关群体进行传播且其自身带有强智库属性的成果,才能最大限度地发挥政策研究的实际效用,如咨询报告、政策简报、听证会出席等,这部分智库成果包含信息也更具有现实价值。

5.2.6 反情报性

由于许多国际智库在国际关系和国防政策领域有所涉足,可能会受到国外政府或相关部门的关注。尤其是在国家间博弈愈演愈烈的世界形势下,不仅是政府重视反情报工作,智库作为与决策咨询密切相关的政策研究机构也被卷入其中。例如美国作为世界上智库数量最多、影响力最广的国家,国外政府利用智库从事情报工作已经引起一定担忧和重视[46]。一些智库为了防止自己成为国外政治势力的利用对象,也会采取相应的反情报措施。因此,在收集国际智库公开信息或与智库人士开展非正式交流过程中,要有敏锐的情报意识,辨别智库是否是情报机关伪装的机构,或是通过公开的信息传播故意释放某种信号隐藏本身意图,引导舆论导向,要对智库的立场和传播动机进行审视。

5.2.7 可理解性

以往关于情报可理解性的解释大多是针对用户而言,主要由用户认知和理解水平决定。但本文对可理解性的解释与此不同,关注的是情报内容使用的语言。由于公共传播是国际智库的重要职能,相较于晦涩偏僻的专业术语,智库通过公共平台和媒体传播的信息应该使用易于公众理解的语言。其中包括智库开设的博客、撰写在线专栏文章、发布的公共演讲等,其中应该有大量通俗性的表述,如以公共演讲为例,TED作为国际著名的公共演讲平台,许多来自国际智库的专家都曾受邀发表演讲。使用大众能够理解的语言去解释,听众才能接收到演讲者所传达的观点。

5.2.8 可回溯性

在对开源情报获取的大量信息中,大部分应该以文字、图片、视频等内容已经固定的产品为主,并且其中文本型产品占据智库信息的绝大多数。智库作为知识密集型研究机构,知识文本型产品的生产本就是智库最擅长的,产量也远大于其他类型产品[47]。但是这类产品存在一个弊端,主要在于文本型产品很难传递产品的生产过程,难以把握最终输出信息的来龙去脉。因此在情报评价时也要考虑情报的可回溯性,要将采集的信息还原至它所形成的时空背景中,还原情报的生产链,建立所获情报相关的"背景"信息或"情景"信息,这样才能真正发挥智库开源情报的效用。

6 结语

在中国特色情报学发展背景下,智库与情报之间存在天然不可分割的关系,尤其是伴随新型智库建设的深入发展,围绕智库与情报之间的研究也有一定积累,但现有成果主要聚焦于智库的情报输入方向上研究,即智库从外界获取情报服务,而对智库的情报输出却鲜有关注,智库自身的开源情报价值未能引起重视。因此,本文从情报收集视角展开思考,对国际智库的开源属性展开论证,国际智库的开源性使其作为开源情报的重要来源,并且能够提供具有专业性、政策性、预警性、证据性和数据价值性为主要价值特征的开源情报。对情报的评价是开源情报工作的基础,本文借鉴北约系统评价方法,构建了对国际智库开源情报的评价框架,由评价主体和评价客体两部分组成,评价客体同时包括情报源和情报内容,其中对情报源的评价要重点关注智库的专业性、独立性和公信力;对情报内容的评价则需注意考察智库信息的真实性、完整性、时效性、预测性等八项要素。需要注意的是,开源情报离不开情报分析技术和领域专业知识的支持,该评价框架主要应用于情报收集阶段的工作,对框架的利用不仅依赖于客观因素,也有赖于评价者的主观判断和专业素养。在理论研究领域,本研究旨在提供一些理论思考并引出潜在的研究方向,但也存在一些局限,理论框架的应用在实际的情报工作可能需结合具体的实践情况做出调整,需要更多实践案例进行检验,笔者希望以此为开始,针对这一主题做出更多深入的研究,也期待各位学界同仁加入讨论,一同为我国开源情报事业开辟道路。

参考文献

[1] 丁波涛. 国外开源情报工作的发展与我国的对策研究[J]. 情报资料工作,2011(06):103-106.

[2] 莱特克里菲. 情报主导警务[M]. 崔嵩,译. 北京:中国人民公安大学出版社,2010.

[3] CHRISTOPHER H,MATTHEW M,DANIEL S, et. al. Open source intelligence in the twenty-first century:new approaches and opportunities[M]. New York:Palgrave Macmillan,2014:9.

[4] WINKS R W. Cloak & gown:scholars in the secret war,1939-1961[M]. New Haven:Yale University Press,1987.

[5] MCGONAGLE J J,VELLA C M. A case for competitive intelligence[J]. Information management,2002,36(4):35-40.

[6] Headquarters,Department of the Army. Open source intelligence(FMI 2-22.9)[EB/OL]. [2020-12-12]. https://info.publicintelligence.net/fmi2-22-9.pdf.

[7] WILLIAMS H J, BLUM I. Defining second generation open source intelligence (OSINT) for the defense enterprise[EB/OL].[2021-01-10]. https://www.rand.org/pubs/research_reports/RR1964.html.

[8] MCGANN J G. 2019 Global go to think tank index report[R]. Philadelphia: University of Pennsylvania, 2020.

[9] National Counterintelligence Center. A counterintelligence reader, volume Ⅲ: post-world war Ⅱ to closing the 20th century [M]. Washington, DC: Military Bookshop, 2011.

[10] 李刚. 从情报研究到智库研究[J]. 图书馆论坛, 2017, 37(09): 50-54.

[11] 陈成鑫, 曾庆华. 情报研究视角下智库情报能力建设路径[J]. 图书情报工作, 2018, 62(21): 105-111.

[12] 周晓英, 崔佳佳, 唐宇萍, 等. 情报学的起源与方向——从布什的《诚如所思》谈起[J]. 情报科学, 2004(02): 129-132.

[13] 陈峰. 论面向高端用户提供情报服务的四个层次[J]. 情报杂志, 2016, 35(10): 13-17.

[14] 栗琳. 情报机构视域下情报, 智库与战略决策关系透析[J]. 情报资料工作, 2020, 41(05): 31-36.

[15] 李北伟, 李阳, 李佳逸, 等. 信息安全视域下的智库情报服务研究[J]. 情报理论与实践, 2020, 43(05): 61-67.

[16] 孟巍. 图书情报机构对国家智库建设的支持研究[J]. 河南图书馆学刊, 2018, 38(12): 123-124.

[17] 王琪. 图书情报服务建设新型智库研究[J]. 中国管理信息化, 2018, 21(12): 155-157.

[18] 朱波, 张姝末. 基于数据驱动的高校图书馆新型智库知识服务机制研究[J]. 图书馆学刊, 2019, 41(09): 80-83, 87.

[19] 祝红艺. 开放科学视角下图情机构与智库组织合作机制研究[J]. 图书馆, 2020(12): 14-19.

[20] 彭瑛,李树德,曹如中. 智库与情报机构融合发展模式研究[J]. 情报杂志,2019,38(08):90-96.

[21] 赵浩玥,程刚. 新型智库视域下科技情报机构研究进展[J]. 湘南学院学报,2020,41(04):120-125.

[22] 栗琳,卢胜军. 智库建设背景下的情报机构转型研究[J]. 科技情报研究,2020,2(02):1-19.

[23] 丁璐璐,徐恺英,李欣颖. 智库情报收集环节质量影响因素及作用路径扎根分析[J]. 图书情报工作,2019,63(21):78-86.

[24] 黄晓斌,丁孟思. 兰德公司项目研究的信息来源分析——基于2010—2019年有关中国问题研究报告的引文调查[J/OL]. [2020-10-23]. 情报理论与实践,https://kns.cnki.net/kcms/detail/11.1762.g3.20201022.1806.002.html.

[25] 陈峰. 情报与智库双重视角的美国中国经济与安全评估委员会解析[J]. 情报杂志,2019,38(10):53-59.

[26] 张颖,初景利,栾瑞英. 情报视角下的智库评价[J]. 情报理论与实践,2020,43(10):69-73.

[27] 赵小康,周爱民. 公开源情报的基础性价值及可靠性评价研究[J]. 情报杂志,2011,30(10):16-20,63.

[28] 曾文,李辉,樊彦芳,等. 开源情报环境下的科技前沿识别体系研究[J]. 情报理论与实践,2019,42(07):30-34.

[29] 王秀成. 关于情报源定量评价问题的探讨[J]. 情报科学,1986(03):28-35.

[30] NATO. NATO OSINT handbook v1.2[M/OL]. [2020-11-10]. http://www.oss.net/dynamaster/file_archive/030201/ca5fb66734f540fbb4f8f6ef759b258c/NATO%20OSINT%20Handbook%20v1.2%20-%20Jan%202002.pdf.

[31] ENGLISH L. Process management and information quality: how improving information production processes improved information (product) quality[C]// FISHER C, DAVIDSON B. Proceedings of the 7th international conference on

information quality. Cambridge：Institute of Technology，2002：206－209.

[32] 邹培. 开源数据评估与使用探析[J]. 情报理论与实践，2019，42(10)：52－56.

[33] NOBLE D F. Assessing the reliability of open source information[C]//Proceedings of the 7th international conference on information fusion. Paris：International Society of Information Fusion，2004：1172－1178.

[34] 任恒. 国外智库研究的兴起与进展[J]. 情报杂志，2020，39(07)：59－66，113.

[35] 李昇. 推动媒体与智库融合发展[J]. 现代国企研究，2015(15)：44－51.

[36] Brookings. Brookings 2019 annual report[EB/OL]. [2020－11－22]. https://www.brookings.edu/wp－content/uploads/2019/11/2019－annual-report.pdf.

[37] 初景利，唐果媛. 论从学术研究到智库研究的转化机制[J]. 情报理论与实践，2018，41(11)：1－5.

[38] 王文. 论智库与学术的异同[J]. 智库理论与实践，2017，2(02)：24－32.

[39] 缪其浩. 组织决策中的"情报"与循证决策中的"证据"[J]. 科技情报研究，2020，2(03)：1－12.

[40] 梁宵萌，刘燕权. 皮尤研究中心信息管理实践对学术图书馆智库服务的启示[J]. 图书与情报，2019(05)：72－78.

[41] Pew Research Center. How to access Pew research datasets[EB/OL]. [2020－12－10]. https://www.pewresearch.org/2013/04/18/how-to-access-pew-research-datasets/.

[42] HANSON J M. The admiralty code：a cognitive tool for self-directed learning[J]. International journal of learning，teaching and educational research，2015，14(1)，97－115.

[43] LEMERCIER P. The fundamentals of intelligence[M]// CAPET P，DELAVALLADE T. Information evaluation. Hoboken：Wiley-ISTE，2014：55－100.

[44] HOVLAND C I，JANIS I L，KELLE H H. Communication and persuasion[M]. New Haven：Yale University Press，1953.

[45] 张志强. 世界百年未有之大变局与智库使命和智库建设[J]. 智库理论与实践，2020，5

(04):1-12.

[46] TROMBLAY D E. Intelligence and the intelligentsia: exploitation of U. S. think tanks by foreign powers[J]. International journal of intelligence and counterintelligence, 2018,31(1):1-18.

[47] 李刚. 高校新型智库治理与营运[J]. 决策与信息,2018(11):37-45.

(作者：邹婧雅、于亮、李刚，原文发表于《图书情报工作》，2021年第1期。)

27. 转型期国家和发展中国家政策研究组织成功的关键

引 言

政策研究组织(以下简称PROs)在政策制定过程中取得的"成功"与其自身独有的诸多性质密不可分。所以,我们有必要对这些性质进行深入研究。此处的"成功"是指机构通过多种方式参与政策制定过程,并在其中起到建设性作用,以此树立良好声誉。了解PROs的特性有助于我们帮助机构开展政策研究活动,协助机构进行人员调配,提高沟通效率。同样,转型期国家和发展中国家PROs的支持方可以更好地为这些机构安排援助方案。总体而言,由于数据限制和定义模糊的问题,有关PROs"成功"的统计分析至今仍未实现。

本文介绍了转型期国家和发展中国家关于这一主题的探索性研究成果,这也是一项跨国家、跨机构的分析。更具体地说,这项分析将PROs在政策场域的感知绩效与一系列变量联系了起来。这些变量反映了机构的研究能力、沟通能力、工作重心、采用的沟通策略和具体实践类型及其运作环境。

在围绕PROs开展研究的大量文献中,本文占据特殊地位。PROs包含智库和研究-倡议型组织,即通过循证方法推进事业发展的倡议型非政府组织。本文内容主要集中于研究智库。为保证研究重心不偏移,我们在材料收集阶段省略了几类文献:(1)数量有限的深度研究案例。这些案例只检验了一家或多家智库在某一特定政策制定和采用过程中的作用;有时只会考虑社会实验结果所带来的影响(Pautz,2008);(2)只研究了个别智库的历史或概况(Solow, 2008; Talbot, n. d.);(3)只是经过编撰的卷宗,其中概述了多个国家各自的智库产业结构(McGann and Weaver,

2000；Weaver and Stares，2001；Stone and Denham，2004）。

工业化国家有关智库研究的一个方向是，分析智库在某一国家的政策制定过程中发挥的作用和表现。这项分析通常包括确定哪些机构在政策影响力方面可以被评为"成功"，并通过定性分析说明他们为何具有影响力。分析材料主要是大量的政策制定者访谈和媒体报道（Rich，2004；Abelson，2002）。

本文关注了赫德（Hird，2005）做出的分析，他调查了750名美国州议员，以获得他们就无党派政策分析机构对其所在州政策制定影响的看法。他根据国家资助的PROs的特征，并通过回归分析得出议员评价等信息，发现这些机构所进行的政策研究的规模和类型与议员对机构分析效用的评估之间存在强关联性。

与工业化国家相比，转型期国家和发展中国家的文献资料更加有限，但与研究课题的联系更紧密。赫德所分析的西方PROs总体规模较大，资源更为丰富，且所处的政策环境对于PROs提出意见的接受度更高。[①] 本文有三个主要研究方向，第一个研究方向是定性评估某地区研究组织政策有效性的区域性专著。例如，斯特鲁伊克的著作涵盖了东欧的四个国家和独立国家联合体（Commonwealth of Independent States）的情况，该书根据每个国家政策制定者样本的观点进行了相关评估；第二个研究方向主要针对机构的良好实践，强调了强有力的研究模式、交流渠道和国际或特定区域的行政措施都可供机构采用或效仿，从而不断发展和壮大自身（Lusthaus et al.，2002；Struyk，2006）。经过编撰的相关论文集是另一项重要的参考资料，论文集强调了PROs形成"研究-政策"循环的成功案例，旨在将PROs打造为循证政策制定过程中可靠的贡献者。

第三个研究方向与本书所述主题联系最为紧密：对将政策研究结果成功引入政策过程的举措进行一系列跨机构、跨国家的研究，也就是所谓的"研究-政策桥梁"课

[①] 规模较大的机构更容易通过一系列技能提升，促进其各方面工作的专业化，如复杂的计量经济技能和专业的公共技能（Struyk，2006）。

题(Carden，2009；Court and Young，2006；Lavis et al.，2003；Woelk et al.，2009)。他们的研究成果构成了本文分析的假设。

本文的分析内容应该是同类型中的首创者，坦白来说，笔者认为这项分析本质上是一次探索。分析的核心假设是：一方面，PROs 的质量与其所在国家的行动和环境之间可以建立起具有统计学意义的关系；另一方面，PROs 的质量与政界人士对其持有的积极看法之间也可以建立起这样的关系。

"成功"不仅仅是指机构的研究能够对其支持的特定政策采纳起到积极影响。如果机构的高级成员能够为政府官员建言献策，或者能在涉及政策议题的议会委员会发挥作用，那么机构就可以被看作政策场域的重要成员，该机构就可以针对突出问题举办富有成效的圆桌会议(尽管它没有提出新的研究)，或是在其并未开展研究的主题帮助非营利组织建立联盟，以此支持相关主题的政策变化。诸如此类活动会影响公众对机构的看法。在政策场域受到强烈肯定的 PROs 更有可能提交出色的研究成果并制定高效的传播策略。

本文第一节更全面地界定了 PROs 的概念。第二节描述了可用于分析的数据，定义了文中所使用的有关"成功"的衡量标准，并提出了一系列与"成功"相关的国家环境和机构特性。该节还讨论了在分析各国成功案例时所产生的一个突出的方法论问题。第三节给出了以成功指标作为因变量的跨国家和国家内部回归模型的估计结果。第四节讨论了由数据产生的相关问题，并将"研究-政策桥梁"课题的研究成果与估计模型的结果进行了比较。第五节总结了本文得出的结论。

1. 政策研究组织

政策研究组织是一个特别宽泛的概念，其中包含以循证方法推进倡议型事业的研究-倡议型组织和智库。通常，PROs 与倡议型组织有相同的目标，但总体来说，前者会采取更加复杂的分析方法，对倡议型事业贡献的资源份额较小。PROs 的类型可以从两方面来解释。第一类 PROs 的主要任务是倡议和沟通，一方面向客户提供研究报告并将其发布在机构网站上,另一方面为研究结果制定具体的沟通计划,针对机构接触到的不同受众定制产品,并组建非政府组织联盟以倡导政府采纳其提议。第二类PROs的主要任务是研究,一方面,直接将来自二手资料的数据按顺序整理好,并据此提出一些观点;另一方面,进行复杂的统计分析以验证因果关系,如项目设计特征与参与率之间的关系。虽然这两类机构的工作常常会有交汇点,但是其分散程度依然很高;同时,两类机构或其负责的不同项目常常在两个层面都会涉及。

本文分析的PROs具有一些共同特征。除了一家由政府资助的研究-培训机构外,其他的34家机构都是非营利性的。其次,有两个旨在进一步完善问责制的研究-倡议项目,它记录了政府在卫生、教育和水务方面的服务提供情况,并以研究技术培训作为主要内容,公共支出跟踪调查(PETS)就是其中一种常用手段。所有这些受访机构都至少参与了两个项目中的一个[①]。受访机构都经过了相当严格的申请程序,明确表达了他们对这类研究的兴趣。这一描述表明,所分析的样本并不能代表转型期国家和发展中国家的PROs群体。尽管如此,它仍然适用于对核心假设的验证。

表1展示了34个PROs的基本信息(样本来源在下文进行了描述)。受访机构之间差异巨大,一半的机构将自己归类为智库或研究型非政府组织,但有四分之一的机构认为自己是倡议型非政府组织,其余的则认为自己是其他类型的组织。同样,有32%的机构将他们的倡议-研究工作归类为含有75%及以上的倡议成分,而39%的机构将其工作归为含有75%及以上的研究成分。从分析的严谨性来看,这些机构所做的工作也符合以上特征。

全职员工的分布情况也十分有趣:机构平均员工总数为28名,其中有4名员工负责传播/公关事务。因为这些机构经常雇佣兼职研究员开展工作,所以数据低估了机构实际的相对研究能力。本文只展示了全职员工的数据,因为就笔者的经验而言,

---

① 当时的项目由全球发展网络和发展绩效研究所执行。基线评估报告由斯特鲁伊克、戴蒙和哈德威撰写。

除简单的项目执行之外,机构的其他工作主要由全职员工承担。最后,值得注意的是,纳入表中的机构有 40% 已经运作了十年以上。十年之后,即使是规模相对较小的机构也会在政策制定过程中占据一席之地,所以本研究选取的机构绝大多数都是成熟机构。因此,对机构开展多样化的考察有利于统计分析的开展。

2. 构建分析

2.1 数据汇编

本文分析侧重于政策团体成员对 PROs 绩效的看法,因此我们需要对整个政策场域进行调查,而不能将目标仅局限于高级政府官员或者国会议员的一到两名成员中。

该分析的主要数据来源是针对 19 个国家的 34 家机构进行的政策团体调查,共收到 507 份反馈(具体国家列于附件 A 中)。该调查收集的信息包括:参与政策制定的人员如何看待政策过程中证据和分析的使用强度,以及特定机构在此过程中提供的有效性信息。调查问卷于 2007 年在两个国家试用,研究采用了修订版问卷作为数据来源。

表 1 受访机构的一般特征

受访机构类别	政策研究组织占比(%)
智库	29.4
研究型非政府组织	20.6
倡议型非政府组织	26.5
其他社会组织	8.8
学术机构组成部分	8.8
其他	5.9
工作成分	
10%研究型－90%倡议型	14.7

(续表)

受访机构类别	政策研究组织占比（%）
25%研究型—75%倡议型	17.6
60%研究型—40%倡议型	29.4
75%研究型—25%倡议型	32.4
90%研究型—10%倡议型	5.9
工作类型	
主要是定性工作	20.6
定性工作和一些深入分析	55.9
主要是深入分析（量化）	23.5
机构动力和目标	
需要更好的研究和/或有关政策问题的分析	32.4
在政策制定过程中需要外部知情人士的声音	26.5
以上两项兼而有之	17.6
对倡议事业有强烈需求	23.5
全职员工	
研究人员平均数量	11.5
传播/公关人员平均数量	3.8
平均员工人数	28.1
机构成立年资	
1—9 年	38.2
10—14 年	26.5
15 年及以上	35.3

2009 年开展了两次相同的政策团体调查，作为评估组织能力建设项目的基线调研。两次项目分别与 15 和 20 家机构一同开展工作（政策团体调查针对 34 家而非 35 家机构展开，因为其中一家正在进行的一项调查与本调查相冲突）。调查的具体受访者由受访机构确定，包括以下人员：(1) 在机构参与工作的国家级和地方级部门担任官职的人员（如教育部门或卫生部门）；(2) 机构研究领域的非政府机构负责人；(3) 其他与当地政策进程相关的专业人员，如记者、教育工作者、商业领袖和世界银

行等国际组织的人员。①

每家机构都编写了一份30—40人的名单,以列入受访对象。当时,评估团队已经认识到PROs在选择受访者时可能存在偏见,但由于对这些国家当地的政策市场缺乏详细的了解,同时也没有资源可以让当地的专家参与确定受访者名单,所以,所有受访机构都被要求对受访者进行提名(下面提供了有关回复分布的信息)。

受访者可以通过三种方式接受提问,具体取决于每家机构所推荐的方法。最常见的一种是由全国民意调查中心的评估员向受访者发送电子邮件,或者由机构向目标受访者寄送纸质问卷,或者由机构对受访者进行面对面采访。②③ 机构推荐了一些最有可能完成采访的方法,如许多高级官员不太可能参与电子邮件调查,而项目组织者不太容易接受面对面采访,所以针对不同类型的受访者应选择更为合适的调查方法。全国民意调查中心最初对电子调查的受访者进行了两轮跟进,随后在必要时要求当地机构继续跟进。有959名潜在受访者收到了电子邮件调查,105名受访者收到了机构寄送的纸质问卷,217位受访者接受了面对面采访。项目为机构提供了不同的激励措施以帮助其完成采访,最后共完成507份调查反馈。在34家机构中,完成调查数量从4到33不等。机构收到回复的数量差异主要取决于他们在鼓励受访者完成问卷或接受采访时投入的精力。总体回复率达到了39.6%,相比之下,赫德的邮件调查回复率只有25%。

对这些PROs活动的详细调查可以进一步完善政策团体调查。调查所获信息包

---

① 其他情况下的一些证据表明,不同利益相关群体的看法几乎不存在一致性。弗里德兰和皮克尔(Friedlander and Pickle, 1968)在调查了97家小型企业后得出这一结论。特别是员工、企业所有者、客户、供应商和债权人,他们对员工、企业所有者和社会义务履行的看法非常不一致。这就意味着与不同的受访者建立联系可能具有很大的挑战性。

② 全国民意调查中心为每位受访者提供了一份特制信封并寄送给了受访者。受访者填完表格后将其放在全国民意调查中心提供的信封中,将信封密封好并在骑缝签名。这些密封好的信封会被分批送回全国民意调查中心。

③ 全国民意调查中心制定了一份供采访者使用的培训手册。由于问卷被设计为自填式简易问卷,所以不需要对如何使用问卷进行培训。当地的合作伙伴不能让员工担任采访者的角色,以免受访者不愿意完全阐述其真实想法。

括这些机构如何评价自身在研究和倡议工作上的重视程度、自身规模（预算、员工）、使用产品的类型和数量（包括书面文件和活动），确定目标受众的程序，质量管控流程的严格度和覆盖面以及其他几个领域。最后，从若干跨国治理及相关指数和经济状况指标中为19个国家汇集了信息。

2.2 关于影响机构成功决定因素的假设

许多因素会影响机构是否能成功开展有效分析，并将结果传达给政策制定者和政策团体的其他成员。考特和扬（2006）开展了从研究到政策的案例分析，其结果为本分析提供了很好的假设来源。以上定义的"成功"概念明显比"政策成功"的含义更加宽泛，但是人们希望，在政策方面获得成功的机构可以获得政策团体更加正面的评价。考特和扬（2006）开展的"研究-政策"案例分析结果包括以下三个版块。笔者发现这三个因素都与机构成功存在关联。

A. 背景：制度和政策环境

（1）数据获取权限、舆论环境、政治制度

（2）政策制定者需求；高层政治承诺达成度高

（3）稳定的政治环境

B. 证据：公信力和传播

（1）公信力：政策相关性；解决方案很可能有效，特别是当试点项目的结果可用时；分析源为信任良好的机构和主要组织

（2）沟通和宣传：强有力的传播策略，使信息和产品适应本国需要；与当地机构展开合作

C. 关联：影响和合法性

（1）持续拉近研究、政策、实施和监测之间关系

（2）围绕项目或方案建立非正式网络

基于这些观点和其他意见，本文制定了一系列假设，总结后分为以下六类。每组陈述后都有注释，与考特和扬的研究成果有着紧密联系。（在这种概念基础上，本文

很难对两者之间的关系明确界定,其他学者可能会就以下内容提出不同意见。)

(1) 任务。更加重视倡议型工作的机构会投入更多资源用于传达结果和建立联盟以推进其在政策领域的立场,所以他们更容易被认为是有效信息源。另一方面,某些政界人士更注重分析质量,他们会认为智库更具有效用。考特-扬:B1,B2

(2) 关注点。PROs 服务的对象,不仅包括高级政府机构内就职的人员,也有倡导型非政府组织领导者,这些对象影响了他们在促进某些政策时的表现,还影响着别人对这些工作成效的感知度。机构合作的人员范围越广就越有可能被认为在政治领域扮演积极角色并发挥实际作用。考特-扬:C1,C2

(3) 能力。大型机构有更多实现专业化发展的机会。一方面,他们有能力让传播或公关人员接受相关培训;另一个方面,他们更有能力处理当前的政策问题。在资金不受限制的情况下,拥有较大预算份额的 PROs 占有优势。此外,成立不久的 PRO 要想在政策场域建立信誉需要花费数年时间,所以 PROs 成立的年资十分重要。但是,老牌 PROs 可能无法跟上分析方法和通讯方式的最新发展,或者他们无法维持与政策制定者之间的纽带,失去同行的尊重。考特-扬:B1,B2

(4) 沟通策略。获得更大成功的机构会在项目的早期阶段制定沟通计划,以便产品和活动能够为最重要的受众提供信息,满足公众对特定问题的兴趣,在传达使命和实现利益方面享有良好的声誉,并会选择合适的沟通工具。PROs 的沟通策略如果更具有包容性,如举办对公众更为开放的活动,经常在其网站上发布实质性内容,就可以在政策场域中获得尊重。考特-扬:B2,C1

(5) 环境。政治民主和强有力的治理有助于通过数据访问进行客观分析,并允许对各种选择进行公开讨论;相对富裕的国家有更多的资源用于政策制定,可能还有更好的渠道来接收 PROs 的意见。但目前尚不清楚这会如何影响人们对 PROs 作用的看法。考特-扬:A1,A2,A3

(6) 研究质量。政策场域可以分辨出 PROs 政策分析的强弱,那些工作成果更加严谨的团队会被视为在政策领域发挥了更大作用。在缺乏关键产品评价的情况下，PROs质量控制系统的力度和覆盖范围就被看作分析严谨性的判断要素。

表2第一列给出了以上各方面更为精确的假设，这些假设是根据可用于测试它们的变量来定义的。表2第二列给出了每个变量的定义，第三列为每个变量起了一个缩略名称，第四列给出了平均值。这些变量的数据来自PROs和政策团体完成的基线调查。

2.3 分析结构

一个关键的评估问题是，如何控制PROs所在地政策制定环境之间存在的差异，以便确定机构的特性。原则上，评估应包括衡量国家治理质量的变量，并考虑国家在回归模型中的开放程度。但是，如果将政界人士对机构表现（因变量）的反馈纳入环境因素考虑，那么就会产生两种影响。首先，这些控制变量在跨国评估中会变得无关紧要，因为受访者已经做出了调整。其次，由于对机构绩效的评级并未按照相同规模开展，这导致跨国可比性降低。此处可以用高中生论文评分进行类比。学生在自己学校可能会获得高分，但在国家考试中的分数却要低得多。解释学校层面表现优异的变量可能与那些解释多校汇总成绩差异的变量有所不同。

表2 影响政策领域有效性的因素、相应变量定义的假设和统计

假设	变量				
	定义	缩略名称	平均值	最小值	最大值
任务					
视自身为倡议型工作导向的机构在政策过程中更为积极，并将被看作良好的沟通者，在实现变革方面效果显著。	如果机构将其工作成分的75%及以上归类为倡议型工作（vs.研究型工作），则Var=1。	ADVOI	0.375	0	1
关注点——机构					
主要与政府机构合作——可能是内幕游戏，因此不为范围更广的政策场域所知；机构净效应尚不明朗，因为人们或多或少都会认为其具有效用。	如果机构声称其主要与政府（而非议会）合作，则Var=1。	GOV	0.541	0	1

(续表)

假设	变量				
	定义	缩略名称	平均值	最小值	最大值
与政府机构和议会的合作相当,这会让机构立场更为人所知,并且有助于提升机构在人们心中的认知。	如果机构报告称与二者的合作相当,则Var=1。	BOTH	0.416	0	1
关注点——受访者					
不同职位的受访者对不同机构的效用可能有不同的看法,这部分取决于沟通活动的关注点和内容。	受访者职位的虚拟变量。职位分类如下:	—	—	—	—
	国家政府官员;高级顾问	POS1	0.149	0	1
	其他官员	POS2	0.105	0	1
	议会成员	POS3	0.038	0	1
	非政府组织或智库相关人员	POS4	0.408	0	1
	媒体相关人员	POS5	0.048	0	1
	学术相关人员及其他	POS6	0.252	0	1
受访者的观点可能会根据接触政策研究组织的程度而产生系统性变化;对机构的深入了解表明受访者认为机构的工作足够有用,愿意在了解机构上投入时间。	受访者对机构熟悉程度的虚拟变量;该问题采用五分制,KNOW1 是指"非常熟悉",KNOW5 是指"一点也不熟悉"。	KNOW1	0.548	0	1
		KNOW2	0.302	0	1
		KNOW3	0.089	0	1
		KNOW4	0.034	0	1
		KNOW5	0.028	0	1
认为政策研究组织在分析政策问题时会设定优先项的受访者,更有可能对机构在政策流程中的角色打出更高评级。	用于最高政策相关性评级的虚拟变量	PRIORITY1	0.616	0	1
	用于次高政策相关性评级的虚拟变量	PRIORITY2	0.303	0	1
能力					

（续表）

假设	变量				
	定义	缩略名称	平均值	最小值	最大值
工作中的抵消因素：政策研究组织要想在政策领域站稳脚跟并有所建树，需要花费数年时间。老牌政策研究组织可能无法跟上分析方法和沟通方式的最新发展，也有可能不会像年轻的同行那样积极地追求政策影响力。	机构存续年资	AGE1	12.562	1	37
	如果机构成立时间至少有十年，则Var=1。	AGE2	0.665	0	1
规模较大的政策研究组织的专业化程度更高，拥有更多资源，可以在政策过程中保持活跃。	全职员工总数	SIZE	29.470	4	88
专业的公关和沟通人员可以改善机构的形象，更好地传达机构的立场。	传播/公关人员数量	PR	5.207	0	49a
资金不受限制的机构可以关注具有高度现实性的政策问题，同时可以将这些资金用于准备更为严谨的分析，或者用于开展推广其政策立场的活动。	研究主题不受投资者干预的资金百分比	FREE$	54.165	0	100
沟通策略					
通过对公众提供完善的咨询服务，机构收获了曝光率和信誉。	如果受访者在咨询服务方面给予机构最高的评价，则Var=1。	CONSULT	0.423	0	1
提供高质量咨询服务的良好声誉意味着曝光度提高，有助于推广政策立场。	如果受访者在机构传达任务、开展活动、公布发现等方面给出了最高评价，则Var=1。	COMMWEL	0.368	0	1
在项目开始阶段就为项目设计好沟通计划，表明机构对沟通结果的真正关注和思考。	如果在项目开始之初就起草好计划，则Var=1。	EARLY	0.370	0	1
如果所有相关工作人员都参与确定目标受众并定制信息，那么沟通策略就会更加强大。	如果所有相关人员都在项目开始阶段准备沟通计划，则Var=1。	COM-TEAM	0.581	0	1

(续表)

假设	变量				
	定义	缩略名称	平均值	最小值	最大值
为了在政府组织的讨论中积极传达机构关于政策的分析结果，方法的选择尤为重要。但是当地的惯例和传统会影响方法的选择。所以，针对哪种方法更为有效还没有明确的假设。	利用不同沟通工具的虚拟变量集：	—	—	—	—
	与官员的个人联系	COM-STRAT1	0.294	0	1
	与官员和主要利益相关者进行小型圆桌讨论	COM-STRAT2	0.181	0	1
	与官员和新闻界人士开展公开圆桌会议	COM-STRAT3	0.268	0	1
	向官员发送政策简报和信件	COM-STRAT4	0.369	0	1
	向官员做报告；新闻后续跟进	COM-STRAT5	0.150	0	1
	新闻发布会与小组讨论	COM-STRAT6	0.152	0	1
	与媒体合作以影响政府	COM-STRAT7	0.229	0	1
环境					
用于制定政策决策的信息来源，以及替代信息来源的感知效用和使用频率，这会随着发展水平和政治经济自由化程度而发生系统变化。	人均GNI	GNI_CAP	1 310.73	290	9 980
政治民主和治理质量会对决策质量和人们对研究结果的兴趣产生很大影响。需要控制这些条件的差异以防对其他变量产生偏差估计。	新闻开放度	—	50.27	32	74
	政治权利	—	63.45	16.67	100
	公民自由	—	59.76	16.67	83.33
	世界治理指数-问责制	WGI-acct	−0.19	−1.02	0.48
	世界治理指数-政府效力	WGI-effect	−0.43	−0.98	0.18
	公开预算指数	OBI	46.60	5	67

(续表)

假设	变量		平均值	最小值	最大值
	定义	缩略名称			
研究质量					
更强的质量控制程序可以为政策场域提供更高质量的分析，而更高质量的工作可以更有效地提升机构的声誉并说服政策制定者。	质量控制政策是指在向客户发送报告和向官员发送政策备忘录之前需要进行流程审查。如果政策研究组织具备质量控制政策且满足以上标准，则Var=1。	QC1	0.51	0	1
	根据访谈中的描述，质量控制系统可以被评为全面有效的系统。如果政策研究组织拥有符合上述标准的质量控制政策，则Var=1。	QC2	0.50	0	1

a. 机构全职员工的第二大数值为10。
b. 参见《利用能力建设项目评估指导智库工作》表7中的定义。

在确定机构成功的决定性因素时，汇总各国基于政策团体调查的成功评分有可能会对其造成干扰。为测试这种可能性，评估团队为两类政策研究群体建立了评估模型：(1) 所有国家的所有政策研究组织；以及(2) 两个国家（印度和乌干达）的政策研究组织。选择这两个国家开展第二项分析是基于以下考量：(1) 将这些国家的机构作为政策团体调查的对象，调查对所有机构的取值相同，可以保证他们之间存在足够的多样性，以避免回归模型遗漏多个虚拟自变量；(2) 这些国家的机构已经完成了足够多的政策团体调查采访。

评估模型的观察单位是受访者在政策团体调查中的评级。第一组样本包括所有参与机构的所有调查反馈。所以分析针对507个观察结果展开；有些模型的结果数量较少是因为并非所有受访者都回答了全部问题。第二组样本包括两个国家的所有反馈:乌干达有4家参与机构、42份已完成的调查问卷;印度有4家参与机构、59份已完成的调查问卷。

表2列出了分析所使用的自变量。这些为参与国家定义的自变量,与机构所在国的所有政策团体调查反馈具有相同的值。模型采用有序logit方法进行估计,使用的因变量如表3所示。

表3 构建政策分析有效性因变量所使用的问题及其统计结果

变量	缩略名称	Rating			
		非常符合	一般符合	几乎符合	完全不符合
该机构的研究是否有价值?(考量范围包含资料和数据统计数据)	RSCH	54.7	37.3	6.7	1.3
该机构的政策提议有帮助吗?	POLREC	66.0	32.3	1.7	0.0
该机构的工作是否对公共政策或行政管理有积极影响	PUBPOL	42.8	46.6	10.3	0.3
该机构是否影响了预算制定过程中选择预算方案的开放度,质量水平及公平性?	BUDGET	13.6	41.9	37.7	6.8
该机构在要求政府对公共支出质量负责方面是否有影响,即公共资源是否被有效和诚实地使用?	ACCOUNT	27.8	45.9	23.8	2.5

3. 统计结果

本节首先介绍了跨国回归模型的结果,然后再介绍了印度和乌干达的模型结果。请注意,笔者在进行研究时所使用的实际模型数量比此处呈现的模型要多得多。以下呈现的模型因其富有预测性而被选中,每个模型中的变量显著性一直较高。

3.1 跨国模型结果

五个因变量的最终有序logit模型的结果如表4所示。正如使用此类微观数据进行模型评估所预期的那样,所有模型都具有高度的统计显著性,并且在 0.2—0.3 范围内具有伪 R 方。由此可以确定,政策团体感知绩效和机构特性存在一些关系。

表中列出的自变量顺序与表 2 中假设一列的顺序相同。有趣的是,在考虑其他因素之后,认为自己以倡议型工作为导向(ADVO1)的机构与偏向研究型工作的机构(RSCH)相比,有效性评估低了 0.8 个点;在有效性和预算过程(BUDGET)方面比其他机构低了 0.5 个点,这两点都很重要。在 RSCH 和 BUDGET 模型中,分界点[①] 2 和 3 之间的差值分别大约为 3 个点和 2.5 个点。这就意味着在控制了其他因素之后,ADVO1 具有实质的有效性。

表 4　国家回归结果汇总

因变量:	系数				
	POLREC	RSCH	PUBPOL	ACCOUNT	BUDGET
分界点					
=1	a	−3.188***	−1.695*	−1.454***	−2.690***
=2	0.153	−0.915	1.136	0.928*	−0.278
=3	4.394***	1.932**	4.172***	3.343***	2.347***
自变量:					
任务					
ADVO1		−0.842***			−0.499***
机构关注点					
GOV					−0.379*
受访者关注点					
KNOW1	0.939***	0.621***	0.644***	0.502**	0.437***
PRIORITY1	1.278***	1.007***	0.738***	0.835***	
	1.014***	PRIORITY2			

---

① 这些模型可以被近似解读为评估连续因变量 Y* 的典型 OLS 回归模型。分界点提供了实际分类因变量 Y 的估计边界值。这些最好通过示例加以描述:表 4 的 RSCH 模型中,当 Y* <−3.188 时,则预计 Y=1(也就是 RSCH=完全不符合);当 −3.188< Y* <−0.915 时,则预计 Y=2;当 −0.915< Y* <1.932 时,则预计 Y=3;当 Y* >1.932 时,则预计 Y=4。

(续表)

因变量：	系数				
	POLREC	RSCH	PUBPOL	ACCOUNT	BUDGET
能力					
SIZE		−0.013***		0.002	−0.017***
PR	−0.05***			−0.177**	
沟通策略					
CONSULT	0.925***	0.709***	0.656***	0.46*	0.721***
COMMWELL	0.438	0.528**	0.889***	0.596**	0.061
EARLY	0.042				
COMTEAM	−1.166***				
环境					
FHPRESS	0.052***	0.022*	0.033***	0.022**	−0.005
WGIeffect	−2.665***	−0.31	−0.909*		0.3
研究质量					
QC	20.232				
统计总结					
伪R方：					
Cox and Snell	0.301	0.244	0.237	0.224	0.200
Nagelkerke	0.381	0.288	0.274	0.246	0.221
−2 Log Likelihood	316.361	501.199	439.354	551.492	593.567
Chi-Square	129.433	118.493	119.723	90.167	85.214
Sig.	0.000	0.000	0.000	0.000	0.000
N	362	424	443	355	381
Dep. Var. 平均值	3.553	3.432	3.255	2.823	2.635

* p＜0.1, ** p＜0.05, *** p＜0.01

a. POLREC=1时未获得观察结果，因此无法计算分界点。

一些具有大系数的、一直最为显著的变量就是评估受访者对机构了解程度（KNOW1）的虚拟变量，以及受访者认为机构正在处理具有高优先级政策问题的虚拟变量（PRIORITY1）。受访者会对他们熟悉的机构和处理高优先级政策问题的机构给予高度评价。这一点很有道理，因为他们只会投资能为他们提供额外信息的机构，而机构可以为他们的付出提供可观的回报。尽管对机构的了解程度和对机构是否处理优先政策问题的评价在逻辑上相互关联，但二者在模型中具有独立的显著影响。通常，在其他因素保持不变的情况下，PRIORITY1 的最高评级会使因变量的值增加约 1 个点，考虑到分界点之间的差值，这一点可以算作一个具有实质性的影响。这一结果与考特和扬（2006）的分析吻合，表明政策制定者的需求是他们在政策过程中使用机构研究成果的关键因素：与其他研究结果相比，机构针对优先政策问题的研究成果或建议更有可能被采用。

由员工人数（SIZE）和公关（PR）人员数所代表的机构能力结果往往与预期相悖。在 SIZE 具有显著性的两个模型中，其系数为负数但数值很小。这可能表明，在控制其他因素不变的情况下，员工数量达到一定水平之后，机构在总体政策过程中的灵活性会降低——他们有可能会将员工的贡献视作理所当然。同时，这还有可能表明，随着机构规模的扩大，一位魅力型领导者部分替代管理系统的能力会逐渐下降。同样，PR 的负系数值超出了预期，表明其回报情况是不断递减的。笔者已经观察到多个案例存在这样的情况：雇佣一位公关人员会使机构的沟通有效性显著提升；雇佣两位公关人员就会大大削弱这种效果，甚至造成负面回报。

另一方面，"沟通策略"组中变量的结果基本符合预期。在公众咨询服务（CONSULT）方面获得最高评价的机构，包括倡议型非政府组织，在政策领域的有效性评价一直较高。三个因变量（POLREC、RSCH 和 BUDGET）的系数都在 0.70 和 0.92 之间，考虑到分界值之间的差值，这三个系数相对较大。同样，有关机构传达其使命和研究成果的最高评价对 RSCH、PUBPOL 和 ACCOUNT 这三个因变量的影响十分显著。与此相反，在项目早期就制定好项目级别的沟通策略（EARLY）以及让相关人员参与规划（COMTEAM）的做法对 POLREC 这个变量没有任何影响，或者说，实际上产生了显著的消极影响。这一点笔者无法解释。

政策团体认为，在政策研究产品上拥有强劲质量管控举措（QC2）的机构并不能提供更好的政策建议、更高质量的研究产品或发挥更大的作用。

赫德曾针对某类美国政策研究组织开展过类似的分析，但是结果却不尽相同，这可能是因为在变量定义方面存在很大差异。他最主要的两个自变量是机构能力和

"工作类型",前者由政策分析师的数量衡量,后者由一个三级变量表征,其范围涵盖从"主要是描述性工作、很少或没有深入分析"到"持续显著的政策分析能力"。这两个变量都与议员评定的各种优秀表现指标彼此一致且存在高度显著的正向关系。而在本文的分析中,变量 SIZE 大致相当于赫德的"分析师数量"这一变量,但是它们的符号相反。另一方面,变量 ADVO1 表明机构的分析能力较弱,它对于机构评级具有持续的负面影响,就像美国的政策研究组织开展强劲分析就会产生正面影响一样。

根据前文提到的假设,受访者在完成问卷时会考虑机构所处的环境,但研究结果表明情况并非完全如此。不过,政策环境条件确实产生了重要的独立影响。

3.2 国内模型结果

表 5—7 显示了印度和乌干达的有序 logit 估计模型。为便于比较,三个表格分别用三列内容展示所有国家政策研究组织样本的模型结果、仅印度的机构样本结果和仅乌干达的机构样本结果。

结果中仅呈现了前面定义的五个因变量中的三个:ACCOUNT、BUDGET 和 RSCH。选择这三个变量是因为它们的估计模型显著性比 PUBPOL 和 POLREC 变量模型的显著性要强许多。总体而言,这两个国家的模型不像跨国模型那样特征明显,可能是因为用于估算的样本量较小。如乌干达的 ACCOUNT 模型只具有很低的显著性。但是,另一方面,单国模型的解释能力比跨国模型强许多,特别是 BUDGET 和 RSCH 这两个因变量。

表 5 跨国、印度及乌干达样本的 ACCOUNT 变量估计模型

样本	系数		
	跨国	乌干达	印度
因变量:	ACCOUNT	ACCOUNT	ACCOUNT
分界点			
=1	−1.454***	a	3.347
=2	0.928*	21.197***	5.001**
=3	3.343***	23.087***	10.009***

(续表)

样本	系数		
	跨国	乌干达	印度
自变量：			
任务			
ADVO1		2.173	2.455*
机构关注点			
GOV	−0.379*	1.766**	
受访者关注点			
POS1			4.032*
POS2			1.355
POS4			−0.368
POS5			−1.021
KNOW1			3.394**
KNOW2		17.993	2.651*
PRIORITY1	0.835***		
能力			
AGE1			0.228**
SIZE	0.002		−0.001
PR	−0.177**		
沟通策略			
CONSULT	0.46*		
COMMWELL	0.596**		0.721
环境			
FHPRESS	0.022**		
统计总结			
伪R方：			
Cox and Snell	0.224	0.239	0.367
Nagelkerke	0.246	0.274	0.421
−2 Log Likelihood	551.492	21.182	46.566
Chi-Square	90.167	7.637	17.839
Sig.	0.000	0.106	0.058
N	355	28	39
Dep. Var. 平均值	2.823	2.679	2.692

* $p<0.1$，** $p<0.05$，*** $p<0.01$

a. ACCOUNT=1 时未获得观察结果，因此无法计算分界点。

表 6 跨国、印度及乌干达样本的 BUDGET 变量估计模型

样本	系数		
	跨国	乌干达	印度
因变量：	BUDGET	BUDGET	BUDGET
分界点：			
=1	−2.690***	−23.763***	−2.009***
=2	−0.278	−20.188***	0.457
=3	2.347***	−13.917**	3.907***
自变量：			
任务			
DVO1	−0.499**	−12.854***	
受访者关注点			
KNOW1	0.437**		−1.000
KNOW2			
PRIORITY	11.014***	4.580***	1.220*
能力			
AGE1		1.609**	
SIZE	−0.017***	−1.979**	
沟通策略			
CONSULT	0.721***		2.242**
COMMWELL	0.061		0.360
环境			
FHPRESS	−0.005		
WGIeffect	0.3		
统计总结			
伪 R 方			
Cox and Snell	0.2	0.429	0.304
Nagelkerke	0.221	0.497	0.338
−2 Log Likelihood	593.567	19.144	40.555
Chi-Square	85.214	21.823	13.793
Sig.	0.000	0.000	0.008
N	381	39	38
Dep. Var. 平均值	2.635	2.513	2.632

* $p<0.1$,** $p<0.05$,*** $p<0.01$

表 7 跨国、印度及乌干达样本的 RSCH 变量估计模型

样本	系数		
	跨国	乌干达	印度
因变量：	RSCH	RSCH	RSCH
分界点：			
=1	−3.188***	a	−9.059***
=2	−0.915	−17.909	−6.300***
=3	1.932**	−13.865	−2.442
自变量：			
任务			
ADVO1	−0.842***		
受访者关注点			
POS1			4.476**
POS2			3.012**
POS4			2.128**
POS5			3.505
KNOW1	0.621***	0.131	1.793
KNOW2			0.331
PRIORITY1	1.007***	2.566**	
能力			
AGE1		−1.780	−0.265***
SIZE	−0.013***		−0.055***
沟通策略			
CONSULT	0.709***		2.444**
COMMWELL	0.528**	2.158**	2.566*
COMTEAM			−2.439*
COMSTRAT1		14.108*	
COMSTRAT2		14.102*	
环境			
FHPRESS	0.022*		
WGIeffect	−0.31		
统计总结			
伪 R 方：			
Cox and Snell	0.244	0.477	0.540
Nagelkerke	0.288	0.576	0.613

(续表)

样本 因变量：	系数		
	跨国	乌干达	印度
	BUDGET	BUDGET	BUDGET
−2 Log Likelihood	501.199	35.091	49.742
Chi-Square	118.493	25.938	33.367
Sig.	0.000	0.000	0.000
N	424	40	43
Dep. Var. 均值	3.432	3.500	3.279

* $p<0.1$, ** $p<0.05$, *** $p<0.01$

RSCH=1时未获得观察结果，因此无法计算分界点。

首先考虑变量ACCOUNT的结果，可以看出单国模型与跨国模型之间既有区别又有相似之处。几点不同之处尤为突出：

■ 在印度模型中，拥有强烈倡议型导向（ADVO1）的机构更有可能让政府采取问责制，因为印度的媒体相对活跃。跨国模型中的结果就不是这种情况。

■ 在乌干达模型中，关注与政府官员合作（GOV）的机构比其他机构的有效性更高，然而在跨国模型中，这样的机构却被视为拥有较低的有效性。

■ 在印度模型中，成立时间较长的机构会被认为有效性更高，在其他因素一样的情况下，这有可能是因为他们拥有更多时间建立政策网络。

■ 受访者在为公众提供咨询服务方面给予机构的最高评价（CONSULT），和机构宣传活动、任务和结果（COMMWELL）一同构成了沟通方面的变量。令人惊讶的是，这两者在单国模型中的显著性并不高，在跨国模型中却相当显著。一个合理的解释是，这两个国家与许多转型期国家和发展中国家一样，在国内让政府承担责任可能比通过动员有关各方更有效。

跨国模型和单国模型结果中有一个很大的相似之处：受访者对机构的了解（KNOW1，KNOW2）很大程度上影响了机构的评级。如前所述，受访者只有在认为机构可以产生有用的信息和分析时才可能会花费时间了解它。

现在谈谈机构在政府预算过程(BUDGET)中的有效性,两个国家结果之间的差异以及它们与跨国模型结果之间的差异令人震惊。在跨国模型和乌干达模型中,倡议型导向组织(ADVO2)在有效性评级上远低于研究型导向组织(这一点在乌干达的定量效应中非常明显);在分界点的差值方面,定量效应足以使机构从第三个分界点落到第一个分界点。其他因素不变的情况下,在印度模型中没有观察到同样的情况。

乌干达模型中,政策研究组织的两个特性——年资和规模——具有很强的显著性并且系数很大。虽然在政府预算流程中年资较长的机构被评价为有效性更高,但是规模较大的机构效用评级却相对较低。这一结果表明,随着机构规模扩大,他们需要承担其他角色和责任,而这些角色和责任会削弱其在政策领域强调细节性研究的有效性。与此模式相反,印度模型的有效性却因为向公众广泛提供咨询服务(CONSULT)而显著提高。三个模型结果中显著性始终如一的唯一因素是,关注最具政策相关性话题的政策研究组织在预算过程中具备有效性。

政策研究组织的研究(RSCH)变量模型结果非常稳健,并且模型彼此之间存在很大不同。比如,在跨国模型中,偏向倡议型的机构有效性明显高于其他机构;其他因素不变的情况下,乌干达和印度的情况并非如此。

在印度模型的结果中,机构研究的有效性评级取决于评价者的立场(从变量POS1 到POS5);国家政府官员、高级官员和议会成员对机构研究给予的有效性评价高出其他人员的评价。这一点很好地反映了研究结果需要对不同立场的受众准确定位。同时,机构的年资和规模在印度模型中的显著性较强。在这种情况下,与BUDGET这一变量的结果不同,年资和规模这两个变量对机构研究的有效性存在负面影响,表明年资较长、规模较大的机构灵活性较低,将研究结果有效传达给政策团体的努力程度降低。

在这三种模型之中,与沟通相关的变量显著性都很高。这表明机构成功传达其使命和研究发现(COMWELL)的变量在三种模型中都很显著且起到了积极作用。

在跨国模型和印度模型中,向公众广泛提供咨询服务(CONSULT)这一变量的显著性较高。在乌干达模型中,表明机构可以与高级官员一同参与会议并完善政策想法(COMSTRAT1,COMSTRAT2)的两个变量显著性较高。尽管这些变量只具有边际显著性,但它们表明,与印度相比,乌干达的政策影响力更多的是一种"局内人"的游戏。

4. 讨论

本节将讨论一个方法论问题,然后将上述研究结果与"研究-政策"文献中的研究结果进行比较。

上文的评估过程存在一个问题:政策研究组织自行确定了受访者名单。机构很有可能倾向于选择受益于其工作的受访者参与评价。如表2所示,受访者的回复之间存在很大差异。所以"有利选择效应"可能已经将整体的受访者分布向上层移动,而非直接将受访者回复歪曲为高度积极的评价。另一种可能就是,只有少数机构在受访者选择中存在偏见。在这两种情况下,受访者回复的混合可能会对估计模型结果造成很大影响。但我们确实没有办法识别出任何偏见的存在。之后,评估团队启动了一项新的监测项目,其中每个国家会有第三方为当地机构确定受访者,这样应该就可以进行结果对比。

在政策参与的几个维度上,感知机构成功的结果与"研究-政策"文献中的研究结果如何进行比较?相比于考特和扬(2006)的研究,本文利用的数据集合并不包含平行信息。平行信息包括他们所谓的"政治进程",例如高层政治承诺、国际交流以及赞助者的重要性。以下提及的结果只适用于跨国模型。

两项研究发现,机构所处的政治环境,即能否自由收集证据并公开评估和交流结果,对政策采用和机构感知到的成功有很大影响。

考特和扬还认为信誉和沟通很重要。更具体地说,他们还强调,机构提供解决方案的相关度、及时性和机构信誉是关键的几个维度。上述分析结果与这一观点高度一致。假设人们认为机构管理良好，他们就会投入时间更多地了解机构，那么相关度与变量 PRIORITY1 对应，信誉则与变量 KNOW1 对应。在"研究-政策"结果中，研究质量是一个正向因素，尤其是在传达试点项目的结果时更是起到积极作用。本文的分析使用了质量控制程序（QC）这一变量表示研究质量。可能由于测量误差，其显著性持续较低。

"研究-政策"相关文献的结果还表明，机构与政策制定者进行的对话、与政策网络和政策团体的合作是影响其研究成果能否得到采用的重要因素。本分析与之相对应的变量为 CONSULT 和 COMMWELL，这两个变量的显著性一直较高。

在沟通方面，考特和扬发现，"如果整个研究过程都有明确的沟通策略"并且"研究成果能通过某种方式传达给适合的政策制定者"，那么机构的建议就更有可能被政策制定者接受。相比之下，在本文的分析中，关于何时以及如何制定沟通策略的变量持续不显著，这可能是因为各国沟通惯例不尽相同。如在非洲加纳，机构通过媒体对政策制定者施加压力并获得他们的注意，然而在其他国家，与高级政策制定者一同参与小型会议通常被看作让其知情并产生影响的有效方式。

总之，"研究-政策"分析和此处的机构成功的决定要素分析的结果之间存在实质性但远非普遍的一般对应关系。

5. 结论

政策研究组织的表现衡量标准、机构特性和机构运行环境（即政策市场）之间可以建立起显著的统计学关系。两个特别因素将影响政策团体人士是否会对机构给予高度评价，一是评估机构的表现维度，二是被分析机构所处的环境。正如人们可能预料到的那样，即在研究效用方面获得很高评价的机构属性，很可能并不是那些能有效地让政府承担责任的属性。跨国模型汇集了许多国家的数据，其变量具有显著性，效果具有负面性。但是在乌干达和印度的模型中，结果更为复杂。在印度，具有强烈倡导倾向的机构在追究政府对公共支出质量的责任方面具有显著的积极作用。因此,对于某一国家而言,关于什么是有效的政策研究组织的广义概括可能是不准确的。

本文虽然确定了一些政策研究组织的成功要素,但更多有价值的分析仍处于探索当中。表2列出的许多假设尚存在争议,其支持者和反对者的意见都很有说服力。若能获得一些大国的数据集,特别是单一国家的数据集,并对其深入分析,得出的答案可能会更加准确和清晰。

附件 A 本文分析的受访国家一览表

加纳	乌干达	危地马拉
印度	肯尼亚	坦桑尼亚
印度尼西亚	秘鲁	喀麦隆
巴基斯坦	赞比亚	尼泊尔
尼日利亚	马拉维	菲律宾
孟加拉国	亚美尼亚	阿根廷
墨西哥		

参考文献

[1] Abelson, Donald E. 2002. *Do Think-Tanks Matter? Assessing the Impact of Public Policy Institutes*. Montreal: McGill-Queen's University Press.

[2] Carden, F. 2009. *Knowledge to Policy: Making the Most of Development Research*. Los Angeles: Sage Publications.

[3] Court, J., and J. Young. 2006. "Bridging Research and Policy: Insights from 50 Case Studies," *Evidence and Policy*, vol. 2, no. 4, pp. 439 – 462.

[4] Friedlander, F., and H. Pickle. 1968. "Components of Effectiveness in Small Organizations," *Administrative Sciences Quarterly*, vol. 13, no. 2, pp. 289 – 304.

[5] Hird, J. A. 2005. "Policy Analysis for What? The Effectiveness of Nonpartisan Policy Research Organizations," *The Policy Studies Journal*, vol. 33, no. 1, pp. 83 – 105.

[6] Kosack, S. , C. Tolmie, and C. Griffin. 2010. *From the Ground Up: Improving Government Performance with Independent Monitoring Organizations*. Washington, DC: Brookings Institution Press.

[7] Lavis, J. , D. Robertson, J. Woosdie, C. McLeod, and J. Abelson. 2003. "How Can Research Organizations More Effectively Transfer Research Knowledge to Decision Makers?" *The Milbank Quarterly*, vol. 8, no. 2, pp. 221–248.

[8] Lusthaus, C. , M.-H. Adrien, G. Andereson, F. Carden, and G. P. Montalvan. 2002. *Organizational Assessment: A Framework for Improving Performance*. Ottawa: International Development Research Centre.

[9] McGann, James G. and R. Kent Weaver, eds. (2000) *Think Tanks and Civil Societies: Catalysts for Ideas and Action*. New Brunswick, N. J. and London: Transaction Press.

[10] Menard, S. 2002. *Applied Logistical Regression Analysis*. Thousand Oaks, CA: Sage University Paper, 2nd edition.

[11] Pautz, H. . 2008. "Think-tanks in Germany: The Bertelsmann Foundation's Role in Labour Market Reform." *Zeitschrift für Politikberatung*. Vol 1 (3–4) October, pp. 437–456.

[12] Rich, A. 2004. *Think Tanks, Public Policy, and the Politics of Expertise*. Cambridge: Cambridge University Press.

[13] Solow, R. 2008. "Forty Years of Social Policy and Policy Research." Washington, DC: Urban Institute, Remarks at Fortieth Anniversary Event, processed.

[14] Stone, D. , and Denham, A. (eds.) 2004. *Think-tank Traditions. Policy Research and the Politics of Ideas*. Manchester University Press: Manchester, pp. 1–18.

[15] Struyk, R. , M. Damon, and S. Haddaway. 2010. *Evaluation of the Transparency and Accountability Project: Baseline Report*. Bethesda, MD: Report to the Results for Development Institute.

[16] Struyk, R., M. Damon, and S. Haddaway. 2009. *Evaluation of the 'Strengthening Institutions to Improve Public Expenditure Accountability' Project: Baseline Report*. Bethesda, MD: Report to the Global Development Network.

[17] Struyk, R. 2006. *Managing Think Tanks*. Budapest and Washington: Open Society Institute and the Urban Institute, 2nd edition.

[18] Struyk, R. 1999. *Reconstructive Critics: Think-tanks in Post-Soviet Block Democracies*. Washington DC: Urban Institute Press.

[19] Talbot, S. n. d. "The Brookings Institution: How a Think Tank Works." http://usinfo.state.gov/journals/itps/1102/ijpe/pj73talbot.htm

[20] Weaver, R. K., and P. B. Stares. 2001. *Guidance for Governance: Comparing Alternative Sources of Policy Advice*. Tokyo and New York: Japan Center for International Exchange.

[21] Woelk, G., K. Daniels, J. Cliff, S. Lewin, E. Sevene, B. Fernandes, A. Mariano, S. Matinhure, A. Oxman, J. Lavis, and C. S. Lundborg. 2009. "Translating Research into Policy: Lessons Learned from Eclampsia Treatment and Malaria Control in Three Southern African Countries," *Health Research Policy and Systems*, Vol. 7, no. 3, pp. 1 - 14.

(作者:雷蒙德·J. 斯特鲁伊克、塞缪尔·R. 哈德威,张丹丹翻译。)

图书在版编目(CIP)数据

现代智库卓越管理与国际化 / 李刚等著. -- 南京：南京大学出版社，2022.7
(南大智库文丛 / 李刚主编)
ISBN 978-7-305-23681-5

Ⅰ.①现… Ⅱ.①李… Ⅲ.①咨询机构－管理－国际化－研究 Ⅳ.①C932.4

中国版本图书馆 CIP 数据核字(2020)第 258611 号

出版发行	南京大学出版社
社　　址	南京市汉口路 22 号　　邮　编　210093
出 版 人	金鑫荣
丛 书 名	南大智库文丛
丛书主编	李　刚
书　　名	**现代智库卓越管理与国际化**
著　者	李刚　[美]雷蒙德·斯特鲁伊克　等
责任编辑	张　静
照　　排	南京南琳图文制作有限公司
印　　刷	江苏凤凰通达印刷有限公司
开　　本	718×1000　1/16　印张 27.5　字数 434 千
版　　次	2022 年 7 月第 1 版　2022 年 7 月第 1 次印刷
ISBN	978-7-305-23681-5
定　　价	118.00 元
网　　址	http://www.njupco.com
官方微博	http://weibo.com/njupco
官方微信	njupress
销售咨询	(025) 83594756

* 版权所有，侵权必究
* 凡购买南大版图书，如有印装质量问题，请与所购图书销售部门联系调换